中国烟草
CHINA TOBACCO

灵宝烟草志

LINGBAOYANCAOZHI

（1949—2019）

灵宝烟草志编纂委员会 编

黄河水利出版社

图书在版编目(CIP)数据

灵宝烟草志：1949-2019 / 灵宝市烟草志编纂委员会编. — 郑州：黄河水利出版社，2020.7
ISBN 978-7-5509-2765-0

Ⅰ. ①灵… Ⅱ. ①灵… Ⅲ. ①烟草工业—概况—灵宝—1949—2019 Ⅳ. ①F426.89

中国版本图书馆 CIP 数据核字(2020)第 140903 号

出 版 社：黄河水利出版社　　网址：www.yrcp.com
地址：河南省郑州市顺河路黄委会综合楼 14 层　　邮政编码：450003
发行单位：黄河水利出版社
发行部电话：0371-66026940、66020550、66028024、66022620(传真)
E-mail：hhslcbs@126.com
承印单位：河南省黄河印刷有限公司
开本：889 mm×1194 mm　1/16
印张：25
字数：350 千字　　印数：1-1000
版次：2020 年 8 月第 1 版　　印次：2020 年 8 月第 1 次印刷

定价：390.00 元

《灵宝烟草志(1949—2020.5)》编纂委员会

主　　任　王跃峰

副 主 任　王维新　朱天义　李致新

委　　员　李守义　强自义　程宝玉　王战歌　邢卫东
吉贵锋　王晓军　刘保国　谭介伟　王茂生
王　鹏　李国亮

《灵宝烟草志(1949—2020.5)》编辑部

主　　编　李冠学

副 主 编　杨艳萍　张兵林　段景仓

提供资料　李启孝　张学虎　邵为民　孔明革　荆孝宗
李军正　高　臣　刘书文　王社民　崔书学
张文康　南世峰　朱媛媛　亢　宁　王亚勤
李增孝　张斌刚　卢娟霞

文字打印　焦少培　徐　星

排　　版　张小珍

序

《灵宝烟草志》数易其稿,收官告成。她填补了灵宝烟草志书之空白,记录了灵宝烟草百年发展之经纬,可喜可贺！开卷先睹,烟草在灵宝的发展画卷,历历在目;掩卷静思,烟草之经济价值、社会价值和以文化打造的烟草经营管理理念,在40余万字的烟草志书中得以完整而翔实的记录,遂使我产生一种如释重负之感。

修志是中华民族优良的文化传统,是承上启下、继往开来、服务当代、有益后世的重要事业,是一项浩繁的人文工程。编纂人员历经寒暑,数度春秋,不畏艰辛,广征博采,查寻浩如烟海的史籍文档,删夷烦乱、剪裁浮词、举其宏纲,终成此书,旨在资政存史、垂世立教。这部书,是修志人员集体智慧的结晶,是全体烟草员工合力奉献的成果。我谨代表过去和本届领导班子对《灵宝烟草志》的付梓面世致以衷心的祝贺！并对付出辛勤劳动的修志人员致以崇高的敬意!

烟草传入灵宝已有百年历史,先有晒烟,后继烤烟。晒烟最早盛行于民间的无序散种,好似小家碧玉,始终难登大雅之堂。烤烟肇始于1982年。灵宝市(县)委、市(县)政府,因地制宜,科学决策,历届班子接力赛,一张蓝图绘到底,始终把烟叶作为富民强县的产业工程来抓。历经引进试种—规模种植—低谷徘徊—恢复生产—转型升级以及建立现代烟草农业等若干重要历史阶段。风雨兼程,迎难而上,虽几经起伏,仍不倦前行,以其独特的价值效益,终在灵宝社会经济发展史上一枝独秀、绽放异彩;在众多传统农产品中脱颖而出,占有一席之地。资料显示,1982~2019年,仅灵宝种植烟叶累计达到122万亩,总产值累计达到28.9亿元,上缴烟叶特产税累计达到54208.5万元,为灵宝的社会经济发展做出了积极贡献。

编修烟草志是一项紧迫而繁重的工作。在整理资料和编纂成书的过程中,本着对历史高度负责的精神和实事求是的科学态度,不仅纠正了有关烟草发展的某些史实偏颇,而且及时抢救了大量宝贵的历史资料,为后人留下了一笔丰厚的文化遗产。由于历史和社会诸多原因,烟草远期资料征集十分困难,若再延以时日,恐怕烟草行业部门组建当初乃至近期资料也难以征集完整,因此烟草修志更显得十分紧迫和必要。

当今,烟草行业正处于经营与管理体制变革的战略转型期,卷烟经营由传统商业向现代流通转变,市场专卖由管理型向服务型转变,科学的营销观和发展观等先进观念开始注入。这些重大的历史变化,在这部烟草志中如实地记录下来,无疑会对烟草行业的可持续发展提供有益借鉴;同时,烟草对地方经济、农民脱贫致富做出的巨大贡献,以及重要经济地位及其独特的文化品位,通过这部志书得以留存、展示,无疑会进一步激发广大烟草企业员工爱岗敬业和无私奉献的工作热情,也为我们深刻认识烟草行业的发展规律,明确使命,精准施策,提供了翔实的历史资料和客观的文字依据。

诚然,这部志书还存在不足之处,但瑕不掩瑜,它是一部值得广大烟草员工学习、借鉴的工具书,也是一部值得向外推荐交流的成功之作。我们应当珍惜此书,用好此书,藉古鉴今,彰往昭来,上慰先贤,垂裕后昆。

是为序。

灵宝市烟叶生产办公室主任　王维新

2020年5月

序

到任伊始，恰逢灵宝烟草编纂志书。众手修志，自古难之。志书编撰是一项功在当代、利在千秋的系统工程，更是一件呕心沥血、殚精竭虑的艰巨任务。我谨代表灵宝烟草局党组向志书编纂人员致以崇高的敬意，向关心和支持灵宝烟草事业发展的社会各界人士表示衷心的感谢。

该志书内容定位准确、全面翔实、重点突出、特征明显，全面记述了灵宝烟草从无到有、由小到大、自弱到强的发展历史，见证了灵宝烟草人拼搏奋进、砥砺前行的激情岁月，是灵宝烟草改革发展历程的重要见证和记录，是灵宝烟草高质量发展的可靠依据和借鉴，是社会各界了解灵宝烟草的窗口和平台，更是灵宝烟草人弥足珍贵的历史财富和精神财富。

灵宝烟草的发展成就，得益于坚持党的领导不动摇，得益于烟草专卖制度，得益于改革开放大潮。离不开行业上级和灵宝市委、市政府的坚强领导，离不开种烟乡镇政府和工商、公安、水利、财政、邮政、电力等部门的鼎力支持，离不开广大烟农、卷烟零售客户的辛劳付出。

灵宝烟草的发展历史，是一段相守相望的故事。一代代烟草人坚守初心使命，“脚”在走，“心”不变，自觉地置身于社会发展大局，在烟叶大田，在卷烟商户，在市场前沿，以实实在在的行动，将烟草专卖立法宗旨和“国家利益至上、消费者利益至上”的行业共同核心价值观凝结在心里，化作锐意进取的铿锵足音。

灵宝烟草的发展历史，是一种追求梦想的情怀。一代代烟草人牢记责任担当，“人”在行，“责”不变，秉承共享理念，肩扛千斤、背负万石，立足烟草、服务社会，勇挑“第一纳税人”重任，发挥产业优势，积极助力脱贫攻坚，参与乡村振兴战略……用脚步丈量梦想，用奋斗触摸梦想，以优异的工作业绩向党、向政府、向群众交出了满意的答卷。

烟区告别了“靠天吃饭”的历史，“田成方、管成网、路相通、渠相连、旱能灌、涝能排”，规模化种植、机械化作业和专业化服务水平不断提高，烟叶质量效益持续提升，烟叶生产基础地位更加稳固。

卷烟营销从“坐商”到“行商”,从“传统”到“现代”,形成了以“网上订货、电子结算、现代物流”为标志的网络运行模式,呈现出“销量均衡、库存合理、价格到位、经营规范”的良好状态。

一个时代有一个时代的主题,一代人有一代人的使命。回首过去,收获满满,老一辈烟草人初衷不改、艰苦奋斗、白手起家;展望未来,任重道远,新一代烟草人使命在肩、拼搏进取、攻坚克难。

梦在前方,路在脚下。站在新的起点,灵宝烟草新一届党组将始终秉持“奉献国家、回报社会”的使命,坚持“国家利益至上、消费者利益至上”不动摇,学好志、用好志,继承和发扬前辈的宝贵精神财富,以感恩的心态、坚定的信念、严实的作风、廉洁的形象,接好“接力棒”、续写“新长征”,不忘初心,砥砺前行,坚持“一张蓝图”干到底,奋力推动灵宝烟草高质量发展再上新水平、再攀新高峰,为经济社会发展做出新的更大贡献。

是为序。

灵宝市烟草局(分公司)局长、经理　李致新

2020 年 3 月

凡　例

一、本志以马克思主义、毛泽东思想和习近平新时代中国特色社会主义思想为指导，运用历史唯物主义和辩证唯物主义立场、观点和方法记述灵宝市（县）烟草产业发展的历史和现状。寓褒贬于记事之中，力求思想性与资料性完整统一。

二、本志记事时间上迄灵宝境内烟草之发端，下限断止2019年12月。记述遵循详今略古、详近略远、详独略同、立足当代的原则，主要记述灵宝境内烤烟生产、烟草专卖和卷烟销售等。

三、本志以志为主，兼用述、记、图、表、录等表述形式。

四、本志以朝代纪年的，加注公元纪年，辛亥革命后到1949年10月1日以后采用公元纪年。灵宝撤县设市前称县，后称市。

五、使用各种称谓，包括县（市）名、人名、地名、职务、社会团体、机构、企业、产品、牌号等均按资料原文或沿用旧别，在容易引起歧义之处加注说明。使用简称时，首次出现用全称，后用简称。

六、本志采用国家统一的计量单位：烟田面积以亩为单位，烟叶收购量以千克、担为单位，卷烟以条、箱、支为单位。

七、大事记以编年体为主，部分条目采用记事本末体。人物录入科级以上职务和对灵宝烟草事业做出突出贡献或有较大影响的人物、正副股级人物或职工等。各种统计表随文附于各章节之中。志中辑存重要文献、文件、论文、法规等。

八、行文采用国家标准语体文，使用简化字。

九、本志使用的资料主要源自《灵宝县志》《灵宝市志》《灵宝年鉴》和灵宝市档案局、灵宝市烟叶生产办公室和灵宝市烟草专卖局提供的资料，部分采用口碑和报刊资料。

目　录

概 述

一

灵宝市位于河南省西部，南依小秦岭、崤山，同陕西省洛南县、河南省卢氏县和洛宁县接壤；北临黄河，与山西省芮城县、平陆县隔河相望；东与河南省陕州区毗连，西与陕西省潼关县为邻。东西长76.4千米，南北宽68.7千米，总面积3011平方千米。截至2020年5月，辖5乡8镇和2个城区管理委员会。下设440个行政村、21个居民委员会，总人口75万。灵宝市是闻名全国的“黄金之城”“苹果之乡”“道家之源”“旅游观光胜地”，被命名为“中国金城”，被评为中国优秀旅游城市、“2018中国最美县域”。

灵宝历史悠久，源远流长。早在约170万年前的旧石器时代，先民们就在灵宝点燃了人类文明的圣火，繁衍生息在这块古老的土地上，是人类最早活动和发祥地之一。特别是近五六千年间，灵宝这一地域出现了灿烂的仰韶文化和龙山文化，留下了三皇五帝众多的历史传说。据历史文献记载，公元前21世纪至公元前16世纪，灵宝是夏王朝统治的中心区域。公元前16世纪至公元前11世纪，灵宝地属商朝。公元前11世纪，周灭商，灵宝先后属焦、虢封地。公元前775年，“虢人灭焦”，地属虢国。公元前655年，晋献公“假虞伐虢”，地属晋国，晋侯使詹嘉处瑕（地名，在今阳平镇阌乡村东北），守桃林之塞备秦。战国时秦国经多次征战，从魏国夺得崤函之地，置函谷关。此时，关西属秦，关东属晋。公元前453年，韩、赵、魏“三家分晋”，关东属韩，秦攻韩得其地置吏严守。秦惠文王六年（公元前332年）秦在关西置胡县。公元前221年，秦并天下置桃林县（因古时有大片桃林得名），地属三川郡，为灵宝置县之始。西汉灵宝地属河南郡，建元元年（公元前140年）改胡县为湖县（因县南有鼎湖），属京兆尹（今西安市）。汉元鼎三年（公元前114年），函谷关东迁新安县，在函谷关故址置弘农县（以弘农涧水得名）。次年置弘农郡，领弘农、陕、渑池、新安、宜阳、陆浑、卢氏、丹水、析、商、上洛等11县。新王莽时期，改弘农郡为右队，领弘农县。东汉撤右队复置弘农郡，属司隶校尉部。建武十五年（公元39年）划湖县属弘农郡。弘农郡领弘农、陕、渑池、新安、宜阳、陆浑、卢氏、湖县、华阴9县。为避汉灵帝刘弘讳，改弘农郡、弘农县为恒农郡、恒农县。三国时期,灵宝地域属曹魏疆域,正始初年(公元241年)恒农太守孟康新辟道路山口修筑关城,取名大峭关,即魏函谷关。西晋复名弘农郡县,属司州,领弘农、陕、渑池、宜阳、湖县、华阴6县。南北朝时期灵宝地域辖四郡五县:西恒农郡(公元534年至北周废),领恒农县;朱阳郡(公元490~562年),领朱阳县;石城郡(公元505年至西魏废帝,郡治在今苏村乡吕家塬村),领玉城县(北周武帝天和二年废,县治在今苏村乡福地村);阌乡郡(公元558~583年),领阌乡、湖城2县(南朝宋在湖县加城字为湖城县)。隋开皇三年(公元583年)废弘农郡和阌乡郡,置虢州(治所在卢氏)。开皇十六年(公元596年)改湖城县为阌乡县,同年复置桃林县,建桃林县城(灵宝老城,1960年三门峡大坝拦洪被淹,存世1364年),均属河南郡。大业三年(公元607年)复置弘农郡,移治所于鸿胪川(虢略镇),领弘农、长泉、卢氏、朱阳4县。义宁元年(公元617年)复置湖城县、玉城县,仍存阌乡县。同年弘农郡更名凤林郡,领弘农、阌乡、湖城3县,属豫州。隋末,灵宝地域有弘农、朱阳、邑阳、桃林、阌乡、湖城、玉城7县。唐代灵宝地域属河南道。武德元年(公元618年)改凤林郡为鼎州(以鼎湖名之),移治阌乡。贞观八年(公元634年)虢州治所由卢氏移鸿胪川(虢略镇),更名虢郡,废鼎州、弘农郡。虢郡领弘农、阌乡、湖城、朱阳、玉城、卢氏6县。天宝元年(公元742年)虢郡更名虢州,领县未变。同年因于函谷关尹喜故宅掘得"灵符",遂易年号"开元"为"天宝",改桃林县为灵宝县,意为此地"人杰地灵,物华天宝"。由此,灵宝地名使用距今已有近1300年的历史。五代时期,灵宝地域属后唐保义军,仍名虢州。北宋时期,灵宝地域属永兴军路(今西安)河南府虢州和陕州。建隆初年(公元962年)因避宋太祖父赵弘殷之讳,弘农县改名常农县,至道三年(公元997年)改为虢略县,与虢州合治。熙宁四年(1071年)省玉城入虢略,属虢州。虢州领虢略、朱阳、卢氏、栾川4县;陕州领灵宝、阌乡、湖城3县。金与南宋对峙时期,虢州、陕州皆属金。虢州属陕西路京兆府路(西安府),领虢略、朱阳、卢氏、栾川4县;陕州属南京路河南府,领灵宝、阌乡、湖城3县。元建立后,灵宝地域隶属河南江北行省河南府陕州。至元二年(1265年)省湖城入阌乡县;至元三年(1266年)省灵宝入陕县;至元八年(1271年)复置灵宝县,撤虢州入虢略县;至元十年(1273年)虢略、朱阳两县并入灵宝县,虢略降为镇,设巡检司。至此之后,灵宝地域只有灵宝、阌乡两县。明建立后,灵宝、阌乡二县属河南省河南府,继改属陕州。清建立后,灵宝、阌乡二县仍属陕州。民国2年(1913年)废州置县,灵宝、阌乡二县属河南省豫西道,民国三年(1914年)属河洛道;民国17年(1928年),属河南省第三行政区。民国22年(1933年)属河南第十一行政督察区。1949年6月,灵宝地域全境解放,灵宝、阌乡2县归属陕州专区；1952年4月，陕州专区被撤销，改属洛阳专区；1954年6月，灵宝、阌乡2县合并，仍名灵宝县，治所在灵宝老县城，1959年9月，县治移置虢略镇。1986年1月，河南省区划调整，灵宝县改属三门峡市；1993年5月12日，国务院批准灵宝撤县设市，灵宝县改称灵宝市。

二

灵宝烤烟的发展得益于良好的自然资源。灵宝市地处黄河中游，地貌多姿、气候适宜、四季分明、光照充分、雨量适中，为烟叶生产提供了良好的自然条件。

灵宝属黄土丘陵地区，地表由山地、土塬、河川阶地组成。有“七山二塬一分川”之称。地势北低南高，海拔从308米逐渐升至2413.8米。南北高差2105.8米。灵宝以弘农涧河为界，西南部的小秦岭自东向西入陕西省境内，山势挺拔陡峭。东南部的崤山，起伏平缓，山峰以燕子山和岘山较有名气。小秦岭与崤山北麓分布有6大塬和6大峪，塬峪间沟岔纵横交错，共有大小山头3702座，大小沟岔9303条。

灵宝市国土总面积3011平方千米（451.7万亩①），其中山区面积1481平方千米，丘陵面积1208平方千米，平原面积322平方千米。灵宝烟区主要分布在海拔600米以上的浅山丘陵区。1984年，全国农业区划中，灵宝市600米以上的浅山丘陵区被确定为优质烟叶生产最佳适宜区。

灵宝市土壤分褐土、棕壤土两大类型，其中，以褐土面积最大，占95%以上。近年来经检测，灵宝烟区平均土壤有机质含量达1.58%，pH值为6.5~7.0，个别地方达8.0，土壤有机质1.58%左右，全氮0.1%，速效氮62.16毫克每千克，速效磷12.56毫克每千克，速效钾183.46毫克每千克，氯离子含量1.29~3.78毫克每千克，阳离子代换量为4.865毫克当量/100g土，有效性钙8156.3毫克每千克，镁326.3毫克每千克，硫73.8毫克每千克，硼0.47毫克每千克，锌0.79毫克每千克，铁2.26毫克每千克，锰4.73毫克每千克，氯39.5毫克每千克。与常年土壤肥力相比，近几年来，土壤有机质含量有所提高，土壤碱性有所增大，土壤中含氮素增多，磷素有所减少，钾素含量丰富。保水保肥性能较好，适耕期较长，排水良好，适宜多种作物生长。灵宝土壤中氮适、钾富、磷缺，微量元素丰富，具有生产优质烟叶的良好自然优势。

国内外烟叶生产实践证明，烤烟质量与海拔、土壤条件密切相关。灵宝市褐土面积广大，占全市国土面积95%以上，对烟叶生产的土壤需求十分有利。

①1亩=公顷≈666.67平方米。

灵宝市属暖温带大陆性半湿润季风型气候,气候温和,四季分明,雨量适宜。年平均气温13.8摄氏度,极值高温42.7摄氏度,极值低温-17摄氏度,日平均气温大于10摄氏度的日数为182~210天。积温3370~4620摄氏度,无霜期199~215天。日照百分率为50%~54%。年平均降雨量为641.8毫米,且时空分布不均,由南向北呈递减趋势,6~9月降雨量占全年的60%左右。

烟区大都分布在海拔600米以上的丘陵山区,地形由北向南逐渐升高,绵延起伏,常年气温12.5摄氏度,昼夜温差年均10.6摄氏度,无霜期平均205天左右,全年日照时数2300小时,大田生长期与收烤期的日照时间为913.2小时,日平均大于10摄氏度的活动积温达4400摄氏度,大于10摄氏度的天数有215天。

近年来的气象调查资料显示,灵宝市年均气温13.8摄氏度,降水量626毫米左右,无霜期223天,日照时数2270小时,日平均大于10摄氏度活动积温达4583摄氏度。调查分析,近年灵宝市气温略高于常年,降水基本接近常年,无霜期延长较常年多18天,日照时数较常年少30小时,日平均大于10摄氏度活动积温多于常年183摄氏度。烟叶在5月上旬移栽,9月上旬采收烘烤,热量、光照不仅能满足生长发育要求,而且全生育期处于最适宜范围之内。实践证明,光照充足、雨量适中使灵宝烤烟在时空上与移栽团棵期少、收采期少、旺长期多的需水规律基本吻合,有利于烤烟干物质积累和成熟采烤,也是灵宝市烤烟颜色橘黄、口味清爽、油润丰满、清香芬芳的根本所在。

灵宝市境内河流属黄河水系。共有大小溪流6300多条,常年有水的天然地表河流1401条,主要有好阳河、弘农涧河、沙河、阳平河、枣香河、十二里河、双桥河等7条黄河一级支流,呈由南向北流向,直接注入黄河,流域面积3000多平方千米。域内大中小型类水库20多座,平均地表水资源总量为4.8460亿立方米。灵宝市烟办、烟草局为确保灵宝烟区烟田用水,2013年9月,申报的灵宝市白虎潭水库烟草援建水源工程项目获批。工程于2014年1月15日开工建设,2018年6月27日竣工。水库总造价16380.47万元,其中,国家烟草局援建14793.64万元。

根据1988年9月三门峡市农业区划委员会制定的《三门峡市烟草区划报告》的划分,灵宝面南部小秦岭东南部弘农涧河西岸的朱阳镇、苏村乡、寺河乡、五亩乡划为小秦岭崤山山地烤烟适宜区,川口、故县、豫灵、阳平、焦村、阳店、函谷关划为崤山北麓丘陵塬坡烤烟最适宜区。借助于得天独厚的自然资源,又赖于现代烤烟技术的推广应用,灵宝烟叶以其独特的品质在河南省乃至全国独占鳌头。

1984年12月4日,河南省科委、农业科学院等有关单位在郑州进行烟草质量鉴评,灵宝试种的“长脖黄”被评为全省第一;“红花大金元”在全省14个县市的60个样品外观质量鉴定中被评为第二。是年,五亩乡生产的烟叶在全省组织的16个县市烟叶质量鉴评中被评为第二名。其优点是烟叶油分好、丰满度高、组织细致、弹性好、主脉较细、单叶重8克以上。是年,灵宝县“提高烤烟品质的技术研究”又获河南省技术进步三等奖。

1992年8月20日,全国北方烟区旱作烤烟现场会在灵宝县召开。会上观摩了苏村乡梨子沟村烟叶大田管理。国家烟草总公司、烟草公司经理王恩沛出席会议,直夸灵宝烟叶全国少见。著名烟草专家宫长荣评价说,灵宝烟叶小而敦实,清秀可人。

据2005年12月12日《河南日报》报道,2000~2004年,灵宝市组织实施了“灵宝优质烟技术开发和无公害优质烟叶试验示范”项目,2001年灵宝市被国家烟草局确定为“全国无公害优质烟叶生产示范基地”,2002年被确定为全国烤烟综合标准化示范基地,同年,被确定为全国烤烟综合标准化三门峡示范区之一,2004年以优异的成绩顺利通过国家考核验收。灵宝烤烟以其“色泽鲜亮、香型独特、气味醇和、余味舒适、化学成分协调、钾含量较高”等优异的品质,赢得了市场信誉,深受省内外烟厂的青睐,行销新郑、郑州、许昌、上海、厦门等各大烟厂,质量在全省烟叶评比中连续8年获得第一。

2017年11月,灵宝市人民政府为加快推进全市烟草业供给侧结构性改革,推进烟草产业结构优化,提高发展质量和效益,结合灵宝烤烟发展实际,出台了《灵宝市烟草业转型升级工作方案(2017—2020年)》。方案提出:烟叶质量要以培育“中棵烟”为目标,突出订单生产、订单计划、订单布局,着眼工业结构需求和等级纯度,积极适应客户需求个性、特点和趋势,切实提高烟叶供给质量。加强质量管理,全面宣传贯彻1SO 900烟叶质量管理体系,打造烟叶品牌,加强“豫浓香·灵宝”烟叶品牌建设,持续提升灵宝烟叶的市场认可度和品牌竞争力。

2018年灵宝全市种烟48000亩,实现产值20500万元。收购烟叶715万千克,其中上等烟比例达到75.05%。

2019年灵宝全市种烟48500亩,实现产值18351.73万元。收购烟叶675万千克,其中上等烟比例达到71.14%。

三

灵宝烟草的起源、传播和发展经历了曲折漫长的历史过程。明嘉靖年间烟草传入中国东南沿海各省,后逐步传入内地。明天启六年(1626年),烟草传入河南,掀开了河南烟草种植的历史。1913年,在河南省襄城县颖桥镇和项城县设点试种烤烟,之后河南、山东、安徽成为中国种植烤烟的三大烟区。1973年,渑池县开始种植烤烟,1975年,陕县从许昌引种烤烟,两县烤烟的成功试种,开启了三门峡市烤烟种植的先河。灵宝晒烟种植大约起源于清代中晚期,直到20世纪90年代,仍保留有少量种植面积。灵宝烤烟种植肇始于1982年。

灵宝市烤烟生产既是一部艰辛的拓荒史,又是一部艰苦的砥砺前行史。它从小到大、从弱到强,从传统的烟草种植一步步迈向烤烟生产现代化;从引进试种、规模发展、低谷徘徊、恢复发展、生产转型,直到按照烟草产业标准化生产,建立现代烟草农业体系,其经历曲折迂回、波浪起伏。通过艰辛探索、不断发展,取得了令人瞩目的成绩,真正实现了富民富财政的产业化目标。

灵宝市近40年的烤烟种植历史,大体可以分为五个阶段:

1981~1984**年为烤烟试种阶段**。此阶段特点为:依靠地域自然优势,政府引导、宣传群众、局部试种、谨慎推广、积极探索、总结经验,为大面积发展烤烟生产提供科学依据。

1980年,苏村乡原坡村的闫拴年以优异成绩从河南农业大学烟草系毕业,后留校任教,很快就成为一名卓越的烟草专家。难能可贵的是,闫拴年不忘苏村乡土情。他每次回乡探亲,都要到政府机关拜访老同志、老领导,向他们宣传烤烟生产的种植经验和经济效益,竭力鼓动政府领导下定决心,在苏村乃至灵宝发展烤烟生产。在闫拴年的倡导下,1981年9月,时任苏村公社管委会主任的薛本立采纳了闫拴年的建议,带领班子成员及部分村支部书记到许昌、漯河等老烟区进行实地考察,并根据苏村乡的地理环境、气候特点、土壤成分等因素,研究决定,从1982年开始在苏村种植烤烟,并将种植烤烟的发展思路、目标任务、实施步骤、具体措施向县委、县政府做了全面汇报,得到了县委、县政府的肯定。为了确保烤烟种植成功,灵宝县委、县政府一方面在苏村、五亩两个公社种植一定面积烤烟,一方面组织外出参观学习,同时责成烟叶生产主管部门,在苏村公社的东里大队淹立沟生产队、吕家原大队高家岭生产队、苏村大队王会生产队示范种植烟叶78亩,以此总结种烟过程中的经验教训,由此拉开了灵宝烤烟生产的序幕。薛本立被誉为开启灵宝引种烤烟第一人,苏村乡被誉为开启灵宝烤烟种植第一乡。

1982~1984年3年间,灵宝全县共种植烤烟26250亩,收购烟叶257.75万千克,亩单产103.5千克,总产值370万元,亩均产值162.78元,烟叶产品税达到311万元。

1985~1991**年为灵宝烤烟规模种植阶段**。此阶段特点为:凭借良好的自然资源,依靠较多的劳动力投入，广种薄收。政府倡导、上下齐动、规模种植、以面积取胜，无论种烟面积、烤烟产量均创历史新高。由于技术含量不高，面积不稳，单产偏低，效益不佳，面积效益型的发展方式，使烟农种烟积极性受到一定挫伤，逐步使灵宝烤烟生产陷入低谷。

据统计数字显示，灵宝全县 1985 年种植烟叶 42959 亩、1986 年种植烟叶 25000 亩、1987 年种植烟叶 10139 亩、1988 年种植烟叶 21500 亩、1989 年种植烟叶 22100 亩、1990 年种植烟叶 17385 亩、1991 年种植烟叶 17385 亩；各年度上等烟比例分别为 1.56%、2.3%、21.76%、37.81%、17.8%、13.7%、15.9%。

1992~1999 **年为灵宝烤烟生产低谷徘徊阶段**。此阶段特点为：技术滞后、设施缺乏、烟农情绪不高、种烟面积与预算骤减，灵宝烟叶生产陷入低谷徘徊时期。

1995 年，灵宝全市统计数字显示，烟叶面积只有 6218 亩。种烟乡镇由 1985 年的 10 个，到 1998 年降为朱阳、苏村、五亩 3 个乡镇。其原因是烤烟试种成功后，由于过度宣传，各乡镇一哄而上；烟农对烤烟生产的育苗移栽、田间管理、采收烘烤等一系列技术缺乏；道路、水利、机械等设施相对滞后，以及自然灾害等，致使生产效益较差，烟农种烟的积极性受到挫伤，种烟乡镇纷纷下马。五亩乡原来种烟村，大部分烟田种上了其他农作物，仅存的白羊村，烟田面积只有 200 余亩。为遏制烟叶种植面积下滑的趋势，灵宝市政府分别于 1997 年、1998 年制定了优惠政策，鼓励烟农发展烟叶生产，明确提出要把烟叶生产作为一项“富民工程”来抓。烟草公司也不断加大物资投入扶持力度，激励烟农种烟的生产积极性。经过几年努力，全市烟叶种植面积逐步得到恢复发展。

1999 年，灵宝全市种烟面积达到 24072 亩，亩产值提高到 942 元。是年，烟叶生产在产量、产值、上等烟比例、千克均价、税收等方面均实现了灵宝种烟史上的新突破。涌现出收入在 100 万元以上的村 7 个，其中，朱阳镇秦池村收获 1200 亩烟叶，收入 173 万元，(1246 口人) 人均收入 1382.71 元。全市亩产值 1200 元以上的村 18 个。亩产值 1500 元以上的组 196 个，亩产值 2000 元以上的户 3156 户，种烟收入万元以上的户 376 户，其中朱阳镇梁庄村卢塬组的张天顺 5 口之家种烟 23 亩，收入 39207.86 元，人均 7841.57 元。优惠政策的支撑，种烟效益的不断攀升，使烟农种烟的积极性逐步提高。

2000~2011 **年为灵宝烤烟生产恢复发展阶段**。其特点为：政府出招、政策激励、科学施策，不断加大政策宣传力度，引进先进技术，集成现有技术，加强技术培训，研发适宜本区的实用技术，下排式(密集)烤房、漂浮育苗、豆浆灌根、露脚盖膜等技术得到广泛推广应用；管理创新步伐加快，成效显著；设施投入大，科技含量提高，效益显著增加,烟区呈现出可持续发展的良好态势。这一时期,全市种烟面积逐年恢复,亩均产值明显提升,烟叶产量不断攀升,烟叶质量屡屡获奖,使灵宝烤烟进入到新的繁荣发展期。2011年,烟叶种植面积分布于朱阳、五亩、苏村、川口、故县等5个乡镇90个村469个组2684户,户均种烟1.29公顷,发展千亩村19个、千亩方2处、千亩片136处。其中朱阳、五亩、苏村3个乡镇种植面积最大。全市合同种植烟叶51600亩,实际收获烟叶面积48000亩,收购烟叶914万千克,上等烟比例占61%,比上年增长8.5%;亩产值1948.5元,烟农收入1.5亿元,上缴烟叶特产税2473.8万元。

2012~2019年为灵宝烤烟发展的生产转型阶段。其特点为:面积稳定、设施配套、管理科学、税收攀升,逐步实现了由烟叶大市向烟叶强市、由数量效益向质量效益的转变。真正实现了烟农受益、企业增效、税收增加、财政增收的产业目标。到2019年,灵宝市合同种植烟叶面积48500亩,收购烟叶675.2574万千克(13.51担),上等烟比例占71.14%,千克均价27.18元,亩均产值3784元,烟农收入18351.73万元,上交烟叶产品税4037.38万元。

据统计,1982~2019年,灵宝市种烟面积累计达到121.9万亩;收购总量达到9505.9051万千克,折合190.11759万担;总产值达到246031.57万元;烟叶税收达到54208.5万元。

近年来,在市委、市政府的正确领导下,灵宝市烟办、烟草局干部职工以党的十九大精神为指导,深入贯彻落实习近平新时代中国特色社会主义思想,牢固树立创新、协调、绿色、开放、共享发展理念,认真落实省、三门峡市烟草专卖局和市委、市政府关于烟草改革发展决策部署,坚持“稳中求进”总基调,以深化供给侧结构性改革为主线,坚持顺应市场、品牌带动、工商地联合政策推动,全力攻坚卷烟营销、烟叶产业、专卖市场管理三大转型升级任务,加快现代烟草农业建设步伐,力争到“十三五”末灵宝烟草业步入结构优化、品牌提升、税利增加的良性循环轨道,助力全省实现“两个1000亿”的发展目标,即2020年全省烟草业实现税利1000亿元、“黄金叶”品牌销售额突破1000亿元。

四

卷烟经营规范畅通。20世纪20年代,卷烟技术传入灵宝,时称“纸烟”“香烟”。初时,境内烟民皆吸食旱烟及水烟(丝烟),卷烟只有富商殷户及军界、政界官吏作为奢侈品享用,消费量极少。1920年,灵宝境内有烟坊、烟行,专门加工和经营烟叶,行销巩县(今巩义市)及西安一带,此时县城内始有商人开设烟铺,卷烟开始走进大众生活。

1931年,虢略镇、阳店、常阁、阌乡等地手工炮制烟丝的作坊计有10家以上,手工卷烟100万只以上。1937年,灵宝城区东关村4户农民与外地商人合资开设桃林机制卷烟厂,产品有“黑司令”“白粉包”两种品牌,除本地食用外,主要销往陕西、山西、四川等省。

灵宝境内卷烟流通体制同其他地区一样,大致经历了自由购销、计划管理、专卖专营三个阶段。清末到1952年,卷烟在流通过程中,实行自由购销体制。1915年,民国北洋政府为弥补财政匮乏,在各省设立烟酒专卖局,管理机构公卖局为官办,主要经销机构经销栈为商办,各局有征无卖,管销剥离,而且公卖的范围仅限于“土烟土酒”。此时卷烟市场大多为洋烟所垄断,实行的是资本主义自由购销体制,由各买办或代理经营。抗日战争前,灵宝县卷烟市场主要是英美烟草公司与南洋烟草公司在竞争。抗日战争胜利后,国民党积极准备发动内战,无暇顾及卷烟市场管理。一些倒闭的烟厂恢复生产,盲目增加产量,产大于销,卷烟市场处于无序竞争状态。中华人民共和国成立后,1950~1952年国家为恢复国民经济,实行贸易自由政策,对卷烟实行自由购销及部分包销。这一时期,灵宝县内卷烟经营形成国营经济、私营经济和集体经济等多种经济成分及多渠道并存的局面。市场基本上由资本主义商业及私有商业所操纵,私营个体烟店、烟摊等如雨后春笋般兴起。卷烟流通领域的自由购销体制一直延续至1952年才告结束。1953~1983年为计划管理阶段。1953年,国家开始实施第一个五年计划,对卷烟商品,从政策上向国营商业倾斜,进一步压缩私有商业的经营空间,也限制了自由市场的发展空间。但卷烟经营领域依然实行国营、集体、私有商业多种经济成分、各条流通渠道并存的流通体制。这一时期,灵宝县先后主要由中国专卖实业公司河南省分公司灵宝批发部经营,对卷烟商品实行自下而上的要计划及自上而下的指令性计划相结合的计划管理方式,系统内实行调拨制。1954~1956年,国家开始在一定范围内限制私有经济的发展,并对其进行社会主义改造,开始确立国营商业的主导地位。从1957年起,卷烟流通渠道合并为以国营商业经营机构为源头,以集体商业机构或少量个体经营为源尾的一条销售渠道,1957年上半年开始,灵宝县商业局全部经营卷烟业务,在无专卖机构的集镇,贸易机构可兼批发。1958~1960年,人民公社化时期,国家实行政社合一体制,县内合作社与国营商业合并,集体所有制上升为全民所有制,随后又把合作商店(小组)合并,过渡到国营商业,卷烟零售点减少,卷烟流通渠道中只有单一的国营商业机构和单一的全民所有制经济成分。1961~1978年,卷烟流通领域县商业局的副食品经理部、副食品公司、糖烟酒公司先后发挥着主渠道作用,主要从事城关及周边卷烟批零业务,农村则依靠供销社在农村代理批发经营。1979～1983 年,根据国家“调整、改革、整顿、提高”的方针,多渠道、多家经营、少环节的流通体制形成,卷烟市场活跃,市场调节作用得到发挥。1984 年至今国家对卷烟实行专卖专营。为了对烟草行业实行高度集中的统一管理,有计划地发展生产,提高质量,改善供应,调节消费,增加积累,决定建立国家专卖制度。1983 年 11 月 1 日,国务院颁布实施《烟草专卖条例》,确立烟草部门在烟草流通领域的垄断地位。1984 年 1 月,国家烟草专卖局成立。同一时间,灵宝县烟草专卖局(支公司)正式成立。主要负责烟草专卖,烟叶种植、收购和卷烟销售。1991 年 1 月,国务院发布《关于进一步加强烟草专卖管理的通知》,明令各级地方政府开办卷烟批发交易市场要在国家烟草局统一规划和部署下,由国家局或省级局审批,其他部门和地方各级政府无权审批。1992 年 1 月 1 日,《中华人民共和国烟草专卖法》正式施行,这是我国有史以来第一部烟草法典,标志着中国烟草从此走上了依法治烟的轨道,对维护国家利益和消费者利益具有十分重要的意义。实行烟草专卖专营以来,灵宝卷烟销售发生了巨大变化。销售量由 1953 年的 1712 箱上升到 2019 年的 24916 箱。到 2019 年年底,建设现代零售终端 377 户,“黄金叶”专柜专位 900 个,自律互助小组 163 个,城区和乡镇主要街道商户全覆盖,形成了城乡畅通的卷烟流通网络。

专卖管理健康有序。烟草专卖制度实施 30 多年来,市烟草专卖局依法履行专卖法律法规赋予的职责,坚持、巩固专卖制度,依法行政、依法管理、依法组织生产经营,全力抓好专卖内管、市场监督、打假打私等工作,并始终将此作为牢记的责任、坚守的使命,为烟草行业和国民经济持续健康发展做出了积极贡献。进入新时代,面对新情况、新问题、新挑战,市烟草专卖局进一步坚持专卖制度,守好责任、坚定信念、担当使命,营造良好的卷烟市场秩序,为维护国家利益和消费者利益交出了一份满意的时代答卷。在市场监管方面,灵宝市烟草局充分认识到,没有规范高效的市场监督,就没有健康有序的卷烟市场。自成立以来,市烟草局就积极构建完善、规范、高效的市场监管体系。截至 2019 年,烟草专卖部门构建起了一套“打击严厉、管理到位、疏导及时、服务周到”的市场监管体系。在市场监督理念方面,从“重外打、轻内管”到“强外打、严内管”,从注重案件查处到注重案件原因分析及完善管理和服务,从定期例行检查市场到重点精准检查,从到市场上找案件线索到带着问题上市场……变的是监管方法与措施,不变的则是守护市场的初心。在监管方式创新方面,从专卖管理“网络化”建设到实施“户籍化”管理工程,从聚焦专卖许可管理到积极推进“APCD”工作法,从全面推行“双随机、一公开”监管方式到扎实推进“互联网+监管”的大数据监管。在打假打私方面,哪里有卷烟违法行为,烟草专卖管理就延伸到哪里。自 20 世纪 80 年代以来,市烟草专卖管理部门高举专卖利剑,始终把卷烟打假打私摆在专卖管理的重要位置,作为坚持和巩固烟草专卖制度的重要内容和有力法宝。始终保持打假打私高压态势,坚持“端窝点、断源头、破网终、抓主犯”的工作重点,坚持重点打击和综合治理相结合,建立了“政府领导、部门联合、多方参与、密切协作”的打假打私体系,构建了多层次、全方位、立体化的打假打私格局。在联合执法方面,打击卷烟制假售假行为,灵宝市烟草专卖管理部门不演“独角戏”,开展大合唱。制度确立伊始,市烟草专卖管理部门就非常重视联合执法,由“单兵作战”转向多部门、跨地区“联合作战”,串珠为链、握指成拳,跨部门横向紧密联合,跨地域纵向有效协同,横纵交叉有机融合,联合执法的广度得到不断拓展。如 2008 年涉及 3 省 9 市的“4·22”特大贩售假烟网络案,2011 年涉及 4 省 11 地市的“7·21”制售假烟网络案,2012 年的“7·19”“7·20”销售假烟案等,都是参与多部门、多地区的联合执法,方取得打假收网的胜利。

烟叶税收节节攀升。烟草作为特殊消费品,历代政府皆实行“寓禁于征”。一为控制烟制品过量生产,二为增加国家财政收入。清初,沿袭明代税制,经营烟草者,需缴纳牙税。清光绪三十年(1904 年),境内开征烟酒税,烟酒税率相同。民国 3 年(1914 年),开征烟酒特许牌照税。民国 4 年(1915 年),加征烟酒公卖费。公卖费征收范围包括烟草种植、烟丝刨制、烟产品经营等。民国 22 年(1933 年)7 月,停征烟酒公卖费,改征“统税”。烟叶按照产地核定完税价格征收 30%,烟丝征收 15%。一物一税,于产地一道征收,不再重征。民国 35 年(1946 年),烟叶税率提高到 50%,烟丝税率提高到 30%。中华人民共和国成立后,烟税制度的演进大体经历三个阶段。1949~1957 年为第一阶段。这一阶段又分为两个时期:货物税时期及货物税与商品流通税并行时期。1952 年 12 月 3 日,政务院颁布《商品流通税试行办法》,从货物税品目中划出卷烟、酒类等 22 个品目,改征商品流通税。货物税以市场价格为计税标准,商品流通税以国营批价为计税依据。1958~1984 年为第二阶段。这一阶段也分两个时期,即工商统一税时期和工商税时期。1984 年后为第三阶段。国家全面改革工商税制。烟草纳税有四类:一为产品税、增值税、营业税;二为房产税、土地使用税、车船使用税、城市维护建设税;三为国营企业盈利所得税;四为国营企业调节税。从 1984 年 10 月 1 日起,试行第二利改税。烟草企业按规定上缴所得税后,不再上缴利润,而改为上缴国营企业调节税。同时,对现行的工商税制进行全面改革。1993~1994 年,进行税制改革,工商税制改革涉及烟草企业的主要内容包括所得税制改革、留转税制改革及其他方面的改革。

1995年以后,烟草公司向国家缴纳的税费种类主要有增值税、城市维护建设税、教育费附加、印花税、房产税、城镇土地使用税、车船使用税、代扣个人所得税、国营企业所得税、地方教育发展费、投资方向调节税等。2008年,根据国家烟草行业改革精神,撤销县(区)级烟草公司法人资格,实行以市级烟草公司为独立核算单位,统一核算,统一对外编制报表。原灵宝市县级烟草公司改为三门峡市级烟草公司的一个分支机构,实行内部报账制度,不再是法人实体,不独立核算盈亏,不独立编制会计报表。2017年12月27日,十二届全国人大常委会第三十一次会议表决通过《烟叶税法》,自2018年7月1日起施行。

灵宝烟草行业涉烟税种有:教育费附加。从1986年7月1日起,对城市(包括县域和在乡镇的国营企业)缴纳产品税、增值税和营业税的单位或个人,实际缴纳的产品税、增值税和营业税的税额,征收1%的教育费附加。增值税。从1993年1月开始,其税率分基本税率、低税率和零税率。基本税率为17%,低税率为13%,低税率适用于农业产品、粮食、植物油、白米、暖气、冷气、热水、煤气、石油、液化气、天然气、二甲醚、沼气、居民用煤炭制品、图书、纸、杂志、饲料、化肥、农药、农机、农膜等。城镇土地使用税。灵宝市执行的标准为每平方米每年0.2~4元。车船使用税。车船使用税按年征收,一次缴纳。城市维护建设税城市维护建设税从1994年1月1日起计征。个人所得税。1980年9月10日,第五届全国人民代表大会第三次会议通过《中华人民共和国个人所得税法》,个人所得税课征范围是工资、薪金所得。土地税。按照土地面积、等级、价格、收益或增值等计征的货币或实物。烟叶税。2006年4月8日,《中华人民共和国烟叶税暂行条例》公布实施。在中华人民共和国境内收购烟叶的单位为烟叶的纳税人。纳税人应依照该条例规定缴纳烟叶税,条例中所称烟叶是指晾晒烟叶、烤烟叶。烟叶税的应纳税额按照纳税人的收购金额和规定的税率计算。印花税。印花税的纳税人包括在中国境内书立、领受规定的经济凭证的企业、行政单位、事业单位、军事单位、社会团体、其他单位、个体工商户和其他个人。农林特产税。农林特产税是农业税的组成部分。以从事农林特产的生产取得农林特产收入的单位与个人为纳税人。征收范围包括园艺收入、林木收入、水产收入和其他收入。采用幅度比例税率,灵宝烟草行业税率可适当提高,但最高不得超过30%。

灵宝烟草公司属于国有企业,按照相关规定,共缴纳11项税费。这些税费有增值税、营业税、企业所得税、城市维护建设税、教育附加费、地方教育附加费、房产税、土地税、车船税、烟叶产品税、印花税等。自1982年以来,灵宝烤烟种植从小到大、从弱到强,以其优质高产的品质,为灵宝地方经济注入了新的活力。仅烟叶特产税一项,1982~2019年共上缴54208.5万元。

结束语:灵宝市烟办、烟草局紧紧围绕建设现代烟草农业体系的基本要求,努力实现规模化种植、集约化经营、专业化分工、信息化管理的产业目标,逐步采用现代烟叶生产组织方式,通过技术创新,构建服务体系,最大限度地实现烟农效益和烟草企业效益最大化,为实现烟叶生产的可持续发展、维护广大烟农利益提供新的机遇,为灵宝地方社会经济发展、经济繁荣再写新篇章,再做新贡献。

大 事 记 略

明清时期

烟草起源于中、南美洲安第斯山脉,后逐渐传播到世界各地。明嘉靖年间,烟草由南洋,通过菲律宾、越南、俄国、日本、朝鲜等国传入中国的台湾、广东、广西、福建、浙江等地,后逐步传入内地。

明天启六年(1626 年),烟草传入河南。由英美烟草公司首次在襄城县颍桥镇试种晒烟成功,从此开启了河南烟草种植的历史。

16 世纪初叶,清太宗皇太极在位期间,下令严禁种植、贩卖烟草。其时种植者极少,种植者多为自供自足的吸食者。

16 世纪末叶到 18 世纪初的百年间,烟草种植和吸食传遍全国,这在中国作物引种史上极为罕见。此物何时传入灵宝,继而传播种植,尚无准确资料可考。据传说,约在清代中晚期,烟草已在灵宝民间有少量种植和少数吸食者。

中华民国时期

1913 年

河南省襄城县颍桥镇和项城县设点试种烤烟。之后河南、山东、安徽成为中国种植烤烟的三大烟区。

1920 年

灵宝境内有烟坊、烟行,专门加工和经营烟叶,行销巩县及西安一带。

1930 年

《重修河南通志 · 灵宝县采访册》载:灵宝“农家副业有烟叶”。

1931年

虢略镇、阳店、常阎、阌乡等地手工炮制烟丝的作坊计有10家以上，手工卷烟100万支以上。

1932年

《阌乡县志》载："旧志不载烟草，今则遍地栽之……此草今种益多，以收获之利数倍于谷也"。其时，灵宝境内种植品种多为笨烟（旱烟）和蓝花烟。

1937年

灵宝城区东关村4户农民与外地商人合资开设桃林机制卷烟厂，以4个青壮年劳力推动轮子作动力，日产5万支烟。产品有"黑司令""白粉包"两种品牌，除本地食用外，主要销往陕西、山西、四川等省。

中华人民共和国时期

1949年

6月，灵宝县全境解放。灵宝县设立贸易公司和棉麻公司。

7月，虢镇成立支前豫中商店。

10月1日，中华人民共和国成立。县、区均召开群众大会，游行庆祝。

1950年

是年，灵宝县贸易公司移出粮食公司和百货公司。

是年，中央人民政府食品工业部印发《手工卷烟暂行管理办法草案》。

1951年

1月，中央人民政府财政部召开首届全国专卖会议，讨论研究实施专卖制度事宜。

5月5日，财政部颁布《专卖事业暂行条例（草案）》和《各级专卖事业组织规程（草案）》，加强对烟草行业的计划管理。

7月，灵宝县人民政府在老城南门外设酒类专卖处、成立专卖事业机构，实行一个机构两块牌子,分别为中国专卖事业公司、灵宝县人民政府专卖处。

10 月,中央人民政府财政部颁布《专卖事业暂行条例草案》。

1952 年

1 月 5 日,中国专卖事业总公司正式成立,隶属财政部。

4 月 8 日,陕州专区被撤销,辖区并入洛阳专区。

9 月,全国财经会议决定实行卷烟专卖。10 月,商业部、轻工业部和中华全国总工会联合召开第二届全国专卖会议,具体研究实施卷烟专卖事宜。

10 月,灵宝、阌乡两县人民政府开始对卷烟实行专卖。

11 月 1 日,中国专卖事业总公司移交商业部主管。

1953 年

5 月,灵宝县设立烟酒专卖公司,行政上隶属县工商科,业务上由省专卖事业公司直管。

7 月,商业部召开第一次专卖事业公司经理会议,确定对卷烟实行包销。

8 月,灵宝县酒类专卖处更名为中国专卖事业公司河南省分公司灵宝批发部。

1954 年

6 月 21 日,中央人民政府政务院决定撤销阌乡县,将其行政区域划归灵宝县。

7 月 1 日,中国土产公司经营的全部烤烟和晒烟业务划归中国专卖事业公司经营,烟叶产销平衡、内外供应和价格掌握,同时由中国专卖事业总公司负责。

1955 年

中国专卖事业总公司河南省分公司灵宝批发部改称灵宝专卖事业公司。

1956 年

1 月,灵宝县专卖事业公司被撤销,成立灵宝县服务局。

5 月 9 日,国家撤销中国专卖事业总公司,改设烟酒专卖局。12 月 25 日,移交城市服务部管理。

11 月,灵宝县服务局被撤销,成立灵宝县商业局。商业局设一室三股,辖百货、纺织品、医药、煤建、木材、石油、烟酒、食品等8个专业公司。

1958年

8月7日,毛泽东主席视察河南省襄城县烟区。

1959年

2月,灵宝全县学习贯彻毛泽东主席提出的“水、肥、土、种、密、保、工、管”的农业八字方针。

8月,卷烟实行凭票供应。

12月,国务院将卷烟和烤烟列为二类商品,实行“计划生产、计划收购、计划调拨”,由商业部统一收购、统一安排市场。

1962年

5月5日,国务院印发《关于商业部系统恢复和建立各级专卖公司的决定》,明确烟草及其制品流通业务由各省、直辖市、自治区商业厅(局)分级管理。

是年,灵宝县棉麻公司增加烟叶收购业务。全县16个基层供销社经营烟酒销售及烟叶收购业务。

1963年

7月1日,轻工业部成立中国烟草工业公司(托拉斯),对卷烟工业集中统一管理,实行供产合一的管理体制。

是年,灵宝县根据上级指示精神,取消卷烟凭票供应制度。

1968年

灵宝县实行“精兵简政”,撤销商业局,由百货站代替其职能。

1969年

撤销中国烟草工业公司,第一轻工业部只办理烟叶的计划分配、调拨工作,烟叶收购工作下放到各省、直辖市、自治区。

1970 年

灵宝县商业局恢复。

1971 年

恢复糖烟酒公司,办公地点迁至新华街。

1975 年

陕县从许昌引进烤烟种子,在西李村乡成功试种 151 亩,开启了三门峡市种植烤烟的先河。

1981 年

是年,灵宝县进行大规模的农业区划调查。调查显示,灵宝海拔高,昼夜温差大,雨量适中,土壤适宜,与云贵高原的自然气候条件相似,对烟草的生长发育和优良品种的形成非常有利,被定为长江以北崤山优质烟开发基地之一。

是年秋,苏村公社党委书记薛本立带领该公社部分村支部书记和苏村部分村干部,赴许昌、漯河等老烟区实地考察学习烟叶生产。

1982 年

1 月 1 日,中国烟草总公司正式成立。

是年,在河南省农林科学院烟草研究所的具体指导下,引进烤烟在苏村、五亩两个公社进行试种,种植烟叶 7800 亩,亩产 94 千克,收购烟叶 74 万千克(1. 48 万担),上缴烟叶特产税 4. 1 万元。1982 年烤烟成功试种,开启了灵宝烤烟种植的历史。

是年,灵宝县委、县政府责成烟叶生产主管部门,在苏村公社的东里大队淹立沟生产队、吕家原大队高家岭生产队、苏村大队王会生产队示范种植烟叶 78 亩,获得成功。

1983 年

9 月 23 日,国务院颁布《烟草专卖条例》,县政府组织商业、供销部门进行大力宣传。

是年,灵宝县政府在阳店、川口、朱阳等乡镇组织扩大烟叶试种。种植面积为 4500

亩，收购烟叶 38.75 万千克（0.775 万担），上缴烟叶特产税 17.8 万元。

1984 年

1 月 1 日，灵宝县烟草专卖局（支公司）成立。主要从事烟叶生产、烟叶收购、专卖管理、卷烟销售工作。卷烟批发业务由糖业烟酒公司移交烟草公司。

1 月 6 日，国务院同意将轻工业部烟草专卖局改为国家烟草专卖局，与中国烟草总公司一套机构两块牌子。1985 年 12 月 30 日，国务院同意将国家烟草专卖局改为国务院直属局。

同月，洛阳地区决定灵宝县为“崤山基地优质烟叶开发研究县”之一。

1 月至 2 月，灵宝县实施农村体制改革。改公社为乡，改生产大队为行政村，改生产队为村民组。

9 月 3 日，国家烟草专卖局颁布《烟草专卖条例实施细则》。

10 月，灵宝县开征农业产品税，烟叶税率为 38%。

12 月 4 日，河南省科委、农业科学院等有关单位在郑州进行烟草质量鉴评，灵宝试种的“长脖黄”被评为全省第一，“红花大金元”在全省 14 个市县的 60 个样品外观质量鉴定中被评为第二。

是年，五亩乡生产的烟叶在全省组织的 16 个市县烟叶质量鉴评中被评为第二名。其优点是烟叶油分好、丰满度大、组织细致、弹性好、主脉不粗、单叶重 5 克以上。

是年，灵宝县“提高烤烟品质的技术研究”获河南省技术进步三等奖。

是年，灵宝县有计划地在苏村、朱阳、五亩、阳店、尹庄等 6 个乡镇进行了大面积种植，面积为 13950 亩，收购烟叶 145 万千克（2.9 万担），上缴烟叶特产税 92 万元。

1985 年

10 月，李同让任灵宝县烟草专卖局局长、烟草公司经理。

是年，灵宝县烟草公司在苏村等乡镇烟田推广地膜覆盖技术。全县烟田普遍采用“红花大金元”优良品种。

是年，烟草技术人员在五亩乡东滁村实施烟草经济施肥、提高品质新技术的研究试验。这项成果获得了河南省农科院的“烟草经济施肥提高品质新技术研究及推广”四等奖。

是年，灵宝县烟草种植扩大到 12 个乡镇，面积为 42959 亩，收购烟叶 377.5 万千克(7.552万担),上缴烟叶特产税214.8万元。

1986年

1月18日,国务院批准三门峡市复升为地级市,辖渑池县、卢氏县、陕县、灵宝县、义马市、湖滨区等五县(市)一区。

6月13日,国家烟草专卖局、国家工商行政管理局联合下发《关于加强卷烟市场管理的通知》,灵宝县专卖局组织干部职工学习宣传。

是年,灵宝县烟草公司实施在烤烟房适时充入二氧化碳,提高烤烟质量的技术试验,获得成效。此项技术荣获河南省科学研究三等奖。

是年,灵宝县烟草公司聘请河南农科院、河南农业大学、中国烟草总公司、河南省烟草公司等单位的专家、学者14人来灵宝讲学,举办各类技术培训班110多场次,培训了1.8万多人次。

是年,聘请河南农业大学副校长韩锦峰为灵宝县烟草生产技术顾问。

是年,灵宝县从许昌等地老烟区请来农民技术员32人,分配到各种烟乡村,直接帮助烟农提高技术水平。

是年,灵宝县种植烟草30000亩。由于遭受以干旱为主,风、雹、病、虫等一系列严重的自然灾害,有5000亩烟田基本绝收,大面积严重减产。全县烟叶亩产仅69千克,实际收获面积25000亩,总产173.21万千克(3.4642万担)。全县上等烟达到2.3%,中等烟达到37.9%。上缴烟叶特产税81.9万元。

1987年

是年,灵宝县坚持"计划种植,主攻质量,优质适产,坚持改革,提高效益"的指导方针,充实完善种植系统,实现种植区域化、品种优良化、生产规范化、管理科学化。县烟草公司确定苏村乡淹里沟村、川口乡川口村为烟叶生产技术示范点。

是年,灵宝县种植面积10139亩,收购烟叶119.5万千克(2.391万担),上缴烟叶特产税110.65万元。

1988年

4月28日,国家烟草专卖局发出《烟草专卖许可证暂行管理办法》的通知,实行烟草专卖许可证管理制度。

6月15日,灵宝县被河南省确定为优质晒烟开发研究基地。灵宝晒烟主要集中在阳店、大王和北坡头等乡镇。

9月14日至17日,中国烟草总公司郑州烟草研究院高级工程师周国柱一行3人应邀来灵宝县指导烟叶生产,分别考察了苏村、故县等乡镇的烤烟和阳店乡的晒烟生产情况。

是年,灵宝县引进烟叶优良品种“螺丝头”。

是年,三门峡烟区被国家发展计划委员会、国家烟草专卖局确定为长江以北唯一的“二价区”。

是年,灵宝县烟叶实收面积21500亩,收购烟叶216.7万千克(4.334万担),乡镇烟叶返税634万元,上缴烟叶特产税240.15万元。

1989年

7月18日,灵宝县苏村乡胡坡、张家沟等14个行政村遭受暴风雨和冰雹袭击,农作物受灾面积1821.33公顷,受灾群众2235户、12175人,直接经济损失69万元。

7月22日21~22时,灵宝尹庄、川口等7个乡镇遭受百年一遇的暴雨袭击,农作物受灾面积1090公顷,受灾群众2432户、12175人。暴雨致使倒塌房屋20间、窑洞220孔,死亡1人、受伤6人。

11月,灵宝县朱阳镇贾村烟农阴国营获洛阳地区“种烟能手”荣誉称号。

是年,灵宝县引进优质烟叶品种NC89。

12月,袁贞任灵宝县烟草专卖局局长、烟草公司经理。

是年,灵宝县烟叶实收面积22100亩,收购烟叶176.78万千克(3.5356万担),上缴烟叶特产税153.54万元。

1990年

3月,灵宝县人民政府决定成立灵宝县烟叶生产办公室,王晓云任烟办主任。

7月9日,夏令时19时30分,灵宝全县16个乡镇中有102个村遭受百年一遇的暴风雨、冰雹袭击。暴雨持续近1小时,冰雹约40分钟。农作物受灾面积达11321.2公顷,粮食减产2260万千克,棉花减产120万千克。暴雨冲走小麦4.05万千克,冲毁水利设施56处,民房倒塌378间、伤43人。灾害造成直接经济损失7497万元。

是年,在全国烤烟评鉴会上,灵宝烤烟品种“红花大金元”获外观质量第二名。

是年,灵宝县种植面积 19226 亩,收购烟叶 109. 04 万千克(2. 1808 万担),上缴烟叶特产税 97. 4 万元。

1991 年

4 月,赵玉卿任灵宝县烟草公司经理。

6 月 29 日,第七届全国人民代表大会常务委员会第二十二次会议正式通过《中华人民共和国烟草专卖法》,自 1992 年 1 月 1 日起实施。灵宝县烟草专卖局组织声势浩大的宣传活动。

是年,灵宝县烟叶种植面积 17385 亩,收购烟叶 164. 62 万千克(3. 2924 万担),上缴烟叶特产税 155. 18 万元。

1992 年

7 月 10 日 19~20 时,灵宝县阳平镇、西闫乡等 6 个乡镇受到罕见的暴风雨和冰雹袭击。灾情涉及 30 个村、9047 户、40314 人,农田受灾面积达 50028 亩,毁坏树木 22767 株,房屋倒塌 32 间,直接经济损失 1880 万元。

8 月 20 日,全国北方烟区旱作烤烟现场会在灵宝县召开。会上观摩了苏村乡梨子沟村烟叶大田管理。国家烟草总公司、烟草公司经理王恩沛出席会议,直夸灵宝烟叶全国少见。著名烟草专家宫长荣评价说,灵宝烟叶小而敦实,清秀可餐。

是年,灵宝县烟叶种植面积 21032 亩,收购烟叶 179. 7 万千克(3. 594 万担),上缴烟叶特产税 177. 13 万元。

1993 年

1 月 30 日,国务院发出《关于进一步加强烟草专卖管理的通知》。2 月,烟草公司集资建造职工宿舍楼。

5 月 12 日,经国务院批准,灵宝撤县设市,以原灵宝县的行政区划为灵宝市的行政区划。灵宝撤县设市后,灵宝县烟草专卖局改称灵宝市烟草专卖局。

5 月,李守义任灵宝市烟叶生产办公室主任。

7 月 1 日,全国进行第三次会计制度改革,灵宝市烟草公司开始采用借贷记账法相应减少会计科目,改革报表体系。

12 月,袁贞任灵宝市烟草公司经理。

是年，灵宝市烟叶种植面积14744亩，烟叶收购量136.5万千克(2.73万担)，上缴烟叶特产税125.28万元。

1994年

是年，灵宝市烟叶实收面积7861亩，烟叶收购量56.25万千克(1.125万担)，上缴烟叶特产税55.1万元。

1995年

是年，64户烟草公司职工乔迁烟草公司职工宿舍楼。

是年，灵宝市烟叶实收面积6218亩，烟叶收购量50.91万千克(1.0182万担)，上缴烟叶特产税59万元。

1996年

是年，烟草公司组建16个标准化烟草批发部。

是年，灵宝市烟叶实收面积9168亩，烟叶收购量102.26万千克(2.0452万担)，上缴烟叶特产税108.5万元。

1997年

7月3日，国务院颁布《中华人民共和国烟草专卖法实施条例》。市烟草局组织干部职工认真学习、广泛宣传。

10月，国家烟草专卖局下发《关于全国城市卷烟销售网络建设工作的意见》，将城市卷烟零售商户纳入烟草行业卷烟销售网络。

是年，灵宝市烟叶实收面积19163亩，烟叶收购量229万kg(4.58万担)，烟农收入1260.7万元，上缴烟叶特产税161.26万元。

1998年

6月，国家烟草专卖局下发《关于全国农村卷烟销售网络管理规定》，将农村卷烟零售商户纳入烟草行业卷烟销售网络。

是年，灵宝市政府出台《关丁调整各种烟乡镇税收返还办法的通知》。文件规定，全市烟叶税收总额的50%返还给乡镇、5%返还给村。

是年,灵宝市烟草公司开展企业群内部管理年活动。

是年,灵宝市引进优质烟叶品种 K326。

是年,灵宝市烟叶实收面积 19100 亩, 烟叶收购量 229.7 万千克(4.594 万担),烟农收入 1473.61 万元, 上缴烟叶特产税 250 万元。

1999 年

是年春,灵宝引进优良品种"云烟 85"。12 月,在全国烤烟许昌评鉴会上,灵宝产"云烟 85"获第一名。

是年,灵宝市烟叶实收面积 24072 亩, 烟叶收购量 298.02 万千克(5.96 万担),烟农收入 2266.64 万元, 上缴烟叶特产税 453.3 万元。

2000 年

灵宝市烟叶种植面积 37050 亩,烟叶收购量 431.1 万千克(8.622 万担),烟农收入 3640.75 万元,上缴烟叶特产税 728.15 万元。

2001 年

2001 年 1 月 9 日,灵宝市烟叶生产及创牌工作会议在函谷大酒店二楼会议室召开。

5 月 24 日,灵宝市政府组织召开焚烧假冒卷烟现场会,公安、检察、法院、烟草、工商等部门和 78 户商户代表及社会各界群众 2000 余人参加会议,将 62 个牌号、31664 条标值 50 余万元的假冒卷烟公开焚烧。

6 月 9 日至 10 日,灵宝市普降小雨,降雨量为 8.8 毫米,初步缓解了旱情。

8 月,张宪升任灵宝市烟草专卖局局长、烟草公司经理。

8 月 14 日至 15 日,三门峡市烟叶观摩收购工作会议在灵宝召开。灵宝市委书记孙宗会在会上做了典型发言。

9 月 22 日至 23 日,河南省水利厅副厅长王铁牛一行 5 人到灵宝检查抗旱及秋季农作物受灾情况。

是年,全市种植烟叶 37030 亩,收购烟叶 258.4 万千克(5.168 万担),烟农收入 1729.23 万元,上缴烟叶特产税 345.84 万元。

2002 年

4 月 15 日,市气象部门利用火箭弹人工增雨作业获得成功。降雨 1 个多小时,降水量达 4.5 毫米,初步缓解了旱情。

5 月 4 日至 5 日,市气象局利用有利天气,分别在东村、苏村、焦村、程村、朱阳 5 个乡镇布点,采用高炮增雨和火箭增雨两套方案,进行人工增雨作业。全市降雨量为 33.6 毫米,对农作物生长极为有利。

5 月 11 日,朱阳镇被国家烟草总局确定为"全国烟叶无公害生产基地"。

8 月 1 日、5 日、6 日,市气象局进行人工防雹作业,效果明显,确保了朱阳镇、苏村乡、焦村镇、东村乡防雹作业点范围内免受冰雹灾害。

8 月 14 日,三门峡市生产观摩暨烟叶收购工作会议在灵宝市紫金宫国际大酒店召开。三门峡市委副书记李建中、市人大副主任马恒军、副市长赵光超等领导出席会议。灵宝市领导王跃华、王万鹏、卢群召参加了会议。与会人员前往朱阳镇烟叶基地现场观摩,学习、交流烟叶生产经验和烘烤技术。

8 月 5 日 15 时 20 分至 15 时 45 分发生在五亩乡白羊、走马岭等村雹灾和 8 月 27 日 18 时 27 分至 18 时 47 分发生在朱阳镇新店、美山等村的雹灾较为严重(最大冰雹直径估测值为 2 厘米)。据统计,全市因雹受灾面积 2000 公顷(合 3 万亩),成灾面积 1650 公顷(合 24750 亩),绝收面积 450 公顷(合 6750 万亩),直接经济损失约 1.2 亿元。

11 月 21 日,市政府召开会议,部署卷烟市场整治工作,严厉打击各种非法经营卷烟行为。

是年,灵宝市烟草局投入 20 余万元,从许昌聘请云烟生产技术员 41 名,深入各种烟村检查、指导、考核云烟生产。

是年,灵宝市被国家烟草局确定为"全国无公害优质烟叶生产基地"。

是年,灵宝市被确定为"全国烤烟综合化标准示范基地"。

是年,全市种植烟叶 29700 亩,收购烤烟 309.6 万千克(6.1918 万担),烟农收入 2693.86 万元,上缴烟叶特产税 538.77 万元。

2003 年

5 月 10 日,中共灵宝市委书记王跃华、市长王万鹏在《灵宝晚报》上发表署名文章

《十年铸就辉煌路,与时俱进谱新篇》,庆祝灵宝撤县设市十周年。

6月9日14时45分至15时35分,灵宝函谷关镇遭受龙卷风、冰雹和暴雨袭击,受灾区域为长8千米、宽6.5千米的带状区,其中坡头、孟村和西寨等11个村受灾严重。

7月20日,市长王万鹏到五亩乡、朱阳镇察看烟叶生产情况并慰问受灾烟农。

8月7日,三门峡市烟叶生产采收烘烤现场会在灵宝市紫金宫国际大酒店召开。河南农科院郑州烟草研究所、三门峡市烟办及灵宝市政府有关领导出席会议。各市(县、区)烟办主任、烟草局局长及烟叶生产有关负责人80余人参加了会议。灵宝市在会上介绍了下排湿炕房建设及配套工艺的经验。

8月19日,灵宝市卷烟零售户王某因经营假冒卷烟,并且阻碍烟草执法人员执行公务,被公安机关治安拘留。

8月23日,灵宝市烟叶收购工作启动,全市共设9个收购站(点)。

8月29日,灵宝市烟草专卖局集中销毁了一批假冒伪劣卷烟,共涉及221个品种,价值141万元。

是年,苏富强、邵为民被评为三门峡市烟草生产先进科技人员。

是年,在三门峡市烟叶生产工作会议上,灵宝市被评为烟叶生产收购先进单位;市烟办被评为烟叶生产先进管理办公室;朱阳镇梁庄村、五亩乡窑坡村、苏村乡宋峪村被评为烟叶生产先进村。

是年,河南全省开始推广"气流下排湿"烤房。

是年,三门峡市组织了4次烟叶生产检查,灵宝市3次荣获第一名。

是年,全市种植烟叶面积38313亩,收购量441.89万千克(8.378万担),烟农收入3863.55万元,上缴烟叶特产税772.7万元。

2004年

1月13日,灵宝市烟叶工作会议召开。市领导王万鹏、朱振华、卢群召、张智义出席会议。会议总结了全市烟叶生产工作,安排部署了2004年目标任务。市长王万鹏在会上指出,要强化规模效益、科技指导、质量品牌三种意识,做大做强这一支柱产业。

1月17日,灵宝市烟草稽查大队接群众举报,在城关镇西华村一居民院内抓获1名涉嫌贩卖、走私假烟的不法商贩,当场依法查收假冒"中华"牌香烟300余条,标值人民币14万元。

2月，张宪升任灵宝市烟草局党组书记。

4月18日，河南省烟草公司副总经理李俊成一行到灵宝市朱阳镇检查烟叶生产工作。

4月28日，河南省烟草公司副经理李俊成、烟叶处副处长黄元炯到灵宝市检查烟叶标准化生产工作。

5月18日，国家烟草总局顾问、原河南省烟草总局局长乔兴碧到灵宝朱阳镇调研烟叶生产工作。

8月13日，灵宝市烟叶收购工作会议召开。市人大副主任朱振华、副市长卢群召出席会议。会议要求全市各烟站在8月17日前做好收购准备工作，确保8月23日起开磅收购。

8月17日，国家烟叶标准化示范项目考核验收组一行14人，在三门峡市副市长赵光超的陪同下到灵宝市考核验收烟叶标准化工作。验收组一行实地察看了朱阳烟叶收购站和梁庄全国烟叶标准化生产基地，对灵宝市在烟叶生产工作中导入ISO 9000质量管理体系给予充分肯定。

8月26日，灵宝市烟草专卖局在焦村镇西章垃圾厂公开销毁一批假冒违劣卷烟和劣质烟叶，其中卷烟涉及162个品牌878件，烟叶15吨，总价值125万元。

是年，朱阳镇被评为三门峡市“全市农业标准化工作先进集体”、烟叶生产收购工作先进乡镇；五亩乡被评为三门峡市烟叶生产收购工作先进乡；朱阳镇梁庄村被评为三门峡市烟叶生产收购工作先进村。

是年，灵宝市烟草公司被评为灵宝市党建经济重点工作目标考评先进单位。市烟草专卖局、市烟叶生产办公室为市政府嘉奖单位。

是年，市烟叶生产办公室、市烟草公司的“傻瓜烤房”建造技术研究与应用，获灵宝市2003年度科技进步三等奖。

是年，市烟草专卖局邵为民被评为三门峡市烟站生产先进科技工作者。

是年，灵宝市政府通令嘉奖烟草专卖局局长张宪升。

是年，灵宝市“全国烤烟综合化标准示范基地”项目，以优异成绩通过国家考核验收。

是年，全市种植烟叶41192.1亩，收购烟叶548.184万千克（10.96368万担）。烟农收入4731.38万元，上缴烟叶特产税946.28万元。

2005 年

5 月 12 日,国家烟草专卖局印发《关于在全国烟草行业开展“牢固树立国家利益、消费者利益至上的价值观”大讨论活动的通知》,拉开行业共同价值观建设的序幕。

7 月 26 日,灵宝市政府召开农业标准化示范县(市)创建工作会议,烟草公司主要目标是创建 3000 公顷优质烟叶生产基地。

8 月 9 日,河南省烤烟综合标准化推广工作会议在灵宝市召开。省烟草公司副总经理王志富,三门峡市副市长乔心冰、烟办主任吕水运、烟草局(分公司)局长(经理)吴明山和党组书记罗广善及灵宝市副市长卢群召出席会议。会议期间,与会人员到五亩乡白羊村参观,对该村的烟叶标准化生产赞不绝口。

9 月 15 日,三门峡市副市长乔心冰到灵宝检查烟叶收购、秸秆青贮和畜牧养殖工作。

是年,市烟草公司荣获灵宝市“支持农村经济发展特别贡献奖”。

是年,五亩乡烟办主任张斌刚被评为三门峡市烟草生产先进工作者。

是年,灵宝市烟草公司被省烟草公司专卖局授予烟叶生产收购先进单位、烟草商业先进集体、烟草商业财务管理先进集体。

是年,豆浆灌根技术被《三门峡优质烟叶生产技术标准》一书收录。此项技术开始在三门峡市推广应用,并获得河南省科技进步奖。

是年,全市烟叶栽植面积 45166 亩,收购烟叶 602.59 万千克(12.0518 万担),总产值达 5764.32 万元,上缴烟叶特产税 1152.64 万元,均创历史新高。实现了烟农增收、财政增税、企业增效、烟厂满意的“四赢”目标。

2006 年

5 月 10 日,三门峡市烟叶移栽现场会在灵宝市故县镇冯家塬村召开。会议主要介绍并号召推广灵宝市烟叶生产的先进经验。

8 月 12 日,灵宝市现代烟草农业现场会在五亩乡西淹村召开。

9 月 19 日,灵宝市荣获“全国优势农产品产业带建设示范县(市)”称号,受到农业部表彰。

是年,灵宝市烟草公司被评为灵宝市“服务地方经济建设先进单位”。

是年,灵宝市被三门峡市政府授予烟叶生产收购先进单位。

是年,灵宝市烟叶生产办公室被三门峡市政府授予烟叶生产先进单位;苏村乡、五亩乡、朱阳镇被三门峡市政府授予烟叶生产先进乡镇。

是年,灵宝市烟草专卖局(公司)被省烟草专卖局(公司)授予烟叶生产先进工作单位。

是年,全市种植烟叶面积46860亩,烟叶收购700.993万千克(14.01986万担),实现总产值7005.4万元,实现烟叶特产税1401.08万元,烟农户均收入8691元。各项指标再创历史新高。

2007年

7月,国家烟草权威专家冯国祯率广西自治区烟草考察团来灵宝考察烟叶生产。

10月,灵宝市烟草专卖局(公司)更名为灵宝市烟草专卖局、市烟草分公司,简称灵宝市烟草局(分公司)。内设办公室、专卖办公室、纪检室、考评办、整规办、生产科、烟叶科、卷烟科、劳人科、安保科、财务科、基建统计科、审计科、服务中心、车管科、物业办;下设朱阳、苏村、五亩、川口、故县5个烟站和配送点、稽查2个中心,下辖专卖稽查大队和4个专卖管理所。

是年,全市种植烟叶面积50811亩,收购烟叶564.875万千克(11.297503万担),烟农收入5642.89万元,上缴烟叶特产税1241.436万元。

2008年

3月15日,第十一届全国人民代表大会第一次会议审议并批准国务院机构改革方案,国家烟草专卖局改由工业和信息化部管理。

是年,查获违法卷烟32.18万支,查获非法烟叶4.51吨,上缴财政罚款3.06万元。

是年,联合公安机关成功侦破了"4·22"特大贩售假烟网络事件,涉案金额100余万元,逮捕犯罪嫌疑人6名。

是年,全市种植烟叶5200亩,收购烟叶717.84万千克(14.356889万担),烟农收入9377.8万元,上缴烟叶特产税2063.12万元。

2009年

1月,韩黎明任灵宝县烟草专卖局局长、烟草公司经理、党组书记。

是年,全市合同种植烟叶5200亩,收购烟叶825万千克(16.5万担),烟农收入

1.17亿元,上缴烟叶特产税2572.5万元。

2010年

1月,强自义任灵宝市烟叶办公室主任,李守义不再担任烟办主任职务。

5月6日,全市烟苗移栽现场会在故县镇冯家塬村召开。会议要求全市烟苗移栽工作要在5月15日前全面结束。各烟站要继续加强苗床后期管理,做好通风控水、剪叶炼苗工作,严格出棚检验制度,同时要组织烟农趁墒施肥盖膜,为烟苗大田移栽打基础。

9月,省烟草局烟叶处副处长张利红带领由水利、道路、烘烤专家组成的省烟叶生产基础设施项目验收组对灵宝市烟叶生产基础设施项目建设进行验收。验收组通过听取汇报、查看档案、随机抽查、实地勘验、走访烟农等程序,抽验了朱阳镇和五亩乡13个村和41个项目。经评审人员综合评审,灵宝市以93分的优异成绩顺利通过验收。

10月9日,朱阳镇和五亩乡41个项目顺利通过了国家烟草局烟叶生产基础设施建设验收组的验收。

10月8日,灵宝市副市长李赞鹏等到朱阳镇烟站和马河口收购站检查烟叶收购工作。

11月,《灵宝市现代烟草农业建设实施方案》通过国家烟草专卖局(总公司)评审,以此为标志,灵宝市开启了现代烟草农业建设的新序幕。

同月,灵宝市烟草专卖局被中共河南省委、河南省人民政府授予省级"文明单位"。

是年,全市合同种植面积47000亩,收购烟叶724.18万千克(14.4836万担),烟叶总产值10718.37万元,上缴烟叶特产税2358万元。

2011年

2月23日,河南省首家烟叶经济合作社——北塬烟叶专业合作社在朱阳镇梁庄村挂牌成立。这是全省以土地入股成立的第六个农民合作组织,也是三门峡地区唯一一个烟叶经济合作社。

3月,河南省烟草专卖局授予灵宝市烟草专卖局(公司)"全省烟草商业廉政文化示范点"。

8月23日,灵宝市人大常委会主任到五亩乡调研烟叶生产工作,先后到鱼村、窑坡村两个浙江中烟基地——利群品牌基地单元和西淹村金源烟叶专业合作社实地察看了烟田基础设施建设及现代化育苗、烘烤情况，对基地单元建设和烟叶专业合作社建设工作给予充分肯定。

25日，灵宝市召开烟叶收购工作会议，总结前段烟叶生产工作，安排烟叶收购工作。

12月25日，灵宝市在苏村乡召开冬季烟叶生产现场会，会议回顾总结2011年烟叶生产工作，明确2012年目标任务。

12月30日，灵宝市政府召开烟叶生产工作会议，金塬烟叶专业合作社和北塬烟叶专业合作社被评为组织创新先进单位，并各奖励价值8万元的大型农用拖拉机一台。

是年，全市合同种植烟叶51600亩，实际种烟面积48000亩，收购烟叶671.07万千克（13.42万担），总产值11243.2万元，上缴烟叶特产税2473.5万元。

2012年

5月4日，灵宝市2012年烟叶移栽工作现场会在五亩乡窑坡村召开。

7月，河南中烟有机烟叶试验基地落户朱阳镇。该基地面积17.33公顷，种植优质烟叶云烟5.8公顷，涉及烟农17户，受益群众57人，亩产值5000余元，经济效益是普通卷烟的10倍以上。

12月28日，灵宝市人民政府通令嘉奖灵宝市烟草局，并奖励烟叶生产用车一部。

是年，灵宝市烟草局全年查处违法案件56起，查获非法卷烟37.94万支，上缴罚款3.04万元，成功破获“7·20”销售假烟网络案，案值101万元，刑事处理3人，成功查处“10·27”无证运输烟叶案件，查获违法烟叶4.6吨，追查案值25.08万元，刑事处理4人。

是年，灵宝全市烟叶生产配方施肥、地膜覆盖、豆浆灌根、化学抑芽、成熟采摘等关键技术落实率100%。

是年，河南省政府授予灵宝市“烟叶生产先进县（市）”荣誉称号。

是年，全市落实烟叶面积65000亩，收购烟叶1103万千克（22.06万担），烟农收入22926.27万元，上等烟比例59.42%，实现烟叶特产税5043.8万元。

2013年

3月19日，灵宝市举行公开销毁伪冒卷烟及罚没残次烟叶现场会，对近年来查获的126.65万支冒牌烟及3160千克罚没残次烟叶，按照法律程序，予以公开销毁。

8月28,河南省烟草专卖局(局长)、总经理李孟顺到灵宝市调研烟叶生产情况。李孟顺认真听取相关部门的工作汇报,详细询问烟农种植过程中遇到的各种困难、烟叶生产基础设施建设、运行和管护、烟用物资供应和生产成本、烟田轮作、流转以及烟农收入情况。调研中李孟顺对灵宝市强化服务意识、加大生产投入,推行集约化育苗、密集化烘烤、规模化种植等工作给予充分肯定。

9月,灵宝市白虎潭水库烟草援建水源工程项目获国家批准。

是年,全市落实合同种植面积64000.5亩,收购烟叶985万千克(19.7万担),总产值22493.3万元。上缴烟叶特产税4948.5万元。上等烟比例、千克均价名列三门峡市第一。

2014年

市烟草局被三门峡市烟草局评为烟叶质量信誉提升年先进单位。

是年,投入1391万元,建设水利设施9个,修建机耕路12条,搭建育苗大棚18座,改建散烟烤房98座,配置机械334台,改善了烟农生产生活条件。

是年,全市烟叶合同种植面积55455亩,收购烟叶702.5万千克(14.05万担),烟农收入14131.07万元,上缴烟叶特产税3159万元。烟草质量位居全省首位。

2015年

3月,朱天义任灵宝市烟草专卖局(分公司)局长、经理、党书记。

是年,灵宝市烟草专卖局在推进烤烟标准化工作中,建立技术推广体系,完善投入保障制度,完善基层考核机制,强化基础设施配套,进一步提升了烤烟标准化程度,形成了"学标准、信标准、靠标准"的良好氛围。8月,灵宝市烤烟标准化工作通过国家烟草局验收。

5月7日,财政部、国家税务总局联合印发《关于调整卷烟消费税的通知》,自5月10日起,卷烟批发价税税率由5%提高至11%,并按0.005元/支加征从量税。

8月22~23日,寺河乡、苏村乡、五亩乡、朱阳镇、豫灵镇等乡镇连续出现雷电、大风、冰雹短时强降水等强对流天气,致使农作物大面积受灾。其中烟叶受灾面积310公顷,绝收面积达26.67公顷。

9月1日,全市烟叶生产工作会议召开。会议强调,烟叶生产工作事关农村发展、农业增效、农民增收,事关全市经济发展大局。有关乡镇和部门,必须牢固树立以质量求生存、以特色求发展的理念，把提升质量各项措施抓细、抓实、抓好，确保烟叶产业持续健康发展。

29日，三门峡正市级领导李建顺到灵宝市检查烟叶收购工作，市长级干部徐端业陪同。李建顺在察看朱阳烟叶收购和听取市政府工作汇报后，对灵宝市烟叶收购工作给予充分肯定，并提出了指导性意见。

是年，市烟草专卖局加强五亩乡特色烟基地基层基础建设，实行质量溯源管理，推广先进适用技术，充分利用灵宝独特鲜明的自然生态条件，开展系统研究，进行系统检测和适应性评价，明确标准化技术，推行机械化作业，烟叶生产整体水平得到了提高。10月10日，五亩乡特色烟基地单元通过省烟草局评估验收。

10月26日，市委常委、常务副市长吕根友到朱阳烟叶工作站、马河口烟站参观检验区、司磅区、散烟区和烟叶成品库，实地察看烟站收购进展情况和烟叶质量。

是年，五亩乡金塬烟叶专业合作社按照"种植在产、服务在社"的发展理念，坚持"民办、民管、民受益"，积极开展育苗、机耕、质保、烘烤、分级等专业化服务。年内，入社烟农1036户，种植面积1020公顷，户均种烟198公顷。12月，金塬烟叶专业合作社顺利通过全国"行业示范社"验收。

是年，全市烟叶合同种植面积55000亩，收购烟叶912万千克(18.24万担)，总产值22800万元，上缴烟叶特产税5015.38万元。

"十二五"期间，累计收购烟叶4373万千克(95.46万担)，总产值9.38亿元，上缴烟叶特产税26000万元。

2016年

3月2日，灵宝市烟草专卖局被三门峡市烟草公司授予全市"烟叶质量信誉深化年"活动突出贡献奖。授予灵宝五亩乡金塬烟叶专业合作社"先进烟叶专业合作社"称号。

6月4日，五亩乡西淹、白羊、窑坡遭受特大冰雹灾害。

8月，三门峡市烟叶生产流动观摩会在朱阳镇透山村、五亩乡渔村召开，三门峡市烟草局领导班子及各县相关领导参加了观摩。

10月5日，市政府召开烟叶收购工作会议，回顾总结前段时间烟站收购工作，对后续烟站收购工作进行再部署。市委副书记、市长何军，副市长杜元恒出席会议。2016年全市签订烟叶种植面积5.7万亩，涉及8个乡镇93个村4596户烟农。

12月7日,市政府召开脱贫攻坚暨果品、烟叶生产等重点工作会议。烟站生产要按照分配的工作任务,稳定收购质量,稳定收购等级,积极着手2017年的烟叶生产。

是年,投资1200万元,新建育苗工厂1个、连体钢架大棚21座、大密集烤房7处21座、修建烟田机耕路7条6.7千米、配置烟草农业机械30台。

是年,全市烟叶种植面积57000亩,收购烟叶875万千克(17.5万担),烟农收入22419.88万元,实现烟叶产品税4932.37万元。

2017年

7月,王维新任灵宝市扶贫办党组成员、灵宝市烟叶生产办公室主任。

8月18日,三门峡市烟叶生产流动观摩会在朱阳镇透山村举行。

12月27日,第十二届全国人民代表大会常务委员会第三十一次会议审议通过了《中华人民共和国烟叶税法》。

是年,灵宝全市种烟50000亩,灵宝市收购烟叶599.62万千克(11.99万担),实现产值14154.82万元,上缴烟叶特产税3178万元。

2018年

4月28日,灵宝市政府在朱阳镇召开全市烟叶生产会议暨大田移栽现场会。市政府党组成员彭占玉,市烟叶生产办公室主任王维新,烟草公司党组书记、局长、经理朱天义,主管经理吉贵峰,各种烟乡镇主管领导、烟办主任、烟站正副站长、烟叶生产部门相关负责人、合作社社长以及部分烟农和育苗户代表等90余人参加了会议。

6月,灵宝市白虎潭水库烟草援建水源工程竣工,27日通过三门峡水利局组织竣工验收。水库总造价16380.47万元,烟草行业援建14793.64万元。

7月11日,灵宝市召开烟草转型升级工作会议,灵宝市副市长、市政府党组成员彭占玉出席会议并发表重要讲话。会议回顾2017年及2018年上半年转型升级工作成果,商议下一步工作措施、工作信息,明确发展目标,奋力推动灵宝烟草转业升级迈出新的一步。市烟草局局长朱天义、市工商局副局长张世刚、洛阳卷烟厂副厂长赵亚峰分别发言。市财政局、公安局、交通局、邮政局等相关单位及明星商户参加会议。

是年,灵宝全市示范推广小苗移栽500亩、井窖式移栽300亩。

是年,省烟草局武卫东局长、王泽宗副总经理、殷建立副总经理一行赴灵宝调研烟叶生产工作。

是年，灵宝市委、市政府贯彻落实三门峡市引进人才“1+8”政策，市委组织部、市农业农村局动员灵宝市朝阳生物科技有限责任公司与郑州大学对接，成功引进王岩教授等4名高级人才团队来灵宝创新创业，合作实施“农业产业化废弃物资源化利用与苹果专用肥生产”产业化项目。是年，王岩教授高级人才（团队）集中郑州大学优势科研力量，开展“分散、塑料吨包式好氧高温发酵生产有机肥”的技术研究。所制成的有机肥富含氮、磷、钾等营养元素，活化土壤、肥效持久，能膨大果实，增甜着色，所含的烟焦油、烟碱成为高效生物杀虫剂。该项技术属国内首创，有效解决了烟叶生产过程中废弃物无害化处理和循环利用问题，计划申请国家发明专利。

是年，灵宝全市落实烟叶种植面积4.8万亩，涉及6个乡镇76个村4350户烟农。其中万亩以上乡镇2个、面积3.94万亩，占总面积的82.1%；千亩以上村19个、面积2.99万亩，占总面积的59.8%。全年收购烟叶715万千克（14.3万担），总产值20500万元，上等烟比例75.05%，亩均产值4271元，千克均价26.87元，实现烟叶特产税4510万元。

2019年

1月，灵宝市烟叶生产办公室被灵宝市政府授予2018年烟叶工作“特别贡献单位”。

3月26日，中国烟叶总公司水源办副巡视员卞卡一行，到灵宝市朱阳镇调研灵宝市小秦岭（朱阳佛山）烟区水源工程和烟叶生产工作。河南省烟草公司烟叶处处长李广良，灵宝市委书记孙淑芳、市委副书记王跃峰、市领导张磊陪同。卞卡一行首先到朱阳镇两岔河村察看了水源工程，然后到透山烟叶核心示范区大田、鑫塬烟叶合作社、新店烟叶工作站，实地察看烟田分布状况、烟叶培育、烟站管理以及合同签订、补贴兑现等。并听取了灵宝市有关情况汇报。

4月13日，“灵宝市烟草转型升级杯”自行车邀请赛举行。旨在大力倡导市民绿色出行，崇尚健康生活，本次赛事全程16千米，共有150名选手参加比赛。

8月20日，河南省烟草公司副经理王泽宗、烟叶处处长李广良，三门峡市烟草局局长（经理）张敬榜、副经理苏新宏等一行到朱阳镇调研烟叶生产抗旱救灾情况。

8月22日，三门峡市烟叶生产流动观摩评比会在朱阳镇吴家垣村举行。

10月10日，河南中烟原料部主任崔少卿一行到灵宝市调研河南中烟基地单元烟叶成熟采烤、收购等工作。市政府副市长王泉钧等陪同。崔少卿一行分别到朱阳镇朱阳烟站、马河口烟站进行实地调研,仔细察看烟叶收购分级、过磅、打包、入库等环节,并听取站点负责人关于烟叶收购均价、等级质量、入库进度等情况汇报。

10月15日,河南省副省长刘伟带领省烟草局局长周恩海、河南中烟公司总经理杨自业到灵宝市调研烟草业转型升级工作。刘伟指出,要加快推进烟草业转型升级“县区市场攻坚”工作,总结先进经验,推广成功做法,努力为烟草业转型升级探索行之有效的工作路径。三门峡市委副书记、市长安伟,副市长高永瑞,市政府秘书长郭忠义,灵宝市市委书记孙淑芳,市委常委、市委办公室主任郭建体,副市级领导彭占玉参加调研。刘伟一行先后到西阎乡和灵宝市区3家卷烟终端商户进行了走访,实地察看了解卷烟销售情况。

10月17日,河南省烟叶原收原调现场观摩会在灵宝市五亩乡举行。河南省烟草专卖局(公司)党组成员、副总经理王泽宗带领全国13家卷烟工业企业、全省12个产烟地市等70余名与会代表,到灵宝市五亩烟叶工作站对烟叶专分散收、原收原调等工作进行观摩。在五亩烟叶工作站,观摩团成员先后参观了烟站文化墙、烟叶分级区等,并实地了解了复检流程、智能门禁系统等。

10月中旬,《灵宝烟草志》编纂工作启动。28日上午,召开《灵宝烟草志》编纂工作启动会。市烟办主任王维新,市烟草局局长朱天义,副经理吉贵锋、王晓军参加会议。各乡镇主抓烟叶工作的领导、烟办主任、市烟办、烟草局机关相关科室负责人参加会议。会后,特聘编辑人员李冠学、张兵林、段景仓就《灵宝烟草志》编纂工作具体事宜及相关事项进行了业务培训。

是年,灵宝市烟草专卖局被河南省爱国卫生运动委员会授予2015~2018年“省级卫生先进单位”称号。

是年,灵宝市种植烟叶面积48499.95亩,收购烟叶675.50万千克(13.5106万担),烟农收入18351万元,上缴烟叶特产税4037.38万元。

2020年

1月16日,中共三门峡烟草专卖局、河南省烟草公司三门峡市公司党组(三烟组〔2020〕10号)文件通知:李致新任灵宝市烟草专卖局(分公司)党组书记、灵宝市烟草专卖局局长、三门峡市烟草公司灵宝市分公司经理。

2月12日上午,灵宝市烟办主任王维新、市烟草局局长李致新前往苏村乡河南中烟苏村基地调研当前烟叶生产重点工作。王维新与李致新分别与苏村乡党委书记赵少伟、乡长贺晓辉就土壤保育、面积落实、品种治理等重点工作,深入田间地头进行调研。

是日下午,灵宝市烟办、市烟草局联合开展“疫情防控 你我同行”走访慰问活动。市烟办主任王维新,市烟草局党组书记、局长、经理李致新,副经理吉贵锋、王晓军,纪检组长刘保国带队慰问。其间,王维新、李致新一行组成三个慰问组,先后到市一院、市公安局、市场监督管理局,向坚守在疫情防控一线的工作人员致以真挚的慰问,对于他们在疫情面前勇于牺牲、敢于担当的精神表示崇高敬意,同时送去由职工自发捐款购买的方便面、牛奶、火腿、面包等慰问物资,共计160箱,价值9074元。

3月11日,为贯彻全市烟草系统工作会议及市委十二届八中全会精神,灵宝市烟草专卖局(分公司)召开工作会议,总结2019年工作,分析当前形势,部署“形象转变期”任务,安排2020年重点工作。全体班子成员,机关各科室,基层各站(点)、队(部)副股级以上人员参加会议。

3月13日,灵宝市春季烟叶生产工作推进会在五亩乡召开。会议分两个阶段,第一阶段由市烟草局主要领导李致新做烟叶技术培训,第二阶段在五亩乡渔村召开大田起垄现场会。市烟办主任王维新,烟草局主要领导李致新,各种烟乡镇主管领导、烟办主任,五亩乡各种烟村干部,烟草局烟叶口正副站长、技术骨干及烟农共计167人参加会议。

4月22日,河南省烟草局烟叶处李广良处长一行到灵宝调研烟叶生产工作。三门峡市烟草局张敬榜局长,苏新宏副经理,生产科陈胜利科长及灵宝市烟办、烟草局主要领导随同调研。李处长一行在新店烟叶工作站召开座谈会,听取当前烟叶生产进展情况、基层烟站党建、透山烟叶产业综合体建设工作汇报。李广良处长对灵宝春季烟叶生产工作给予充分肯定。张敬榜局长对灵宝烟叶产业提出了具体要求。

4月29日,灵宝市召开2019年“黄金叶销售明星商户”和“黄金叶销售明星示范商户”表彰会,总结回顾2019年全市烟草业转型升级工作,表彰省产烟销售明星商户,进一步推动全市烟草业加快转型升级。副县级领导彭占玉出席会议。会议传达了《关于对2019年度全市“黄金叶销售明星商户”和“黄金叶销售明星示范商户”的表彰决定》,并向91位“黄金叶销售明星商户”和4位“黄金叶销售明星示范商户”颁发了奖牌。

2020年春,中国烟叶公司计划在全国建设51个“烟区产业综合体”试点,示范引领烟区现代农业发展,更好助力乡村振兴与脱贫攻坚。灵宝市透山烟叶产业综合体被列入2020年全国51个“烟区产业综合体”建设试点名单。

2020年春,苏村乡福地烟站开始筹建。到4月底,已完成选址、项目论证等前期准备工作。项目预计投资1350万元。

第一章　起源与发展

烟草的起源、传播和发展经历了曲折漫长的历史过程。明嘉靖年间(1522~1566年)烟草传入中国东南沿海各省,后逐步传入内地。明天启六年(1626年),烟草传入河南,掀开了河南烟草种植的历史。1913年,在河南省襄城县颖桥镇和项城县设点试种烤烟,之后河南、山东、安徽成为中国种植烤烟的三大烟区。1973年渑池县试种烤烟,1975年陕县从许昌引进烤烟种子,在西李村乡成功试种151亩,开启了三门峡市烤烟种植的先河。灵宝晒烟种植大约起源于清代中晚期,直到20世纪90年代,仍保留有少量面积。灵宝市(县)烤烟种植肇始于1982年。近40年的烤烟种植历史,它从引进试种、规模发展、低谷徘徊、恢复发展、生产转型,直到按照烟草产业标准化生产,建立现代烟草农业,其间经历曲折迂回、波浪起伏。通过艰辛探索、科学发展,取得了令人瞩目的成绩,真正实现了富民富乡富财政的产业化目标。

第一节　起源与传播

烟草属管状花目,茄科,烟草属。拉丁学名 Nicotiana tabacum Linn,一年生或有限多年生草本,全体被腺毛;根粗壮。茎高0.7~2米,基部稍木质化。叶矩圆状披针形、披针形、矩圆形或卵形,随品而异。顶端渐尖,基部渐狭至茎成耳状而半抱茎,长10~30(~70)厘米,宽8~15(~30)厘米,柄不明显或成翅状柄。花序顶生,圆锥状,多花;花梗长5~20毫米。花萼筒状或筒状钟形,长20~25毫米,裂片三角状披针形,长短不等。花冠漏斗状,淡红色,筒部色更淡,稍弓曲,长3.5~5mm,檐部宽1~1.5厘米,裂片急尖;雄蕊中1枚显著较其余4枚短,不伸出花冠喉部,花丝基部有毛。蒴果卵状或矩圆状,长约等于宿存萼。种子圆形或宽矩圆形,径约0.5毫米,褐色。夏秋季开花结果。中国南北各省区广为栽培。

烟草共有50多个品种,种植最多的是红花草(烤烟是其中一个类型),其次是黄花草(晒烟)。烟草的别名很多,《粤志》称它为八角草,也叫仁草;《白花境》称它为相思草;《和汉药考》称它为南蛮草,亦叫长命草、还魂草等。用来制烟的部分称烟叶。按叶的用途及调制方法可分为烤烟、晒烟、晾烟、香料烟等;茎、叶均可提取烟碱、苹果酸、柠檬酸,叶、茎调制后可制卷烟、雪茄烟、烟丝等。亦可药用,作麻醉、发汗、镇静和催吐剂。据《科技日报》2019年10月23日报道,中国农科院烟草研究所研究人员发现烟草内有可制造高效低毒生物农药新型化合物,在植物病虫害防治中的作用显著。

烟草和玉米、红薯一样,是原产于中南美洲的农作物,最早为墨西哥尤卡坦半岛上的印第安人栽培和使用,但是,那是黄花烟草,要通过阳光调制而成——晒烟。而更为常见的红花烟草,则最早见于玻利维亚南部和阿根廷北部一带,要用火管烘烤成烟的烤烟,就是红花烟草的一个品种。

现在,中国市场上流通最广、最为常见的卷烟,大多数以烤烟为原材料。

烤烟被带入美国后,在弗吉尼亚州种植,结果发现,在弗吉尼亚州的烟草种植非常成功,且种植出的烟草具有独特的外形特征,因此也被称为弗吉尼亚型。

中国古代没有烟草种植,也没有吸烟的记载。烟草作为泊来品,最早有"淡巴菰"之称,是西班牙语 el tabaco 的音译。明代是中国新农作物输入的重要时期,据历史学家推断,烟草在明万历三年(1575年)传入中国,但据广西合浦上窑出土的明嘉靖二十八年(1550年)制造的两个烟斗考证,烟草传入中国当在1550年之前。1543年西班牙人的大航海将烟草移植到菲律宾(曾经的吕宋岛),又经过了很长的时间,中国东南沿海地区的商人,才将烟草种子带回了中国。最初,只在福建种植,试验成功后,种植范围便扩大到了广东、江浙等地。烟草在中国出现后,就如同雨后春笋一般,在全国范围种植,蔚然成风。明代方以智在《物理小识》中说:"万历来,有携淡巴菰至漳泉者……皆卸长管而火点吞吐之,有醉仆者。"清代全祖望甚至写了一首《淡巴菰赋》,来夸赞烟草:"将以解忧则有酒,将以消渴则有茶。鼎足者谁?菰材最佳……若夫蠲烦涤闷,则灵谖之流;通神导气,则仙茅其俦。"

明天启六年(1626年)烟草传入河南中牟县,由于其干制方法是在自然条件下晒制或者晾制,因此统称为晾晒烟。晾晒烟传入河南后,首先在襄城县、禹县(今禹州)、郏县、南阳邓县(今邓州市)、开封尉氏县等地种植,之后逐渐在全省传播。到清代,已有新野、镇平、淅川、方城、唐河、社旗、内乡、确山、泌阳、汝南、正阳、新蔡、长葛、临颍、郾城、嵩县、洛宁、宜阳等地种植。但为零星种植,多为自种自吸,后演变为交易,未形成集中产区。后到清末,烟草种植遍及河南各地,河南烟草业已经初具规模,同时出现了烟草手工业。

烤烟原产于美国,旧称熏烟叶、美烟或弗吉尼亚烟。烤烟在中国的普及要归功于

20 世纪初世界最大的烟草——英美烟草公司，它于 1902 年在英国伦敦成立，并收拢了英、美两国六家大烟草公司，以及一些小公司的全部资本。这家公司一进入中国市场，便在上海设立了分公司。

那时，只有晒烟在中国土地上成功种植，而中国本土尚且不能大量提供适合制作卷烟的烤烟烟叶。因此，对于刚进入中国的英美烟草公司来说，在找到合适的本土产地前，长时间依赖从美国进口烤烟烟叶，作为原材料。由于从美国运输烤烟到中国需远涉重洋，运输时间长、费用高，不利于卷烟制造商榨取高额利润。英美烟草公司为了控制原材料的运输成本，谋求廉价的原料，争取中国市场，建立卷烟原料基地。从 1904 年开始，先后从美国派来烟草专家及以传教为名的基督教徒，在广州、吉林、山东、陕西、安徽、河南等地进行 10 年探查，调查土壤、气候和晒晾烟种植情况，并进行土壤检测。其中在河南襄城、邓县、确山、泌阳、南阳、通许等地调查测验后，认为河南是种植烤烟的理想之地。1913 年，他们决定首先在山东潍坊二十里铺、河南襄城县颖桥镇、安徽凤阳三个地方试种，并进行烤烟的推广。试种成果出来后，他们发现襄城县的气候及土壤条件最适宜种植烤烟，出产的烟叶质量最为上乘，襄城因此被誉为“东方弗吉尼亚”，成为在中国推行烤烟的始发站。至此，中国烟草业才由大量种植晒烟过渡到美种烤烟成为主流的历史时期，而河南也成为中国烤烟的发源地之一，素有“中国烤烟在河南，襄城烟叶甲河南”的美誉。抗日战争爆发后，原本的烤烟产地大部分被日军攻陷。在这时，贵州、云南等西南地区才开始种植烤烟。

洛阳地区烟草种植始于清光绪年间（1875～1908 年），所种烟叶主要是晾晒烟，如蓝花烟、黄花烟等，多为吸食之用，市场交易量甚少。清代末年，嵩县、洛宁、宜阳都有零星种植。烟草何时传入灵宝，目前尚无确切资料，但在 1920 年前后，灵宝、阌乡的晒晾烟已颇负盛名，域内种植的晒晾烟以零星种植为主，集中分布在县城和附近丘陵地带，品种以黑大汉晒晾烟为主。此时，灵宝已出现了烟坊、烟行，专门加工和经营晒晾烟，行销范围东至巩义回郭镇，西到陕西西安市一带。据民国 19 年（1930 年）《重修河南通志·灵宝县采访册》载：“农家副业有烟叶”。民国 21 年（1932 年）《阌乡县志》载：“旧志不载烟草，今则遍地栽之……此草今种益多，以收获之利数倍于谷也”。其品种一般分为两种，一种株大叶小，叶绿黄色，称之为旱烟或笨烟；一种株稍小，叶呈绿蓝色，较肥厚，称之为蓝花烟。蓝花烟系直播品种，全县各处均有栽植。晒烟尤以阳店乡小河村、东西水头村一带栽植较多，故“小河烟叶”名噪一时，成为地方名产。坊间还有“西水头村住沟边，出来都是卖烟叶”的俗语，灵宝城中外村卖烟叶的人都自称是西水头村的,由此可见阳店晒烟之盛。

由于灵宝地区烟草栽植较多,手工卷烟作坊也应运而生。民国20年(1931年),虢略镇、阳店、常阎,阌乡等地有手工炮制烟丝的作坊10余家以上,手工卷烟100万支以上。民国26年(1937年),东关村4户农民与外地商人合资开设桃林机制卷烟厂,日产5万支香烟。产品主要销往山西、陕西、四川等省份。抗日战争爆发后,由于日军封锁、地区分割、交通阻滞,致使原料和卷烟成品运输不畅,卷烟工业一度遭受沉重打击,随着抗日战争的发展,民族矛盾日益激化,民众自觉抵制日货、抵制洋货。加之交通断绝,外国卷烟不能输入,国内需求只能靠国产卷烟来维持。河南卷烟有了较大的发展空间,据1943年《国民党财政部烟类专卖局公报》载:"河南省有烟厂170家,分布于许昌、禹县、鄢陵、长葛、郾城、舞阳、襄城、叶县、郏县、宝丰、鲁山、临汝、南阳、邓县、唐河、新野、南召、方城、淅川、灵宝、洛阳、商水、淮阳、沈丘、扶沟、密县、新郑、巩县、登封、汝南、遂平、商丘等30多个县城。大多为就地取材,地产地销"。灵宝县登记注册的厂家有桃林、一山商号。此时,河南区烟类专卖局洛阳办事处在灵宝县、阌乡县均设立烟类专卖业务所,专管烟类专卖事宜。1948年,全省在国民党政府税务部门有登记表的卷烟企业共626家,灵宝县有桃林、华昌、崤函、秦东等烟厂。产品除销本县外,还销往西安、宝鸡、兰州等地。

中华人民共和国成立以后,晒烟在灵宝各地仍有少量种植。据统计资料显示,1952年晒烟种植面积450亩,总产6.45万千克(1.29万担)。1960~1980年种植面积较少,唯1969年、1976年和1978年种植面积分别达到1005亩,1981年种植面积达到15600亩。1982年以后,灵宝开始烤烟种植,传统晒晾烟在阳店、大王等乡还有少量种植。1985~1990年,常年种植晒晾烟面积300亩以上,产量0.1万担以上。1987年,灵宝县烟草公司组织人员开始收购。1988年种植晒晾烟面积2200亩,产量达20.5万千克(0.41万担)。1992年阳店乡种植晒烟有750多亩,1995年还曾一度生产过"龙门"牌手工卷烟。

第二节　烤烟试种

灵宝县烤烟种植肇始于1982年。从1982年到1984年的三年间的生产特点为:政府引导、宣传群众、局部试种、谨慎推广、积极探索、总结经验,为大面积发展烤烟生产提供科学依据。

20 世纪 70 年代，洛阳地区渑池县（1973 年）、陕县（1975 年）首次引种烤烟，并取得成功。党的十一届三中全会以后开始在豫西大面积推广。灵宝县政府根据国家关于发展烤烟生产的精神和广大农民致富的愿望及要求，借鉴外地成功经验，进行了烤烟种植的可行性研究和部署。

1981 年，灵宝县政府组织科技人员在全县进行一次大规模的农业区划普查，认为在全县海拔 500～1200 米的山区丘陵地带，土壤质地为褐土类，母质为黄土，土层深厚，比较肥沃，含钾量较高，有机质含量 1.5%以上；全年日照时数 227.9 小时，日照率为 51%，年平均温度在 13 摄氏度以上，日平均温度稳定通过 10 摄氏度的活动积温为 4400 摄氏度左右；全年无霜期 210 天左右，年降水量 506～719.3 毫米，且南部山区较多。这些优越的自然条件，使许多专家认定，灵宝海拔高，昼夜温差大，雨量适中，土壤适宜，与云贵高原的自然条件相似，对烟草的生产发育和优良品种的形成非常有利，是一块适合种植烤烟的风水宝地。灵宝县政府在农委棉办确定了主管烟叶生产负责人。在河南省农业科学院烟草研究所科研人员的具体指导下，引进烤烟进行试种。是年 9 月，苏村公社管委主任薛本立，带领苏村部分村支部书记和部分村干部，赴许昌、漯河等老烟区实地考察学习烟叶生产技术。返回后，一方面积极向县委、县政府申请在苏村试种烤烟，另一方面宣传在本乡种植烤烟的自然优势和发展烟叶生产、"富民富乡"的重大意义，并召开村组干部大会，实行紧急动员部署，提出了"常抓林短抓牧，抓住烟叶当年富"的经济发展思路，明确提出每人种植一亩烟的责任目标。苏村公社党委及时将种植烤烟的发展思路、目标任务、实施步骤、具体措施向县委、县政府做了全面汇报，得到了县委、县政府的肯定。与此同时，号召各村在入冬前做好发展烟叶生产的思想动员和物资准备工作。薛本立被誉为开启灵宝烤烟种植第一人，苏村乡被誉为开启灵宝烤烟种植第一乡。

1982 年，灵宝县委、县政府决定首先由苏村、五亩两个公社进行小面积烟叶试种。由棉烟办统筹全县烟叶生产计划分配、合同签订、物资扶植、技术指导、良种推广、现代烟草农业建设和烟叶收购等工作。为确保烤烟在灵宝种植成功，灵宝县委、县政府责成烟叶生产主管部门,在苏村公社的东里大队淹立沟生产队、吕家原大队高家岭生产队、苏村大队王会生产队示范种植烟叶 78 亩。以此总结种烟过程中的经验教训。烤烟试种,在灵宝历史上是一件破天荒的大事,县、乡两级党政领导极为重视。为使烟农尽快掌握烤烟生产技术,由灵宝县烟叶生产部门牵头,从许昌、襄城等老烟区聘请了 42 名烟叶技术员,分派到种烟的各个村组,手把手指导农民种烟。

当年,全县种植烟叶 7800 亩,收购烟叶 74.00 万千克(1.48 万担),烟农收入 108.40 万元,亩均产烟 94.00 千克,亩产值 137.24 元,上缴烟叶产品税 4.10 万元。其效益远远超过粮食作物和其他经济作物种植。苏村烤烟质量尤为突出,经中国烟草工业标准化质量检测中心站化验鉴定,总糖含量为 25.46%,总氮含量为 1.78%,尼古丁含量为 2.16%,烟碱氮含量为 0.365%,蛋白质含量为 8.9%,施木克值为 2.68%。烟草专家普遍认为苏村烤烟“气香质好,余味舒适,达到了适产优质烟的要求”。

1983 年,县烟叶生产领导小组决定将烟叶试种扩展到阳店、川口、朱阳等公社,烟叶种植面积 4500 亩,收购烟叶 38.75 万千克(0.78 万担),上等烟比例为 0.13%,中等烟比例为 45.2%;亩均产烟 69.5 千克,亩产值 104.25 元;烟农收入 46.83 万元,上缴烟叶产品税 17.8 万元。

1984 年 1 月,灵宝县政府成立了烟草专卖行政管理企业经营机构——灵宝县烟草专卖局(支公司),实行“统一领导、垂直管理、专卖专营”的经营管理体制,负责全县的卷烟经营、烟叶生产经营和市场管理。洛阳地区确定灵宝县为“崤山基地优质烟叶开发研究县”之一。

在总结前两年试种经验的基础上,县农委棉烟办和烟草专卖局(支公司)决定在苏村、五亩、朱阳、阳店、尹庄等 6 个公社大面积种植。烟叶种植面积 13950 亩,收购烟叶 145.00 万千克(2.90 万担),上等烟比例为 1.7%,中等烟比例为 56.1%;亩均产烟 103.50 千克,亩产值 162.78 元;烟农收入 214.72 万元,上缴烟叶产品税 92 万元。

是年 12 月,河南省科委、农业科学院等有关单位在郑州进行烟草质量鉴评,灵宝县试种的“长脖黄”被评为全省第一,“红花大金元”在全省 14 个县市的 60 个样品外观质量鉴定中被评为第二。

1984 年 12 月,中国烟草工业标准化质量检测中心站化验结果,灵宝所产“红花大金元”烟总糖含量为 25.46%,总氮含量为 1.78%,尼古丁含量为 2.06%,烟碱氮含量为 0.365%,蛋白质含量为 8.9%,施木克值为 2.86%,比例适中协调。烟草专家鉴评指出:“灵宝烟叶尼古丁含量高,叶脉组织细致,颜色鲜亮,油分充足,清香爽口,余味舒适,化学成分协调,工业可用性强,质量上乘”,其最大特点是久放不褪色、香气量足。由此,灵宝烤烟备受卷烟厂家的青睐,拥有较大的市场份额。行销北京、天津、上海、浙江、广东、四川等16个省市60多家烟厂。

第三节　规模种植

1985~1991年7年间,灵宝烤烟生产特点为:在政府倡导下,上下联动,凭借良好的自然条件,依靠较多的劳动力投入,规模种植、广种薄收。无论烤烟产量、种烟面积均创历史新高。由于片面追求面积、技术力量薄弱,单产偏低,规模效益型的发展方式,烟农种烟积极性受到一定挫伤,致使灵宝烤烟生产陷入低谷。

1985年,在县委、县政府的正确领导下,灵宝县的烟叶生产步入规模化种植和产业化发展的时期。在全县宜栽区域规划基本烟田面积79995亩,建立了以朱阳镇、五亩乡、苏村乡为主的49995亩烟叶生产基地,建立起产前扶持烟农化肥、地膜、建烟炕等一系列扶持机制,引进推广了地膜覆盖、冬季起垄、等级化育苗,实行统一技术指导、统一物资供应、统一生产管理、统一收购价格,保证了烟叶种植面积的落实和烟农的合法权益。

1985年,全县烟叶种植扩大到10个乡镇,种植面积达到42959亩,收购烟叶377.76万千克(7.55万担),上等烟比例为1.56%,中等烟比例为58%;亩均产烟88.00千克,亩产值130.00元;烟农收入556.70万元,上交烟叶产品税214.80万元。川口乡种植的“红花大金元”中三原烟经中国烟草工业检测中心化验,总糖含量为24.5%,总氮含量为1.27%,烟碱氮含量为1.92%,蛋白质含量为5.86%,比较接近优质烟叶的要求。

1986年,全县栽植烟叶30000余亩。由于本年遭受了以旱灾为主,风、雹、病、虫等严重的自然灾害的袭击,有6000余亩烟田基本绝收,大面积严重减产。尽管烟农在县烟草公司的技术指导下,努力提高烟叶的产量和质量,减少损失,但还是大幅度减产,烟农生产烟叶信心不足。全县实际收获面积 25000 亩,收购烟叶 173.21 万千克(3.46 万担),上等烟比例为 2.3%,中等烟比例为 37.9%;亩均产烟值 69.00 千克,亩产值 86.80 元;烟农收入 216.86 万元,上缴烟叶产品税 81.90 万元。

是年,三门峡市烟草公司邀请烟草专家,为三门峡烟区发展把脉问诊,提出要尽快建立适合三门峡地区干旱条件、本土化的烟叶生产技术体系,走烤烟旱作栽培技术道路,这为灵宝县烟农坚定烟叶生产信心,送了一颗定心丸。

1987 年,由于受上年自然灾害的影响,县政府、县烟叶生产办公室和县烟草公司仍坚持"计划种植、主攻质量、优质生产、坚持改革、提高效益"的指导方针,充实完善种植系统,实现烟叶种植区域化、品种优良化、生产规模化、管理科学化。县棉花办公室和烟草公司派出技术员在苏村乡滹里沟村、川口乡蹲点,建立了两个烟草生产技术示范点,对全县的烟叶生产适时进行技术指导。

全县烟叶种植面积 10139 亩,收购烟叶 119.55 万千克(2.39 万担),上等烟比例为 21.76%,中等烟比例为 56.08%;亩均产烟 117.80 千克,亩产值 292.00 元;烟农收入 295.21 万元,上缴烟叶产品税 110.65 万元。

1988 年,全县种烟面积 21500 亩,总产值 633.07 万元。收购烟叶 216.7 万千克(4.3 万担),上等烟比例为 37.81%,中等烟比例为 45.5%;千克均价 2.96 元,亩均产烟 100 千克,亩产值 294.46 元;烟农收入 633.07 万元,上缴烟叶产品税 240.15 万元。烟叶调拨合格率 89%,水分合格率 98%,黄烟率 98%。

1989 年,全县 8 个乡镇 144 个村 10350 户烟农种植烟叶面积 22100 亩,总产值 404.05 万元。收购烟叶 176.78 万千克(3.54 万担),上等烟比例为 17.8%,中等烟比例为 57.9%、低下等烟比例为 24.3%;亩均产烟 80.00 千克,千克均价 2.28 元,亩产值 182.82 元;烟农收入 404.05 万元,上缴烟叶产品税 153 万元。

1990 年 3 月,灵宝县为了加强对烟叶生产的组织和领导,成立灵宝县烟叶办公室(正科级),与县烟草支公司共同负责全县的烟叶生产。

当年,全县烟叶种植面积 19226 亩,收购烟叶 109.04 万千克(2.18 万担),上等烟比例为 17.8%,中等烟比例为 57.9%;亩均产烟 56.80 千克,亩产值 138.50 元;烟农收入 256.49 万元,上缴烟叶产品税 153.54 万元。

1991 年,全市烟叶种植面积 17385 亩,收购烟叶 164.62 万千克(3.29 万担),上等烟比例为 15.9%,中等烟比例为 59.9%;亩均产烟 94.50 千克,亩产值 234.91 元,千克均价 2.48 元;烟农收入 408.39 万元,上缴烟叶产品税 155.18 万元。

第四节　低谷徘徊

1992~1999年8年间,灵宝烤烟生产特点为:技术滞后、设施缺乏、烟农情绪不高、种烟面积骤减,灵宝烟叶生产陷入低谷徘徊时期。

烤烟试种成功后,由于过度宣传,各乡镇一哄而上;烟农对烤烟生产的育苗移栽、田间管理、采收烘烤等一系列技术缺乏;道路、水利、机械等设施相对滞后以及自然灾害等原因,致使生产效益较差,烟农种烟的积极性受到挫伤,种烟乡镇纷纷下马,烤烟种植面积跌入低谷,1995年灵宝全市仅有烟叶种植面积6217.95亩。五亩乡原来种烟村,大部分烟田种上了其他农作物,仅存的白羊村,烟田面积只有200余亩。为遏制烟叶种植面积下滑的趋势,灵宝市政府制定了优惠政策,鼓励烟农发展烟叶生产,明确提出要把烟叶生产作为一项"富民工程"来抓。烟草公司也不断加大物资投入扶持力度,激励烟农种烟的生产积极性。经过几年努力,全市烟叶种植面积逐步得到恢复发展,到1999年种烟面积达到24072亩,亩产提高,效益增加,烟农种烟积极性逐步提高。

1992年,全市种烟面积21032亩,实收面积14388亩,收购烟叶179.74万千克(3.59万担),上等烟比例为16.9%,中等烟比例为52.3%;黄烟率为100%。亩均产烟102.10千克,亩产值264.81元,千克均价2.59元;烟农收入466.13万元,上缴烟叶特产税177.13万元。

1993年,全市种烟面积14744亩,收购烟叶136.50万千克(2.73万担),上等烟比例为21.1%,中等烟比例为57.2%;亩均产烟109.00千克,亩产值274.10元;烟农收入402.46万元,上缴烟叶特产税125.28万元

1994年,由于种烟面积锐减(川口乡未种),加之气候干旱,五亩乡、苏村乡、朱阳镇不同程度遭受冰雹袭击和病虫灾害影响,烟叶产量减少,质量下降,未完成市政府下达的目标任务。全市计划种植20000亩,实际种植面积7861亩,收购烟叶56.25万千克(1.13万担),上等烟比例为24%,中等烟比例为52%;亩均产烟75.50千克,亩产值225.60元;烟农收入177.32万元,上缴烟叶特产税54.97万元。烟叶收购等级合格率为85%,工商交接合格率为80%,复烤烟叶250万千克(其中对外加工150万千克)。

1995年,全市烟叶实收面积6218亩,收购烟叶50.91万千克(1.02万担),上等烟比例为23.7%,中等烟比例为52.6%;亩均产烟84.12千克,亩产值470.71元,千克均价5.7元;烟农收入292.68万元,上缴烟叶特产税59万元。烟叶收购等级合格率为

85%,工商交接合格率为98%,复烤加工烟叶40万千克。

1996年,全市3个乡镇32个村259个小组2171户烟农,共种植烟叶9168亩,收购烟叶102.26万千克(2.05万担),上等烟比例为29.5%;亩均产烟111.50千克,亩产值734.38元;烟农收入673.28万元,上缴烟叶特产税108.5万元。

本年,涌现出烟叶收入超30万元的村7个,超40万元的村2个,超50万元的村2个;人均超千元的组9个,户收入超万元的45户,亩产值达双千元的典型户17户,初步显示出发展烟叶生产"兴村富民"工程的现实意义和广阔前景。

1997年,全市3个乡镇64个村4468户烟农,种植烟叶面积19163亩,收购烟叶229.00万千克(4.58万担),上等烟比例为12.2%,中等烟比例为34.5%;亩均产烟119.5千克,亩产值657.89元;烟农收入1260.71万元,上缴烟叶特产税161.26万元。烟叶收购等级合格率、工商交接等级合格率,经省市两局检查认定分别为86%和82%。烟叶复烤40万千克,为企业创造收益52万元。

1998年,灵宝市政府出台了《关于调整各种烟乡镇税收返还办法的通知》烟税总额50%返还,5%奖励到乡。为巩固、扩大烟叶种植面积,提高生产效益,烟叶生产实施"两出一发展"战略,即政府出政策引导,企业出资金启动,烟农出劳动力操作,促进烟叶产业化发展。大力推广科学施肥新技术、培育壮苗新技术、热风循环炕烘烤新技术。全市5个乡镇(五亩、川口、尹庄、苏村、朱阳)52个行政586个村组4415户烟农,种烟总面积19100亩,收购烟叶229.70万千克(4.59万担),上等烟比例为11.9%,中等烟比例为47.7%,等级合格率85%;亩均产烟120.30千克,亩产值771.52元;烟农收入1473.61万元,上缴烟叶特产税250万元。

1999年,全市5个乡镇92个村596个村民组6461户烟农,种烟面积24072亩,其中种烟千亩以上的村6个,500亩以上的村15个,百亩以上的组31个,10亩以上的户75户,5亩以上的户771户。收购烟叶298.02万千克(5.96万担),上等烟比例26.2%,中等烟比例为44.5%,等级合格率为85%;亩均产烟123.8千克,千克均价7.71元,亩产值942.62元;烟农收入2266.64万元,上缴烟叶特产税453.3万元。

当年,烟叶生产在产量、产值、上等烟比例、千克均价、税收等方面均实现了灵宝种烟史上的新突破。涌现出收入在100万元以上的村7个,其中,朱阳镇秦池村收获1200亩烟叶,收入173万元,(1246口人)人均收入1382.71元。全市亩产值1200元以上的村18个,亩产值1500元以上的组196个,亩产值2000元以上的户3156户,种烟收入万元以上的户376户,其中朱阳镇梁庄村卢塬组的张天顺5口之家种烟23亩,收入39207.86元,人均7841.57元。

据统计资料,1982~1999年,全市种烟面积累计305975亩,总产量达2877.79万千克,烟农收入1.01536亿元,实现烟叶产品税2754.06万元。其中1988~1998年上缴烟叶产品税为2190.11万元。实践证明,烟叶生产在市东南部适宜区,已成为广大农民脱贫致富、增加收入、壮大集体经济的重要支柱产业。

第五节　恢复发展

2000~2011年的12年间,灵宝烤烟生产特点为:政府出招、政策激励、科学施策、不断加大政策宣传力度,引进先进技术,集成现有技术,加强技术培训,研发适宜本区的实用技术,下排式(密集)烤房、漂浮育苗、豆浆灌根、露脚盖膜等技术得到广泛推广应用;管理创新步伐加快,成效显著;实施投入大,科技含量提高,效益显著增加,烟区呈现出可持续发展的良好态势。种烟面积由2000年的37050亩逐年上升到2011年的52000亩,单产明显提升,烟叶产量不断攀升,使灵宝烤烟进入新的繁荣发展期。

自1982年种植烟叶以来,灵宝市就派出技术人员赴省内外参观考察学习,不断引进先进技术,并集成现有生产技术,组织科研人员研发适宜灵宝烟区的实用技术,全面贯彻ISO 900质量管理体系,认真落实配方施肥、合理密植、科学打顶、合理留叶等关键措施,尤其是烤烟炕房的成功改革,从技术措施上解决了烟叶质量的瓶颈问题。以提钾增香为核心,大力推行"三项主推技术",全面实施冬耕起垄、栽前覆膜等旱作栽配技术和豆浆灌根等特色生产技术,积极推广土壤培育、病虫害绿色防治、成熟采摘、科学烘烤等先进技术,生产科技含量提高,面积稳步发展,亩均产烟明显提升,效益显著增加,烟区呈现出可持续发展的良好态势。

2000年,全市种植烟叶2000亩以上的村1个,千亩以上的村11个,500亩以上的村16个。4500亩以上相对集中连片1处,面积5736亩;450亩以上连片4处,面积2200亩;300亩以上连片7处,面积2400亩;150亩以上连片2200亩;30~40亩以上连片上百处,达800亩,规模种植达总面积70%以上。5亩以上专业户达3533户,面积占总面积的61.6%。朱阳、五亩、苏村3个乡镇开发"适产高效示范区",总面积达9100亩。在气候条件非常不利的情况下,各项生产指标均有突破。

全市5个乡镇98个村9220户烟农,种植烟叶总面积37050亩,收购烟叶431.10万千克(8.62万担),上等烟比例为26.2%,中等烟比例为60%;亩均产烟116.40千克,千克均价 8.57 元,亩产值 982.66 元;烟农收入 3640.75 万元,烟农户均收入 3816 元,上缴烟叶特产税 728.15 万元。

2001 年,灵宝市烟办和灵宝市烟草分公司加大对烟草生产产品扶持力度,加强对烟草生产过程管理、技术指导和新技术示范,保证烟草生产提质增效,使烟叶生产基本实现规范化、标准化生产。栽培品种以云烟 85、云烟 87、红花大金元、K326 为主,NC89 占 13.2%。

烟草公司为保证烟叶提质增效目标的实现,采取了“六二二”(市烟草公司投入比例占六、乡镇投入比例占二、烟农个人投入比例占二)的产前扶持办法,对全市烟草生产进行了产前扶持。实行“四包一挂”(包产前物资履行率,包上百分考核管理与兑现,包生产技术指导和新技术示范应用,包面积、总产和上等烟比例;工作效率与工资、奖金挂钩)技术承包责任制,对烟农采取“双百分”管理。

全市烟叶栽植主要分布在朱阳、苏村、五亩、川口 4 个乡镇 99 个村 644 个组,涉及烟农 39435 人。发展万亩以上乡镇 3 个(朱阳镇、苏村乡、五亩乡),千亩村 9 个,5 亩以上种植户 3287 户,千亩以上大连片 1 处,烟叶生产基本上实现了规范化种植。

全市烟叶种植面积 37030.9 亩,总产值 1729.23 万元,收购烟叶 258.40 万千克(5.17 万担)。上等烟比例为 5.37%,中等烟比例为 79.24%;亩均产烟 69.78 千克,亩产值 466.98 元;烟农收入 1729.23 万元,人均 437.79 元,上缴烟叶特产税 345.84 万元。

2002 年,灵宝市党政机关机构改革,烟叶生产办公室划归市农委管辖。

全市烟叶种植主要分布在朱阳、五亩、苏村、川口 4 个乡镇 86 个村 604 个组共 8617 户烟农。全市共有万亩烟叶栽植乡 1 个,千亩以上大连片 1 处、500 亩以上连片 3 处、100 亩以上连片 40 多处。

全市烟叶种植面积 29700 亩,总产量 538.8 万千克,收购烟叶 309.59 万千克(6.19 万担),上等烟比例为 30.76%,中等烟比例为 59.46%;亩均产烟 104.24 千克,亩产值 907.02 元;烟农收入 2693.86 万元,上缴烟叶特产税 538.77 万元。总产值、收购量、上等烟比例三项主要指标分别比上年度增长 20%、55.8%和提高 24.8 个百分点。

2003 年,市烟办和市烟草分公司坚持“市场引导、计划种植、主攻质量、调整布局”的指导方针,完善激励政策,强力推行标准化生产。市烟办、市烟草局联合成立了烤烟标准化示范工作领导小组,制定了《灵宝市烤烟标准化示范项目实施意见》和《灵宝市烤烟标准化生产技术规程》,建立健全了市、乡、村三级技术指导网络,狠抓关键技术标准落实,使全市烟叶生产整体水平和质量效益明显提高。

全市烟叶栽植主要集中在朱阳、五亩、苏村、川口4个乡镇。万亩种植乡2个，面积25000亩；千亩种植村12个，面积18000亩；5亩以上种植大户6482户，面积3594.5亩，占总面积的81.2%；千亩以上连片1处，500亩以上连片4处，百亩以上连片53处。烟叶品种以云烟85、云烟87为主。

全市种植烟叶面积44000亩，实收面积38313亩，收购烟叶441.89万千克（8.38万担），上等烟比例为39.08%，中等烟比例为47.58%；亩均产烟115.34千克，亩产值1008.42元；烟农收入3863.55万元，烟农户均收入5387.74元，上缴烟叶特产772.71万元。收购量、上等烟比例、烟农收入、户均收入、亩产值、烟叶产品税等6项主要指标均实现了历史性突破。

特别是标准化示范区烟叶生产成效显著。全市标准化示范区收获面积23900亩，收购烟叶276.8万千克（5.536万担），上等烟比列达41.05%，亩均产烟115.64千克，亩产值1078.78元，烟农收入2581.9万元。标准化示范面积占总面积的57%，产量占总产量的70%，产值占总产值的75.2%。亩均产烟与全市平均数相当，亩产值却高于全市平均数70.36元。在三门峡市组织的4次烟叶生产检查中，3次荣获第一名。

2004年，市烟办和市烟草局在朱阳、五亩、苏村、川口、故县5个种烟乡镇强力推行ISO 9001烟叶质量管理体系。朱阳、五亩两个乡镇种植面积在万亩以上，面积达35000亩，占全市总面积的77.78%；5个烟叶生产乡镇中，种植千亩以上的村15个，面积2299.05亩；5亩以上的大户有648户，面积3594.495亩；千亩以上的连片1处，500亩以上的连片3处，百亩以上的连片43处，连片面积达32700亩，占总面积的72.7%。烟叶品种以云烟85、云烟87为主，搭配栽植K326和红花大金元。

全市种植烟叶面积41192.1亩，收购烟叶548.18万千克（10.96万担），上等烟比例为23.77，中等烟比例为60.97；亩均产烟133.07千克，亩产值1148.61元；烟农收入4731.38万元，烟农户均收入6110元，上缴烟叶特产税946.28万元。收购量、烟农收入、户均收入、亩产值、烟叶产品税等5项主要指标再创历史新高。

2005年，全市万亩以上乡镇2个，总面积31500亩；千亩以上村18个，总面积22900亩；300亩以上连片种植7处，百亩以上连片种植56处，30亩以上连片种植326处，连片种植总面积32700亩，占总面积的72.67%。

全市烟叶种植面积45166亩，实收面积41200.05亩，比上年增长15.38%（1990年不变价）；收购烟叶602.59万千克（12.05万担），比上年增长9.96%；上等烟比例为32.55%，比上年增长8.78个百分点，中等烟比例为54.88%；亩均产烟133.40千克，亩产值 1276. 25 元;烟农收入 5764. 32 万元。烟农户均收入 7568. 7 元,比上年增长 23. 87%;上缴烟叶特产税 1152. 64 万元,比上年增长 21. 84%。收购量、总产值、亩产量、亩产值、户均收入、烟叶产品税等 6 项主要指标再创历史新高,实现了烟农增收、财政增税、企业增效、烟厂满意的"四赢目标"。

2006 年,烟叶生产以完善投入机制为基础,以强化目标管理为保障,认真落实标准化生产技术,促进烟叶生产提质增效,鼓励集中连片种植,加大新烟开发力度。当年,种烟乡镇由 6 个扩展到 9 个,面积增加 1800 亩。全市万亩以上的乡镇 2 个,面积 35000 亩,占总面积的 76%;千亩以上的村 12 个,面积 17000 亩,占总面积的 37%;300 亩以上连片 7 处,百亩以上连片 54 处,50 亩以上连片 326 处,连片面积达 33000 亩,占总面积的 72%,烟区呈现出专业化生产、规模化种植、社会化服务的态势,取得了规模效益。

全市种植烟叶 46860. 7 亩,收购烟叶 700. 99 万千克(14. 02 万担),比上年增长 14. 42;上等烟比例达 35. 3%,同比增长 2. 8 个百分点;中等烟比例为 54. 17%;总产值 7005. 4 万元,同比增长 5. 5%;亩均产烟 149. 59 千克,同比增长 5. 6%;亩产值 1494. 94 元,同比增长 1. 5%;烟农收入 7005. 4 万元,烟农户均收入 8691 元,同比增长 10. 0%;上缴烟叶特产税 1401. 08 万元,同比增长 29. 75%。收购量、总产值、亩产量、亩产值、户均收入、烟叶产品税等 6 项主要指标又创历史新高。

2007 年,烟叶生产以烟叶产业化发展为导向,以实施烟叶名牌战略为主题,强力推行 ISO 9000 烟叶质量管理体系,认真落实烟叶标准化生产技术规范,加快烟叶生产基础设施建设步伐,烟叶生产水平稳步提高。全市 8 个种烟乡镇中,万亩以上的乡镇 3 个,面积达 45000 亩,占总面积的 87. 4%;千亩以上的村 18 个,面积 24300 亩,占总面积的 47. 8%;300 亩以上连片 7 处,百亩以上连片 54 处,50 亩以上连片 326 处,连片面积 35000 亩,占总面积的 67. 9%。

全市种植烟叶 50811 亩,实收面积 49170 亩,收购烟叶 564. 87515 万千克(11. 30 万担),上等烟比例为 37. 56%,中等烟比例为 47. 95%;亩均产烟 111. 17 千克,亩均产值 1186. 76 元;烟农收入 5462. 89 万元,户均收入 8146. 45 元;上缴烟叶特产税 1241. 4358 万元。

2008 年,全市全年种植面积 52000 亩,收购烟叶 717. 84 万千克(14. 36 万担),上等烟比例为 47. 35%,中等烟比例为 42. 82;亩均产烟 138. 05 千克,亩产值达 1803. 42 元,烟农收入 9377. 80 万元,烟农户均收入 15189. 18 元,上缴烟叶特产税 2063. 12 万元。

2009 年,市烟办和烟草局(分公司)以"抓亮点、保总量"为目标,以"稳定规模、提升质量、突出特色、增加效益”为思路，积极实施现代烟草农业，走种植规模化之路，烟叶生产保持可持续发展的态势。全市烟草种植分布在朱阳、五亩、苏村、川口、故县、阳店、大王等7个乡镇。其中，朱阳、五亩、苏村3个乡镇为万亩以上乡镇，千亩以上的村和50亩以上连片种植规模仍保持在以前的水平。

全市种植烟叶52000亩，收购烟叶825.00万千克（16.5万担），上等烟比例为38.26%，中等烟比例为50.9%；亩均产烟158.65千克，亩产值2248.70元；烟农收入11693.22万元，户均收入27468.2元，上缴烟叶特产税达到2572.51万元，创历史最高水平。

是年，烟叶生产主要指标仍位居三门峡各县（市）前列，市烟草公司被省政府授予“全省烟叶工作先进单位”。

2010年，市烟办和市烟草局（分公司）按照“控制面积、稳定规模、提升质量、突出特色”的基本思路，加快现代化烟草生产示范带建设步伐，建成朱阳透山—新店、五亩白—窑坡—渔村2条烟叶生产示范带，面积486.7公顷。加强五亩渔村优质烟千亩方（面积70公顷）建设，成为全市烟叶生产的又一亮点。坚持走“规模化种植、集体化经营”之路，建立100以上烟叶种植农场5个，200亩以上合作社7个。其中万亩以上乡镇有3个，千亩以上的村和50亩以上连片种植规模仍保持上年的水平。

全市种植烟叶47000亩，收购烟叶724.18万千克（14.48万担），上等烟比例达52.47%，中等烟比例为38.07%；亩均产烟154.08千克，亩产值2280.50元；烟农收入10718.37万元，户均收入达到4.4万元，上缴烟叶特产税2358.04万元。

2011年，烟叶生产按照“稳定规模、提升质量、突出亮点、彰显特色”的基本思路，加强基地单元建设，扎实推进现代烟草农业。朱阳镇、五亩乡被确定为国家级烟叶基地单元，并顺利通过省级考核验收，同时成立了朱阳北塬和五亩金塬两个烟叶合作社，入社烟农493户、烟叶种植面积679.7公顷，合作社推行“分户种植、专业服务、集约经营、盈余分配”的模式，形成具有区域特色的“两场一社六队，一分六统三量化”的基本运作模式。年末，在省烟叶生产工作会议上，合作社建设和散烟收购工作先进经验在大会上交流推广，受到省领导和同行的赞誉。

是年，烟叶种植面积分布于朱阳、五亩、苏村、川口、故县等5个乡镇90个村469个组，共2684户，户均种烟1.29公顷，发展千亩村19个、千亩方2处、千亩片136处。其中朱阳、五亩、苏村3个乡镇种植面积最大。

是年，全市合同种植烟叶52000亩，实际收获烟叶面积3440亩，收购烟叶671.07

万千克（13.42 万担），上等烟比例为 61%，比上年增长 8.5%；亩均产烟 129.05 千克，亩产值 2162.15 元，烟农收入 11243.20 元，上缴烟叶特产税 2473.8 万元。

是年，全市烟叶生产主要指标位于三门峡前列，生产规模由全省第六位前移到第五位，实现了烟叶生产由大到强的转变。

第六节　生产转型

2012~2019 年灵宝烤烟生产特点为：面积稳定、设施配套、管理科学、税收攀升，逐步实现了由烟叶大市向烟叶强市、由数量效益向质量效益的转变。真正实现了烟农受益、企业增效、税收增加、财政增收的产业目标。

2012 年，市烟办和市烟草局（分公司）按照现代烟草农业“一基四化”建设目标，推行“利用社会资源，统筹调配监管，定机划区作业，现场验收质量”的机械化服务模式，提高机械化程度。以育苗工场、烘烤和烟草农机为依托，在机耕、育苗、植保、烘烤等主要生产环节建设综合服务型烟农专业合作社，开展专业化服务，使烟叶生产整体水平得到提高。先后建设了朱阳透山烟叶核心示范区，开发了寺河生态烟区和朱阳弘农源生态烟走廊，“两区一带百连片”建设取得成效，培育了五亩特色烟基地，并顺利通过国家烟草部门评估。争取烟草园建设资金 1.48 亿元，顺利获批白虎潭水源工程，逐步改善了烟区生产生活条件。烟叶保险实现了全覆盖，有效地保障了烟农利益。2017 年，灵宝市人民政府制订了《灵宝市烟草业转型升级工作方案》，着力实现由烟叶大市向烟叶强市转变。灵宝现代烟草农业已成为“富民、富村、富财政”的“三富”产业。不但为脱贫攻坚工作起到了极大的推动作用，而且为乡村振兴提供了强劲的发展动力。

2012 年，朱阳、五亩两个国家级烟叶基地单元顺利通过了省级验收，五亩特色烟基地单元通过国家烟草部门中期评估，全市累计建设综合服务型烟农专业合作社 3 个，入社烟农 726 户，种烟面积 13900.5 亩，培植基地单元烟叶专业合作社 2 个，家庭农场 7 个，种植专业户 2477 个，基地烟田面积 62000 亩。烟草生产配方施肥、地膜覆盖、商品化育苗、豆浆灌根、化学抑芽、成熟采摘等关键技术落实率达到 100%，烟田挖掘机起垄、专业化植保、专业化烘烤、专业化分级均达到 82%以上。

全市种烟面积分布于 8 个乡镇 103 个村，共 3700 户烟农。万亩以上乡镇 3 个，千亩村 25 个，千亩方 1 处，百亩连片 175 处。

全市合同种植烟叶面积 64000 亩，户均种植 17.55 亩；收购烟叶 1102.99 万千克（22.06 万担），上等烟比例为 59.42%，千克均价 20.79 元；总产值 2.29 亿元，亩均产烟 172.34 千克，亩产值 3582.23 元，烟农收入 22926.27 万元，烟农户均收入 6.2 万元，上缴烟叶特产税 5043.8 万元。烟叶生产主要指标再创历史新高，为发展现代农业、增加农民收入、推动烟叶产业持续发展做出了突出贡献。

是年，灵宝市被省政府授予烟叶工作先进市（县）；灵宝市人民政府对市烟办、市烟草局予以通令嘉奖，并奖励市烟草局（分公司）烟叶生产用车一部（价值 19.98 万元）。

2013 年，市烟办和市烟草局（分公司）开展“烟叶质量信誉年”活动，突出抓好“种烟资格认证，质量记录督查、等级质量溯源管理、阶段内审、年度管理评审”等 5 项制度落实，加强质量跟踪、溯源和问责，提高烟叶内在品质和信誉。从省争取到烟草园建设资金 1.48 亿元，白虎潭水源工程顺利获批，逐步改善烟区生产生活条件。

全市烟叶种植分布于 8 个乡镇 107 个村，共 3669 户烟农，万亩以上的乡镇 3 个，千亩村 24 个，500 亩以上农场 16 个，千亩方 3 处，百亩连片 173 处。发展朱阳、五亩两个国家级基地单元种植面积 50900 亩，

全市种植烟叶面积 64000 亩，户均种烟 17.4 亩。收购烟叶 985.00 万千克（19.70 万担），其中上等烟占 53.09%；亩均产烟 153.9 千克，亩产值 3514.58 元，烟农户均收入 6.13 万元。上缴烟叶特产税 4948.5 万元。

2014 年，市烟办和市烟草局（分公司）按照“严控规模、突出亮点、彰显特色、提升质量”的工作思路，克服前旱后涝的不利因素影响，开展技术创新，推行烟草生产精细化管理，提高烟叶品质。五亩乡走马岭村开展人工繁育烟蚜茧蜂防治烟蚜技术研究，实现了烟蚜茧蜂技术的引进和本地化。在朱阳、五亩、苏村等种烟乡镇示范推广散烟烘烤技术。

全市合同种植面积 55000 亩，分布于 8 个乡镇、98 个村，共 3021 户烟农，户均种植 18.15 亩。收购烟叶 702.74 万千克（14.05 万担），上等烟比例占 47.05%；亩均产烟 127.77 千克，亩产值 2569.29 元，烟农收入 14131.07 万元，烟农户均收入 4.67 万元，上

缴烟叶特产税 3159 万元。灵宝市烟叶质量位居全省首位,被三门峡市烟草局授予“烟叶质量信誉提升年活动先进单位”。

2015 年,市烟办和市烟草局(分公司)以“提质育牌”为抓手,突出质量特色,打造市场信誉,实现烟叶生产持续稳定发展。建立健全技术推广体系,完善投入保障制度和层级考核机制,提升烤烟标准化程度。“两区一带百连片”(两区即高塬醇郁核心示范园区、北塬醇郁示范园区,一带即苏村乡张沟至卫家磨带,百连片即 100 个连片示范方)建设取得实效。五亩特色烟基地单元通过省烟草局评估验收,烤烟标准化工作通过国家烟草总局验收,金塬合作社顺利通过全国“行业示范化”验收。

全市烟叶种植合同种植面积,55000 亩,分布于 7 个乡镇 89 个村,共 4366 户烟农,户均种烟 12. 6 亩。其中金塬合作社入社 1036 户,种植面积 56175 亩,户均种烟 14. 7 亩。

全市收购烟叶 911. 95 万千克(18. 24 万担),总产值 22797. 19 万元,上等烟比例为 66. 79%,亩均产烟 165. 81 千克,亩产值 4144. 94 元,烟农收入 22797. 19 万元,烟农户均收入 5. 2 万元,上缴烟叶特产税 5015. 38 万元。

据统计,“十二五”(2012~2015)期间,累计收购烟叶 4373 万千克(87. 46 万担),总产值 9. 38 亿元,上缴烟叶特产税 2. 06 亿元。

2016 年,市烟办和市烟草局(分公司)以“控总量、提质量、促增收”为主线,强化基础管理,严控种植规模,狠抓技术落实,提升质量信誉。与浙江中烟、河南中烟建成 2 个国家级基地单元,烟田面积 48000 亩。建设了朱阳透山烟叶核心示范区,开发了寺河生态烟区和朱阳弘农源生态烟走廊。烟蚜茧蜂防治烟蚜技术推广项目通过国家烟草专卖局验收。烟叶保险实现了全覆盖,有力地保障了烟农增收。

全市烟叶合同种植烟叶,分布于 8 个乡镇 93 个村,共 4596 户烟农。全年投入产前补贴资金 2128 万元。种植烟叶面积 57000 亩,收购烟叶 875. 00 万千克(17. 50 万担),总产值 22419. 88 万元;比上年增长 10. 1%;上等烟比例为 51. 6%;亩均产烟 153. 51 千克,千克均价 25. 62 元,亩产值 3933. 31 元,烟农收入 22419. 88 万元,烟农户均收入 4. 9 万元,上缴烟叶特产税 4932 万元。

2017 年,市烟叶生产办公室、市烟草专卖局(分公司)认真落实烟叶“控规模、调布局”政策,取消了故县、阳店两镇种烟计划。全年全市烟叶种植涉及 6 个乡镇 76 个村,共 4581 户烟农,其中万亩以上乡镇 2 个,千亩以上村 19 个,百亩以上连片 142 处。

烟叶生产以培育中棵烟为目标,加强生产环节管控,实行网络化服务,突出“云烟

87”主导地位，适度提前播期栽期，合理密植，普及豆浆灌根、叶面喷钾、控氮提钾增香，示范应用高碳基肥料2000亩，实施绿肥掩青6000亩。全年投入产前补贴资金1957.6万元，其中专用物资补贴1148.3万元、专业化服务补贴419万元、基础设施建设补贴390.3万元。

全年种植烟叶面积50000亩，收购烟叶599.62万千克(11.99万担)，其中上等烟比例56.68%，千克烟叶均价23.61元，亩均产烟119.92千克，亩产值2830.96元，烟烟农收入14154.82万元，上缴烟叶特产税3178万元。

2018年，灵宝烟草行业以习近平新时代中国特色社会主义思想和党的十九大精神为指导，认真谋划行业实现高质量发展的战略和思路，做出了以新发展理念引领行业高质量发展、以建设现代化烟草经济体系促进行业高质量发展等重要部署，烟草行业开启了高质量发展新征程。

是年，全市烟叶合同种植面积48000亩，在面积缩减以及前期干旱少雨、后期阴雨寡照，甚至部分烟区遭受风灾雹灾的不利气候条件下，共收购烟叶715.00万千克(14.30万担)，超额完成40万千克(0.80万担)，占收购计划的106%；上等烟比例为75.05%，中部上等烟占上等烟比例为75.05%，上中等烟比例为100%，分别超目标5个、9个和2个百分点，结构指标创历史新高；实现亩均产值4270.78元，同比增加1439.82元，增幅51.4%；千克均价28.67元，同比增加5.06元，增幅21.4%；烟农收入2.05亿元，同比增加6400万元，增幅45.4%；上缴烟叶特产税4510万元，同比增加1410万元，增幅45.5%；检查收购等级合格率为82%；省烟草局检查工商交接等级合格率为66.3%，再一次名列全省第一。实现了烟叶税收、烟农收益、等级质量的“三提升”，为全市经济社会发展和烟农增收做出了重要贡献。

2019年，市烟办和市烟草局(分公司)根据国家局党组印发的《关于建设现代化烟草经济体系推动烟草行业高质量发展的实施意见》，通过质量变革、效率变革、动力变革，推动灵宝烟草发展从“数量追赶”转向“质量追赶”、发展动力从“要素驱动”转向“创新驱动”、发展速度从“高速”转向“合理增速”、发展重点从“规模扩张”转向“结构优化”、发展方式从“外延粗放”转向“内涵集约”，真正实现行业发展从“有没有”转向“好不好”，并以卷烟工业企业需求为导向，以“78、75、98”优化结构目标为抓手，夯基础、抓重点、举亮点、补短板，扎实推进现代烟草农业建设，确保烟叶质量信誉居全省首位，进一步做优做强灵宝特色烟叶品牌。

是年，全市合同种植烟叶面积48500亩，收购烟叶675.50万千克(13.51担)，上等烟比例为 71. 14%,千克均价 27. 18 元,亩均产烟 139. 28 千克,亩均产值 3783. 86 元,烟农收入 18351. 73 万元,上交烟叶特产税 4037. 38 万元。

第七节　现代烟草农业建设

现代烟草农业建设的基本条件是规模化种植、集约化经营、专业化分工、信息化管理。灵宝市烟办和烟草局(分公司)在现代烟草农业建设过程中,逐步采用现代烟叶生产组织方式,通过技术创新,构建服务体系,最大限度地实现烟农效益和烟草企业效益最大化,为实现烟叶生产的可持续发展、维护广大烟农利益提供了新的生机和机遇。

2007 年,国家烟草总局提出了由传统烟叶生产向现代烟草农业转变的烟叶发展战略思想,并明确提出了"一基四化"的发展目标,随后印发了《关于发展现代烟草农业的指导意见》,自此,现代烟草农业建设的大幕全面拉开。这是烟叶生产发展的历史必然要求,为灵宝现代烟草农业发展提供了广阔的发展空间。灵宝市委、市政府紧紧抓住这一难得的战略机遇,把发展现代烟草农业作为烟草生产转型升级的重要抓手,全力推进现代烟草农业的发展,推动农民增收和乡村振兴。在市委、市政府的领导下,市烟办和市烟草局(分公司)从领导到员工,戮力同心,锐意进取,紧紧围绕以"规模化种植、专业化生产、机械化作业、精细化管理和基础设施建设"为主要内容的现代烟草农业建设这条主线,理清发展思路,抓重点、补短板、强弱项,夯实发展基础。树立"围绕工业需要发展烟叶,围绕品牌需求培育特色"的理念,提高烤烟规范化生产整体水平和精准烟草农业生产技术水平,着力打造特色优质烟叶,逐步实现由传统烟草向现代烟草农业的飞跃性转变。

一、规模化种植

灵宝市烟办和市烟草局(分公司)在认真做好基本烟田确定、基本烟户确认的基础上,进一步调整种植布局,做好基本烟田的规划和调整,推动烟叶种植逐步向优势产区适度集中,努力推广连片规模种植,集中向生态环境适宜、基础设施条件较好、政府组织比较重视、自然水利资源比较丰富的区域调整转移,大力发展千亩村、万亩乡;根据依法、自愿、有偿原则,尊重农民意愿,探索流转有效方式,促进烟田向种烟科技户、专业户、规模户调整转移,努力实现烤烟种植规模的持续稳定发展。截至 2019 年,全市烟田主要集中于朱阳、五亩、苏村、寺河、川口、焦村 6 个乡镇。

2000 年,全市种植烟叶 2000 亩以上的村 1 个,千亩以上的村 11 个,500 亩以上的村16个;4500亩以上相对集中连片1处,面积5736亩;450亩以上连片4处,面积2200亩;300亩以上连片7处,面积2400亩;150亩以上连片2200亩;30~45亩以上连片上百处,面积达2400亩,规模种植达总面积的70%以上;5亩以上专业户达3533户,面积占总面积的61.6%。朱阳、五亩、苏村3个乡镇开发“适产高效示范区”,总面积达9100亩。

2001年,全市发展万亩以上的乡镇3个(朱阳、五亩、苏村),5亩以上的户3287户,千亩以上连片1处,烟叶生产开始向规模种植发展。

2002年,全市共有万亩烟叶种植乡1个,千亩以上大连片1处,500亩以上连片3处,1亩以上连片40多处。

2003年全市万亩种植乡镇2个,面积25000亩;千亩种植村12个,面积18000亩;5亩以上种植大户6482户,面积3595亩,占总面积的81.2%;千亩以上连片1处,500亩以上连片4处,百亩以上连片53处。

2004年,朱阳和五亩两个乡镇种植面积在万亩以上,面积达35000亩,占全市总面积的77.78%;5个烟叶生产乡镇中,种植千亩以上的村15个,面积2300亩;5亩以上的大户有648户,面积3600亩;千亩以上的连片1处,500亩以上的连片3处,百亩以上的连片43处,连片面积达32700亩,占总面积的72.7%,基本实现了规模种植。

2005年,全市万亩以上乡镇2个,总面积31500亩;千亩以上村18个,总面积22900亩;300亩以上连片种植7处,百亩以上连片种植56处,30亩以上连片种植326处,连片种植总面积32700亩,占总面积的72.67%。

2006年,种烟乡镇由6个扩展到9个,面积增加1800亩。全市万亩以上的乡镇2个,面积35000亩,占总面积的76%;千亩以上的村12个,面积17000亩,占总面积的37%;300亩以上连片7处,百亩以上连片54处,50亩以上连片326处,连片面积达33000亩,占总面积的72%,烟区呈现出专业化生产、规模化种植、社会化服务的态势,取得了规模效益。

2007年,全市种烟面积51500亩,万亩以上的乡镇3个,面积45000亩,占总面积的87.4%;千亩以上的村18个,面积24300亩,占总面积的47.8%,300亩以上连片7处,百亩以上连片54处,50亩以上连片326处,连片面积达到35000亩,占总面积的67.9%。全市建立优质烟示范乡1个,面积13000亩,新技术示范园6处,领导示范田7处。优质示范乡五亩乡,上等烟比例达到43.53%,高于全市平均值5.97个百分点,亩均产值1352.56元,高于全市亩均产值242元。

2009 年,市烟办和市烟草局(分公司)按照“严格控制,稳定规模”的方针,发展规模种植,淘汰种植小户、扶持种植大户。当年淘汰了 5 亩以下的种植小户,大力发展 10 亩以上的种植大户,重点培育 20~30 亩的中型户。全市种烟面积 52920 亩,万亩以上乡镇 3 个,发展千亩以上的村 18 个,千亩片 2 处,300 亩以上连片 7 处,百亩以上连片 54 处,50 亩以上连片 326 处,连片面积达到 35000 亩,占总面积的 67.9%。

2010 年,市烟办和市烟草局(分公司)按照“控制面积、稳定规模、提升质量、突出特色”的基本思路,加快现代化烟草农业生产示范带建设步伐,重点抓了五亩乡、故县镇现代烟草农业建设,新发展烟叶种植村 27 个,烟农 704 户,种植烟叶面积 12615 亩。

当年,建成朱阳透山—新店、五亩白羊—窑坡—渔村 2 条烟叶生产示范带,面积 7300 亩;加强五亩渔村优质烟千亩方(面积 1050 亩)建设,成为全市烟叶生产的又一亮点。坚持走“规模化种植、集体化经营”之路,建立百亩以上烟叶种植农场 5 个,200 亩以上合作社 7 个,万亩以上乡镇 3 个,千亩以上的村和 50 亩以上连片种植规模仍保持在上年的水平。

2011 年,市烟办和市烟草局(分公司)按照“稳定规模、提升质量、突出亮点、彰显特色”的基本思路,加强基地单元建设,扎实推进现代烟草农业发展。发展千亩村 19 个,千亩方 2 处,千亩片 136 处。其中朱阳、五亩、苏村 3 个乡镇种植面积最大。

朱阳镇、五亩乡被确定为国家级烟叶基地单元,并顺利通过省级考核验收。年末,在省烟叶生产工作会议上,灵宝市烟叶生产合作社建设和散烟收购工作先进经验在大会上交流推广,受到省领导和与会同行的赞誉。全市烟叶生产主要指标位于三门峡市前列,生产规模由全省第六位前移到第五位,实现了烟叶生产由大到强的转变。

2011 年,全市种烟面积 3440 公顷,分布于 5 个乡镇 90 个村,共 2684 户烟农,户均种烟 19.35 亩。发展千亩村 19 个,千亩方 2 处,百亩片 136 处。

2012 年,全市发展万亩以上乡镇 3 个,千亩村 25 个,千亩方 1 处,百亩连片 175 处。培植基地单元烟叶专业合作社 2 个,家庭农场 7 个,种植专业户 2477 个,基地烟田面积 62000 亩。朱阳镇、五亩乡两个国家级烟叶基地单元顺利通过省级验收,五亩特色烟基地通过国家烟草部门中期评估。

2013 年,全市发展万亩以上乡镇 3 个,千亩村 24 个,500 亩以上农场 16 个,千亩方 3 处,百亩连片 173 处。发展朱阳镇、五亩乡国家级基地单元种烟面积 50900 亩,培育故县镇冯家塬村千亩烟叶基地。

2015 年,全市发展万亩以上乡镇 3 个,千亩村 24 个,500 亩以上连片 14 处。“两区一带百连片”(“两区”即高塬醇郁核心示范园区、北塬醇郁示范园区,“一带”即苏村乡张家沟至卫家磨带,百连片即100个连片示范方)建设取得实效。10月10日,五亩特色烟基地单元通过省烟草局评估验收。

2016年,全市发展万亩以上乡镇3个,千亩村24个,千亩方3处,百亩以上连片面积占合同种植面积的70.6%。与浙江中烟、河南中烟建成国家级基地单元2个,种烟面积44800亩,占总面积的79%。建设了朱阳透山烟叶核心示范区,开发了寺河生态烟区、朱阳弘农源生态烟走廊,新发展苏村乡固水村500亩烟叶基地。

2017年,市烟办和市烟草局(分公司)落实烟叶生产“控规模、调布局”政策,取消故县、阳店两镇种烟计划。此后,全市烟叶种植集中在五亩、朱阳、苏村、川口、寺河、焦村6个乡镇,面积稳定在50000亩左右。

二、专业化生产

专业化生产组织程度较低,是制约灵宝市烟叶产业化发展进程的主要因素。市烟办和市烟草局(分公司)积极拓展专业化服务范围和渠道,发展专业化生产,开展专业化服务,促进现代烟草农业建设深入推进。市烟办和市烟草局(分公司)重点开展“四抓”:

1. 抓经营主体专业化建设

烟农是烟叶产业的生产经营主体,只有提高经营主体的专业化生产水平,才能真正推进烟叶产业专业化建设。重点围绕抓好烟叶生产专业户、专业村、专业乡镇建设,壮大专业化生产经营队伍;采用统一的生产技术和管理措施,提高基本烟农经营主体的专业化生产经营水平。

2008年,全市建立1个省级优质烟叶示范村,面积1135亩;2条优质烟叶示范带。优质示范村上等烟比例达48.6%,高于全市平均值1.25个百分点;亩均产值2209.87元,高于全市亩均产值171.2元。优质烟叶示范带,上等烟比例达48.83 %,高于全市平均值1.48个百分点;亩均产值2095.2元,高于全市亩均产值56.55元。

2010年,全市建成百亩以上烟叶种植农场5个,200亩以上专业合作社7个。

2015年,发展种植专业户2839个,家庭农场12个,烟区已形成专业化生产、产业化推进的良性发展态势。

2. 抓农艺过程专业化建设

按照“两头工厂化、中间专业化、全程机械化”的运作模式,充分发挥专业化分工协作的优势,通过有偿、微利保本的经营方式,使分散的条面低水平经营逐步向分工协作

的点线专业经营转变，提高劳动效率，提高经营水平，增加规模效益。在机耕、育苗植保、烘烤、分级、施肥、技术培训和防灾减灾等方面为烟农提供全方位服务。围绕育苗生产专业化、采叶烘烤专业化、田管防病专业化和田间作业机械化建设，大力发展育苗生产专业户、田间管理专业户、机械服务专业户、采叶烘烤专业户，拓展专业化服务范围和渠道，着力提高商品化育苗、机械整地、机械覆膜、机械中耕培土和采收烘烤专业化生产水平，妥善解决种烟比较效益、劳动强度、种植风险和技术复杂等方面的问题。

2009 年，在烟叶示范带建造育苗工场 1 处，育苗基地 7 处，共有漂浮育苗大棚 80 座，培育苗专业户 9 个，商品化育苗达 100%；建设烘烤工场 1 座，烘烤基地 9 处，共有大密集烤房 169 座，培育烘烤专业户 20 个，10 处炕房群，商品化烘烤达 43.2%。

2010 年，建成漂浮育苗大棚 10 座，大型密集烤房 29 座，小密集烤房 107 座。

2011 年，组建基地单元分级专业队 27 个，烘烤专业队 20 个。培育育苗专业户 113 个，烘烤专业户 48 个，植保专业队 8 支，采分专业队 18 支。

2012 年，以育苗工场、烘烤工场为依托，在育苗、烟田机耕起垄、植保、烘烤、分级等主要生产环节，积极开展专业化服务。全市商品化供苗达到 100%，专业化植保达到 82%，专业化烘烤达到 85.6%，专业化分级达到 81.7%。

2015 年，烤烟标准化工作通过国家烟草总局验收。

3. 抓创建发展新型专业化合作经济组织

通过创建烟叶生产专业合作社、烟叶生产专业农场和烟叶生产互助组等生产组织形式，不断探索烟叶产业化经营模式，提高烟叶生产的专业化和组织化程度，将粗放产量管理提升为专业化集约质量管理。

2011 年，成立朱阳北塬烟叶合作社和五亩金塬烟叶合作社，入社烟农 493 户，烟叶面积 10200 亩，合作社推行“分户种植、专业服务、集约经营、盈余分配”的管理模式，形成了具有区域特色的“两场一社六队、一分六统三量化”的基本运作模式。

2012 年，全市累计建设综合服务型烟农专业合作社 3 个，入社烟农 726 户，烟田面积13902亩。

2015年，金塬合作社按照“种植在户、服务在社”的发展理念，坚持“民办、民营、民受益”，积极开展育苗、机耕、植保、烘烤、分级等专业化服务。年内入社烟农1036户，烟田面积15150亩，户均种烟14.7亩。12月，金塬合作社顺利通过了全国“行业示范化”验收。

2016年，累计成立烟农合作社4个，入社烟农2834户，烟田面积34800亩，户均12.3亩。

4. 抓提高生产队伍的专业化水平

市烟办、市烟草局（分公司）充分认识到以烟叶、烟区、烟农为代表的烟草“三农”工作，其核心是烟农。建设现代烟草农业，最终要靠有文化、懂技术、会经营的新型烟农。市烟办和市烟草局（分公司）始终把做好对烟农的引导性教育、搞好烟农队伍的基础性培训，筛选铁杆烟农、发展职业烟农、培养新型烟农，引导教育烟农摒弃传统落后的生产经营管理方式，当作一项重要任务来抓。通过组织开展丰富多彩的专业化种植科技培训，现场观摩，印发烟叶生产技术手册、明白卡和电话讲座等形式，努力提高烟农队伍及生产指导队伍的科技素质和整体水平。按照“市里培训骨干，乡镇培训烟农”的原则，年年均举办市级培训会10场次以上，乡镇级培训会30余次，召开村组现场会千次以上，印发烟草生产技术资料万份以上，烟农受训率达100%，一支现代化烟草工人队伍已经形成。

三、机械化作业

推广烟草农业机械化作业是降低烟农劳动强度、减少烟农生产投入的一项根本性技术措施。通过推广机械刨堰、机械覆膜、机械培土、机械喷药、机械中耕追肥等技术措施，既可以把烟农从一把锄头、一把铁锹、一把镐头、一个背负式喷雾器中彻底解放出来，一改脸朝黄土背朝天、两手老茧一脚泥的繁重劳动和体力付出，实现愉快、轻松、简单种烟；又做到了技术规范的统一、生产水平的均衡、质量特色的稳定。

市烟办和市烟草局（分公司）充分利用国家局和省局对大型烟叶生产机械的扶持政策，积极争取市政府对小型烟叶生产机械投入的重视和支持，全面提高机械整地、机械覆膜、机械中耕、机械喷药等生产环节的作业能力和作业水平。

2009年，组建6支机耕专业队、5支植保专业队、10支采分专业队，全面开展专业化服务。配置了起垄机、剪叶机、多功能烟田管理机、植保烟雾机、拔秆机等专业机械108台，分阶段实施机械化作业，烟田每亩劳动用工由31.2个减少到19个，成本下降

427 元,达到减工降本增效的目的。

2010 年,组建农机专业队 8 支,配置烟叶生产专用机械 1225 台,大力推广机械化耕作、盖膜、植保、编杆,加快了烟叶生产机械化的应用步伐。

2011 年,全市组建育苗专业队 12 个,机耕专业队 17 个,植保专业队 21 个,配备农业机械 329 台。

2012 年,推行"利用资源、统筹调配监管、定制划区作业、现场验收质量"的机械化服务管理模式,整合机械资源,配置烟叶生产机械 1701 台,提高了机械化生产程度。烟田机耕起垄达 82.7%,专业化植保达到 82.7%。

2014 年,配置机械 334 台。

2015 年,购置烟草农机具 158 台。

2016 年,配置烟草农业机械 30 台。专业化服务体系逐步完善,机耕起垄、烟田中耕等环节机械化作业率达 80%以上。

四、精细化管理

精细化管理是追求完美和实现卓越的过程,是企业适应激烈竞争环境的必然选择,也是企业谋求基业常青的必然选择。围绕烟叶"四化"生产,在"实"字上做文章,在"细"字上下功夫,在"精"字上提要求。市政府成立了由市烟办、市烟草局、市农业局组成的烤烟标准化示范工作领导小组,研究制定了《灵宝市烤烟标准化示范项目实施意见》《灵宝市烤烟标准化生产技术规程》,提出了"技术操作标准化、烟叶质量最佳化、产值效益最大化"的工作目标,健全了市、乡、村三级技术指导网络。不仅要做到精准选种、精准育苗、精准施肥、精准灌溉、精准收获、精准整地,还要对田间烟叶生长与环境实行动态监测,为烟叶生产全过程综合分析与决策提供可靠翔实的数据支持,形成对烟叶品种、地块、农户、烟技员、烟叶工作站以及分公司质量全过程跟踪与追溯,努力提高常规技术措施的到位率、综合技术措施的配套率、核心技术措施的贡献率,促进规范化生产上水平,向精细、精准烟草农业方向迈进,努力生产具有灵宝烟区特色的精品优质烟叶。

五、基础设施建设

加快基础设施建设、夯实烟叶发展基础,是现代烟草农业实现跨越发展的根基。市烟办和市烟草局(分公司)按照"整体规划,系统设计,综合配套"的原则,围绕"烟田、烟水、烟农机、烟机耕路、育苗工场、烘烤工场、基层烟站及防灾减灾体系"等八项设施建设综合配套,高质量、高标准地推进烟叶生产基础设施建设,发挥其整体功能作用,改善烟区生产条件，提高烟田综合生产能力和抗御自然灾害能力。为此，从2004年开始，市烟办和市烟草局(分公司)，先后制定了《灵宝市烟水配套工程实施意见》《灵宝市烟叶生产基础设施建设规划》《年度基础设施建设实施方案》《灵宝市烟叶基础设施建设项目管理办法》，坚持“科学论证、制定规划、规范运作、加强监督”的指导思想和“突出重点、扎实推进、建管并重、确保成效”的工作原则，方向不变，力度不减，精准发力，稳步开展基础设施建设工作。2005年，以建立农田保护制度、提高综合效益为基础的烟叶生产基础设施建设在灵宝拉开帷幕。项目建设以烟水配套、集约化烘烤为主，适当考虑田间道路、烟田整治、土壤改良等。2006年，坚持“重心下移、突出服务、加强基础”的方针，通过健全机构、加强管理、改善服务、完善措施、规范用工、提高素质，不断增强烟叶基层活力，全面提升烟叶工作水平，切实巩固烟叶基础地位，为卷烟工业提供优质烟叶。2008年5月，灵宝烟区被确定为省现代烟草农业试点。2010年11月，国家烟草专卖局(总公司)评审通过了《灵宝市现代烟草农业实施方案》，把灵宝市现代烟草农业基础设施建设推向了新高潮。

1. 烤房设施建设

2005~2009年，烟草行业投资1318.13万元，改造小密集烤房4363座，受益烟田面积43630亩。

2005~2016年，烟草行业投资7646.92万元，新建密集烤房2462座；2015年在烟草行业投资209.92万元，在朱阳镇透山村新建20座电加热烤房。累计烟草行业总投资金7856.84万元，共建烤房2482座，受益烟田面积49640亩。

2. 育苗设施建设

2010~2019年，烟草行业投入资金2070万元，建设育苗工场15处，弓形大棚303座，连体钢架大棚3处、12座，育苗能力50000亩。

3. 烟草机械设施建设

2009~2015年，总投入资金828.12万元，其中烟草行业投入资金687.1071万元，购置烟草农业机械899台，分别配置给朱阳镇、五亩乡、苏村乡、故县镇、川口乡等烟区。

4. 烟水配套设施建设

2005~2009 年,烟草行业投入资金 483. 25 万元,建设水窖 1551 个,容量 64640m^3,分布于朱阳镇、五亩乡、苏村乡、故县镇、川口乡烟区。2006~2014 年,烟草行业投入资金 2610. 38 万元,建设水池 121 个,容量 21600 立方米,塘坝 12 个,提灌站 14 个,管网 41 条,总长度 419. 0722 千米。分布于朱阳镇、五亩乡、苏村乡、故县镇、川口乡烟区。

2007~2012 年,烟草行业投入资金 448. 8139 万元,建设机井 6 眼。其中故县镇冯家塬村 2 眼、五亩乡渔村 1 眼、西淹村 1 烟、白羊村 1 眼、窑坡村 1 眼。

2013 年 9 月,申报灵宝市白虎潭水库烟草援建水源工程项目获批,2014 年 1 月 15 日开工,2018 年 6 月 27 日通过三门峡水利局组织竣工验收。水库总容量 999 立方米,总造价 16380. 47 万元,烟草行业援建 14793. 64 万元。

5. 烟田机耕路建设

2009 年,烟草行业投资 185. 09 万元,建设砂石路 16 条 ,总长度 19. 58 千米,分布于朱阳镇、五亩乡、苏村乡、故县镇烟区。

2008~2015 年,烟草行业投入资金 2184. 5952 万元,建设水泥路 80 条,总长度 112. 0022 千米,分布于朱阳镇、五亩乡、苏村乡、故县镇等烟区。

6. 防雹增雨设施建设

2005~2008 年,烟草行业投入资金先后在朱阳镇、五亩乡、苏村乡、故县镇等烟区,设立防雹增雨作业点 7 处,流动作业点 10 处。覆盖灵宝市整个烟区。

7. 基层烟叶工作站建设

烟叶工作站建设坚持“合理规划、相对集中、方便烟农、便于管理”的原则;坚持因地制宜、分类指导、科学规划、分步实施的原则;坚持新建与改造相结合的原则,按照上级公司统一部署,对老烟站进一步整合、改造成为符合国家局标准的基层烟叶工作站,提高生产服务和技术指导能力,实现设计合理、功能齐全、环境良好、管理高效的标准化基层站建设任务。2016 年投资 1272 万元,新建朱阳辛店标准化烟叶工作站,已竣工投入使用。2019 年,投资 1191 万元完成秦池烟叶收购点项目建设。截至 2019 年年底,共有标准化基层烟叶工作站 9 个。

2005~2019 年,烟草行业累计投入资金 32690 余万元,共建烟叶基础设施项目 9902 个。

8. 其他

2007 年,烟田开始投入保险,到 2019 年,烟田保险实现全覆盖。据统计,2014 年,承保面积 5.5 万亩,保费 236.5 万元,受损烟农 873 户,受损面积 3772 亩,理赔 134.04 万元。2015 年,承保面积 5.5 万亩,保费 247.5 万元,受损烟农 1627 户,受损面积 10000 亩,理赔 526.98 万元。2016 年,承保面积 5.7 万亩,保费 256.5 万元,受损烟农 391 户,受损面积 2009 亩,理赔 76.58 万元。2017 年,承保面积 5 万亩,保费 225 万元,受损烟农 1087 户,受损面积 7400 亩,理赔 220.83 万元。2019 年,承保面积 4.8 万亩,保费 216 万元,受损烟农 995 户,受损面积 3868.2 亩,理赔 111.47 万元。

2012 年,烟草行业投入资金 52.5 万元,在苏村乡双庄村整理烟地面积 302 亩。

第八节　扶持政策

灵宝市的烟叶生产经历了几起几落的发展历程。为了确保烟叶生产持续稳定,烟叶品质不断提高,经济效益不断增强,灵宝市委、市政府、市烟办、市烟草局和各乡镇先后出台了一些激励政策,调动烟农的种烟生产积极性。这些政策,通过实践,经过不断完善,对灵宝的烟叶生产起到了积极的促进作用,到 2019 年,烟叶已成为种烟乡镇财政收入和农民增收的支柱产业。

一、灵宝市扶持政策

1982~1983 年,灵宝县政府以每千克烤烟 0.4 元,在收购烟叶时,直接补助给烟农。

1994 年 9 月,灵宝市政府出资 17 万元,作为烟叶发展基金。市烟办下发文件,出台了 3 年“滚动发展”政策,具体操作办法是:17 万元用于购买肥料、地膜,先投入给种烟农户使用。烟农卖烟后,由村委会负责按 50%收回投入的物资款,10%留给村用于发展烟叶开支,市政府再补足到 17 万元。

1997 年,价格政策:1997 年烟叶收购千克均价由 8 元提价到 9 元,即每千克烟叶平均提价 1 元。产前扶持:分散烟田由每亩 65 元提高到 100 元,30 亩以上的烟田由每亩 85 元提高到 120 元。品种补贴:种植的“红大”品种,另外补贴每亩不低于 60 元。烟叶保险:烟草公司统一对全市烟田投入保险,以解决冰雹、洪水等自然灾害给烟农造成的经济损失。炕房补助:新建一座炕房补助 200 元,改造一座炕房补助 100 元(高低棚 40 元,长天窗 40 元,热风洞 20 元)。营养钵育苗补贴:烟田面积登记造册后,烟草公司免费供应育苗用营养钵纸袋。

1998 年,灵宝市政府出台《关于调整各乡镇税收返还办法的通知》,全市税收总额的 50%返还给乡镇,5%返还给村。

2001 年,为保证烟叶提质增效,采取“六二二”(市烟草公司投入比例占六、乡镇投入比例占二、烟农个人投入比例占二)产前扶持办法。烟草公司投资 396.5 万元,购买营养钵 2.5 万畦,化肥 1550 吨,农药 16.04 吨,地膜 126.47 吨,种子 4.84 吨。烟田每亩 88 元,对全市烟叶生产进行了产前物资扶持。实行“四包一挂”(包产前物资履约率,包双能考核管理与兑现,包生产技术指导和新技术示范应用,包面积、总产和上等烟比例;工作成效与工资资金挂钩)。

2002 年,实行集团承包责任制。市烟草公司组建了朱阳、五亩、苏村、川口 4 个承包集团,采取阶段考核、年终奖罚的办法,实行目标考核。共参与技术全包 77 人,包村 41 个,包烟田面积 2.8 万亩。建立村级技术服务体系,采取“三、二、一”配备制,对种烟 1000 亩以上的村配备 3 名技术员,500 亩以上的村配备 2 名技术员,300 亩以上的村配备 1 名技术员。

2003 年,为调动农民种植烟叶积极性,灵宝市人民政府制定了一系列激励政策:①调整了烟叶收购返还比例,将烟叶税收返还比例由 10%提高到 12%,村级烟叶税返还比例由 5%提高到 8%,烟叶生产发展基金由 3%提高到 5%;②新开发的 200 亩以上的连片烟田,采取“八二”(市烟草公司投入比例 80%,个人投入比例 20%)投入政策,且每亩给予 80 元的粮食补贴,有条件的还予以免费机耕;对种烟千亩以上的村,生产技术落实到位,交售烟叶 10 万千克以上,上等烟比例高出本区平均数 2 个百分点的,每交售 1 万千克烟叶奖励村支部书记、村委会主任、烟叶专干每人 80 元。

2004 年,市政府进一步调整完善了烟叶生产激励政策,在烟叶税返还比例和发展基金方面,市财政兑现的烟叶税收返还比例仍奖励村支部书记、村委会主任、烟叶专干每年 1000 元。在奖励政策方面,市烟草公司对新开发的 100 亩(上年为 200 亩)以上的连片烟田,每亩给予 80 元的粮食补贴,有条件的还予以免费机耕;对千亩以上种烟村,生产技术落实到位,交售烟叶 11 万千克(上年为 10 万千克)以上,上等烟叶比例高出本区平均数 2 个百分点的,奖励村书记、村委会主任、烟叶专干每年 1000 元(上年为每 1 万千克奖励 80 元)。按照烟农交售的上、中等烟叶数量,每千克分别兑现 0.7 元、0.4 元,数额以烟用物资的形式兑付给烟农。

2005 年,市政府为鼓励烟叶生产,将税收返还比例由上年的 20%提高到 25%。对新开发的烟区和新开发的 100 亩以上连片烟区每亩给以 80 元的粮食补贴,并对有机耕条件的给予免费机耕。对于种烟面积达到千亩以上的村,且生产技术落实到位,交售烟叶 12.5 万千克以上,上、中等烟比例达到 85%以上,工作考核在 90 分以上,以 800 元为基数，对村支部书记、村委会主任、烟叶专干实行分档奖励，按实际种烟面积，分别给以20~50元的工作奖励补助。

2006年，市烟办制定和完善了激励政策：①调整税收返还比例。坚持从烟叶产品税中提取25%用于烟叶生产再投入的政策不变，建立了烟叶生产风险基金，降低了种烟风险，解除了群众后顾之忧。市财政拿出专项资金，奖励种烟大乡大镇，对新发展的种烟乡镇，烟叶产品税除提取25%生产发展基金外，其余部分全部返还乡镇。②鼓励发展新烟区，采取“乡镇协调，村组规划，倾斜扶持，重点指导”的办法，对新开发的烟区除享受老烟区政策外，免费供应物资“套餐”，免费建育苗大棚。③加大联合投入力度，继续实行政府、烟草公司、烟农三位一体的联合投入机制，各级政府每亩投入达到30元，烟草公司每亩投入达到200元，烟农每亩投入达到170元，实际每亩投入达到400元以上。④完善“上搭下”烟叶扶持投入政策。改过去依靠上报面积发放物资为与交售烟叶数量、质量双挂钩；改过去的一次性领取为随生产环节领取，并对物资发放实行过程控制，年终审计。

2007年，政府制定的激励政策有：①完善投入管理机制。坚持政府、烟草、烟农三位一体的联合投入机制。上年，烟草部门采取“上搭下”的办法，以物资“套餐”的形式扶持资金1648万元。对35000亩生产科技示范区(园)，采取“产前扶持，产后统筹”的办法，在生产物资“套餐”供应中，给以每种“套餐”30元的补贴。②完善乡镇、村两级生产管理机制。对种烟乡镇实行了生产目标管理责任制，将面积落实、收购总量、上等烟比例、技术标准落实、合同履约率、基础设施建设等作为主要考核内容，采取“面积分档，阶段检查，年终统筹”的办法，按照年度考核结果对产烟乡镇兑现奖惩。③完善烟草职工承包考核机制。对所有生产技术人员实行“四包一挂”责任制考核，即“包技术措施落实，包烟农管理，包面积落实和收购总量，包上等烟比例和工作成效与抵押和资金挂钩”。④完善烟农生产业绩考核机制。

2008年，烟草部门采取“上搭下”的办法，以物资“套餐”的形式扶持投入1592万元。同时建立了烟叶生产风险基金(烟草公司每亩投入9.6元，政府每亩投入12元，烟农每亩投入2.4元)，提高了烟叶生产抗御自然灾害的能力，解除了群众的后顾之忧，有效调动了烟农生产优质烟叶的积极性。完善烟农生产业绩考核机制，首先以优化烟农队伍、提高烟农结构为重点，本着“发展A户，提高B户，指导C户，淘汰D户”的管理和服务原则，强化烟农生产业绩，实行烟农级别动态考核，对不同级别的烟农，在技术指导、生产扶持、产购合同签订等方面，实行个性化管理、差异化服务，从而使烟农结构得到进一步优化。其次,对烟农实行“双百分”技术落实到位率考核,对技术标准落实不到位的烟农,及时下发整改通知书,扣减业绩分值,确保技术标准落实到位。

2011 年初,灵宝市烟叶生产办公室印发了灵烟办〔2011〕21 号文件,出台了 2012 年烟叶生产扶持政策:①上搭下扶持。按照三门峡市局下达的扶持标准执行,以物资“套餐”形式兑现到户。每亩套餐供应标准:氨基酸复合肥 50 千克,硫酸钾 6 千克,硝酸钾 6 千克,或复合肥 25 千克,饼肥 25 千克(芝麻饼 20 千克),硫酸钾 10 千克,硝酸钾 3 千克。②种子补贴。烟农每包自筹 1.0 元,其余由分公司补贴。③地膜补贴。依照烟农购买物资“套餐”,自行配套补贴供应。每亩供应 3 千克,分公司补贴 10 元。④集约化育苗补贴。消毒剂、蒸熏剂全部免费供应,新建育苗工场免费供应格盘、基质。其余的全部实现补贴供应,其中格盘烟农自筹每个 1 元,基质烟农自筹每袋 5 元,所有漂浮育苗大棚每座标准棚(9 米×20 米),免费供应育苗专用肥 3 袋(15 千克)。⑤豆浆灌根补贴。经烟站现场确认,在规定时间内,验收合格后,每亩分公司补贴 10 元。⑥化学抑芽。分公司实行补贴供应。⑦农药供应。苗床、大田、防蚜、防病农药实行免费供应。百亩以上连片扶持。⑧百亩以上连片由村统一规划,烟站包村人员检查确认,造册登记,烟站核实界定,分公司抽查。有机耕条件的,施足粗肥由烟站(或合作社)组织机耕专业队进村作业,烟农每亩可享受 15 元机耕补贴;没有机耕条件的,在规定时间完成起垄,经烟站统一验收合格后,每亩补贴烟农 10 元;大麦掩青烟田机耕每亩补贴 20 元。⑨土壤改良。百亩以上连片专业植保进行 3 次,每亩补贴每次 1 元。⑩烟用基础设施建设。育苗工场、烟水、烟炕、烟机、烟路等新建项目补贴按国家扶持政策执行。对于种植面积在 2011 年基础上发展较大的村,市烟办将拿出一定资金用于设施配套补贴。⑪新区开发扶持。新发展乡镇的新村和老区新发展的新村,免费供应物资套餐、地膜、烟苗及农药。老区老村新户,半价供应物资套餐;新开发乡镇种烟村,密集炕房建设按规定除国家新建项目补贴外,烟农配套自筹部分由市烟办全额补贴。

2012~2019 年,灵宝市人民政府每年以红头文件的形式,出台烟叶生产工作意见,制定优惠政策,完善激励机制。要求各有关部门认真落实,政府制定的“二六二”投入政策和烟叶生产发展基金政策,以上年度烟叶税收为基数,提取 10%作为当年烟叶生产发展基金政策,实行专户管理,滚动发展,确保各项优惠政策真正落实到位。灵宝市烟办、灵宝市烟草专卖局(分公司)根据灵宝市政府的工作意见,制定出各年度的实施细则。就烟叶生产、种子、肥料、地膜、农药等专用物资补贴和测土配方、病虫害统防统治、自然灾害防治、科技推广服务等专业服务补助,各做了具体补贴规定。扶持以物资

“套餐”形式兑现到户，补贴款直接兑现到烟农或合作社专用账户。

二、乡镇扶持政策

1. 朱阳镇烟叶生产扶持政策

①上搭下扶持：按照三门峡市局下达的扶持标准执行，以物资“套餐”形式兑现农户，每亩供应标准：氨基酸复合肥50千克，硫酸钾6千克，硝酸钾3千克，或复合肥25千克，饼肥25千克（芝麻饼20千克），硫酸钾10千克，硝酸钾3千克，种子补贴：烟农每包自筹1.0元，其余由分公司补贴。②地膜补贴：依照烟农购买物资“套餐”，实行“套餐”补贴供应。每亩供应3千克，分公司补贴10元。③集约化育苗补贴：消毒剂、熏蒸剂全部供应，新建育苗工场免费供应格盘、基质。其余的全部实行补贴供应，其中格盘烟农自筹每个1元，基质烟农自筹每袋5元，所有漂浮育苗大棚每标准（9米×20米）免费供应育苗专用肥3袋（15千克）。④豆浆灌根补贴：经烟站现场确认，在规定时间内，验收合格后，每亩分公司补贴10元。⑤化学抑苗：分公司实行补贴供应。⑥农药供应：苗床、大田、防蚜、防病农药免费供应。⑦百亩以上连片扶持：百亩以上连片由村统一规划，烟站包村人员检查确认，造册登记，烟站核实界定，分公司抽查。有机耕条件的，施足底肥由烟站（或合作社）组织机耕专业队进村作业，烟农监督实施，在规定时间内机耕手按起垄质量标准完成起垄后，上报烟站验收合格，烟农每亩可享受15元机耕补贴；没有机耕条件的，在规定时间完成起垄，经烟站统一验收合格后，每亩补贴烟农10元；大麦掩青烟田机耕每亩补贴20元。⑧土壤改良：按分配面积分公司免费供应大麦种子（或土壤改良调理剂）。⑨专业化服务补贴：百亩以上连片作业化植保进行3次，每亩补贴每次1元。⑩烟用基础设施建设：育苗工场、烟水、烟坑、烟机、烟路等新建项目补贴按国家扶持政策执行。对于种植面积在2011年基础上发展较大的村，市烟办将拿出一定资金用于设施配套补贴。⑪新发展乡镇的新村和老区新发展的新村，免费供应物资“套餐”、地膜、烟苗及农药。老区老村新户，半价供应物资套餐；新开发乡镇种烟村，密集炕房建设按规定除享受国家新建项目补贴外，烟农配套自筹部分由市烟办全额补贴。

2. 五亩乡烟叶生产扶持政策

对包村干部奖罚：包村干部每人每月扣发100元工资作为承包抵押金，达到“六包”的各项指标，全部退回抵押金，并享受同等金额的奖励；若每有一次达不到标准或未完成任务，扣发奖金10%，以剩余抵押金为基数，退还抵押金并同数奖励。累计完成任务低于60%的不奖励。对烟叶办公室的奖励：全乡烟叶销售产值收入基数1050万元。超额实行奖励,产值在1050万~1100万元,超出部分0.5%奖烟叶办公室,产值在1100万元以上,超出部分1%奖烟叶办公室。对种烟村奖励:完成种植面积基数,每公顷奖15元,超出基数1公顷奖60元。完成烟叶生产四个阶段中每一个阶段都有奖励,5000亩以下的村每阶段奖村干部150元,5000亩以上奖村干部300元,10000亩以上村奖村干部450元。每阶段检查结束,按得分标准兑现奖励;对产量高和上等烟比例高的村也有奖励,如种烟面积10000亩以上,交售烟叶20万千克以上,上等烟高出全乡平均水平2个百分点以上的村,按每交售万斤烟叶奖励村干部240元。收购结束,召开大会兑现。对种烟户的奖励:乡对烟叶生产的典型户予以通报表彰,并给予奖励。

第九节 1982~2019年烤烟生产情况统计

1982~1984年烤烟生产情况统计表

乡镇	年度	面积(亩)	收购量		单产(千克)	总产值(万元)	亩产值(元)	上等烟(%)
			(万千克)	(万担)				
合计	1982	7800	74.00	1.48	94.00	108.40	137.24	
合计	1983	4500	38.75	0.78	69.50	46.83	104.25	0.13
累计	1982~1983	12300	112.75			155.23		
苏村		8000	82.40		101.90	120.82	148.72	1.40
五亩	1984	2900	29.30		100.00	41.99	133.35	1.20
朱阳		2400	23.94		100.00	37.87	200.93	1.90
川口		650	9.36		144.00	13.75	211.39	2.10
合计	1984	13950	145.00	2.90	103.50	214.72	162.78	1.70
累计	1982~1984	26250	257.75	5.16		370.00		

1985 年烤烟生产情况统计表

乡镇	年度	面积（亩）	收购量		单产（千克）	总产值（万元）	亩产值（元）	上等烟（%）
			（万千克）	（万担）				
苏村	1985	10230	122.49		119.74	168.30	164.52	1.09
朱阳		9863	83.70		84.86	141.57	143.55	0.96
五亩		10050	51.70		51.44	73.48	73.12	0.38
川口		3500	40.19		114.83	58.84	168.13	0.80
阳店		2006	12.58		62.57	18.05	89.99	0.48
尹庄		3298	21.55		65.44	31.74	96.27	0.29
程村		825	8.57		103.88	9.95	120.65	0.04
故县		1187	10.78		90.82	16.13	135.89	0.50
阳平		1500	20.63		137.54	29.21	194.77	0.43
豫灵		500	5.57		111.40	9.27	185.39	0.19
合计	1985	42959	377.76	7.55	88.00	556.70	130.00	1.56
累计	1982～1985	69249	635.51	12.71		926.70		

1986 年烤烟生产情况统计表

乡镇	年度	面积（亩）	收购量		单产（千克）	总产值（万元）	亩产值（元）	上等烟（%）
			（万千克）	（万担）				
苏村	1986	8500	56.18		66.10	66.28	77.98	1.83
朱阳		6350	58.32		91.86	85.47	134.60	4.35
五亩		4350	20.32		46.68	22.04	50.68	1.29
川口		2400	13.08		54.51	16.32	68.03	1.04
尹庄		800	5.03		62.82	5.53	69.13	0.49
阳平		2100	13.59		64.73	14.29	68.07	0.35
故县		500	6.69		133.80	6.92	138.43	0.61
合计	1986	25000	173.21	3.46	69.00	216.86	86.80	2.30
累计	1982～1986	94249	808.72	16.17		1143.56		

1987 年烤烟生产情况统计表

乡镇	年度	面积（亩）	收购量		单产（千克）	总产值（万元）	亩产值（元）	上等烟（%）
			（万千克）	（万担）				
尹庄	1987	389	4.35		111.80	10.08	259.13	21.54
川口		786	9.93		126.30	28.57	363.46	33.53
豫灵		470	5.38		112.47	11.47	244.11	14.15
朱阳		3649	45.05		123.90	111.89	247.75	22.14
五亩		1474	17.48		118.59	39.97	271.15	15.15
阳平		218	2.49		114.40	5.25	241.12	16.91
苏村		3153	34.87		110.40	83.94	266.24	22.75
合计	1987	10139	119.55	2.39	117.80	295.21	292.00	21.76
累计	1982～1987	104388	928.27	18.57		1438.77		

1988 年烤烟生产情况统计表

乡镇	年度	面积（亩）	收购量		单产（千克）	总产值（万元）	亩产值（元）	上等烟（%）
			（万千克）	（万担）				
朱阳	1988	7087	70.77		99.87	213.28	300.95	42.23
苏村		7200	71.63		99.49	222.17	308.58	43.47
川口		1843	19.17		104.00	57.74	313.29	37.38
五亩		2050	20.02		97.65	52.45	255.87	26.75
阳店		500	5.02		100.00	14.34	286.80	28.67
尹庄		300	2.81		93.94	7.35	245.02	30.84
焦村		600	6.13		113.00	13.15	219.29	13.64
阳平		820	7.42		90.49	18.55	226.21	30.22
故县		1100	13.30		120.90	32.93	299.41	21.55
合计	1988	21500	216.70	4.33	100.00	633.07	294.46	37.81
累计	1982～1988	125888	1144.97	22.90		2071.84		

1989 年烤烟生产情况统计表

乡镇	年度	面积（亩）	收购量		单产（千克）	总产值（万元）	亩产值（元）	上等烟（%）
			（万千克）	（万担）				
苏村	1989	5865	58.76		100.20	128.30	218.76	14.40
朱阳		9680	68.44		71.23	170.02	176.96	24.50
五亩		2520	18.88		74.93	41.54	164.85	16.50
川口		1816	17.16		94.50	39.15	215.60	14.90
阳平		682	4.54		66.70	8.12	119.14	2.60
阳店		602	2.98		49.50	5.97	99.25	5.10
故县		1007	6.12		59.70	10.77	108.59	4.70
合计	1989	22100	176.78	3.54	80.00	404.05	182.82	17.80
累计	1982~1989	147988	1321.75	26.44		2475.89		

1990 年烤烟生产情况统计表

乡镇	年度	面积（亩）	收购量		单产（千克）	总产值（万元）	亩产值（元）	上等烟（%）
			（万千克）	（万担）				
苏村	1990	7489	41.41		55.29	94.58	126.30	12.91
朱阳		8903	48.58		54.57	117.72	132.23	16.20
五亩		1422	5.97		42.04	12.63	88.77	7.74
川口		1412	13.08		92.63	31.56	223.53	10.15
合计	1990	19226	109.04	2.18	56.80	256.49	138.50	13.70
累计	1982~1990	167214	1430.79	28.62		2732.38		

1991 年烤烟生产情况统计表

乡镇	年度	面积（亩）	收购量		单产（千克）	总产值（万元）	亩产值（元）	上等烟（%）
			（万千克）	（万担）				
苏村	1991	7446	66,37		89.16	174.25	234.02	18.63
五亩		1430	13.60		95.10	29.72	207.77	7.89

续表

乡镇	年度	面积（亩）	收购量		单产（千克）	总产值（万元）	亩产值（元）	上等烟（%）
			（万千克）	（万担）				
朱阳		7657	74.76		97.65	183.42	239.55	16.30
川口		852	9.89		116.06	21.00	246.56	5.64
合计	1991	17385	164.62	3.29	94.50	408.39	234.91	15.90
累计	1982～1991	184599	1595.41	31.91		3140.77		

1992 年烤烟生产情况统计表

乡镇	年度	面积（亩）	收购量		单产（千克）	总产值（万元）	亩产值（元）	上等烟（%）
			（万千克）	（万担）				
朱阳	1992	7988	64.72		81.03	158.58	198.53	17.70
苏村		10358	97.72		94.35	263.30	254.20	13.60
五亩		1986	13.35		67.15	34.78	175.15	18.90
川口		700	3.95		56.51	9.47	135.24	10.00
合计	1992	21032	179.74	3.59	102.10	466.13	264.81	16.90
累计	1982～1992	205631	1775.15	35.50		3606.90		

1993 年烤烟生产情况统计表

乡镇	年度	面积（亩）	收购量		单产（千克）	总产值（万元）	亩产值（元）	上等烟（%）
			（万千克）	（万担）				
苏村	1993	9351	70.79		75.71	200.30	214.20	13.13
朱阳		3640	47.27		129.87	147.11	404.15	22.32
五亩		1753	18.44		105.20	55.05	314.06	17.71
合计	1993	14744	136.50	2.73	109.00	402.46	274.10	21.10
累计	1982～1993	220375	1911.65	38.23		4009.36		

1994 年烤烟生产情况统计表

乡镇	年度	面积（亩）	收购量		单产（千克）	总产值（万元）	亩产值（元）	上等烟（%）
			（万千克）	（万担）				
朱阳	1994	3432	25.67		67.00	83.25	242.57	25.10
苏村		3214	20.22		62.92	58.35	181.57	20.30
五亩		1225	10.36		84.62	35.72	291.58	26.70
合计	1994	7861	56.25	1.13	75.50	177.32	225.60	24.00
累计	1982～1994	228236	1967.90	39.36		4186.68		

1995 年烤烟生产情况统计表

乡镇	年度	面积（亩）	收购量		单产（千克）	总产值（万元）	亩产值（元）	上等烟（%）
			（万千克）	（万担）				
苏村	1995	2049	17.14		83.78	104.00	507.57	36.91
朱阳		3856	30.45		77.40	111.16	406.55	18.79
五亩		313	3.32		106.00	13.00	415.34	10.42
合计	1995	6218	50.91	1.02	84.12	292.68	470.71	23.70
累计	1982～1995	234454	2018.81	40.38		4479.36		

1996 年烤烟生产情况统计表

乡镇	年度	面积（亩）	收购量		单产（千克）	总产值（万元）	亩产值（元）	上等烟（%）
			（万千克）	（万担）				
朱阳	1996	6154	70.17		114.00	449.65	730.66	29.50
苏村		2641.5	27.49		104.10	192.56	728.98	34.50
五亩		372.5	4.60		123.70	31.06	833.95	23.90
合计	1996	9168	102.26	2.05	111.50	673.28	734.38	29.50
累计	1982～1996	243640	2121.07	42.42		5152.64		

1997 年烤烟生产情况统计表

乡镇	年度	面积（亩）	收购量		单产（千克）	总产值（万元）	亩产值（元）	上等烟（%）
			（万千克）	（万担）				
苏村	1997	5602	74.10		132.30	462.20	825.07	21.00
朱阳		12003	138.75		115.60	735.81	613.03	14.00
五亩		1558	16.15		103.70	62.70	402.45	6.00
合计	1997	19163	229.00	4.58	119.50	1260.71	657.89	12.20
累计	1982～1997	262803	2350.07	47.00		6413.35		

1998 年烤烟生产情况统计表

乡镇	年度	面积（亩）	收购量		单产（千克）	总产值（万元）	亩产值（元）	上等烟（%）
			（万千克）	（万担）				
苏村	1998	6330.3	73.42		116.00	494.08	780.54	9.90
朱阳		10718.2	127.30		118.80	790.17	737.24	12.30
五亩		2051.5	28.98		141.00	189.36	923.26	15.00
合计	1998	19100	229.70	4.59	120.30	1473.61	771.52	11.90
累计	1982～1998	281903	2579.77	51.60		7886.96		

1999 年烤烟生产情况统计表

乡镇	年度	面积（亩）	收购量		单产（千克）	总产值（万元）	亩产值（元）	上等烟（%）
			（万千克）	（万担）				
苏村	1999	6266.5	77.83		125.20	635.73	1014.49	28.80
朱阳		12061	158.43		124.50	1216.39	1008.53	26.40
五亩		4000	48.84		118.20	356.69	891.73	24.30
尹庄		653	4.74		70.00	19.52	412.00	10.00
川口		475	6.52		86.20	34.92	354.83	12.20
合计	1999	24072	298.02	5.96	123.80	2266.64	942.62	26.20
累计	1982～1999	305975	2877.79	57.56	94.06	10153.60		

2000 年烤烟生产情况统计表

乡镇	年度	面积（亩）	收购量（万千克）	收购量（万担）	单产（千克）	总产值（万元）	亩产值（元）	上等烟（%）
朱阳	2000	17094	221.98		129.80	1875.95	1097.44	26.70
苏村		9088	96.73		106.40	835.39	919.23	27.00
五亩		8842	91.96		104.00	767.38	867.88	25.30
川口		1287	13.68		106.30	107.14	832.48	17.00
尹庄		739	6.74		91.20	54.88	742.63	23.70
合计	2000	37050	431.10	8.62	116.40	3640.75	982.66	26.20
累计	1982~2000	343025	3308.89	66.18	96.47	13794.35		

2001 年烤烟生产情况统计表

乡镇	年度	面积（亩）	收购量（万千克）	收购量（万担）	单产（千克）	总产值（万元）	亩产值（元）	上等烟（%）
朱阳	2001	16566	138.67		83.71	941.67	568.44	6.11
苏村		10169	51.75		50.90	346.70	340.93	5.45
五亩		7236.8	53.46		73.89	355.93	491.90	4.69
川口		2068	11.01		53.25	64.15	310.24	2.09
尹庄		991.1	3.50		35.37	20.78	209.71	1.61
合计	2001	37030.9	258.40	5.17	69.78	1729.23	466.98	5.37
累计	1982~2001	380055.9	3567.29	71.35	93.87	15523.58		

2002 年烤烟生产情况统计表

乡镇	年度	面积（亩）	收购量（万千克）	收购量（万担）	单产（千克）	总产值（万元）	亩产值（元）	上等烟（%）
朱阳	2002	29700	309.59		104.24	2693.86	907.02	30.76
五亩		6012	65.49		108.94	548.73	912.72	24.73

续表

乡镇	年度	面积(亩)	收购量		单产(千克)	总产值(万元)	亩产值(元)	上等烟(%)
			(万千克)	(万担)				
苏村		6676	58.88		88.20	495.21	741.78	25.45
川口		712	6.37		89.40	42.46	596.39	10.35
合计		29700	309.59	6.19	104.24	2693.86	907.02	30.76
累计	1982~2002	409755.9	3876.88	77.54		18217.44		

2003 年烤烟生产情况统计表

乡镇	年度	面积(亩)	收购量		单产(千克)	总产值(万元)	亩产值(元)	上等烟(%)
			(万千克)	(万担)				
朱阳	2003	20623	226.77		109.96	1842.53	893.44	33.11
苏村		7306	86.41		118.28	805.28	1102.22	43.72
五亩		9897	112.66		113.84	105.71	1068.10	46.82
川口		487	16.05		329.65	158.65	3257.63	44.03
合计		44000	441.89	8.38	115.34	3863.55	1008.42	39.08
累计	1982~2003	448068.9	4318.77	86.38		22080.99		

2004 年烤烟生产情况统计表

乡镇	年度	面积(亩)	收购量		单产(千克)	总产值(万元)	亩产值(元)	上等烟(%)
			(万千克)	(万担)				
朱阳	2004	21023.4	276.79		131.65	2344.19	1115.04	21.80
五亩		11514.7	152.59		132.51	1321.48	1147.65	26.53
苏村		7600.3	102.41		134.74	922.69	1214.02	25.06
川口		652	12.01		184.21	115.23	1767.33	30.10
故县		401.7	4.38		109.11	27.79	691.81	4.03
合计		41192.1	548.18	10.96	133.07	4731.38	1148.61	23.77
累计	1982~2004	489261	4866.95	97.34		26812.37		

2005 年烤烟生产情况统计表

乡镇	年度	面积（亩）	收购量		单产（千克）	总产值（万元）	亩产值（元）	上等烟（%）
			（万千克）	（万担）				
朱阳	2005	22065	299.00		135.80	2795.36	1366.87	27.63
五亩		12028	174.50		145.10	1720.28	1430.22	40.12
苏村		8941	105.50		117.50	1047.02	1171.02	34.78
川口		1032	9.33		90.40	86.70	840.00	30.44
寺河		627	8.61		137.40	70.47	1123.92	28.96
故县		473	5.23		110.40	44.50	940.80	26.43
合计		45166	602.59	12.05	133.40	5764.32	1276.25	32.55
累计	1982~2005	534427	5469.54	109.39		32576.69		

2006 年烤烟生产情况统计表

乡镇	年度	面积（亩）	收购量		单产（千克）	总产值（万元）	亩产值（元）	上等烟（%）
			（万千克）	（万担）				
朱阳	2006	21914.7	348.55		159.00	3413.58	1557.67	31.47
五亩		13014	193.83		148.94	2016.47	1549.46	44.08
苏村		8719.5	117.84		135.15	1214.01	1392.29	34.58
川口		2184.5	13.32		133.21	118.90	1189.01	35.47
寺河		1028	13.43		130.61	112.25	1091.97	16.15
故县		672	11.46		170.49	111.04	1652.45	36.33
阳店		87	0.48		54.75	3.02	346.76	12.98
大王		322.5	1.45		44.90	10.65	330.12	21.08
函谷关		103	0.64		62.31	5.47	531.75	25.15
合计		46860.7	700.99	14.02	149.59	7005.40	1494.94	35.30
累计	1982~2006	581287.7	6170.53	123.41		39582.09		

2007 年烤烟生产情况统计表

乡镇	年度	面积（亩）	收购量		单产（千克）	总产值（万元）	亩产值（元）	上等烟（%）
			（万千克）	（万担）				
朱阳	2007	24225	282.00		116.41	2704.50	1116.41	30.71
五亩		13700	149.59		109.19	1578.01	1151.83	46.58
苏村		9961.5	102.13		102.52	1078.59	1082.76	43.57
川口		1200	14.36		119.66	139.71	1164.25	45.29
故县		1230	14.55		118.32	126.16	1025.69	30.86
阳店		86	0.39		45.60	2.60	301.99	15.04
大王		378.5	1.81		47.72	13.03	344.37	18.75
函谷关		30	0.04		12.84	0.29	97.59	24.82
合计		50811	564.88	11.30	111.17	5642.89	1186.76	37.56
累计	1982～2007	632098.7	6735.41	134.71		45224.98		

2008 年烤烟生产情况统计表

乡镇	年度	面积（亩）	收购量		单产（千克）	总产值（万元）	亩产值（元）	上等烟（%）
			（万千克）	（万担）				
朱阳	2008	24800	359.41		144.92	4659.29	1878.75	44.01
五亩		13700	196.11		143.15	2639.30	1926.50	51.84
苏村		10000	124.92		124.92	1639.60	1639.60	52.06
川口		1500	16.98		113.24	205.40	1369.33	46.69
阳店		500	0.90		69.91	6.95	674.20	9.60
大王			2.59			26.76		28.76
故县		1500	16.93		112.86	200.51	1336.73	37.05
合计		52000	717.84	14.36	138.05	9377.80	1803.42	47.35
累计	1982～2008	684098.7	7453.25	149.07		54602.78		

2009 年烤烟生产情况统计表

乡镇	年度	面积（亩）	收购量（万千克）	收购量（万担）	单产（千克）	总产值（万元）	亩产值（元）	上等烟（%）
朱阳	2009	24500	404.45		165.08	5803.77	2368.88	39.69
五亩		13300	227.33		170.93	3214.07	2416.59	39.30
苏村		10000	133.92		133.92	1912.64	1912.64	37.65
川口	含大王阳店	2200	30.00		136.36	371.19	1687.23	20.66
故县		2000	29.29		146.46	391.54	1957.70	31.26
合计		52000	825.00	16.50	158.65	11693.22	2248.70	38.26
累计	1982～2009	736098.7	1542.84	30.86		66296.00		

2010 年烤烟生产情况统计表

乡镇	年度	面积（亩）	收购量（万千克）	收购量（万担）	单产（千克）	总产值（万元）	亩产值（元）	上等烟（%）
朱阳	2010	21900	351.24		160.38	5282.23	2411.97	54.60
五亩		12400	199.06		160.53	2981.42	2404.37	53.68
苏村		9000	124.43		138.26	1787.62	1986.24	49.51
故县		2000	27.44		137.21	372.65	1372.00	41.32
川口		1700	20.50		120.59	294.44	1205.88	41.29
合计		47000	724.18	14.48	154.08	10718.37	2280.50	52.47
累计	1982～2010	783098.7	2267.02	45.34		77014.37		

2011 年烤烟生产情况统计表

乡镇	年度	面积（亩）	收购量（万千克）	收购量（万担）	单产（千克）	总产值（万元）	亩产值（元）	上等烟（%）
朱阳	2011	25000	333.75		133.50	5422.95	2169.18	57.58
五亩		14000	202.98		144.99	3663.66	2616.90	70.32

续表

乡镇	年度	面积（亩）	收购量		单产（千克）	总产值（万元）	亩产值（元）	上等烟（%）
			（万千克）	（万担）				
苏村		9500	100.00		105.27	1627.72	1713.39	55.76
故县		2000	21.15		105.74	328.57	1642.85	47.65
川口		1500	13.19		87.94	200.30	1335.33	46.49
合计		52000	671.07	13.42	129.05	11243.20	2162.15	60.63
累计	1982~2011	835098.7	2938.09	58.76		88257.57		

2012 年烤烟生产情况统计表

乡镇	年度	面积（亩）	收购量		单产（千克）	总产值（万元）	亩产值（元）	上等烟（%）
			（万千克）	（万担）				
朱阳	2012	29200	527.00		180.48	10869.02	3722.27	59.46
五亩		17100	333.22		194.87	7104.68	4154.78	60.75
苏村		11500	157.64		137.10	3290.14	2861.00	61.59
故县		3035	46.61		153.36	918.28	3025.64	59.06
川口		3165	38.52		121.69	744.15	2351.19	52.49
合计		64000	1102.99	22.06	172.34	22926.27	3582.23	59.42
累计	1982~2012	899098.7	4041.09	80.82		111183.84		

2013 年烤烟生产情况统计表

乡镇	年度	面积（亩）	收购量		单产（千克）	总产值（万元）	亩产值（元）	上等烟（%）
			（万千克）	（万担）				
朱阳	2013	30900	477.61		154.57	10966.27	3548.95	53.99
五亩		17000	269.20		158.35	6230.27	3664.86	55.10
苏村		10500	157.04		149.56	3581.80	3411.24	54.11
故县		3000	45.26		150.90	945.47	3151.60	36.96
川口		2600	35.89		138.04	769.49	2959.58	41.76

续表

乡镇	年度	面积（亩）	收购量		单产（千克）	总产值（万元）	亩产值（元）	上等烟（%）
			（万千克）	（万担）				
合计		64000	985.00	19.70	153.91	22493.30	3514.58	53.09
累计	1982～2013	905498.7	5026.09	100.52		133677.14		

2014年烤烟生产情况统计表

乡镇	年度	面积（亩）	收购量		单产（千克）	总产值（万元）	亩产值（元）	上等烟（%）
			（万千克）	（万担）				
朱阳	2014	27020	326.35		120.78	6579.44	2435.03	47.63
五亩		15585	214.52		137.65	4498.06	2886.15	51.39
苏村		8715	104.69		120.13	2051.79	2354.32	45.31
故县		2080	25.21		121.22	407.15	1957.45	31.10
川口		1600	31.96		199.77	594.63	3716.44	30.17
合计		55000	702.74	14.05	127.77	14131.07	2569.29	47.04
累计	1982～2014	960498.7	5728.83	114.58		147808.21		

2015年烤烟生产情况统计表

乡镇	年度	面积（亩）	收购量		单产（千克）	总产值（万元）	亩产值（元）	上等烟（%）
			（万千克）	（万担）				
朱阳	2015	27389	434.68		158.70	10832.49	3955.05	66.52
五亩		15485	280.74		181.30	7339.76	4739.92	73.29
苏村		9381	146.39		156.04	3542.02	3775.74	62.25
故县		1545	26.87		173.93	573.13	3709.61	49.97
川口		680	12.90		193.98	280.45	4124.33	41.16
阳店		320	5.94		185.49	132.05	4126.45	41.64
焦村		200	4.45		222.34	97.29	4864.55	41.65
合计		55000	911.95	18.24	165.81	22797.19	4144.94	66.79
累计	1982～2015	1015499	6640.78	132.82		170605.40		

2016 年烤烟生产情况统计表

乡镇	年度	面积（亩）	收购量		单产（千克）	总产值（万元）	亩产值（元）	上等烟（%）
			（万千克）	（万担）				
朱阳	2016	27860	442.05		158.67	11628.01	4173.73	60.21
五亩		15840	249.95		157.80	6332.07	3997.52	45.21
苏村		10600	148.00		139.62	3700.93	3491.44	41.57
故县		1100	16.00		145.45	340.45	3095.00	39.11
川口		531	6.31		118.80	137.66	2592.48	20.38
阳店		365	4.34		118.80	92.28	2528.13	27.35
焦村		183	2.17		118.47	45.88	2507.07	29.58
寺河		521	6.19		118.77	142.60	2737.05	23.37
合计		57000	875.00	17.50	153.51	22419.88	3933.31	51.60
累计	1982～2016	1072499	7515.78	150.32		193025.27		

2017 年烤烟生产情况统计表

乡镇	年度	面积（亩）	收购量		单产（千克）	总产值（万元）	亩产值（元）	上等烟（%）
			（万千克）	（万担）				
朱阳	2017	25760	301.08		106.19	7080.75	2748.74	58.10
五亩		14541	183.85		126.43	4313.87	2966.70	52.61
苏村		8595	102.42		119.16	2497.41	2905.66	61.45
焦村		250	2.98		119.19	62.47	2498.94	38.71
川口		338	3.78		111.71	78.86	2333.13	38.79
寺河		516	5.52		106.95	121.45	2353.68	47.91
合计		50000	599.62	11.99	119.92	14154.82	2830.96	56.68
累计	1982～2017	1122499	8115.41	162.31		207180.09		

2018 年烤烟生产情况统计表

乡镇	年度	面积（亩）	收购量		单产（千克）	总产值（万元）	亩产值（元）	上等烟（%）
			（万千克）	（万担）				
朱阳	2018	25420	363.03		142.81	10453.37	4112.26	74.79
五亩		14000	232.10		165.79	6625.03	4732.16	74.76
苏村		7700	110.31		143.26	3171.81	4119.23	78.39
焦村		250	3.00		120.00	78.34	3133.51	50.53
川口		208	2.60		124.81	65.77	3161.95	45.57
寺河		422	3.96		93.93	105.44	2498.64	58.19
合计		48000	715.00	14.30	148.96	20499.75	4270.78	75.05
累计	1982~2018	1170499	8830.41	176.61		227679.84		

2019 年烤烟生产情况统计表

乡镇	年度	面积（亩）	收购量		单产（千克）	总产值（万元）	亩产值（元）	上等烟（%）
			（万千克）	（万担）				
朱阳	2019	25820	347.59		134.62	9148.58	3543.21	68.47
五亩		14192	215.38		151.76	5942.07	4186.92	69.68
苏村		7740	104.48		134.98	3047.25	3937.01	83.35
焦村		118	1.77		150.00	43.27	3666.91	59.73
川口		240	2.39		99.63	60.72	2529.88	54.63
寺河		390	3.89		99.77	109.85	2816.67	78.24
合计		48500	675.50	13.51	139.28	18351.73	3783.86	71.14
累计	1982~2019	1218999	9505.91	190.12		246031.57		

第二章　烟叶生产

烟叶生产是烤烟生产过程的基础。从烟床育苗到大田移栽,从成熟采收到分级烘烤,从设施配套到田间管理,从土壤分析到配方施肥,环环相扣,缺一不可。灵宝市烟草行业尊重科学,大胆实践,在近40年的烤烟生产基础工作方面,总结出了一套科学、实用、有效的生产经验。以生产经验和科学技术作支撑,促使灵宝烟叶从小到大、从弱到强,从传统的烟叶生产种植一步步向现代烟草农业迈进。

第一节　生产境况

一、地理位置

灵宝市位于河南省西部,南依小秦岭、崤山,同陕西省洛南县、河南省卢氏县和洛宁县接壤;北临黄河与山西省芮城县、平陆县隔河相望;东与河南省陕县(陕州区)毗连;西与陕西省潼关县为邻。地理坐标为东经110°21′18″~111°11′35″和北纬34°07′10″~34°44′21″,东西长76.4千米,南北宽68.7千米,总面积为3011万平方千米。

二、地貌与土壤

朱阳镇千亩方烟田

灵宝属黄土丘陵地区,由于地质运动的作用,地表由山地、土塬、河川阶地组成。有“七山二塬一分川”之称,地势北低南高,海拔从308米逐渐升至2413.8米。南北高差2105.8米。这一地貌是在燕山造山运动后期与喜马拉雅山运动的漫长历史时期所形成的地质骨架基础上发育而成的。加之第四纪以来新构造运动的进行,近时期自然因素的影响及生物的活动,形成了复杂多姿的特征。灵宝以弘农涧河为界，西南部的小秦岭，自东向西入陕西省境内，山势挺拔陡峭。主要山峰有女郎山和亚武山等，主峰老鸦岔瑙，海拔 2413.8 米，为河南省最高点。东南部的崤山，起伏平缓，山峰以燕子山和岘山较有名气。小秦岭与崤山北麓分布有 6 大塬和 6 大峪。6 大塬自西向东依次为堡里塬、郭村塬、程村塬、娄底塬、焦村塬和铁岭塬；6 大峪自西向东依次为西峪、阌峪、枣香峪、藏马峪、大湖峪和凤凰峪。塬峪间沟岔纵横交错，共有大小山头 3702 座，大小沟岔 9303 条。

灵宝市国土总面积 3011 平方千米（451.7 万亩），其中山区面积 1481 平方千米，占国土总面积的 49.2%；丘陵面积 1208 平方千米，占国土总面积的 40.1%；平原面积 322 平方千米，占国土总面积的 10.7%。烟区主要分布在海拔 600 米以上的浅山丘陵区。

灵宝市分褐土、棕壤土两大土壤类型，此外还有少部分其他类型土壤，其中，以褐土面积最大，占 95%以上。

灵宝市的土壤在全国土壤区划中为南暖温带落叶阔叶林干旱森林灌丛草原棕壤褐土地带，褐土土类分布广泛。近年来经检测，灵宝烟区平均土壤有机质含量达 1.58%，pH 值为 6.5~7.0，个别地方达 8.0，全氮 0.1%，速效氮含量 62.16 毫克每千克，速效磷含量 12.56 毫克每千克，速效钾含量 183.46 毫克每千克，氯离子含量 1.29~3.78 毫克每千克，阳离子代换量为 4.865 毫克当量/100g 土，有效性钙含量 8156.3 毫克每千克，镁含量 326.3 毫克每千克，硫含量 73.8 毫克每千克，硼含量 0.47 毫克每千克，锌含量 0.79 毫克每千克，铁含量 2.26 毫克每千克，锰含量 4.73 毫克每千克，氯含量 39.5 毫克每千克。与常年土壤肥力相比，近几年来，土壤机质含量有所提高，土壤碱性有所增大，土壤中含氮素增多，磷素有所减少，钾素含量丰富。保水保肥性能较好，适耕期较长，排水良好，适宜多种作物生长。种烟区域内多为褐土类的立黄土和红黏土，土层深厚，可耕作层 20~50 厘米，有较强的持水保墒能力；有机质含量 1.5%以上，速效氮含量 50 毫克每千克，速效磷含量 15.9~20.0 毫克每千克，速效钾含量 145.8~230 毫克每千克，pH 值 6.5~7.5，总体来说，氮适、钾富、磷缺，微量元素丰富，具有生产优质烟叶的良好自然优势。

灵宝市土壤理化指标绝大部分适宜烟叶生长。2019 年 4 月，灵宝市人民政府颁发的《灵宝市基本烟田规划保护与轮作调茬实施意见》指出，依据常年种植面积、单产水平、收购计划，保障全市基本烟田保护区按 1∶3 的比例，种烟面积应稳定在 15 万亩左右,符合4年两头种烟的轮作要求。

三、气候条件

灵宝市属暖温带大陆性半湿润季风型气候,气候温和,四季分明,雨量适宜。年平均气温13.8摄氏度,极值高温42.7摄氏度,极值低温零下17摄氏度,日平均气温大于10摄氏度的日数为182~210天。积温3370~4620摄氏度,无霜期199~215天。日照百分率为50%~54%。年平均降水量为641.8毫米,且时空分布不均,由南向北呈递减趋势,6~9月降雨量占全年的60%左右。

烟区大都分布在海拔600米以上的丘陵山区,地形由北向南逐渐升高,绵延起伏,常年气温12.5摄氏度,昼夜温差年均10.6摄氏度,常年降水量650毫米左右,无霜期205天,全年日照时数2300小时,大田生长期与收烤期的日照时间为913.2小时,日平均大于10摄氏度的活动积温达4400摄氏度,大于10摄氏度的天数有215天。

据近年来的气象资料显示,灵宝市年均气温13.8摄氏度,降水量626毫米左右,无霜期223天,日照时数2270小时,日平均大于10摄氏度活动积温达4583摄氏度。调查分析,近年灵宝市气温略高于常年,降水基本接近常年,无霜期延长较常年多18天,日照时数较常年少30小时,日平均大于10摄氏度活动积温多于常年183摄氏度,完全满足烟草生长的需要。

烟叶在5月上旬移栽,9月上旬采收烘烤,热量、光照不仅能满足生长发育要求,而且全生育期处于最适宜范围之内,所以烟叶内在质量比较充实,日照条件对烟草的生长发育十分有利。各生育阶段所需要的最佳光照条件均可得到满足。优良的气候条件,尤其是日照强度是形成优质烟叶的主要因素之一。

灵宝市全年日照时数、日照百分率、降水量

月份	日照时数(小时)	日照百分率(%)	降水量(毫米)
1	157.7	50	7.6
2	147.8	48	5.8
3	174.5	47	37.3
4	191.6	49	33.6
5	228.2	46.9	50.1
6	243.2	51.3	50.7
7	233.2	48.9	148.8
8	233.8	51.6	100.6
9	175.4	43.1	66.4
10	176.8	46.7	46.6
11	154.4	47.8	15.8
12	161.4	50.8	6.1

四、水资源

灵宝市境内河流属黄河水系。共有大小溪流6300多条,常年有水的天然地表河流1401条,主要有好阳河、弘农涧河、沙河、阳平河、枣香河、十二里河、双桥河等7条黄河一级支流,呈由南向北流向,直接注入黄河,流域面积3000多平方千米。中华人民共和国成立以来,共建成大、中型水库各1座,小型Ⅰ类水库10座,小型Ⅱ类水库12座,平均地表水资源总量为4.8460亿立方米。2000年4月,河南省地质矿产厅环境水文地质总站,历时一年,对灵宝地下水资源进行了调查评估,经估算,灵宝地下水总量为1.82亿立方

白虎潭水库(南天门西侧)烟水配套提灌站

米,过境水为0.3213亿立方米,重复量为0.2807亿立方米,加上地表径流,水资源总量为6.7066亿立方米。灵宝市烟办、烟草局为确保灵宝烟区烟田用水,2013年9月,申报的灵宝市白虎潭水库烟草援建水源工程项目获批。2014年1月15日开工建设,2018年6月27日竣工,并通过三门峡水利局组织的验收。水库库容999万立方米,总造价16380.47万元,河南省烟草局援建14793.64万元。

五、种植区划

烤烟传入河南初期,主要种植在以许昌、长葛为代表的豫东地区和以南阳、邓县为代表的豫南地区。1979年,河南省区划试点工作在禹州开始。通过历史资料和对河南4大山系、8个地区、43个县市的调查,获得4700多个数据。1981年,河南省烟草区划研究组专家考察论证豫西发展烤烟的优势,认为豫西烟区是优质烟叶种植适宜区。种植布局划分为崤山优质烟、熊耳山优质烟、丘陵烤烟和外方山香料烟等4个烟区。1983年9月,在综合分析自然、社会经济、种植技术及历史等条件的基础上,针对河南烟草质量问题,将河南划分为5个不同等级的烟叶栽培适宜区。灵宝(东部)被河南省区划委员会确定为豫西丘陵烤烟最适宜区。该烟区所产烤烟,色泽黄,油润丰满,组织细致紧密,含糖量在21%左右,糖氮比在2∶4左右,氯离子含量在0.2%~1.14%,香气充足,吃味醇和,燃烧性强,上等烟可作甲级卷烟原料。1984年,在全国农业区划中,灵宝市600米以上的浅山丘陵区被确定为优质烟叶生产最佳适宜区。

豫西烟区位于河南西部崤山和熊耳山周围。根据生态区域特点,豫西丘陵区为烟草最适宜区。灵宝市位于河南西部,多为丘陵浅山区,热量丰富,昼夜温差较大,利于烟叶内含物质积累。土壤为褐土类集中分布区,大部为红黏土和栗土;土层深厚,土壤肥力中等,保水保肥能力强,土壤条件适宜种烟。

豫西丘陵是新发展烤烟产区,热量光照不仅能满足烤烟生长发育要求,而且全生育期都可处于最适宜范围之内,土壤多为褐土,含钾量丰富,所产烤烟色泽黄,油润丰满,香气充足,吃味醇和,燃烧性强,烟灰洁白。三门峡烟区周围煤炭资源丰富,交通便利。1981~1986年,据轻工业部烟草工业科学研究所组织上海、郑州、许昌等烟厂及有关科研单位鉴定,三门峡烤烟内在质量和评吸鉴定均居全省榜首。其最大特点是久放不褪色,香气量足,行销北京、天津、上海、浙江、广东、四川等16个省市的60多家烟厂。

1988年9月,《三门峡市烟草区划报告》显示,三门峡地区烟草种植区域的划分,灵宝市南部小秦岭东南部弘农涧河两岸的朱阳镇、苏村乡、寺河乡、五亩乡划为小秦岭、崤山山地烤烟适宜区,川口、故县、豫灵、阳平、焦村、阳店划为崤山北麓丘陵塬坡烤烟最适宜区,从一个方面凸显了灵宝烟草种植独特的区位优势。

2000年以后,灵宝市烟叶种植主要分布在朱阳、五亩、苏村、焦村、川口、故县、寺河等乡镇。尤以朱阳、五亩、苏村面积居多,均在万亩以上。朱阳镇烟叶种植主要分布在透山、南新店、麻家河、双庙、美山、干沟、何家村、黑山、大村、秦池、下河、王家村、鱼仙河、梨牛河、芋元、石坡湾、麻林河、蒲阵沟、周官、周家河、闫家驮、运头、杨家河、柿树岺、董家埝、梁家庄、朱阳、新店、吴家垣等村,五亩乡烟叶种植主要分布在枣洼、坡头、桂花、走马岭、东庙、西淹、白羊、窑坡、渔村、干解垣、孙家岭、王家岭、窑院、岭坪等村,苏村乡烟叶种植主要分布在胡坡、张家沟、卫家磨、宋峪、固水、梨子沟、高稍、董家沟、田川、庙沟、福地、郭家岭、芦家沟、李家洼、下湾等村。

第二节　品种引种

灵宝境内1982年以前多为晾晒烟,品种单一;1982年以后,随着烤烟引进,品种较多,而且随着品种本身特点及其适应性,不断引进、调整。

一、晒烟传统品种

灵宝市晾晒烟种植时间较长,据记载,从清代中晚期开始引进种植晾晒烟,至民国初年已遍至全市各地,以晒红烟为主,俗称"旱烟"。1920年直到20世纪80年代,灵宝晒烟颇负盛名。域内晒烟多以零散种植为主,集中分布在距城不远的塬上地带和丘陵山区。许多吸烟农户常在自己的田间地头或自垦荒地里从事少量种植,自给自足。

灵宝市晒烟主要分布在阳店乡东、西水头村和小河村一带的丘陵、黄河阶地。灵宝常年栽植的晒烟品种为"黑大汉",又称小河晒烟,常年种植面积在300亩左右,年产量约5万千克。以当地群众自制吸食为主要销路。1982~1987年,灵宝以种植烤烟为主,晒烟种植面积仍然稳定在300亩以上,年产量5万千克以上。1987年灵宝县烟草公司曾组织人员收购。1988年,种植面积2200亩,总产量20.5万千克。1995年前后,阳店乡东、西水头村和小河村一带仍有种植。灵宝20世纪90年代中后期,因市场萎缩、灵宝烤烟受诸多因素的影响而停止生产。

"黑大汉"株高打顶后1.1~1.2米,茎围11.5厘米,节距5厘米,主脉比率27.2%。打顶后留叶16~18片,叶长80~84厘米,叶宽35~40厘米,叶形长椭圆,无叶柄,叶色深绿,叶面较皱,叶尖渐尖,主脉粗,叶耳中,叶肉组织粗糙,叶片较厚,叶绿平滑,百叶重850g,原烟叶长82~93厘米,宽42~50厘米。花、果:花序密集,花色淡红,蒴果椭圆,千粒重为 70 毫克左右。

“黑大汉”播种方法有两种:一是浸种。春分时节将种子风选后,用温水浸泡一天一夜,捞出装入洁净的白布袋内,用手轻轻搓种,然后在清水中冲洗,直至种子变为乳白色,倒入盆内或瓦罐内,放在锅台上或者火炉旁催芽。二是踩芽。烟芽露白后,掺适量的细土,放入瓢或盆中,在整好的地垄上,先用一长柄石杵顺行于播种的地点捣个坑,再依次浇水、点种、覆土、脚踩。

晒晾烟种植之初,栽培管理技术较为粗放,一般为裸地、冬闲地种植。播种前用饼肥、牛粪和农家肥作底肥,深 15 厘米~17 厘米,耙碎平整,达到土碎如面。在春分前后,待苗出全后松土保墒。

晒晾烟田间管理主要为中耕、除草、治虫、施肥、打顶抹杈、采收等。

“黑大汉”播种期为 2 月 20~25 日,出苗期为 3 月 5~10 日,移栽期为 4 月 25 日至 5 月 1 日,现蕾期为 7 月 5 日左右,开花期为 7 月 17 日至 7 月 23 日。9 月上旬叶片逐渐成熟,10 月下旬开始采收。成熟的标志是叶片一半角度下垂,叶面呈黄色斑,主筋发白。大田生育期 120~130 天。自然发病较轻,抗病性中,不耐旱涝。亩产 160~180 千克。原烟颜色红棕,光泽鲜明,油分充足油润,叶面较粗糙,叶片厚。采收分为整株采收和逐叶采收两种,以逐叶采收为主,采收后串绑,上架晒制,晒制以太阳晒制和夜间吸露促进颜色转变为主,边晾晒边吸露,直至颜色呈红棕色,整个晒制过程一般不再下架,如遇雨天则用苇席或塑料薄膜遮掩。春烟于霜降前可晒制结束,采收方法为半整株采收法;凉晒方法为编杆上架凉晒,先晒 10~15 天后,放置阴凉处 15 天左右,再上架凉晒 15 天,后扎捆、储存,即可上市出售。

夏烟因空气湿度小,叶面含青大,于开春后摊铺于草坪或麦苗上吸潮继续变色,晒制结束后,下架整理成把,叠放于室内,继续促进变色,直至出售。晒制后的叶片,以顶叶质量为上乘。

灵宝晾晒烟种植的“黑大汉”,1982 年进入“853”混合型卷烟配方。1991~1992 年,在全国晾晒烟品种资源全国普查中,“黑大汉”品种被录入全国烟草品种资源库。

二、烤烟品种引进

1982 年灵宝进入烤烟时期。是年,在河南省农业科学院烟草研究所的具体指导下,引进烤烟进行试种,灵宝市苏村乡从登封县引进种植,品种单一,仅有“长脖黄”和“红花大金元”。1984 年,河南省科委、农业科学院等有关单位在郑州进行烟草质量鉴证,灵宝试种的“长脖黄”被评为全省第一,“红花大金元”在全省 14 个县市 60 个样品外观质量鉴定中被评为第二。

长脖黄:1982年灵宝引种“长脖黄”和“红花大金元”。“长脖黄”生长期105天,长势强。易感黑胫病和赤星病,花叶病较轻。一般亩产150~157千克,百叶重650克。烤后叶色金黄,油润丰满。原烟(中黄三级)化验分析:总糖含量22.19%,蛋白质含量9.08%,总氮含量1.65%,烟碱含量1.23%。

红花大金元:1985年后,“红花大金元”成为灵宝烟区的主品种,“长脖黄”逐渐被淘汰。“红花大金元”原名路美邑烟,1962年云南省路南县路美邑村烟农从大金元异株中选出,因花色深红而得名。株形筒形或塔形,株高100~140厘米,节距4~4.7厘米,茎围9.5~11厘米,叶数20~22片,可采叶15~18片,腰叶长椭圆形,叶尖渐尖,叶面较平,叶缘波浪状,叶色绿色,叶耳大,主脉较粗,叶肉组织细致,茎叶角度小,叶片较厚,花序集中,花冠深红色。移栽至中心花开放52~62天,大田生育期120天左右,中抗南方根结线虫病、气候型斑点病轻,感赤星病,黑胫病,中感野火病和普通花叶病。

NC89:1989年,引进优质烟叶品种“NC89”,之后,逐年扩大种植面积,到1994年,开始大面积推广种植“NC89”。“NC89”属美国烤烟品种,由“6955-2”和“6772”两个品系杂交育成。株式筒形,株高105~115厘米,茎围8厘米左右,节距5厘米左右,有效叶片20~22片,叶形长椭圆形,叶色深绿,叶面稍平,叶尖渐尖,腰叶长50~60厘米,宽25~30厘米,聚伞状花序,淡红色,花枝疏松,蒴果长圆形,单株结实80万~100万粒;生育期110~125天;耐肥耐熟,耐旱性较差,高抗黑胫病、根结线虫病、根腐病,中抗花叶病,易感染赤星病和气候斑点病。

K326:1998年,引进优质烟叶品种“K326”。“K326”是美国选育的优良烤烟品种,该品种烟叶叶片较厚,变黄稍慢,失水与变黄协调,下部烟叶易烤枯,上部烟叶易挂灰;产量中等偏高,颜色枯黄,色泽饱满,油分多,烟味浓,劲头足。土壤对烟叶的风格有着重大影响。

云烟85:1999年,引进优质烟叶品种“云烟85”、“云烟87”。“云烟85”是根据基因重组和累加效应原理,用“红花大金元”与“Speightg28”杂交选育的“云烟2号”为母本,“K326”作父本杂交,经系本选择,于1995年育成。“云烟85”原烟多为橘黄色,光泽强,结构疏松,厚度适中;其综合性状集“红花大金元”、“Speightg28”和“K326”优点于一体;“云烟85”高抗黑胫病,中抗南方根结线虫病;具有优质、稳定、适应性广、抗逆力强、耐肥和易烘烤等优点。

截至20世纪90年代中后期,灵宝烟区地方品种多、乱、杂现象依然存在,部分烟农为了解决烟区的干旱等问题,不得不采用一些技术措施,如:麦烟套种减轻病虫危害,种植地方品种以利于在丘陵旱薄地上获得一定的产量。针对这些问题,灵宝支公司加强边远山区种子管理工作,严格按照上级分配的种子,进行落实种植,加大检查力度,坚决制止品种多、乱、杂现象的发生。1999年,引进优质烟叶品种“云烟85”、“云烟87”,并大面积开始种植。

2003~2004年品种比较多样化,推广试种一定面积的“中烟100”、“中烟101”两个品种。2005年后,重新大面积种植“云烟87”、“中烟201”和“云烟99”,并搭配种植“云烟202”等新品种。在种植过程中,有的品种因高产劣质、有的品种因难以烘烤、有的品种因病虫害无法控制、有的品种因对菌毒敏感等因素影响而逐渐被淘汰,到2019年,“云烟87”、“云烟99”成为灵宝烟区的当家品种。

三、当家品种“云烟87”、“云烟99”主要特征特性

1. 云烟87主要特征特性

“云烟87”是云南农科院烟科所1995年以“云烟2号”为母本、“K326”为父本杂交,采用系谱法筛选出的优良新品种。2000年通过全国烟草品种审定委员会审定。三门峡烟区从2000年开始引进,试验、示范后大面积种植。

特征特性:

(1)农艺性状:打顶株高130~140厘米,着生叶25~27片,可采收叶20~22片,腰叶长70~80厘米,宽28~34厘米,平均节距5.5~6.5厘米,上下节距均匀。

(2)植物学性状:该品种株形塔形,叶形长椭圆,叶耳大,叶色绿,较“K326”稍浅,叶面皱,叶尖渐尖,叶缘波浪状,大田生育期120天左右,移栽至中心花开放60天左右。苗期长势强,移栽至团棵前生长缓慢,团棵后长势变强。

(3)抗逆性:中抗南方根结线虫病、黑胫病,抗爪哇根结线虫病,微感赤星病,易感普通花叶病,较易感气候斑点病。

(4)产量和质量特点:该品种烤后原烟颜色多为金黄,油分多,光泽强,叶片厚薄适中。每亩产量180千克左右。

栽培与烘烤技术要点:

(1)移栽期:宜在5月1~10日移栽。

(2)施肥标准:中等肥力地块每亩施氮量4~4.5千克。

(3)栽植密度:种植密度以1100~1200株每亩为宜,单株留叶数18~20片。

(4)烘烤特性:该品种变黄快,失水平缓,接近变黄时失水加快,变黄定色和失水协调一致,容易变黄定色,变黄温度36~38摄氏度,定色温度52~54摄氏度,干筋期温度68摄氏度以下。

2. 当家品种云烟99主要特征特性

"云烟99"系云南省烟草农业科学研究院、中国烟草育种研究(南方)中心采用"云烟85"与"9147"杂交选育而成的烤烟新品种,于2011年12月13日通过第六届全国烟草品种审定委员会审定。

特征特性:

(1)农艺性状:有效叶片数18~20片,茎围10~11厘米,节距5.2~6.4厘米,最大腰叶长69~75厘米、宽28~35厘米。

(2)植物学性状:该品种株形塔形,叶片长椭圆形,叶色绿,茎叶角度中等,主脉稍粗,田间长势强,整齐度较好,移栽至现蕾60天左右,分层落黄特征明显,大田生育期120~130天。

(3)抗逆性:该品种中抗黑胫病和赤星病,感烟草花叶病毒和根结线虫病,对主要病害的综合抗性与"K326"相当。

(4)产量和质量特点:多年多点示范平均亩产量170~185千克,综合经济性状表现优于K326。

栽培与烘烤技术要点:

(1)移栽期:宜在5月1~10日移栽。

(2)施肥标准:中等肥力地块每亩施氮量为3.5~4千克。

(3)栽植密度:种植密度以1100~1200株每亩为宜。

(4)烘烤特性:在烘烤中,叶片变黄速度和失水速度中等,变黄与失水协调性好,易烘烤,采用中温中湿变黄、高温低湿干燥的方法烘烤。

第三节　烟叶栽培

一、育苗

1. 育苗时间

20 世纪 70~80 年代,推行早育苗、早移栽、早成熟、早烘烤、早出售,由雨水育苗提前到立春育苗。20 世纪 90 年代以后,烟叶育苗时间一般在雨水与惊蛰之间。

2. 烟叶育苗准备及播种技术要点

(1)场地整理。彻底清除育苗棚内外的杂物、杂草,平整育苗池,保证池面绝对水平,池周围砖挡规则整齐。要逐个检查育苗棚拱梁是否牢固,建造时间较长的育苗棚,要用铁丝对拱梁进行加固。安装防虫网、大棚膜,用压膜带、弓丝固定牢靠,有卷膜器的要一并安装,以增强大棚膜的牢固度。对损坏的防虫网门窗要一并进行维修安装。

(2)设施消毒。①时间要求:育苗大棚应提前 10 天平整池畦,通风,施药消毒。②具体方法:二氧化氯消毒剂 A 剂和 B 剂按 10∶1 的配比混合使用,将 B 剂缓慢倒入

A 剂中,并搅拌均匀,静置 10 分钟后使用,注意现配现用。场地、设施消毒:将 AB 混合剂稀释 300~400 倍,装入喷雾机对棚外走道、棚室两侧、育苗池、拱架及棚四周的塑料薄膜进行喷雾消毒,喷湿为止,密封 30 分钟后通风晾干。③旧格盘、池膜的清洗消毒:先用清水彻底洗净盘面和孔穴中的残留基质、烟苗残体(最好用洗盘机或高压水枪清洗),将旧池膜先用清水洗去表面的残留物,然后再进行消毒操作。具体方法为:将 AB 混合剂稀释 400~500 倍,用喷雾机将格盘全面喷洒,或将清洗干净的格盘浸泡,时间 10 分钟。④池底杀虫。铺黑地膜前,池底要喷施溴氰菊酯 1000 倍液或高效氯氟氰菊酯 2000 倍液 1 次,防治虫害。

(3)水肥管理。①育苗池供水:用清洁无污染的井水、自来水或河水,禁用坑塘水。

苗池或水盘内保持水深5~8厘米，不可过深。注意育苗盘入水前晒水2~3天，以提高水温。②育苗池施肥：把育苗肥(20-10-20)用热水化开后，倒入育苗池水并充分搅拌均匀，防止局部浓度过高烧苗，使漂浮育苗营养液每千克水中含纯氮150毫克，即每1000千克水施育苗专用肥750克。

(4)装盘播种。①装盘：装盘时，地面铺新农膜或消毒过的农膜。基质加适量水搅拌均匀，达到手握成团，手触能散，然后装盘。装配方法：将基质均匀推入苗盘，使基质松紧度适中。用笤帚扫盘面达八九成满即可，不宜过满。要防止基质过干，装盘不实，苗穴底部中空。②播种：播种时间原则上2月25日至3月8日结束。20世纪90年代以后，烟叶育苗时间一般在雨水与惊蛰之间。格盘每穴播入1~2粒包衣种子，然后用喷雾器向盘面喷水，待包衣种子充分裂解后，均匀撒盖基质2毫米。装好的育苗盘当天播种，播种后的育苗盘应即时放入育苗池中，避免基质干燥漏失，影响出苗。

3. 烤烟大棚漂浮育苗苗床管理技术要点

(1)温湿度管理出苗期。最适宜范围是22~26摄氏度，既要严防高温烧苗，也要注意适度保温加快出苗，烟苗十字期前以保温为主，一般晴天上午9时左右应适当揭膜降温，下午4时半左右及时封膜保温，尽可能保持大棚夜间温度。大十字期后要随着外界气温升高适度加大通风，下午在6时左右关闭棚膜，当温度高于30摄氏度时要采取强制通风、遮阳等降温措施。不论天气如何变化，每天应在9时左右及时开门窗通风排湿，标准为棚内不能有大量水蒸气存在和滴水现象发生，否则易生霉菌(白毛)或绿藻。

(2)池水管理。池水宜“先少后多”，从播种到大十字期，池水要少，一般水深控制在5厘米左右。进入大十字期后，由于气温升高，烟苗生长快，水分蒸发加大，池水可加到10厘米左右，原则上使育苗盘与池埂平齐时池水深度较为合适。

(3)营养管理。播种后第四周(封盘)进行第二次施肥，每千克水加入0.5克育苗专用肥。施肥时应先将肥料溶解于桶内，并且取出苗盘，从营养池不同位置加入并适当搅动，确保肥料在营养池中均匀，严禁将营养肥集中倒在加水口用水冲，不得将营养液加在苗盘上，否则会出现烧苗烂根现象。

(4)定苗。烟苗进入十字期时，剔去过大或弱小苗后，每穴留一苗，若有缺苗，要假植补苗。间苗定苗时要保持苗棚卫生，及时对人手消毒，防止烟苗传染病害。

(5)剪叶。苗床期一般进行2~3次剪叶，最好在晴天下午或叶片干燥时进行，便于伤口愈合。每次剪叶前一天用0.5%香菇多糖500倍液或24%混脂硫酸铜600~900倍液或菌毒清叶面喷雾。第一次剪叶在烟苗封盘(5~6片真叶)起茎时进行，剪去中上部叶片的 1/3~1/2。以后每隔 7 天左右剪叶一次,在移栽前 5~7 天进行最后一次剪叶。剪叶时要距芽 3~4 厘米,不要剪掉烟苗生长点。剪叶时要严格剪叶器具、人员的消毒,及时清理剪下的烟叶碎片带出育苗区深埋,进入苗床前,人手用肥皂清洗,剪叶器、刀、绳等每剪叶 20 分钟要用消毒液喷雾一次。

(6)病虫害防治。严禁在苗床旁吸烟,严禁闲杂人员进入育苗区,严禁操作人员不消毒进入大棚。人员进入大棚鞋底要踩在消毒池内进行消毒;要加强通风排湿,封盘后及时去掉烟苗基部黄叶,大十字期后可喷一次绿得宝(波尔多液)进行保护。封盘后可喷 2~3 次香菇多糖防治病毒病,出苗前喷 1 次防蚜虫、病毒病药剂。可喷施 25%甲霜灵 1000 倍液防猝倒病或 70%甲基托布津 1500 倍液防立枯病。每个大棚悬挂 6~8 块黄板,诱杀烟蚜,防止烟草病毒病传播。

(7)炼苗。①揭膜炼苗。移栽前 15 天,室外温度超过 20 摄氏度,棚膜先昼揭夜盖,后昼夜揭膜炼苗,遇雨及时盖膜,防止雨水进入大棚。②控水炼苗。移栽前 7 天,将池中的水排放,留 1~2 厘米即可。烟苗移栽时保持基质湿润,禁止将苗盘带出棚外炼苗,禁止揭去防虫网炼苗。

(8)成苗标准。烟苗根系发达,茎秆韧性好,茎高 8~10 厘米,茎围 2~2.5 厘米,叶色正绿,叶片稍厚,单株叶片 7~8 片,苗龄 60~65 天,群体整齐一致,烟苗清秀、无病无毒。小苗膜下移栽、井窖式移栽用苗叶龄 5~6 叶,茎高 3~5 厘米。

4. 灵宝烟叶育苗技术发展过程

灵宝烤烟育苗技术的发展过程分为三个阶段:

第一阶段,1982~1986 年采用平畦播育苗方式,1986 年改平畦撒播为平畦点、条播育苗。这些育苗技术的特征是粗放型的。营养土以农家肥为主,采用撒播方式等技术措施,烟苗根系明显数量不足。同时,多次的间苗、定苗、除草、假植等工序,费工费时,移栽时先灌透水,挖坑湿栽,挖垛湿栽,给移栽环节带来了诸多不便。

第二阶段,从 1989 年开始,推广营养袋育苗技术。该育苗技术的特征是精细型,营养袋在很大程度上促进了烟苗的个体发育和次生根数量的增加,对缩短移栽苗的还苗期和促进大田烟草早发快长起到了良好的作用。

第三阶段,从 1999 年开始,进入集约化育苗的实验与推广阶段。集约育苗也叫设施育苗,即用托盘或浮盘在塑料大棚覆盖下培育烟苗的方式。该育苗方法所用的培养基材料一般是无土、卫生的,其中的泥炭和草灰是从地下挖出的,蛭石和膨化珍珠岩是经过高温煅烧后的膨化产物,不带病原物,托盘和浮盘所用的基质,含有丰富的有机质,吸水、保水性好，又有蛭石、膨化珍珠岩等疏水、透气性很好的材料，故托盘和浮盘的培养基材料是对土壤条件的模拟和优化，对促进烟苗的根系发达、烟苗的整齐一致性和无毒性提供了良好的条件。2004~2005年，采用包衣种子、中棚格盘育苗和托盘育苗、工场化育苗。2006~2019年，工场化育苗，又叫商品化育苗。烟农不再分散育苗，由育苗专业户统一育苗，以每盘(200株)8元供应给烟农。采用包衣种子，由人工点播过渡到机械育苗，实现盘装、播种机械化。

二、移栽

1. 直播

直播也叫催芽穴施，即把烟芽按株穴播种到大田，然后覆地膜，此技术减少了苗床育苗阶段的用工、用水，省去了大田移栽，免除了繁重的体力劳动，而且由于烟芽自扎根入土后不再移植，不伤主根，根系深而发达，吸收、耐寒力强，烟苗早发旺长，生产效益高。

2. 移栽

(1)整地：冬耕是为了活化土壤、培肥地力、蓄水保墒、减少病虫害，农村有句谚语“翻土过冬，来年长疯”。冬耕宜早，俗话说“冬至前耕金，冬至后耕银”。冬季来临前耕翻烟田可以蓄纳整个秋冬季的雨雪降水，达到保墒、增墒的目的，也能够避免春季耕翻烟田时因风大蒸发水分而造成的跑墒问题，是解决春旱的一项有效措施。深耕：冬耕深一寸，强似多上粪。起垄：先在地中间拉一条标准线，然后用划行器往两边翻，压线起垄一点不差，平地南北垄，坡地水平垄。

(2)施肥：烟田施肥讲究“配方施肥”。一般中等肥力的地块每亩可施4千克纯氮，即氮磷钾(8-8-14)的有机无机复混肥50千克。根据氮磷钾比例1：2：3再确定所需钾素以及钾肥的量，一般再补充硫酸钾10千克。起垄前每亩撒施熟的牛粪1500千克，条施所需有机无机复混肥70%的量和所需硫酸钾50%的量。其余30%有机无机复混肥和50%的硫酸钾结合豆浆灌根，根据天气、烟株长势酌情确定追肥量，进行灌施。

烤烟标准化大田施肥数量

(单位:千克)

烟田等级	配方一				配方二			
	有机无机复混肥	硫酸钾	硝酸钾	芝麻饼肥	有机或无机生物肥	硫酸钾	硝酸钾	芝麻饼肥
中上等肥力烟田	(8-8-14) 30	7	2	20	(10-12-18) 35	5	2	20
中等肥力烟田	(8-8-14) 35	7	2	20	(10-12-18) 40	5	2	20
低肥力烟田	(8-8-14) 40~50	8-10	2	20	(10-12-18) 50~55	8	2	20

(3)规范移栽。

常规移栽:移栽期为5月1~15日;移栽密度为行距1~1.2米,株距0.5~0.55米,每亩1100~1300株;移栽前划行定穴,栽时做到细整地、挖大坑、匀施肥、带农药、深栽烟、浇足水、缓封土,确保栽后苗全、苗匀,栽后烟田要留足预备苗。

小苗膜下移栽:是指用小苗移栽,及时覆盖地膜,保持小苗在膜下生长一段时间的移栽方式。一般有三道工序。第一道工序要挖深15厘米、内径达20厘米的大坑。第二道工序是加足水。第三道工序就是栽烟。移栽前先撒上一些药物,主要是防治地下害虫,然后盖膜,保证烟苗在膜内保温保湿生长。

井窖式移栽:用头部圆锥、后面圆柱形的井窖打孔器,在垄上打一个直径8~10厘米、深18~20厘米的井窖,用手握着烟苗茎基部位放入井窖,然后用水冲井壁,让井壁土随水而下,使根部与土壤结合在一起就栽好了。在烟苗长出洞口之后进行封口。烟苗移栽一般在苗龄50~60天开始。灵宝烟区烤烟种植密度通常控制在每亩1100~1400株,株距50~60厘米,行距105~120厘米。

移栽质量要求:栽烟栽根,确保根系自然(舒展)地与田土密接,尽可能栽深,以利接底墒;栽烟栽茎,由于壮苗茎高(8~12厘米),应将茎秆尽可能地栽入烟田,以利茎部发生再生根;护叶保心,保持功能叶片不受伤害,同时确保烟苗生长点(烟口)不受伤害和不被土粒污染。为此,栽烟后地面上应留有2厘米高的烟茎;带垛移栽(苗根所带“老娘土”),确保苗土与田土融洽良好,苗钵土体深植于田土之中(不得外露),并洇透散融入田土之中;结合防病治虫,施入铁灭克、毒饵等,保证烟苗无病虫害,成活率高,均匀度好。

三、烟田管理

烟田管理措施主要有查苗、补苗、中耕、培土、揭膜、追肥、浇水、平顶、打杈、防治病虫害等,使烟田达到无杂草、无板结、无病虫害、无花无杈。

灵宝市科技人员和广大烟农不断探索烟田管理技术,从除草、追肥到打顶抹杈,从病虫害防治到采收,同时推广加深耕层和地膜覆盖,根据灵宝烟区的实际经验,有效地促进了烟草优质丰产。

1. 中耕

中耕以保墒、保苗、除草为主要目的。具体时间、次数则根据烟草的长势、气候条件及杂草滋生情况而定。一般中耕3~4次,中耕时先浅后深再浅,行中间深两边浅。第一次中耕在烟苗移栽后10天内进行。浅锄平坑,土不翻身。行间深约7厘米,稍远深度5厘米,靠近烟棵处只刮地皮。烟株周围不露旱滩、不留“隔子”。第二次中耕在烟株团棵前(移栽后15~20天)进行,这次中耕主要促使烟苗团棵。在这次关键性中耕中,烟农们力求做到锄深、锄透、锄匀,由烟株起,由近而远,由浅入深,在不伤主根的情况下,离主根越近越好。烟株团棵时第三次中耕,以促使烟苗发肥生长,同时培土封垄,此次中耕大约在移栽后30天进行。主要防止引起早花,烟叶老化矮小,或以后烟株倒伏等现象。

2. 追肥

(1)土壤追肥:栽后25~30天进行追肥。用7.5千克每亩的大豆打浆发酵兑水600千克充分混匀,结合追施硝酸钾和50%的硫酸钾,在烟苗叶尖下方扎孔灌注。

(2)叶面喷施:团棵期至现蕾期,进行叶面喷施微肥。叶片的正反两面要喷洒均匀。现蕾后7~10天喷洒1%磷酸二氢钾一次,连喷3~5次。

3. 打顶抹杈

引进烤烟初期,多数烟农不忍割爱,对打顶抹杈的重要性认识不足,致使烟田遍地花满株杈的现象,随处可见,造成了大量烟叶营养不良、等级低下,投入大而收效低。灵宝市烟草专卖局及时组织烟草科技人员下乡,把不同类型烟田适宜留叶数及打顶技术传授给烟农,使烟农逐渐养成了打顶抹杈的习惯。烟田一般实行现蕾平顶,但具体平顶早晚需根据土地情况和烟草长势而定,因地制宜,因颗制宜,地力瘠薄则早,地力肥沃则晚。打顶后以叶片能展开、能"圆顶"(顶叶能长到稍小于中叶或与中叶大小基本相同)。高肥力烟田留叶(有效叶)20~22 片,一般肥力烟田留叶 18~22 片,肥力较低的烟田少则可留 5~10 片。抹杈一般 4~5 天一次,株杈不过寸,多连续进行 4~5 次,抹杈一般 5~7 天一次。1996 年以后通过推广化学抑制,取得了较好的效果。

4. 防止早花

早花是指烟株是在某些条件下,加速发育过早开花的一种异常现象,早花严重影响烟叶的产量和品质。

(1)早花发生的时间及表现:春烟早花一般发生在栽后 40 天左右,发生早花的烟株矮化,叶片窄小,叶数锐减,长势很弱。

(2)早花发生的原因:早花发生的主要原因是移栽前后遇到 13~18 摄氏度的低温,并持续 10 天以上。此期烟株有真叶 6~10 片,已经达到由营养生长转化为生殖生长的烟株病症严重。若遇到不良的外界条件,烟株的生长椎就由分化叶厚基转为分化花厚基。烟株的叶数定型,即使外界条件转好,也不再分化叶芽。另外,土壤水分过大或过小、土壤矿质营养失调也能导致烟株早花。

(3)早花的预防:首先要选用抗早花的品种,其次移栽前炼苗时要注意预防冷空气,再次要适时移栽。对早花严重、主茎烟叶收烤价值极低的烟株,应果断放弃主茎烟叶生产,改为培育杈烟。方法是立即削去主茎,只留最底部 2~3 片叶,待腋芽发生后,选留一个壮芽,其余全部抹除。对早花程度不太严重,但有效叶低于 15 片的烟株可采用主、杈结合的办法。即自下部 7~8 片叶处削去主茎,再培育一个烟杈。

(4)处理早花烟株的注意事项:早花烟株一般长势较弱,因此处理时应掌握宁早勿晚、宁重勿轻的原则。要注意预防花叶病。在处理前要喷施一遍防治病毒的药剂,处理时要对使用的工具消毒,处理后再过两三天再喷一遍药剂。适当追肥。可根据田间肥力状况,每亩追肥5~8千克的三元复合肥,以促其早发快长。

5、病虫害防治

烟叶病虫害防治,坚持“以防为主,综合防治”的原则,精心做好病虫害的预测预报。1992年,烟草赤星病发生大流行,全市损失达670多万元。10月,灵宝烟草分公司与河南农业大学协作成立了赤星病课题研究组,对其发病机制、发生流行规律展开研究,在尚无抗病优良品种的客观条件下,提出了“利用营养抗性,防治烟草赤星病”这一概念,即根据烟株发病机制,从农业生产的全局和农业生产体系的观念出发,通过合理的农业措施、耕作制度,控制病菌侵染;通过合理营养,有机协调,应用生态手段、物理化学生态手段提高烟株自身抗病力。1995年,该项研究基本形成了一套“赤星病综合防治体系”。1996年在全市推广应用,赤星病轻发区发病面积逐步缩小,常年重病区病株率、病情指数得到有效控制,平均病情指数控制在预定防治指标20以下,亩均减少产量损失20.5千克,取得了显著的经济效益和社会效益。1982~1996年烟草公司指导,烟农自发购买农药。1997~2002年烟草公司统一提供重点农药,以补贴价供给烟农。2003~2013年以补贴价全面供给烟农农药。随着人民食品安全意识的提高,开始推广无公害烟叶生产,以使用生物制剂为主,如科生霉素、香菇多糖等,杜绝使用高毒高残留农药,如1605、六六六等。2014年在五亩乡走马岭村进行烟芽茧蜂防治烟蚜示范。同时在大棚育苗推广黄板诱蚜技术,并进行大田示范。2015年为了生产绿色烟叶产品,全市烟叶开始实施绿色防控技术,在川口乡赵沟村进行烟蚜茧蜂繁育,辐射全市烟田面积5万亩。2016年全市推广烟蚜茧蜂防治烟蚜技术,实现全市烟田全覆盖,辐射大农业4万亩以上。并在五亩乡的窑坡村、朱阳镇的透山村进行烟叶大田设置太阳能杀虫灯诱虫、黄板诱虫、诱捕器诱虫等。为了解决烟田倒茬困难,土壤有机质耗竭问题,每年 8 月下旬在全市主要烟田套种大麦,冬季深翻。2017 年在朱阳镇透山村进行了无人机喷洒示范,2018 年在该村推广了无人机喷药。

(1)病害防治一览表

病害名称	主要症状	发病条件	防治要点
烟草炭疽病	圆形病斑,稍凹陷,边缘明显,稍隆起,呈褐色	高湿高温(25~30 摄氏度)。温度较高、多雨、多雾、多露条件下,以及苗床排水、排湿不良,大水浸灌,烟苗过密	可用 1∶1∶(160~200)的波尔多液进行预防,发病后可喷 50% 退菌特粉剂 500 倍液或 80% 代森锌粉剂 500 倍液,7~10 天喷一次,喷 2~3 次
烟草猝倒病	发病初期,靠近地面的茎部像开水烫过出现软腐,幼苗枯萎,倒卧在地面。苗床湿度大时,发病烟苗周围可见密生一层白色絮状粉叶片调萎变黄,病苗根部腐烂,当病菌从地面上侵染,茎基部常缢缩变细	低温高湿,24 摄氏度以下,空气湿度大,土壤水分高	烟苗大十字期后,可喷 1∶1∶(160~200)的波尔多液进行保护,每 7-10 天 1 次。发病后可用 72% 甲霜·猛锌粉剂 1000 倍液喷雾防治
烟草立枯病	发病部位为茎基部,褐色斑点逐渐扩大到茎的四周,茎变细,病苗干枯甚至倒伏。此病的显著特征是接近地面的茎基部呈显著的凹陷收缩状,病部及周围土壤上常有菌丝黏附,有时在病株旁可找到黑褐色菌核	苗床温度低于 20 摄氏度时,发病温度较低,湿度较低。常在苗床后期,特别是揭膜后,遇干旱风,出现发病高峰	发病初期用 58% 甲霜灵·锰锌 500 倍液从叶面向根茎部喷淋药液。搞好苗床管理,注意通风换气,及时清除病苗和死苗
烟草黑胫病	一是穿大褂;二是黑膏药;三是笋节状或碟片状;四是腰烂	在适温条件下,雨后相对湿度 80% 以上保持 3~5 天,病害即可流行。低洼地,土壤黏重地,碱性大、有效钙镁和氮含量较高地块易发病。线虫及地下害虫为害重的地块发病重。平畦、大水浸灌地块发病重	①种植抗病品种;②轮作栽培防病;③药剂防病:72%甲霜·锰锌粉剂 100~150 克兑水 150 千克,每株 40 毫升灌根防治。移栽后 15 天左右防治一次,隔 10~15 天再防治一次

续表

病害名称	主要症状	发病条件	防治要点
烟草赤星病	圆形斑点,有明显的同心轮纹,病斑边缘外围有淡黄色晕环,病斑中心有深褐色或黑褐色的霉状物。在发病条件适宜时,发病迅速,病斑形成较大,颜色较暗,严重时在叶片中脉、花梗及蒴果上可产生大量小而深褐色或黑色斑点,茎部可产生圆形或长圆形深褐色凹陷病斑	病菌发病适温 25~30 摄氏度。若有 12 小时露水存在,12~20 摄氏度,病菌就能完成侵入危害。雨日多、温度大是病害流行的主要因素。采收时遇雨,移栽迟,追肥晚,施氮多,种植密度大致赤星病流行发病较重	①种植抗病品种,改进栽培技术,加强田间管理,适时采收;②合理密植,科学施肥;③药剂防治,一般药剂防治在脚叶采收后发病初期开始喷第一次,以后每隔 10~15 天喷一次,共喷 2~3 次,使用药剂有 3%多抗霉素可湿性粉剂 500 倍或 40%菌核净粉剂 500 倍
烟草根黑腐	幼苗期至现蕾期发病较重,侵染烟草根系,呈特异的黑色。拔出幼苗仅见到变黑的茎基部和少数短而粗的黑根与主根相连。烟苗生长缓慢,重病株根系变黑腐败,可见到新生的不定根。植株矮化,中下部叶片变黄枯萎,易早花	低温多雨或连阴雨天容易流行,与茄科、豆科、葫芦科等植物连作发病重。低洼下湿地、瘠薄盐碱地易发病	田间发现有零星的病株时,用 70%甲基硫菌灵可湿性粉剂 1000 倍液,每株 40 毫升灌根防治
黄瓜花叶病	“脉明”,花叶,病叶变窄,伸直呈拉紧状。有的病叶粗糙、发脆,如革质,叶基部常伸长,两侧叶肉组织变窄变薄,甚至完全消失。叶尖细长,有些病叶缘向上翻卷。也能引起叶面形成黄绿相间的斑纹或深黄色疱斑。在中下部叶上出现褐色坏死斑或电状坏死斑纹	烟株在现蕾前旺长阶段较感病。翌春比较干旱,旺长前温度出现较大波动,有干热风,可导致黄瓜花叶病大流行	由于烟草黄瓜花叶病主要靠蚜虫传播,因此灭蚜防治是关键。药剂防治一般在苗床期和移栽后半月内用 2%硫酸锌喷施 2~3 次

(2)虫害防治一览表

虫害名称	基本信息	发病特点	防治要点
沟金针虫	沟金针虫:分布于东北、黄淮、长江流域等烟区。细胸金针虫:分布于北部及西北部烟区,山东省有的年份危害较重。寄主植物:小麦、玉米、烟草、高粱、甘薯、马铃薯、红麻等	时期:移栽至团棵前。特点:将幼茎钻成残缺不齐的孔洞。伤口有利于病菌侵染	可用化学农药喷洒烟株或灌根。常用的药剂有 90%敌百虫、80%敌敌畏、50%辛硫磷等。喷药常用浓度为 1000 倍,灌根的浓度为 1500~2000 倍。

续表

虫害名称	基本信息	发病特点	防治要点
蝼蛄	分布:东方蝼蛄,各烟区均有分布,在南方烟区为害较重;华北蝼蛄,主要分布于北纬32°以北的广大地区。寄主:为多食性害虫,除危害烟草外,喜食各种蔬菜、禾谷类、薯类等作物	蝼蛄成虫和若虫在烟田及苗床活动时,形成纵横交错的隧道,致使烟苗枯死,还取食播下的种子,幼根、茎基部被侵害后呈乱麻状	用药种类:40%的辛硫磷乳油1200倍液灌根,或5%辛硫磷颗粒剂每亩1~1.5千克。将上述农药分别拌上细土15~30千克混合均匀,耕地时将土施入。可用晶体敌百虫或50%辛硫磷乳油做毒饵,把上述农药按药、水、饵料1:40:80的比例拌入炒香的豆饼、麦麸中,在傍晚撒入烟田,每株2克左右
烟青虫	烟青虫在国内各产烟省均有发生,寄主植物有70多种,主要危害烟草、辣椒、西红柿、棉花等	在烟株现蕾以前,以幼虫集中为害顶芽嫩叶,造成孔洞。留种地烟株现蕾后,蛀食花蕊及果实	可用40%灭多威可溶性粉剂1500倍液、25克每升溴氰菊酯乳油1000~2500倍液、90%晶体敌百虫1000倍喷雾防治。菊酯类农药对烟青虫的防治有很好的效果,主要有敌杀死、速灭杀丁、杀灭菊酯等,一般也是茎叶喷雾
烟蚜虫	别名:蜜虫、腻虫。每年2月中下旬孵化,4月底5月初大量形成有翅蚜,开始向烟田迁飞。在烟草上一般每月发生4代,早烟田于6月下旬至7月上旬达虫口高峰	烟蚜以刺吸式口器插入叶肉、嫩茎、嫩蕾、花果吸食叶液,使烟株生长缓慢,叶片变薄。为害严重时,叶片卷缩、变形,内含物减少。烤后叶片呈褐色,品质低劣	一是对越冬寄主进行防治,另外就是对烟田进行防治。常用药剂:10%吡虫啉粉剂3000倍液、40%氧化乐果乳油1000倍液、叶面喷雾。除上述药物外,菊酯类农药也可用于蚜虫防治
烟草金龟甲	别名:大头虫、白土蚕、老母虫、瞎碰、金克郎等。蛴螬是指金龟甲的幼虫。全国各烟区均有分布	金龟甲成虫食取烟叶、烟花成缺刻、孔洞,幼虫食取烟根,伤口整齐,严重时造成死苗	用50%辛硫磷乳油每亩200~250克加水10倍喷于25~30千克幼土上拌匀制成毒土,顺垄条施,随即浅锄。用2%甲基异柳磷粉每亩2~3克拌细土25~30克制成毒土;用3%甲基异柳磷颗粒剂,每亩2.5~3千克处理土壤。每亩地用25%对硫磷或锌硫磷胶囊剂150~200克拌谷子等饵料5千克,或50克对硫磷,50%辛酸磷乳油50~100克料饵3~4千克撒于种沟中,可收到良好防治效果

四、采收

烟叶采收要做到“三看”：看烟、看天、看炕。看烟采收：早采易烤青烟，晚采易烤成褐色。按部位适熟采收，烘烤后叶片厚实，色泽黄亮，油润丰满，香味醇正，品质良好。看天采收：根据天气预报，灵活决定。看炕采收：根据烤房数量和容量而决定采收数量，避免采叶过多而使烟炕拥挤，造成闷炕或片干筋湿现象。对采收的烟叶，实行鲜烟分级，配叶编杆，做到同杆同质，以利烘烤。

1. 烟叶成熟的一般特征

田间成熟的烟叶，一般有如下几个主要特征：

（1）叶色由绿色变为黄色。营养和生长发育正常的烟叶，达到工艺成熟时，叶面的绿色逐渐消退，黄色程度增加，称为“落黄”，下部烟叶落黄成熟时，主要是叶尖部和叶缘呈现黄色，整个叶面的绿色开始转变为绿黄色。中上部叶或比较厚的叶片，叶面常呈皱缩波纹状，成熟叶叶面绿色明显消退，以浅黄至淡黄色为主体，叶面上有黄色至黄白色成熟斑块，叶尖部和叶边缘呈黄白色。

（2）叶面由绿色变为不同程度的白色。烤烟烟叶在生长发育状态时，主脉、支脉都是绿色的，达到工艺成熟时，转变为不同程度的白色并且发亮。下部烟叶成熟时主脉2/3变白，支脉开始变白；中部叶成熟时主脉全白，支脉1/2变白；上部叶成熟时主脉全白，支脉2/3以上变白。在烟叶主脉变白的同时，叶基部产生离层，采摘时硬脆，易折断，采收后的断面呈整齐的马蹄形。

（3）叶面茸毛部分萎缩脱落，“烟油”增多。烟叶叶面上的茸毛具有分泌油脂、蜡质、树脂的作用，当烟叶生理成熟之后进入衰老阶段，部分茸毛开始脱落。此时，烟叶表面烟油增多，似有胶质薄膜覆盖，手摸烟叶有明显的黏手感，采收时手上常黏着一层不易洗掉的黑色油状物。

（4）叶尖部和叶边缘下卷，叶片下垂，茎叶角度增大。

（5）叶面发皱，出现成熟斑。叶尖、叶缘呈现轻微枯焦状。

烟叶成熟的特征、特性，随品种、部位、土壤、气候、施肥等条件的不同而不同。影响烟叶成熟特征、特性的原因是多方面的，必须具体情况，具体分析，再结合一般规律，全面考虑，准确把握，适时采收成熟的烟叶。

2. 成熟采收标准

由于不同部位叶片所处的环境条件（特别是光照）不同，烟叶成熟时其外观特征往往不尽相同，仅以成熟时的典型外观特征有时很难准确判断烟叶的成熟度。从烟叶的生长发育过程来看,叶片自发生到成熟是一个渐进的过程,需要一定的时间(叶龄)。一般成熟时下部叶的叶龄为50~70天,中部叶为60~80天,上部叶为80~90天。

(1)下部叶。由于上部叶片的遮阴作用,脚叶、下二棚叶处在湿度大、光照差、通风不良的条件下生长成熟,而且自身养分不断地向上部烟叶输送,致使叶片较薄,组织疏松,含干物质少,适熟期短,叶色由绿色转为绿黄色,叶面落黄6成左右,主脉发白,茸毛部分脱落,叶尖叶缘稍下垂,栽后65~80天,打顶后10~25天。底脚叶起始的2~3片,无烘烤价值,采收后进行无害化处理。

(2)中部叶。处于通风透光良好的条件下生长成熟,叶片厚薄适中,成熟特征、特性表现较为明显,叶色浅黄色,叶面落黄8成左右,主脉全白发亮,支脉变白,叶尖、叶缘下卷,叶面起皱,有成熟斑。栽后90~110天左右,打顶后30~50天。

(3)上部叶。处于光照充足、蒸腾作用激烈的条件下生长成熟,叶片厚,组织紧密,含干物质多,成熟慢,叶色淡黄色,叶面落黄9成左右,叶面多皱折,叶耳变黄,主脉乳白发亮,支脉全白,黄白色成熟斑明显,叶尖叶缘发白下卷,栽后120天左右,即打顶后60天左右。

根据烟叶的田间长势、长相,下部烟叶适当早收,掌握成熟标准宜宽;在实际应用中,要根据烟叶生长的具体情况,不能苛求每一片烟叶都会表现所有成熟特征,但要把握其主要特征。

(4)上部叶4~6片带茎采收。上部叶处于烟株顶部,光照强,营养丰富,干物质积累多,含水量低,田间耐养,成熟期长。如果用"成熟一片采一片"的方法采烟,容易导致叶片过厚、耐熟,给烘烤带来一定的困难。烟叶在烘烤过程中,容易产生青烟、杂色烟,烤后烟叶质量不高。上部烟叶4~6片养成熟后一次性带茎烘烤,能够有效地提高上部烟叶的烘烤质量,烤后的烟叶组织结构较疏松,减少青烟、杂色烟。砍烟时,烟茎不要留得过长,否则操作不方便,且容易把烟叶划破,以留3~4厘米为宜。砍收烟叶时,最好选择在晴天上午进行。为提高上部烟叶水分含量,在采收前先向烟田灌水,采收前1~2天,向烟田灌水至垄面1/3~1/2处,让烟株充分吸收水分,增加烟叶束缚水的含量,提高烟叶含水量;田间烟叶达到成熟标准:8~9成黄,成熟黄斑明显时,用镰刀将上部4~5片叶带茎长10~15厘米一次砍收,如果砍下的烟叶较脆,易折断,可采取先砍株,放置于田间垄面上,待烟叶消失水分变软后再收集运输。

第四节　烘　烤

烟叶烘烤的基本要求是：将从田间采收的鲜烟叶装入烤房，通过人为控制湿温度，把烟叶烤黄、烤干、烤香，成为适合卷烟需要的原料。自引进烤烟种植以来，不管烤房怎样革新，不论用明火或暗火烘烤，基本过程大都分为变黄期、定色期、干筋期。

一、分级烘烤

1. 分级入炕

将鲜烟叶分级，剔出没有烘烤价值的病残叶、过小叶、生叶与熟坏叶，然后按烟叶质量分类，做到同杆同质，便于按烟质分层装炕。每等级 3~4 片扎为一束，用细绳索将烟叶背靠背绑在烟杆上，根据叶片的大小，每根烟杆绑 80~100 片为宜，然后按上层密、下层稀（以利于升温排湿）的摆放规格，将叶片从上至下摆挂在烟架上。近几年来，不少地方对过大的叶片先用钉锥把烟筋划开放水，再进行编杆，这样可以避免因烟面过大，不易烘干。编好的烟杆要架放在阴凉处，防止暴晒。一般要求当日采收，当时编杆装炕。这时，全部关闭天窗、地洞，开始点火烘烤。烘烤分变黄期、定色期、干筋期三个阶段。使用烘烤技术图表、钟表、记载表和烤烟干湿球温度计，互相对照，科学烘烤。通常是烟叶变黄前期保持温度球比干球低 1~2 摄氏度。从变黄中期到定色结束，湿球稳定保持在 38~39 摄氏度。定色期火力要稳，升温要准，以防烟叶"挂灰"或"蒸片"。干筋期湿球保持在 42~43 摄氏度。在烘烤过程中，湿球始终保持相对稳定。在烘烤主要阶段（干球 40~55 摄氏度），湿球基本稳定在 38~39 摄氏度。湿球偏低，易出青烟；湿球偏高，易烤黑烟。在掌握湿球的温度上，主要靠天窗、地洞调节；干球高低主要靠烧火掌握。

在烘烤中，看鲜烟质量决定湿球高低，看湿球高低决定天窗、地洞开关大小，看烟叶变化决定干球高低，看干球高低决定烧火大小。

1986 年，普及推行河南省农业科学院烟草研究所制定的标准烤烟烘烤技术规程。该烘烤标准共分四项七个环节，概括了烘烤规律，是全省烘烤经验的总结。除文字说明外，还绘有烘烤图表。灵宝各乡镇在运用烘烤模式图表时，首先针对当时当地鲜烟质量，准确选择相应的模式综合应用。整个烘烤过程，一般下部脚叶需 70 小时左右，中部叶片需 110 小时左右，上部叶片需 180 小时左右。

在烘烤技术上，基本是借鉴外地经验，结合灵宝实际，总结了低温变黄（延长 45 摄氏度变黄期,叶不全黄不转火)、慢火刹筋等具体方法。1992 年,灵宝的旱作烤烟"三五三一"烘烤工艺研究,得到了省内外专家的高度评价。2008 年,由郑州烟草研究院朱尊权院士牵头,在五亩乡渔村进行了上部六片烟叶一次性烘烤示范,解决了烟叶成熟度不够、烤后原烟含青问题。之后,在全灵宝烟区全面推广。

2. 烘烤操作原则

在烘烤的具体操作中,既要掌握烘烤的一般规律,又要结合当时当地烟叶的烘烤特性灵活运用。总结烘烤原则是依鲜烟质量和烟叶在烘烤过程中的变化,来确定温度和相对湿度,烟农在长期的烘烤实践中总结了"四看四定""四严四灵活",概括了烘烤工艺的基本原则。

(1)四看四定:一看鲜烟叶质量定烘烤方法。各类不同情况下形成的鲜烟叶,具有不同的烘烤特征,采用与其相适应的烘烤工艺,才能保证应有的烘烤质量。二看烟叶变化程度定干球温度高低。干球温度必须与烟叶变黄程度和干燥程度相适应,烟叶变化达不到规定的程度,温度不得超出相应的范围,烟叶变化快,升温快,烟叶变化慢,则升温慢。三看干球温度定烧火大小。干球温度偏高时控火,偏低时提火,适宜时稳火。烧火大小以干球温度为指标,并确定干球温度控制在适宜范围为目的。四看湿球温度定排湿操作,湿球温度可以近似地代表湿叶片自身温度,是制约烘烤质量的关键,湿球温度偏高时,往往容易导致烤黑;湿球温度偏低时,又容易导致烤青,只有湿球温度适宜并稳定才能确保烘烤质量,而进风口开启的大小,直接决定了湿球温度的高低。当湿球温度偏高时,应开进风口,偏低时则应关小进风口。

(2)四严四灵活:按鲜烟质量确定适宜的烘烤方法要严,具体实施要灵活;确保干球温度与烟叶变化相适应要严,各温度阶段维持的时间长短要灵活;确保湿球温度适宜且稳定要严,排湿要灵活;确保干球温度的规定范围要严,烧火大小要灵活。

四看四定、四严四灵活的核心是烟叶的变化。烧火提供了热量,同时也蒸发烟叶水分,提高环境湿度,所以烧火的大小直接控制了烤房温度的高低和烟叶水分气化的多少。进风口、排湿口的开启,流通了烤房内环境的空气,既带走了水分,又带走了热量,具有调节烤房温度、湿度的双重作用。归纳到一点,它们共同制约了烟叶的变黄和干燥过程,决定着烟叶的烘烤质量。

3. 烘烤技术要点

根据"烤烟三段式烘烤"基本原理,结合密集烤房的特点,确定以"低温中湿变黄,中湿定色,相对高湿干筋,控制烘烤各阶段风量风速"为技术核心的密集烘烤原则。确定了密集烤房适宜的装烟密度，密集烤房正常烟叶装烟密度为55~60千克每立方米，即烟杆间距为12厘米左右；密集烤房的烤能一般为每烤次4500~5000千克鲜烟叶；重视烘烤过程湿度、强调低温充分变黄；强调40摄氏度的调温过程和46~50摄氏度稳温消除青筋，延长54摄氏度时间提高香气浓度、减少正反面色差。

密集烘烤过程温湿度及通风控制为：①在烟叶变黄阶段，主要变黄温度35~38摄氏度，在42摄氏度左右给予较长时间，湿球温度保持在36~38摄氏度，使烟叶达到既变黄又变软；相对湿度85%~80%；风机先高速运转2~4小时，然后低速连续运转，主要进行内循环，②定色阶段，温度由42摄氏度左右逐渐升至54摄氏度左右，一般先慢后快，平均升温速度每3小时升温1摄氏度；湿球温度逐步上升且稳定在37~39摄氏度，相对湿度由75%逐渐降低到40%~35%；风机连续高速运转，当各层的叶片已基本干燥后，可转为低速运转，内循环与外循环并举，加快排湿。③干筋阶段，湿球温度41~42摄氏度，高速到低速通风。干球温度以每小时1摄氏度的速度由54摄氏度升温到65~68摄氏度保持稳定；湿球温度保持40~43摄氏度，风机由高速变低速连续运转，直至烘烤结束。

3. 上部叶带茎烘烤技术

(1)挂杆方法：普通烤房每杆挂20~25株，密集烤房挂30~35株，四周麻绳围绕几圈，将烟杆头尾固定即可，装烤杆距16~18厘米，采用“品”字形交错摆挂装烤。

(2)科学烘烤：4~6片带杆烟叶叶片，变黄快，叶耳变黄更充分。在定色期稳定住46~49摄氏度温度，使湿球达38~39摄氏度进行大排湿，当烟叶达到小卷筒后升温至50摄氏度，稳湿操作，延长54~55摄氏度(湿球控制在39~40摄氏度)，利于香气物质形成，减少正反面色差。当烟叶达到大卷筒后转入干筋期，干筋期55~65摄氏度时，采用间歇升温法升温，但不能升温过快，应稳定在65~68摄氏度，温球不超过43摄氏度，把主脉烤干即可。

(3)烤后烟叶及时下杆，出烤烟叶1~2天内要剪下杆，如果超过多天，会使未烤干杆上的水分回到烟叶主脉上，造成下杆烟叶主脉易发霉，降低烟叶质量。

二、散叶烘烤

灵宝烤烟散叶烘烤始于2012年，主要采取的是框式捕针技术，一次性投资较大，操作烦琐，技术难以掌握，烤后烟叶蒸片现象严重。2013年，三门峡市烟草公司灵宝市分公司派人到贵州遵义进行了考察，引进了堆积式散叶烘烤技术，对中、上部烟进行了烘烤示范，取得了理想的效果。2014年，对全市主要产烟乡镇的90座大密集烤房进行改造,进一步完善了该项技术,取得了明显效果,得到多数烟叶生产技术人员和广大烟农的认可。

1. 科学堆放

将烟叶轻轻抖散,叶基部对齐,双手握烟叶 2/3 位置使叶基部呈扇形竖立堆放在分风板上,烟叶要装满,不留空隙。每座烤房每次装鲜烟 4000~5000 千克。每层堆烟数量应根据烟叶部位、大小、含水量等灵活掌握,下部叶和含水量大的烟叶宜稀,为 65~70 千克每平方米;上部叶和含水量小的烟叶宜密,为 70~75 千克每平方米。

2. 烘烤要点

分别在烤房中间层次和低温层次挂置两组干湿球温度计,探头距叶尖 15 厘米,以中间层次的湿温度为准进行控制。装烟后先开启循环风机的高速挡运转 2~4 小时,使整个烤房叶内气流畅通,之后再点火开烤。烘烤过程具体操作:①变黄阶段。第一步,点火后打开风机,用 5 小时将温度升至 33~35 摄氏度,保持湿球温度 34 摄氏度。稳温烘烤 10~15 小时至烟叶叶尖出现轻微倒伏。第二步,以每小时 0.5~1 摄氏度的升温速度将干球温度升至 36~38 摄氏度。保持湿球温度 34~35 摄氏度,稳温烘烤 20~30 小时,烟叶叶尖全部倒伏,烟叶变黄 8~9 成黄。第三步,以每小时 0.5~1 摄氏度的升温速度将干球温度升至 40~42 摄氏度,控制湿球温度 33~34 摄氏度, 要适当排湿,稳温 10~15 小时,至烟叶全黄塌架后转入定色阶段。②定色阶段。第一步,按每小时 0.5~1 摄氏度的升温速度将干球温度升至 46~48 摄氏度。控制湿球温度在 32~33 摄氏度, 稳温烘烤 15~25 小时,使烟叶达到主脉变黄,叶尖干燥。第二步,按每小时 1 摄氏度的升温速度将干球温度升至 52~54 摄氏度, 控制湿球温度 32~33 摄氏度。稳温烘烤 15~30 小时,使烟叶变化达到叶片全部干燥,进入干筋阶段。③干筋阶段。第一步,按每小时 1~1.5 摄氏度的升温速度将干球温度升至 60~62 摄氏度,控制湿球温度 35~37 摄氏度, 稳温续烤 8~14 个小时。第二步,按每小时 1~2 摄氏度的升温速度将干球温度升至 68~70 摄氏度,控制湿球温度 37~38 摄我度,稳温延长至全炕烟筋全部干燥后停火,烘烤结束。

三、烘烤技术的发展历程

烘烤技术直接影响烟草种植的质量和效益。灵宝市烟办、烟草局在长期的烟叶生产过程中,不断学习借鉴外地成熟经验,不断改进灵宝本地烘烤技术,有效地保护了烟农种烟的生产积极性。1982~1996 年,使用传统的烤烟房,运用传统的烤烟方法。灵宝的烟叶生产科技人员在苏村研究窑洞烤烟,并建造 20 座窑洞烤烟房,这一技术获河南省农科院科技进步四等奖。1997～2006 年，灵宝的烟叶生产科技人员把高天窗、低地洞的烤房改建为长天窗、热风洞，随后又建成热风循环炕，炉膛由立式改为卧式，燃煤由烧散煤改为蜂窝煤，提高了烤烟质量。2006 年，烤房由原来的上排湿改为下排湿，配置自控仪。2007 年以后推行下排式大密集烤房，配置自控仪、循环风机、鼓风机，实现了燃烧系统和温湿度控制系统的智能化。2016～2017 年，推广电烤房 30 座。

20 世纪 80 年代初期使用的老式炕房

高天窗平顶炕房

四、烤房改进发展过程

1981 年，许昌烟农多建小型通风气流上升式烤房。1982 年灵宝种植烤烟，所聘请烤烟师傅基本来自许昌。这些烟师傅把此项烟炕技术同时带入灵宝。1982～1989 年，灵宝烟农大都使用气流上升式小天窗烤房，俗称小天窗烤房。它有 7 条火龙，四面进气，可承载 3～5 亩烟叶入炕，缺点为烤房建造不标准，低棚高度不够，天窗位置和大小不当，部分地洞还是冷风洞，排湿性能不好，所炕出的烟叶质量很差，上等烟比例几乎为零，极大地挫伤了烟农种烟积极性。

20 世纪 80 年代中后期使用的长天窗通脊炕房

1990 年，开始推广使用气流上升式长天窗烤房。它有 5 条火龙，可承载 4～6 亩烟叶入炕，排湿性能比气流上升式小天窗烤房好。

2002 年开始推广使用气流下降式烤房(下排湿烤房)。气流下降式烤房自动化程度高,可分散使用,方便烟农,每炕可承载 6~8 亩烟叶。此烤房在湿热稳定性、湿度均匀性、烧火排湿同步性和烟叶黄干协调性等方面均优于上升式长天窗烤房。特别是对于拒绝豫西地区晚秋气温低、温差大的烤烟问题优势明显。灵宝市 2002~2007 年共建成 2000 多座气流下降式烤房。其间,经过灵宝烟草公司技术人员在此基础上进一步提升改造的傻瓜烤房,简易实用,其效益明显改观。2002~2007 年的 5 年间,由于烤房的技术改造,上等烟比例达到 30%以上,有些乡镇上等烟比例达到 40%以上,不少烟农亩产收入达到 2000 元以上。

2008 年,开始推广使用气流下降式密集烤房(简称大密集烤房)。气流下降式密集烤房智能化程度高,使用电脑自动控制温湿度,密集程度高,每炕可承载 15~20 亩烟叶。密集烤房由装烟室和加热室构成,主要设备包括供热设备、通风排湿设备、温湿度控制设备。基本特征是装烟密度为普通烤房的 2 倍以上,强制通风,热风循环,温湿度自动控制。烤房结构类型按气流方向可分为气流上升式和气流下降式。

2016~2017 年示范推广电烤房 30 座。其中金塬合作社 10 座、鑫源合作社 20 座,为减轻大气污染,首次进行了烟叶烘烤煤改电实践,对烟叶烘烤的节能减排、省时省工,进行了初步探索。

烘烤工场

2009 年,开始建设烘烤工场。烘烤工场专业化程度高,服务性能强,每个烤烟工场由 40~50 个烤房组成。到 2019 年,灵宝全市共有烤烟工场 4 个,其中,50 座以上烤房的 2 个。密集烘烤工场采取"一分散两集中四统一"的管理模式。"一分散"即按成熟标准分散采收;"两集中"即集中编烟和集中烘烤;"四统一"即统一配炕、统一存放、统一分级、统一交售。由于烤房的不断改进,烤烟质量不断提升,上等烟比例由 2010 年的 52.47%上升到 2019 年的 71.14%,进一步激发了烟农种烟的积极性。

灵宝市密集烘烤技术简表

烘烤阶段	干球温度（摄氏度）	湿球温度（摄氏度）	升温速度（摄氏度每小时）	保持时间（小时）	烟叶变化程度		烧火操作	注意事项
					变黄程度	干燥程度		
变黄阶段	36～38	34～36	0.5～1	18～36	顶棚烟叶大部分达黄片青筋8～9成黄	叶片上棚发软、下棚发热	炉小火加速煤量占炉底面积1/2	①变黄程度:下部叶和水分多的烟叶宜低,中部上部水分少的烟叶宜高;②湿球温度控制,含水少的烟叶宜高,反之宜低
变黄阶段	40～42	36～38	0.5	8～12	二棚以上烟叶达10成黄（低棚达9成黄以上）	全炕烟叶发软塌架,烟筋发软	炉中火加速煤量占炉底面积2/3	确保烟叶充分变黄,并发软塌架,上部及含水少的烟叶全炕达9成黄以上
定色阶段	46～48	36～38	0.3～0.5	10～20	全炕烟叶全黄,叶脉变黄	上棚烟叶大卷筒,低棚烟叶软卷筒	烧大火,但要稳升温,加煤量占炉底全部	使黄烟等青烟,达到全炕叶片黄,叶脉也黄,烟叶卷筒,火力要稳,切忌猛升温猛降温
定色阶段	52～54	38～40	0.5～0.8	12～16	叶背变黄,降低叶片正反面色差	全炕烟叶大卷筒,除主脉外叶片全干	烧中大火,火要升得起、稳得住,用煤适量	稳定拉长时间,缩小烟叶正反面色差,增进烟叶香气,提高品质,使全炕烟叶达到大卷筒,严防掉火降温
干筋阶段	60	41	1	2～4		主脉1/2变干	烧中火	稳升温,不掉温,保湿升温
干筋阶段	68	42	1	12～14		主脉全干	烧中大火,急火杀筋	保温稳升温,忌掉温泅筋,防温湿度过高烟叶烤红

注:以气流下降式烤房为例,温湿度设置控制及烟叶变化以顶棚烟叶为参考标准。供操作参考,应用时要根据炉内烟叶变化灵活应变。

第五节　技术培训与新技术推广

灵宝市烟办和烟草公司十分重视提高烟叶的品质,增加烟叶产量。市烟办、市烟草公司联合成立了烤烟标准化示范工作领导小组,建立了市、乡、村三级技术指导网络,制定了《灵宝市烤烟标准化示范项目实施意见》和《灵宝市烤烟标准化生产技术规程》,在烟叶生产过程中严格执行技术标准,狠抓关键措施落实,重点抓好施肥标准、育苗标准、移栽标准、田间管理标准、农药使用标准、采收烘烤标准、分级标准7项关键技术标准的落实。对种田面积在1000亩、500亩、300亩以上的村各配备3、2、1名技术人员,指导烟农生产,使全市烟叶生产整体水平和产量、质量效益均有明显的提高。

一、技术培训

1982～1992年,灵宝县烟办、烟草公司层层建立技术培训网络,不断对新烤烟发展区烟农进行技术培训,使其基本掌握烟叶育苗、栽培、田间管理以及烘烤等方面的技术要领。在深入科研的同时,烟草公司还及时地进行技术培训和新成果推广应用,提高了广大烟农的科学种田水平和烟叶的产量、质量。公司先后聘请了河南省农科院、河南农业大学、中国烟草总公司、河南省烟草公司等单位的专家、学者14人来灵宝讲学,举办各类技术培训班110多场次,培训了1.8万多人次,并聘请河南农业大学副校长韩锦峰为灵宝烟草生产技术顾问,县里还从许昌等老烟区请来农民技术员22人,分配到各乡、村、组直接帮助烟农提高技术水平,并组织了130人到外地进行学习、参观,印发了各种学习资料4万份,迅速扭转了被动局面,为建成优质烟基地打好了基础。

随着科研成果的推广和种烟技术的普及,烟叶质量不断提高,上等烟的比例从1983年的0.13%提高到1987年的22%。

1988年5月18～19日,灵宝县举办了第三期烟叶生产技术培训班,参加培训学习的有各乡烟办主任、烟站站长和400亩种烟村的技术员。

1992年,市烟办和烟草公司举办育苗、移栽、大田管理、采收烘烤大型培训班,培训烟农5500人次,发放各种技术资料12000余份,生产技术人员下乡巡回指导100余人次。为普遍推广40级烟叶收购标准,做好40级标准试点工作,是年培训技术骨干74人次,培训烟农12000人次。

1996~1997年,公司聘请了23位专业生产技术员,分驻23个重点村,抓好3000亩试验田。全年组织3期技术培训,历时22天,举办讲座56场次,覆盖58个村345个组,培训2850人次,印发技术要点5期2.5万余份。

1997年,市烟办和烟草公司组织5个宣传组,参与20人,把5000份材料发送给烟农,把政策宣讲给群众。又利用晚报、电视多次刊登、播放,使优惠政策达到家喻户晓,深入人心。

1998年7月21~31日,市烟草公司生产科、烟叶科会同各乡镇烟办、烟站兵分两路,深入53个乡村,举办56场培训,参训烟农2600人次,印发了技术资料手册5000多份,印制了《热风循环灶操作技术》和《四十级分级》资料2200份,分发给群众,就烟叶烘烤和分级技术进行了培训,提高了烟农分级水平,促进了售烟进度。

1999年7月10日开始,对全市94个种烟村,逐村进行培训。培训内容:大田中后期管理,热风循环炕烘烤和分级技术,对新种烟还涉及冬前起垄、育苗新技术、移栽等内容。培训历时16天,共104场次,参训4683人,下发《烟叶三段式烘烤和热风循环炕使用配套简明技术》1500份、《四十级分级技术》1000份。

当年,外聘技术员40名,承包种烟村39个,面积达16002.5亩,对烟农直接进行培训和指导。同时又培训40名检验人员、40名核算人员。

2000年,抓好技术培训,提高烟农素质。对全市的种烟乡镇朱阳、苏村、五亩、尹庄、川口进行了150场次较大的生产技术培训,受训烟农达到2万余人次,受训面达60%,给烟农发放技术资料5万份,公司还集中培训烟农烟叶分级3班次,参加烟农300

人次。烟草公司包村人员和生产技术科人员又分别于整地起垄、苗床土熏蒸、育苗、移栽、防治病虫害、炕房建设、采收烘烤、分级等阶段进行了现场示范培训。全市开发优质示范园区和新品示范田共7处250余亩，定向培育科技示范户320户，增强了科技辐射能力，达到了提高烟农生产水平的目的。

2005年，市烟办和烟草公司以全面实施标准化生产为重点，狠抓技术标准落实。首先全面造势，营造氛围。采取电视讲座、技术培训、印制资料等形式。广泛宣传标准化生产的重要意义和生产技术规范。年内，先后创作电视讲座28节时，组织技术培训123场次，培训烟农3.8万人次。其次，明确目标，加强领导。制定了《烤烟标准化示范项目实施意见》，提出了全面达到“技术操作标准化，产值效益化”的工作要求。

2006年，市烟办和烟草公司研究制定了《考烟标准化示范项目实施意见》，明确目标任务，严格责任制度管理，提出了全面达到“操作技术标准化，产值增效最大化”的工作要求，认真进行了检查考核，保证了标准化示范项目的顺利实施；针对烟叶生产各环节，组织技术人员编写了《烤烟标准化技术规范》，发放到全市烟农手中，做到人手一册。强化培训，增强素质。全年印发技术要点3.5万余册，全年召开市级培训会5场次，召开乡镇级培训会36场次，累计召开村组现场会1.2万场次，烟农受训面达到100%。

2007年，以科技培训为依托，邀请专家定期培训技术骨干，全年公开市级培训会14场次，培训技术骨干530余人次，乡镇两级培训会74场次，在生产的关键环节，及时印发《标准化技术要点》，全年共印发了3.5万余份。同时生产技术人员在种烟村组累计召开现场技术培训会4800场次，使烟农受训面达100%。

二、新技术推广应用

1982~1999年，推广应用以黄鲜净烟为目标的烟叶质量生产目标，改变以往以数量求效益的生产方式。

1982~1989年，推广应用平地拔苗移栽技术。

1984年，灵宝县烟草公司勇于试验，大力推广栽培新技术和烘烤新工艺，使烟草质量有了提高，其中五亩乡的烟草在全省组织的16个县市烟叶质量评定中被评为第二名。其优点是烟叶油分好，丰满度大，组织细致，弹性好，主脉不粗，单叶重5克以上，并因“提高烤烟品质的技术研究”而荣获河南省技术进步三等奖。

1985年，灵宝县烟草公司技术人员在五亩乡东淹村搞烟草经济施肥，提高品质新技术的研究试验，及早整地，科学施肥，协调氮、磷、钾三要素比例，经过土壤普查的数据和实地经验，对症施肥，经济施肥。每亩施农家肥3250千克，复合肥5千克，草木灰20千克，亩撒施钾肥2.5千克，移栽后亩撒施钾肥4.5千克，再追施二氢钾和硫酸钾的比例为1∶2的混合肥。这些试验能促使烟苗生长快，扩大了烟株体积，提高了单叶重量，增加了干物质积累，具有明显的增产增值效益。这项成果获得了河南省农科院“烟草经济施肥提高品质新技术研究及推广”四等奖。

1986年，灵宝县烟草公司尝试在烤烟房适时充入二氧化碳，提高了烤烟质量，荣获河南省科学研究三等奖。

1989年推广地膜覆盖、低起垄、坑栽烟、高培土及长天窗、热风洞等新技术措施。

1990~1997年，推广应用春起垄、地膜覆盖移栽技术。

2000~2007年，推广冬前起垄，春季趁墒盖膜移栽模式。推广化学抑芽技术，主要为杯淋和喷雾。

1992年推广整地起垄、营养钵育苗、地膜覆盖、配方施肥措施。

1994年灵宝市烟办和灵宝市烟草公司《关于1995年烟叶规范化生产技术推广实施方案》要求：①早规划、早腾茬，深耕收墒；②早起垄；③早备营养袋，早整育苗畦；④适时播种和移栽；⑤移栽前足墒盖膜或栽后趁墒盖膜；⑥搞好中耕，酌情揭膜；⑦及时防治虫害，及早防治病害；⑧做好打顶抹杈工作；⑨建设数量足、质量高的炕房；⑩适时采收，科学烘烤。

1998年，推广包衣种子育苗720畦，栽种面积1500亩；推广热风循环炕216个。

1999年，推广三项新技术：①科学施肥；②培育壮苗；③热风循环炕建设。

2001年，推广豆浆灌根技术。豆浆灌根技术应用率达80%，化学抑芽应用率达70%，建设炕房8910座，其中建热风循环炕6586座，应用率达80%，冬前起垄100%；盖膜面积100%；苗床土熏蒸100%；剪叶炼苗普及率100%。

2002年，继续抓好烟田起垄、营养钵育苗、剪叶育苗、规模移栽、配方施肥五项常规技术措施普及应用外，还强力推广应用了漂浮育苗、化学抑芽、热风循环炕三项新技术。

在实用技术运用方面,冬前起垄达 100%,盖膜面积达 100%,苗床土熏蒸达 100%,剪叶炼苗普及率达 100%。在新技术运用方面,豆浆灌根技术应用率达 80%,化学抑芽率达 80%,热风循环炕技术应用率达 85%。同时,还积极实施烟水配套和增雨防雹作业,生产科技含量明显增加,烟叶质量进一步提高,整体效益大幅度增长。

2003 年,烟叶生产坚持"市场引导、计划种植、主攻质量、调整布局"的指导方针,强力推行标准化生产。市烟办、市烟草局联合成立了烤烟标准化示范工作领导小组,制定了《灵宝市烤烟标准化示范项目实施意见》和《灵宝市烤烟标准化生产技术规程》,建立健全了市、乡、村三级技术指导网络,狠抓关键技术标准落实。

2003~2004 年完成以下工作:①烟水配套工程。市烟办、市烟草公司制定了《灵宝市烟水配套工程实施意见》,分解了目标任务,出台了奖补政策,组织群众在烟田地头建设水窖。其中,2003 年 3450 眼,2004 年 1660 眼,总数达 5110 眼,总蓄水量 2003 年 21 万立方米,2004 年达 31 万立方米,基本满足了 1986.67 公顷烟田用水需要。②集中化育苗技术,市烟草公司免费向烟农供应育苗托盘、浮盘、基质等物资,乡镇政府对新建育苗大棚予以适当补助。2003 年新建大棚 253 座,2004 年新建大棚 952 座,总数达到 1205 座,育苗移栽面积 2440 公顷。③下排湿炕房烘烤新技术(傻瓜烤房)推广应用,采取新建一座下排湿炕房,由市烟草公司补奖 1000 元、乡镇政府补奖 500 元的办法。2003~2004 年新建下排湿炕房 1271 座,总数达到 1937 座,并全部配置了自控设备。烟叶化学抑芽技术,推广应用面积达 2533.33 公顷。

2005 年完成以下工作:①实施土壤改良工程,普遍增施有机肥,全市 90%以上的烟田亩施粗肥 1500 千克以上,饼肥 20 千克,并示范推广了掩青技术;推广机械化耕作技术,全市共机械化深耕起垄面积 2733.33 公顷,占烟田总面积的 91%;统一规划,合理轮作,在对烟田土壤状况进行普查的基础上,科学规划布局,及时倒茬,合理轮作,全市当年轮作倒茬面积占应轮作倒茬面积的 80%以上。通过上述措施,改良了土壤理化结构,提高了土壤蓄水保墒能力。②大力实施烟水配套工程。是年,研究制定了《灵宝市烟水配套工程实施意见》,施行了新建一座 60 立方米的水窖,市烟草公司奖补 100 元、乡镇政府补贴 1 吨水泥的激励政策。当年新建水窖 1505 个,累计达到 6615 个,使 1986.67 公顷烟田基本达到用水自给。③实施集约化育苗设施建设工程,采取乡镇政府补贴 500 元,烟农自筹 1200 元和市烟草公司免费供应托盘、浮盘、基质等物资的方式,鼓励烟农新建育苗大棚,全市共建集约化大棚 760 座,移栽面积达到 100%。④推进新型炕房建设工程,继续实行每建 1 座下排湿炕房由市烟草公司奖补 1000 元。是年,新建下排湿炕房1767座，累计达到3704座，并且全部配置了自控设备。烟草公司投入资金15万元，烟农出工，在种烟大村建造密集式炕房5座。⑤实施人工增雨防雹工程。先后在五亩、苏村、故县等产烟乡镇，设置增雨防雹固定作业点6个，流动作业点10个，坚持24小时轮流值班，全天候监控，及时准确作业，把自然灾害损失降到了最低程度。

2006~2008年，重点推广了以漂浮育苗为重点的集约化育苗，试点推行商品化烘烤工作；推行平衡施肥技术，全市烟田有机肥施用面积达100%；进一步推广氨基酸、磷酸二氢钾立体施肥新技术；强力实施豆浆灌根和化学抑芽技术，全市豆浆灌根面积和化学抑芽面积达到100%，大力普及烘烤新技术。

2008年，着力推进传统农业向现代烟草农业转变，实施两头（育苗和烘烤）工厂化、中间过程管理专业化。由郑州烟草研究院朱尊权院士牵头，在五亩渔村进行了上部六片烟叶一次性烘烤示范，解决了烟叶成熟度不够，烤后原烟含青问题。之后在全市烟区全面推广。

2009年，为了解决烟田倒茬困难、土壤有机质耗竭问题，在五亩乡重点烟田进行了烟田成熟期套种大麦示范，缓解了烟田有质机不足、调茬困难问题，之后年份在灵宝烟区全面推广。

2012年，针对全国烟叶库存高企，进行烟叶结构调整，加大上等烟生产力度，质量目标是特色浓香型烟叶。采取的主要措施为增施有机肥，扫除底脚叶，上部6片烟叶一次性充分成熟采收等。进行了生物碳肥示范，提质增产效果明显，并在全市主要烟田推广应用。

2013年，开展病虫害绿色防控、宽行栽烟示范，散烟烘烤研究，使烟叶质量稳步提升。普及推广优良品种、配方施肥、优化等级结构和密集烘烤工艺，全面落实地膜覆盖、豆浆灌根、化学抑芽、成熟采收等关键技术，落实率达100%。

2014年，完成以下工作：①在五亩乡走马岭村开展人工繁育烟蚜茧蜂防治烟蚜研究，实现了烟蚜茧蜂繁育技术的引进和本地化。②在窑坡村安装太阳能杀虫灯10盏、捕虫器600个、黄板7500块，实施物理和生物防治。在桂花村示范推广宽垄双行技术，试验面积20公顷，探索解决烟叶旺长期间中耕机械适应性作业问题。③在五亩乡开展有害生物调查研究，监测主要病虫等有害生物的发生动态，及时发布病虫信息，增强烟田的防治的针对性和有效性。在朱阳镇、五亩乡、苏村乡等种烟乡镇示范推广散烟烘烤技术。根据实际数据测算，200公顷散烟烘烤装烟量增加50%，装烟煤减少38%，节省用工26个，物资、用工等综合成本减少580元。

2018年,在市委、市政府的大力支持,主动服务全局工作大局,集中郑州大学优势科研力量,开展“分散、塑料吨包式好氧高温发酵生产有机肥”的技术研究,项目采用移动式粉碎机在烟田将烟叶废弃物粉碎后,通过添加高效发酵菌种和有害生物抑制剂等,装入工业用塑料吨包直接在田间地头进行自然发酵,转化为优质有机肥后就地使用或统一收集后进行深加工,所制成的有机肥富含氨、磷、钾等营养元素,活化土壤,肥效持久,能膨大果实,增添着色,所含的烟焦油、烟碱又是一种高效生物杀虫剂,能杀死蛴螬、蝼蛄、白蚁、地虫线、地老虎、福寿螺等。这种肥料施入土壤后,农作物基本无害虫。

2018年,为了降低烟田地膜残留,有利于回收,在五亩乡白羊村重点烟田示范烟田废旧地膜回收,地膜厚度由0.006厘米改为0.01厘米。

2018~2019年,在全市各种烟乡镇进行小苗膜下移栽大面积示范,苏村乡庙沟村薛崖组和朱阳镇王家村烟叶产量提高20%以上。

2019年,在全市各种烟乡镇进行小苗膜下移栽大面积示范。又狠抓品种治理,确保“云烟87”优良品种种植面积达85%以上;狠抓轮作调茬,确保调茬面积不低于当年种烟面积的20%;狠抓技术落地,确保育苗、移栽、施肥、采烤、“一优两转”等关键技术落地落实。

第六节　烟叶生产关键环节技术要点

一、烟田整地起垄技术要点

1. 深翻标准

最好是机耕,深度达30厘米以上。烟田深翻的作用,一是增加活土层,促进烟草根系发育;二是稀释土壤残留的除草剂浓度。

2. 非烟物质控制

烟田中的前茬作物根系、杂草等杂物要彻底清理干净,以免影响烟株生长。

3. 起垄标准

(1)起垄时间:预留烟田土壤深耕细耙后及早进行起垄,宜早不宜迟,一般在3月中下旬以前完成起垄工作,以利于保墒蓄墒。

(2)垄向、行距的确定:垄向以南北向为好,行距中上等肥力地为1.2米、中等肥力地为1.1米、瘠薄地为1米。

(3)操作方法:一是拉线划行,垄向确定后从地中间向两边拉一条中线,按确定好的行距沿中线向两边划行或用划行器划行;二是沿线用锄向中间扒土或机械起垄。

(4)质量标准:垄高25~30厘米,垄底宽80~90厘米,垄体要饱满,垄行匀直、高低一致,垄面平整,无土坷垃,垄沟疏松。

二、烟田挖掘机深翻技术要点

烟田挖掘机深翻的主要目的是打破土壤犁底层,增厚活土层,增强烟株根系扩展范围,提高烟株抗旱抗病能力。主要操作技术如下:

(1)烟田准备:挖掘机深翻前,要彻底清除烟田内废旧地膜、烟株残体,以免病残体传播病害、废旧地膜污染烟田阻止烟株根系生长。深翻工作应在土壤上冻之前结束。

(2)深翻标准:用挖掘机铲子垂直下挖,深度应达到60~70厘米,然后将铲子内的土壤翻转倒下,把活土层翻到下层、死土层翻到上层,以达到土层交换的目的。深翻时要翻匀翻透,不能出现漏挖现象。

(3)翻后要求:深翻后的烟田,增施牛圈粪,每亩不少于1500千克,以提高土壤有机质含量。烟田施肥,在常规技术标准基础上,每亩应减少施氮量0.5~1千克(减少有机无机复混肥或有机无机生物一体肥5~10千克),主要原因是深翻烟田烟株根系下扎较深,吸收养分能力增强。烟田起垄,按常规技术标准落实,翻后土壤过干不宜冬季起垄的,来年春季须及早起垄。深翻烟田一般烟苗还苗、团棵较慢,应在烟苗移栽时灌施提苗肥1~2千克(有机无机复混肥或有机无机生物一体肥),小团棵期根据烟株长势结合豆浆灌根每亩灌施1~2千克硝酸钾。

三、烟田绿肥掩青技术要点

绿肥是一种养分完全、成本较低的生物肥源,发展绿肥有许多好处:投资少,肥效高,就地种植,就地使用,比其他有机肥料节约人力和运输费用。绿肥含有大量有机质,并含有氮、磷、钾和多种微量元素。它分解快,肥效迅速。由于绿肥有机质含量丰富,能改善土壤结构,提高土壤的保水、保肥和供肥能力,有助于烟株的快速生长,增强烟株对低温、干旱等逆境的抗性。绿肥掩青还能起到倒茬的作用,改善根系土壤环境,抑制病原菌的生长,减少黑胫病的发生,可提高烟叶产量和质量,增加种烟收益。灵宝烟区以大麦和油菜掩青为主。

(1)播种用量:大麦掩青播种量每亩12.5千克,油菜掩青播种量每亩2.5~3千克。

(2)播种时间:油菜掩青要于9月15日前播种结束,大麦掩青要在9月25日前结束。

(3)播种方法:播种前将田间废膜、残叶等杂物清除后,将大麦种子或油菜种子直接在垄沟间撒播并浅锄盖土,确保大麦种子、油菜种子入土,切忌将种子露在地表。

（4）掩青时间：冬前起垄时翻压，使绿肥充分腐熟分解，确保掩青效果。

四、烟田揭膜培土技术要点

揭膜培土是一项优质烟栽培关键技术，近年来已在各烟区广泛推广应用，并取得了良好成效。揭膜培土，就是在团棵期揭除移栽时覆盖在烟垄上的地膜后，将烟株行间或垄沟的土壤培到烟株茎基部和垄顶部，可有效促进烟株形成较发达的根系，扩大吸收养分面积，便于排灌，增强防涝能力，为烟株早生快发创造良好的环境。揭膜培土，看起来是一项较为简单的农事操作，但在具体操作中需要考虑揭膜与否、揭膜适宜时间、揭膜时的天气情况等方面，要掌握好技术关键点：

（1）要因地制宜。由于各烟区的生态条件差异较大，应用地膜覆盖栽培技术的目的也不同，因此揭膜与否应根据盖膜的目的来决定，不可一刀切。坚持因地制宜的原则，若土层深厚，后期雨水调匀，符合优质烟生长发育的需要，可以避免脱肥或出现二次吸收氮高峰的烟区，进行揭膜培土有利于烟株生长和烟叶质量的提高；若土壤较贫瘠、耕作层相对较浅、后期雨水较少、土壤不保水的烟区，揭膜培土难于操作，揭膜后会影响烟株正常生长，建议不揭膜；以防后期低温、促早发为主要目的的烟区，可在旺长期揭膜；若以保水为主要目的的烟区，可等雨季到来后再揭膜；日最高温度在 30 摄氏度以下，水分适宜、土壤通透性好的田块可不揭膜；当日最高温度超过 30 摄氏度时应立即揭膜，否则会因温度过高伤害烟株根系；当发生连续阴雨天气时不宜揭膜；在雨水较大年份，内涝较重的地块不宜揭膜；在干旱较重年份而又无水浇条件时，可不揭膜；若烟株营养过剩，出现贪青晚熟，亦可不揭膜。

（2）宜早不宜迟。揭膜培土时间过晚，烟茎基部已木质化，培土后生的不定根少，根系发育差，还易出现二次吸收氮高峰，导致烟叶不能正常成熟。一般情况下，在栽后 35 天内揭膜较为适宜，宜早不宜迟。

（3）看天气揭膜。关注近期天气预报，若近期有降水天气，应在来雨之前抓紧揭膜培土；若在揭膜前土壤墒情较差，近期又无大的降水，应先浇足水，可保障揭膜后烟株正常生长所需水分再揭膜。

（4）操作精细化。揭膜前 3～5 天，先摘除底部老黄而无烘烤价值的脚叶（一般 2 片叶左右），待摘除叶的伤口干结愈合后再进行揭膜培土。培土时可先用稻草将烟株捆拢后，清除垄体和垄底杂草后再培土。培土高度视田烟和地烟而定，一般地烟在培土后垄高应达 25～30 厘米，田烟培土后垄高应达 30～35 厘米。多雨烟区或稻烟轮作区，培土可适当高些。培土应选择晴天，雨天或土壤湿度过大时不宜进行。培土后要做到垄面要宽、垄背坡要缓，降雨时水分能缓慢渗透，不致冲刷垄面。沟底要平，保证灌排畅通和通风排湿。操作时土块要打碎，以免压坏烟叶。

(5)操作注意事项。①摘除底脚叶时，应先间株后病株，防人为操作传播病害。②揭膜干净彻底，被土壤压实的地膜边缘部分也应清除干净。③揭膜后应立即进行培土，以防垄体失水过多。④培土时尽量避免损伤根茎，以免病原物从伤口侵入。⑤完成揭膜培土后，将杂草、废膜等杂物带出田间，统一集中处理。

五、山地烟田水肥一体化技术要点

烤烟水肥一体化滴灌是一项先进高效、节水节肥新技术，具有节水、高效利用、水肥一体化、提质增效等优点，是缺水烟区有效利用水资源和提高肥料利用率的最佳选择。应用烤烟水肥一体化滴灌技术，要掌握好四个要点：

(1)滴水灌溉要适量。根据烟株需水规律、土壤墒情、根系分布、土壤性状、设施条件和技术措施，制订灌溉方案，包括烟叶全生育期的灌水量、灌水次数、灌溉时间和每次灌水量等，并根据天气情况、土壤墒情、烤烟长势及时对灌溉方案进行调整，适时适量供水，以满足烤烟不同生育期水分需要。滴灌为局部灌溉，将水和肥限定在根系生长范围内，不同生育期应根据烟株根系分布确定适宜的湿润深度和范围。在生长前期，土壤湿润比可以取下限，随着根系扩展，湿润比可以逐步提高到上限。烤烟生育前期膜下滴灌需水量较少，揭膜培土后需加大滴灌水量或延长滴灌时间，以满足烟株水分需求。一般烤烟大田生育期需滴灌 8~10 次。

(2)专用水溶肥要选对。烤烟滴灌水肥一体化用肥可选配液体肥料、固体可溶性肥料、液体生物菌肥和发酵肥滤液等。推荐选择溶解度高、溶解速度较快、肥效好、稳定性好、兼容性强、腐蚀性小的烟草专用全水溶性肥料。首选微灌施肥专用肥料，根据烟叶生育期选择不同配方的微灌施肥专用肥料；其次是水溶肥料，预溶解过滤后施用；肥料溶液最好现配现用，特别是在水质不好的情况下，防止肥料成分与水中物质发生反应。在与农药混配进行灌根时，要避免酸性肥与碱性农药混配、碱性肥与酸性农药混配。不能使用颗粒状烟草专用肥。烤烟滴灌专用水溶肥专门为烟草定制，总养分含量高，硝态氮含量高，钾含量高，水溶性好，有利于烟草吸收，可显著提高烤烟的产量和品质。

(3)滴灌施肥要减氮。按照水肥一体、分期营养、少量多次、一次一方的原则，制订施肥方案，包括基肥与追肥比例、基肥的使用种类和数量，不同生育期施肥的次数、时期、施肥量，以及每次通过微灌系统施肥的肥料品种、养分配比等，并根据天气情况、土壤墒情、烤烟长势及时对施肥制度进行调整，适时适量满足烤烟不同生育期养分需要。

水肥一体化施肥量可根据烟叶目标产量、不同土壤肥力、有机肥养分供应、在水肥一体化技术下肥料利用率和不同生长阶段的营养需求等因素进行计算设计。由于水肥一体化条件下水肥利用率大幅提高,计算滴灌施肥量时,肥料利用率可按比常规施肥提高20%~30%折算。一般水肥一体化滴灌施肥,烤烟施肥水平应做调整,每亩减施纯氮水平1~1.5千克。滴灌显著提高氮素利用率,成熟期应补施水溶性硫酸钾肥8~10千克或黄腐酸钾或磷酸二氢钾2~2.5千克,以保证烟叶落黄成熟。

(4)滴灌施肥需分次。水肥一体化的特点是肥料养分充分水溶化,以利于烤烟充分吸收利用。水肥一体化具有小流量、长时间、高频率等特点,单次施肥量不宜过大,否则易造成湿润区养分浓度过高而发生盐害。因此,少量多次是水肥一体化的基本灌溉施肥原则,由于每次滴灌施肥量小,养分消耗相对较快,故需多次施肥。多次滴灌肥水符合烤烟根系不间断吸收养分的特点,可以减少肥料损失。理论上,灌溉施肥划分次数越多,植株营养调控越精准,在实际操作中,滴灌施肥以6~8次为宜,肥料浓度掌握在0.1%~0.5%,肥液浓度可根据土壤湿度适当调节,土壤干燥时浓度为0.1%~0.2%,土壤湿润时浓度为0.3%~0.5%,但浓度较高时要减少单次施肥量。施肥时间,温度高的天气,施肥应该选在早上10时之前或下午4时以后,不要在阳光强射下施肥或雨天施肥。避免在土壤过湿时滴肥而影响滴灌施肥效果,应采用起高垄、开沟排水等方法降低土壤湿度。滴灌施肥,应先滴清水10分钟,再滴肥水维持足够时间完成施肥,再滴清水10分钟。

六、烟田豆浆灌根技术要点

豆浆灌根技术,是河南三门峡烟区经过长期生产实践形成的一种成熟有效的有机肥追施技术,对于提高土壤有机质含量、提升烟叶质量、增加香气质和香气量有明显成效。其主要技术要点如下:

(1)豆类选择:可采用黑豆或黄豆,黑豆施用效果及投入产出比优于黄豆,但成本稍高。

(2)大豆用量:以每亩5.0~7.5千克为宜。在该区间值内,效果随施用量的增加而显著增加,但每亩不宜超过7.5千克,否则可能出现土壤肥力过大、烟叶营养过剩、贪青晚熟等不利影响。

(3)豆粉制作:将黑豆或黄豆用水浸泡,然后用打浆机打浆,或者将其磨成粉状加入适量水中搅拌成浆(以直接打成浆状效果最佳)。

(4)豆浆发酵:根据豆浆多少,可选择不同容器密封,可封于缸中,或封于铺塑料膜的土池或水泥池内,或封于两头扎严的塑料薄膜中,放置于太阳下暴晒5~7天,充分发酵至豆浆发酸、变糊、发臭即达到发酵标准要求。

(5)施前准备:灌根前,将发酵后的豆浆按照每亩500~900千克水的比例稀释,搅拌均匀备用(最好即用即拌)。平均每株烟灌根量为0.50~0.75千克(根据土壤墒情决定)。

(6)时间要求:灌根时间以6月5~15日为宜。

(7)施用方法:用直径5厘米的木棍,一头削尖在叶尖处向根部倾斜30°打孔。打孔距离一般在烟根部10厘米左右,打孔深度以15~20厘米为宜。将发酵豆浆溶液灌入孔中,待豆浆完全下渗后及时用细土封口,防止蒸发。

(8)注意事项:①大豆用量和稀释倍数宜灵活掌握。发酵豆浆中含有一定量的氮、磷、钾等营养成分,应根据烟田肥力状况、烟株长势和土壤墒情灵活掌握大豆用量和稀释倍数,有效平衡烟株自身营养,促叶片适时成熟落黄。豆浆使用量原则上以烟田肥力和其他施肥量综合而定,一般中等肥力地块以每亩使用7.5千克干豆浆为宜。②灌根时间要严格控制。灌根时间以烟叶团棵期后期至旺长前为宜,一般为移栽后20~28天,不能晚于移栽后35天,以充分发挥豆浆灌根技术的优越性,有效避免贪青晚熟对烟叶采摘烘烤造成的不利影响,严禁过晚灌根。③可结合其他肥料同时施用。豆浆灌根时可结合烟株实际营养状况施入一定量的硝酸钾、硫酸钾等化学肥料,补充烟株氮、钾营养。如果大田有黑胫病、根黑腐病等需灌根防治的病害发生,也可结合豆浆灌根技术一并进行。④灌根时要用足量水进行稀释,保证豆浆溶液灌至烟根,土壤干旱时可适当加大发酵豆浆的兑水量,减轻干旱对烟株造成的不利影响。

七、中、上部烟叶采收烘烤技术要点

(1)确保成熟采收。中部烟叶应成熟采收,掌握成熟标准宜严,应等绿色减退,叶面落黄8成左右,茸毛部分脱落,主脉、侧脉变白发亮,叶尖、叶缘下垂,叶面起皱;上部叶4~6片充分成熟一次采收,成熟斑明显,即可采收。但也要防止田间叶片成熟过度、干物质过度消耗,形成烤后烟叶质量差、颜色浅现象。

(2)适当保湿变黄定色。在烟叶变黄期适当提高湿球温度至36.5~37摄氏度,保持干湿差1~1.5摄氏度,确保叶片变黄不过度失水;高温区一、二棚烟叶,中部叶7~8成黄,上部叶8~9成黄即可转火,防止烟叶变黄时间太长、叶片变黄过度、干物质消耗过度,烤后片糟、色淡。在定色中、后期延时稳温16~24小时,适当提高湿球至

38.5~39 摄氏度,一方面可解决青筋问题,另一方面可确保烟叶烤黄烤香。

(3)大胆提湿干筋。进入干筋期后,干球以每小时 1 摄氏度升至 60 摄氏度,稳温 6 小时,加快主筋变紫,再升温至 68~70 摄氏度,调整湿球至 42 摄氏度,延长时间至烟筋全干,可多出橘色烟,同时缩短干筋时间,省工省煤。干球不能超过 70 摄氏度,湿球不能超过 42 摄氏度,否则,易出现烤红烟。

八、下部烟叶采收烘烤技术要点

1. 下部叶特性

(1)部位特征:下部叶生长在烟株最下部,着生早,光照差,干物质积累少,身份偏薄,易烤性好,耐烤性差。

(2)适时早采:下部叶成熟期早,栽后 55~60 天之后即可采收;如遇特殊情况,主脉变白、叶尖茸毛脱落、叶色显现绿黄、叶面落黄 6 成左右、叶尖叶缘稍下垂即可采收。

(3)采收原则:采烟最好在每天清晨或上午,旱天宜采露水烟,雨天雨停后应立即采收;如长时间降雨导致烟叶返青,要待烟叶再次呈现成熟特征时采收。

2. 采烤中易存在的问题

(1)不及时采收:下部烟叶采收过晚,养分消耗过度,无烘烤价值,即使装炕烤后也达不到收购等级要求的橘色烟。采收回来的烟叶,达不到等级标准要求坚决剔除掉。

(2)不分类编杆:地里漏熟烟太多,除对下部叶采收标准把握不够,就是不实行鲜烟分类编杆,过熟、适熟、欠熟的烟混编杆,烘烤过程难掌握,烤后青、糟烟多,增加分级工作量。

(3)青筋青基:烤出的烟叶偏薄是变黄过度造成的,烟叶青基较多是点火时短时间升温过高造成高温区青基青片或定色中后期延时不够;青筋是在干球 45~48 摄氏度时稳温延时湿球过低造成的。

3. 采烤应对技术措施

(1)科学分类:一是合理配炕,要选择品种一致且长势相近的烟叶装炕,尽量做到随采随编随装炕。二是鲜烟分类,烟叶采收运输时避免挤压,减少水伤,以成熟度、叶片大小等进行鲜烟分类,做到同杆同质。三是装炕分类,烟叶装炕时,过熟的烟叶装在高温区,适熟的烟叶装在中温区,欠熟的烟叶装在低温区。

(2)科学烘烤:干球代表烤房内的温度,湿球代表烟叶自身的温度。一是快速变黄。外部环境温度高,烟叶自身温度也很高,变黄期,宜设定湿球 35~36 摄氏度,10 小时左右干球升至 38 摄氏度,防止升温过快高温区青基,使烟叶快发热、快出汗、快变黄。

二是及早转火：下部叶变黄程度宜低不宜高，干燥程度宜高不宜低，转火宜早不宜迟。烟叶变黄程度以 8 成左右为宜，即二级支脉少部分变黄，三级支脉在部分变黄；干燥程度要充分塌架，支脉变软，主脉尖部变软。三是稳温延时：在个人平时设定湿球的基础上把湿球调高 0.5~1.5 摄氏度，可解决定色中后期烟叶青筋、青基问题。四是适时停火：下部叶易烤但不耐烤，在干筋期，要控制干球温度，限制湿球温度，及时减少通风，适时停止烧火，依靠烤房余温把后期没干的烟筋烘干，防止高温区烟叶烤红。

九、上部烟叶质量提升关键技术

1. 生产目标

烤后烟成熟度成熟—完熟，结构疏松，颜色深橘黄，身份中等，油分有，色度中等；上部上等烟高出周边平均水平的 30%。

2. 主要技术措施

(1)开展土壤保育：烟叶成熟后期进行绿肥掩青；腾茬前烟田农膜全面回收；深秋机械深翻、冻前起垄；增施农家肥、有机无机生物一体肥；团棵期实施豆浆灌根，旺长期叶面喷钾，均衡烟株营养。

(2)调整播期栽期：3 月 5 日播种结束，小苗膜下移栽 4 月 25 日前移栽结束，井窖式移栽 5 月 5 日前移栽结束。常规移栽 5 月 15 日前移栽结束。行株距 1.2 米×0.5 米，密度每亩 1100 株。

(3)优化田间结构：在烟株现蕾前后，首先把下部 3 片叶连同 2 片底脚叶一起打掉，改善田间下部通风透光条件，确保中上部烟叶健康生长；在下二棚烟叶成熟采烤时，再至少打掉 2 片烟叶。要防止下部部位靠上的 2 片烟叶打掉过早，导致中部烟叶变薄、质量变差的问题出现。然后开始正常的采收烘烤。未充分开片的上部叶 2 片叶要弃烤留在烟株上。

(4)充分成熟采收：成熟特性，叶面有皱褶，叶色变淡，绿色消退，有明显的黄色成熟斑，叶耳变黄，叶面茸毛脱落、富有光泽。叶尖表现下勾，自然弯曲呈弓形。叶脉主脉全白，支脉 2/3 以上变白发亮。茎叶角度大，采收时声音清脆，断面整齐。采收原则：当烟株采收到上部叶仅剩 4~6 片叶，延长田间生长发育时间(延长 10~15 天)，达到田间充分成熟时一次采收。采收时间：当顶 1 叶达到以黄为主，主脉全白发亮和支脉的大部分(2/3 以上)发白，茎叶角度接近直角，叶片弯曲呈弓形，一次性采收上部 4~6 片叶。

(5)实施科学烘烤：发挥烘烤师队伍作用，系统落实烤前管理，加强鲜烟分类编杆、分类装炕管理。精准落实烘烤技术要点，变黄期保持水分，达到叶片全黄，在 47~50 摄氏度时延长烘烤时间 12 个小时以上，每炕烘烤时间需达到 8 天左右。

第三章　烟叶收购

烟叶收购是烟叶生产过程中的重要环节。灵宝市(县)烟草行业,根据烟叶收购不同时期体制变革,执行法规政策不折不扣,内部监管尽职尽责,服务烟农诚心诚意。明确目标任务,突出工作重点,合理配置烟草资源,为灵宝地方社会经济发展做出了积极贡献。

第一节　经营体制

中华人民共和国成立前,境内烟叶以自产自吸为主,有少量烟叶上市交易。交易形式有两种:第一种是烟农留足自用烟叶后,将多余的挑到集市上,或是留给山货行栈或是自己“守摊”。检验质量为一看,二摸,三嗅。当时也有个别烟商去烟农家中收购。中华人民共和国成立初期,烟叶仍是自由交易。20 世纪 50 年代中期,烟叶被定为二类物资,实行统一收购。1959 年,国务院批准有关部委报告,将卷烟和烤烟列为二类商品,由商业部统一收购,统一安排市场。1960 年后改为派购。灵宝县供销合作社成立土产副食品经理部,烟叶收购业务遂由土产公司经营,其后机构虽几经变化,但烟叶收购业务仍归县供销合作社土产公司未变。1963 年 7 月,轻工部设立中国烟草工业公司(杜拉斯),对卷烟工业集中统一管理,实现供、产合一的管理体制。1965 年初,中国烟草工业公司接管中华供销合作总社的烟叶收购、供应业务。1969 年,撤销中国烟草工业公司,第一轻工部下文将烟叶收购工作下放各省、直辖市、自治区,只有烟叶计划调拨工作由第一轻工部办理。1976 年 4 月 1 日,国分院决定烟叶的计划分配业务由轻工业部移交中华全国供销合作总社,以后有关烟叶的生产扶植、收购、供应、调拨等工作由供销合作社归口管理。1981 年 5 月 18 日,国务院同意批转轻工业部《关于实行烟草专营的报告》,决定对烟草行业实行国家专营,成立中国烟草公司,授予一定的行政管理权力,实行产供销、人财物集中统一管理,委托轻工业部代管。农村由供销合作社代为收购。各供销合作社只负责收购,无权销售,所收烟叶交县土产公司,再由县土产公司按计划上调。直至县烟草公司成立后,移交给县烟草公司。这时烟叶的经营管理体制为:

市烟草公司内设烟叶科，主管全市烟叶收购、复烤调拨、结算业务。各种烟乡镇设烟叶收购工作站，分区域收购烟农所产的烟叶。2019 年全市下设 9 个基层烟叶收购工作站。

第二节　质量标准

一、分级标准

1978～1985 年，烟叶收购执行 15 级标准。该标准定为 1 个标准、2 个类型，即甲型 15 级、乙型 10 级。灵宝市推行甲型 15 级。

1985 年 10 月 20～30 日，中国烟草总公司在漯河市召开了烤烟国家标准修订工作第二次评审工作会议，国家标准局批准执行新 15 级标准，灵宝市 1986 年 7 月 1 日起执行。

1987 年，根据烤烟出口需要，结合中国国情，借鉴国际先进的烤烟标准，中国烟草总公司又讨论制定了 39 级烟叶分级标准。39 级制分级标准是：按照烟叶的部位、颜色、品质因素而划分，分为上部橘色、柠色各 4 个等级；中部橘色、柠色各 3 个等级；下部橘色、柠色各 4 个等级；上部杂色 3 个等级，中下部杂色 2 个等级；微青色 3 个等级，青黄色 2 个等级；红棕色 3 个等级，光滑烟 2 个等级；完熟 2 个等级。并增加英文代码。

1989～1991 年，在烤烟 39 级标准试行期间，多数烟农不习惯，根据卷烟工业传统工艺配方与 39 级试行情况，新增上部微青二级（B2V），39 级变 40 级。1992 年烤烟 40 级标准正式发布。

在经过 40 级标准试行后，逐步实行 40 级收购。在推行过程中，依据上等烟、中等烟、下等烟、低等烟不同情况，与 15 级标准同时进行，中上等烟按 40 级标准收购，下低等按 15 级标准收购。这种混合收购实行了 6 年。1997 年以后，所有烟草部门全部按 40 级标准收购。

在 40 级烤烟分级标准推行过程中，出现了中部叶等级过少、级差过大、伤残要求过严的问题,于是 2000 年增加中部柠檬黄(C4L)和橘黄(C4F)各 2 等级,变为 42 级。

2018 年,灵宝市落实专分散收要求,组建专业化队伍 4 支,320 人,推行“初分在场、细分在户、专分在站”一体化收购模式,等级质量和等级纯度进一步提升。

2019 年,紧盯收购政策落实,紧盯收购秩序维护,紧盯收购进度完成,烟叶收购工作顺利进行。

1982 年烤烟十五级制分级标准

组别	级别	代号	油分、组织	颜色	光泽	杂色与残伤③		
						杂色允许程度	允许占叶面积(%)	其中:残伤允许占叶面积(%)
中下部黄色	中黄 1	ZH1	油润、丰满①,细致	金黄、正黄	鲜明	轻微杂色	7	5
	中黄 2	ZH2	油润、尚丰满①,细致	正黄、金黄	尚鲜明	轻微杂色	10	7
	中黄 3	ZH3	尚油润、稍丰满①,尚细致	淡黄—金黄②	稍暗	稍带小花片	20	15
	中黄 4	ZH4	稍油润,稍粗松	淡黄—深黄	较暗	小花片	25	15
	中黄 5	ZH5	微油润,较粗松	土黄	暗	较多小花片或稍带大花片	35	30
	中黄 6	ZH6	粗松	—	暗	较多大花片	50	35
上部黄色	上黄 1	SH1	油润、尚丰满、尚细致	深黄—正黄	尚鲜明	轻微杂色	10	7
	上黄 2	SH2	尚油润,稍粗糙	深黄—正黄②	稍暗	稍带小花片	20	15
	上黄 3	SH3	稍油润,较粗糙	红黄—深黄	较暗	小花片	30	20
	上黄 4	SH4	微油润,较粗糙		暗	较多小花片或稍带大花片	40	25
	上黄 5	SH5	粗糙	棕黄	暗	较多大花片	55	35
青黄色	青黄 1	QH1	尚油润、稍丰满、尚细致②	黄多青少	稍暗	稍带小花片	20	15
	青黄 2	QH2	稍油润、稍丰满,较粗糙	青黄	较暗	小花片	30	25
	青黄 3	QH3	粗松、粗糙	青多黄少	暗	较多小花片或稍带大花片	40	30
末级		MJ	青片、褐片、灰片、严重花片					40

注:①丰满、尚丰满程度不少于叶面积的 80%,稍丰满不少于叶面积的 70%。②中黄 3 允许有深黄,上黄 2、3 允许有淡黄,青黄 1 级允许有稍粗糙。③在破损烟叶上的杂色、残伤百分比按实际烟叶面积计算。

烤烟四十级大等级划分

上等		中等		下等		低等	
等级	代号	等级	代号	等级	代号	等级	代号
中橘一	C1F	下柠一	X1L	下柠三	X3L	上杂三	B3K
中橘二	C2F	下柠二	X2L	下柠四	X4L	青黄二	GY2
中橘三	C3F	下橘二	X2F	下橘四	X4F		
中柠一	C1L	下橘三	X3F	上柠四	B4L		
中柠二	C2L	中柠三	C3L	光滑二	S2		
上橘一	B1F	上柠二	B2L	中下杂一	CX1K		
上橘二	B2F	上柠三	B3L	中下杂二	CX2K		
上柠一	B1L	上橘三	B3F	上杂一	B1K		
上红棕一	B1R	上橘四	B4F	上杂二	B2K		
完熟一	H1F	上红棕二	B2R	青黄一	CY1		
下橘一	X1F	上红棕三	B3R				
		光滑一	S1				
		下微二	X2V				
		中微三	C3V				
		上微二	B2V				
		上微三	B3V				
		完熟二	H2F				

1985年新拟国家烤烟统一标准(草案)

组别	级别	代号	成熟度	身份			色泽		叶片长度(厘米)以内	杂色与残伤		
				油分	厚度	叶片结构	颜色(1)	光泽		杂色允许程度	允许占叶面积(%)	其中:残伤允许占叶面积(%)
中下部黄色	中黄1	ZH1	成熟	多	适中	疏	金黄、橘黄	强	40	轻微杂色	7	5
	中黄2	ZH2	成熟	较多	适中	疏	正黄、金黄	较强	40	轻微杂色	10	7
	中黄3	ZH3	成熟	有	尚适中	稍松	淡黄、正黄	较强	35	稍带小花片	20	15
	中黄4	ZH4	尚熟	稍有	稍薄	稍松	-淡黄	中等	35	小花片	25	20
	中黄5	ZH5	尚熟过熟		薄	松			30	较多小花片或稍带大花片	35	30
	中典6	ZH6	尚熟过熟	稍有	薄	松	-淡黄	弱	25	较多大花片	50	35
上部黄色	上黄1	SH1	成熟	较多	稍厚	稍疏	橘黄、深黄	较强	40	轻微杂色	10	7
	上黄2	SH2	成熟	有	稍厚	稍密	-深黄	中等	35	稍带小花片	20	15
	上黄3	SH3	尚熟	稍有	较厚	稍密	-红黄	中等	35	小花片	30	20
	上黄4	SH4	尚熟	稍有	厚	密	-棕黄	弱	30	较多小花片或稍带大花片	40	25
	上黄5	SH5	尚熟		厚	密			25	较多大花片	55	35
青黄色	青黄1	QH1	未熟	有	尚适中—稍厚	稍松稍密	黄带浮青	较强	35	稍带小花片	20	15
	青黄2	QH2	未熟	稍有	稍薄—稍厚	稍松稍密	黄多青少	中等	30	小花片	25	20
	青黄3	QH3	未熟		薄—厚	松密	青黄	弱	25	较多小花片或稍带大花片	30	25
末级		MJ	青多黄少、褐片、灰片、严重花片									40

注:1.凡颜色前有"-"者,其色为等级的低限色;黄带浮青指黄色烟叶表面浮现的青色。但浮青部分需在8成黄以上;上部淡黄色烟叶限于上黄3级以下定级。2.在破损烟叶上的杂色与残伤的百分比按实际烟叶面积计算。3.脚叶只能在中黄4级以下定级;顶叶在上黄2级以下定级;青黄一级限于腰叶、上下二棚部位的烟叶。4.黄片青筋的叶片暂允许在中黄3和上黄2级以下定级。5.褐色烟只能在中黄4级、上黄3级以下定级。

烤烟 42 级分级标准表

级别		级别	代号	成熟度	叶片结构	身份	油分	色度	长度（厘米）	残分（%）
下部叶 X	柠檬黄 L	1	X1L	成熟	疏松	稍薄	有	强	40	15
		2	X2L	成熟	疏松	薄	稍有	中	35	25
		3	X3L	成熟	疏松	薄	稍有	弱	30	30
		4	X4L	成熟	疏松	薄	少	淡	25	35
	橘黄 F	1	X1F	成熟	疏松	稍薄	有	强	40	15
		2	X2F	成熟	疏松	稍薄	稍有	中	35	25
		3	X3F	成熟	疏松	稍薄	稍有	弱	30	30
		4	X4F	假熟	疏松	薄	少	淡	25	35
中部 C	柠檬黄 L	1	C1L	成熟	疏松	中等	多	浓	45	10
		2	C2L	成熟	疏松	稍薄	有	强	45	15
		3	C3L	成熟	疏松	稍薄	有	中	35	25
		4	C4L	成熟	疏松	稍薄	有	中	25	30
	橘黄 F	1	C1F	成熟	疏松	中等	多	浓	45	10
		2	C2F	成熟	疏松	中等	有	强	40	15
		3	C3F	成熟	疏松	中等	有	中	35	25
		4	C4F	成熟	疏松	稍薄	稍有	中	35	30
上部 B	柠檬黄 L	1	B1L	成熟	尚疏松	中等	多	浓	45	15
		2	B2L	成熟	稍密	中等	有	强	40	20
		3	B3L	成熟	稍密	中等	稍有	中	35	30
		4	B4L	成熟	紧密	稍厚	稍有	弱	30	35
	橘黄 F	1	B1F	成熟	尚疏松	稍厚	多	浓	45	15
		2	B2F	成熟	稍密	稍厚	有	强	40	20
		3	B3F	成熟	稍密	稍厚	有	中	35	30
		4	B4F	成熟	紧密	厚	稍有	弱	30	25
	红棕 R	1	B1R	成熟	稍密	稍厚	有	浓	45	15
		2	B2R	成熟	稍密	稍厚	有	强	40	25
		3	B3R	成熟	紧密	厚	稍有	中	35	35

续表

级别		级别	代号	成熟度	叶片结构	身份	油分	色度	长度(厘米)	残分(%)
完熟 H		1	H1F	完熟	疏松	中等	稍有	弱	40	20
		2	H2F	完熟	疏松	中等	稍有	中	35	35
杂色 K	中下部 CX	1	CX1K	尚熟	疏松	稍薄	有	强	35	20
		2	CX2K	欠熟	尚疏松	薄	少	中	25	25
	上部 B	1	B1K	尚熟	稍密	稍厚	有	强	35	20
		2	B2K	欠熟	紧密	厚	稍有	中	30	30
		3	B3K	欠熟	紧密	厚	少	—	25	25
光滑叶 S		1	S1	欠熟	紧密	稍薄稍厚	有	—	35	10
		2	S2	欠熟	紧密	—	少	—	30	20
微带青	下二棚	2	X2V	尚熟	疏松	稍薄	有	中	35	15
	中部 C	3	C3V	尚熟	疏松	中等	多	强	40	10
	上部 B	2	B2V	尚熟	稍密	稍厚	多	强	40	10
		3	B3V	尚熟	稍密	稍厚	有	中	35	10
青黄色 CY	1	CY1	尚熟	尚疏松至稍密	稍薄稍厚	有	—	35	10	
	2	CY2	欠熟	稍密至紧密	稍薄稍厚	稍有	—	30	20	

二、制样

烤烟制样,1984 年以前,多由供销社土产公司组织各乡镇基层供销社实施。此后由烟草专卖局(烟草公司)实施。

烟叶制样办法是:当年留足一定数量的烟叶作为第二年烟叶制样样品,所留烟叶必须在指定的村组或种烟户中提取。烟叶样品以中下部三级为代表,依照“国标”或“省标”文字标准,每个等级取样 2 千克,1 千克送化验,0.5 千克留当地存档,0.5 千克送省公司备案。每年在新烟上市前均要召开烟叶制样会议,学习“国标”“省标”统一收购标准,复制收购样品,统一收购眼光。

三、品质

衡量一个地区烟叶质量品质包含三个因素:外观质量、感官质量和化学成分。灵宝烟叶以其良好的品质在各级评比中屡获大奖,受到各方一致好评。

1984年12月,中国烟草工业标准化质量检测中心化验结果:灵宝所产“红花大金元”烟总糖含量为25.46%,总氮含量为1.78%,尼古丁含量为2.06%,烟碱氨含量为0.365%,蛋白质含量为8.9%,施木克值为2.86,比例适中协调。

1984年12月4日,河南省科委、农业科学院等有关单位在郑州进行烟草质量鉴评,灵宝试种的“长脖黄”被评为全省第一;“红花大金元”在全省14个县市的60个样品外观质量鉴定中被评为第二。是年,五亩乡生产的烟叶在全省组织的16个县市烟叶质量鉴评中被评为第二名。其优点是烟叶油分好、丰满度高、组织细致、弹性好、主脉较细、单叶重8克以上。是年,灵宝县“提高烤烟品质的技术研究”又获河南省技术进步三等奖。

1992年8月20日,全国北方烟区旱作烤烟现场会在灵宝县召开。会上观摩了苏村乡力子沟村烟叶大田管理。国家烟草总公司、烟草公司经理王恩沛出席会议,直夸灵宝烟叶全国少见。著名烟草专家宫长荣评价说,灵宝烟叶小而敦实,清秀可人。

2005年12月12日《河南日报》报道,2000~2004年,灵宝市组织实施了“灵宝优质烟技术开发和无公害优质烟叶试验示范”项目,2002年被确定为全国烤烟综合标准化示范基地,2004年以优异的成绩顺利通过国家考核验收。2001年灵宝市被国家烟草局确定为“全国无公害优质烟叶生产示范基地”,2002年被确定为全国烤烟综合标准化三门峡示范区之一,2004年以优异的成绩顺利通过国家考核验收。以其“色泽鲜亮、香型独特、气味醇和、余味舒适、化学成分协调、钾含量较高”等优异的品质,赢得了市场信誉,深受省内外烟厂的青睐,行销新郑、郑州、许昌、上海、厦门等各大烟厂,质量在全省烟叶评比中连续 8 年获得第一。

2008 年天昌公司所作的《河南省烟叶质量综合评价报告》显示,三门峡烟叶品质排行第一。其化学成分中,烟碱含量为 2.94%,总糖含量为 33.03%,还原糖含量为 27.94%(偏高),总氮含量为 1.81%(相对偏高),淀粉含量较低;其外观质量中,颜色成熟度、油分、色度较好,外观质量整体较好;其感官质量中,香气质、香气量、杂气、刺激性、余味均较好。灵宝作为产烟大市,烟叶以其外观好、感官好、成分合理而闻名,灵宝烟叶采样参与了此次质量综合评价。

2017 年 11 月,灵宝市人民政府为加快推进全市烟草业供给侧结构性改革,推进烟草产业结构优化,提高发展质量和效益,结合灵宝烤烟发展实际, 出台了《灵宝市烟草业转型升级工作方案(2017~2020 年)》。方案提出:烟叶质量要以培育"中棵烟"为目标,突出订单生产、订单计划、订单布局,着眼工业结构需求和等级纯度,积极适应客户需求个性、特点和趋势,切实提高烟叶供给质量。加强质量管理,全面宣传贯彻 1SO900 烟叶质量管理体系,打造烟叶品牌,加强"豫浓香 · 灵宝"烟叶品牌建设,持续提升灵宝烟叶的市场认可度和品牌竞争力。

2018 年灵宝全市种烟 48000 亩, 收购上等烟比例达到 75.05%。2019 年灵宝全市种烟 48500 亩,收购烟叶上等烟比例达到 71.14%。

1984 年灵宝烟叶产品化学分析结果报告

(中国烟草工业标准化质量监测中心站)

样品名称	总糖(%)	总氮(%)	烟碱(%)	烟碱氮(%)	蛋白质(%)	施克木值
川口乡	24.53	1.27	1.92	0.332	5.86	4.19
五亩乡	26.84	0.94	0.90	0.156	4.90	5.43
苏村乡 1 号	25.06	1.47	1.36	0.235	7.72	3.28
阳店乡	23.07	1.13	1.54	0.266	5.40	4.39
朱阳乡 2 号	25.64	1.14	1.30	0.225	5.72	4.45
故县乡	20.51	1.35	1.93	0.317	6.64	3.17
苏村乡长脖黄	29.43	1.24	1.48	0.256	6.15	4.79
苏村乡 2 号	30.00	1.32	1.61	0.279	6.51	4.61
阳平乡	24.78	1.06	1.66	0.287	4.83	5.13

1985 年烟叶化学成分分析报告

（河南省研究所化验室）

采样地点	编号/分析项目	总糖（%）	总氮（%）	蛋白质（%）	尼古丁（%）	烟碱氮（%）
五亩乡	8324	25. 51	1. 11	5. 88	1. 01	0. 17
苏村乡 1 号	8325	20. 61	1. 51	7. 56	1. 71	0. 30
尹庄乡	8326	21. 84	1. 26	6. 25	1. 49	0. 26
大王乡	8327	22. 63	1. 26	6. 44	1. 35	0. 23
朱阳乡 2 号	8328	24. 34	1. 24	6. 31	1. 34	0. 23
故县乡	8329	22. 08	1. 24	6. 13	1. 50	0. 26
苏村乡 2 号	8330	27. 71	1. 30	6. 56	1. 43	0. 25
川口乡	8331	23. 44	1. 32	5. 31	2. 24	0. 39
豫灵乡	8332	19. 15	1. 49	6. 50	2. 58	0. 45
程村乡	8333	23. 09	1. 34	6. 81	1. 43	0. 25
苏村乡长脖黄	8334	28. 89	1. 54	8. 00	1. 48	9. 26
朱阳乡 1 号	8335	25. 73	1. 23	6. 31	1. 29	0. 22
阳店乡	8336	26. 18	1. 81	9. 88	1. 34	0. 23

1986 年烟叶化学成分分析报告

（河南省研究所化验室）

采样地点	编号	分析	总糖（%）	还原糖（%）	总氮（%）	蛋白质（%）	烟碱（%）	烟碱氮（%）	尼古丁（%）
苏村乡	01	6344	22. 53	14. 47	1. 64	7. 56	2. 51	0. 4	2. 98
苏村乡	04	6345	21. 73	14. 47	1. 47	7. 75	1. 31	0. 23	2. 80
五亩乡	03	6346	23. 89	14. 42	1. 63	8. 06	1. 99	0. 34	2. 96
故县乡	02	6347	19. 60	13. 98	1. 58	7. 75	2. 15	0. 31	2. 59

灵宝卷烟产品化学分析结果

(中国烟草标准化质量监督检测中心站)

来样单位	总糖(%)	总氮(%)	烟碱(%)	烟碱氮(%)	蛋白质(%)	施克木值
01	29.36	1.36	1.64	0.284	6.73	4.36
02	26.52	1.44	2.52	0.436	6.20	4.22
03	21.81	1.69	2.41	0.417	7.96	2.74

四、收购

灵宝市(县)每年新烟上市前,召开收购工作会议,传达学习烟叶收购的方针、政策,按照规定的分级标准,培训收购人员,学习分级标准,对照实物样品,进行实际操作。掌握分级标准,统一认识、统一标准后,分派到各个收购点进行验收。烟叶收购站负责烟叶收购工作。

烟叶品质细看组织、油分、光泽、厚薄度、花伤度等。烤烟经过分级扎把,每把以30片左右为宜。各烟叶收购站除按省级审核的等级标准仿制样品外,组织落实收购所需资金,张榜公布等级价格,检查仓库的防火防潮措施,收购技术员对样验收,正确执行价格政策,依质论价,不压级压价,不抬级抬价,不收“关系”烟。

烟草公司坚持“外树形象,内重管理”的工作思路,加强对收购工作的管理。具体要求:①加强烟叶收购工作的领导,坚持执行省公司收购政策;②严格遵守关于收、烤、调的有关规定及要求;③加强资金票据管理;④对及时兑现收购环节的有关奖励及对违反规定的处罚。

烤烟收购等级标准统一执行国家规定,1982年前后,烟叶收购由灵宝县供销社负责,由土产公司负责出售调拨。1984年,灵宝市烟草局成立,同时设立朱阳、苏村、五亩、川口、尹庄5个烟叶收购工作站。共有职工42人,每年收购旺季招收季节工350人左右。1999年灵宝市开始执行国家二价区40级收购标准。2000年,建立五亩乡白羊烟叶工作站和朱阳镇秦池烟叶收购点。

第三节　销售与调拨

1949年以前,烟叶产量小,销售市场亦小。农民将自产的烟叶挑到集市上出售,或吸烟者直接到乡村烟叶产地购买。也有部分烟农将烟叶加工成烟丝出售。1949~1956年,灵宝县棉麻公司增加烟叶收购业务,由二级机构供销合作社代为收购,由土产公司销售。1957年,国家把烟叶定为二类物资,实行统一收购。1960年又将统一收购物资改为派购物资,派购物资实行购留比例政策。即国家根据作物常年产量,做出计划安排,完成国家上调任务,剩下留作群众消费。该上调的要保证国家计划的完成,该留下的,不能强行调运,要保障农业生产和群众生活需要。1962年后,因受三年自然灾害影响,烟叶供需矛盾突出,由于强调完成任务,内销基本停止。自1976年起,调拨计划放松,内销增大。1980年以后,烟叶市场发生变化,卷烟厂对上等烟需求量大,而中下等烟叶则滞销。

1957年实行计划调拨。省内调拨由省地供销合作社土产公司根据国家计划,综合平衡,制订调拨计划,逐级下达。调拨计划下达后,调拨单位要严格执行,积极组织,严密安排,确保计划保质保量按时完成。1957~1984年的28年间,烟叶的收购、调拨业务主要由县土产公司经营。1984年,灵宝县烟草公司成立,烤烟的生产与消售纳入国家计划。所购烤烟,根据洛阳地区统一平衡分配,由烟草公司直接外运销售。运送到接收厂家交货。超计划部分也可以自由销售。中上等烟由洛阳地区平衡各县(市)指标,平调顶替其他市(县)销售计划的空缺。1986年,三门峡设为地级市,成立三门峡市烟草公司,灵宝市烟草公司为三门峡市烟草公司分公司,销售调拨业务归三门峡市烟草公司。

1982~2001年灵宝收购烟叶3567.29万千克,销售3567.29万千克,实现零库存。

2002年,收购烟叶309.59万千克,烟叶等级合格率达85%,所购烟叶销往河南省内的有新郑、郑州、洛阳、安阳、漯河、许昌,销往省外的有福建、厦门等烟厂。当年实现烟叶销售调拨零库存。

2003年,收购烟叶441.89万千克,省内销往河南新郑、郑州、许昌。积极开拓省外市场,当年销往外省的有福建厦门、甘肃曲靖、浙江宁波和杭州等地。其中省外销售70万千克,比上年增长3.5倍。

2004年,收购烟叶548.184万千克,收购等级合格率为85%,其中销售省外烟厂85

万千克。年底,烟叶销售实现零库存。

2005 年,收购烟叶 602.59 万千克,等级合格率为 75.2%,其中销往省外 115 万千克。年底,烟叶销售实现零库存。

2006 年,继续实行向各名优烟厂倾斜、向省外烟厂倾斜的营销策略,通过慰问、洽谈、推介联谊,邀请外省名烟厂参观灵宝烟叶生产基地,打响灵宝烟叶品牌,积极开拓市场,严守调拨合同,严把烟叶调拨质量关,促进了烟叶销售进度。当年收购烟叶 700.993 万千克,等级合格率达 75.25%。其中外省烟厂调销 29.24%,优势大型企业比例占 100%。同时不断加大对外省烟厂的供货力度,适时调整调拨计划。年底,烟叶调拨销售实现零库存。

2007 年,共收购烟叶 564.875 万千克,收购量和上等烟比例及收购等级合格率均占三门峡市首位,等级合格率达 77%。年底,调拨实现零库存。

2008 年,共收购烟叶 717.844 万千克,收购量和上等烟比例及收购等级合格率又居三门峡市之首。截至 12 月中旬,烟叶调拨实现零库存。

2009 年,收购烟叶 825 万千克,其中上等烟比例 38.26%,中等烟比例 50.95%,下等烟比例 10.84%。销售收入 2 亿元。

2010 年销售量达 724.18 万千克。

2011 年销售量达 671.07 万千克。

2012 年销售量 970.8 万千克。

2013 年销售量 985 万千克。

2014 年销售量 702.5 万千克。

2015 年销售量 912 万千克。

2016 年销售量 1002.1 万千克。

2017 年销售量 600 万千克。

2018 年销售量 715 万千克。

2019 年销售量 675.5 万千克。

2007 年 10 月,灵宝市烟草专卖局(公司)更名为灵宝市烟草专卖局(分公司),取消法人资格,不再负责烟叶的销售与调拨。

第四节　价　格

灵宝种植晾晒烟时期，烟行皆为私人经营，收购烟叶以质论价，由买卖双方协商，双方感到价格合意而成交，但这种随行就市不分等级的烟叶价格，多被私人商行、烟贩所控制，或压低价格廉价收购转手高价倒卖从中取利，或哄抬烟价抢夺生意囤积居奇牟取暴利。烟叶价格波动幅度很大，没有定价，每月甚至每日差价明显，极不稳定。

1981 年 4 月，农业部、轻工业部、全国供销合作总社根据标准执行情况，将 17 级制标准修订为 15 级制标准，报国家科委标准局批准发布，自 1982 年新烟上市起执行。本标准为一个标准两个类型，即分部位的 15 级制标准和不分部位的 10 级制标准。1982 年，这一试行标准定为正式烤烟分级标准。

1982 年灵宝引种烤烟后，坚持按“国标”收购烟叶。实行 15 级制三类价区收购价格。

1985 年 10 月 20~31 日，中国烟草总公司在漯河市召开烤烟国家标准修订工作第二次评审工作会议，会上修订了原烤烟 15 级制标准，主要是增加了烟叶成熟度和长度要求；修订了组织结构和部分颜色概念，放宽了对残伤限制和对光泽的要求，严格划清了青黄烟与黄烟界限；取消了不分部位的乙型标准，成为全国统一的 15 级制烤烟国家标准。经国家标准局 1986 年 1 月 31 日批准，1986 年新烟上市起全国统一执行。《国家烤烟 15 级标准》对中上部黄色、上部黄色、青黄色 3 个组的烤烟在油分、组织、颜色、光泽、杂色与残伤方面做了具体规定，分出烤烟 15 个等级，即中黄 1 级、中黄 2 级、中黄 3 级、中黄 4 级、中黄 5 级、中黄 6 级、上黄 1 级、上黄 2 级、上黄 3 级、上黄 4 级、上黄 5 级、青黄 1 级、青黄 2 级、青黄 3 级、末级。

1985 年，根据上级通知精神，贯彻优级优价政策，鼓励烟农种植优良品种，改进生产技术，提高烟叶质量，保证市场供应，提高烟叶行业经济效益，在烟叶仍实行 15 级制收购的前提下，对烟叶各等级质量差价进行了调整。调整的原则是：价格总水平基本不动，调高上、中等烟差价，调低下、低等烟差价，降低青烟价格。

1965、1981、1985 年烤烟收购价格表

等级		收购价格(元/50 千克)		
		1965 年	1981 年	1985 年
中下部黄烟	1 级	133	200	240
	2 级	111. 5	158	180
	3 级	90	118	129
	4 级	72	87	87
	5 级	56	67	65
	6 级	39	46	43
上部黄烟	1 级	108	148	170
	2 级	86. 5	107	116
	3 级	66	80	80
	4 级	50. 5	61	58
	5 级	36	40	35
青黄烟	1 级	68. 5	73	60
	2 级	51	50	35
	3 级	34. 5	30	15
	末级	20	15	10

1987 年《新拟国家烤烟统一标准(草案)》被确定为“国标”,烤烟收购等级质量差价又进行了一次调整,仍在价格总水平基本不动的原则下,调高上、中等级烟差价,调低下、低等烟差价,降低青烟价格。

1988 年 7 月,省烟草公司和省物价局联合下发《关于调整烤烟收购价区的通知》,将灵宝烤烟收购价格调升为二类价区,自当年新烟上市起执行,价区类别调整后的烤烟平均收购价格,较原平均收购价格提高 0. 89%。

1990 年,烤烟收购价格又进行了调整,根据三门峡市物价局、市烟草专卖局《关于安排烤烟收购价区的通知》精神,严禁擅自改变价格,抬价争购和压级压价。当年的烤烟平均收购价格比 1988 年平均收购价格提高幅度为 4. 33%。

1992 年 6 月 28 日,河南省烟草局、省物价局转发了国家烟草专卖局、国家特价局

《关于烤烟四十级标准试行价格的通知》，除对价格偏低的中部柠檬黄3级（3X）由每50千克160元调整到170元，其他等级不变。

1992年8月15日，烤烟40级制标准经国家烟草专卖局报国家技术监督局批准正式发布，9月1日在全国实施。由于各烤烟产区和卷烟工业企业烟叶分级检验技术培训不到位，全国各地实际上是40级制和15级制标准同时执行。1991～1992年，上等烟11个等级按40级标准收购，中、下等烟按15级标准收购；1993～1996年，中、上等烟按40级标准收购，下、低等烟按15级标准收购。实行15级制和40级制双轨收购6年。

1993年7月19日，河南省烟草局对烤烟收购价格做了较大幅度的调整，标准级中黄4级由50千克105元提高到130元，调高了23.8%。

1995年4月5日，对1995年烤烟部分等级收购价格进行了适当调整。提高了烤烟40级中的上等烟和部分中、下等烟的27个等级价格进行了适当的调整。

1995～1998年，基于农业资料上涨和粮棉价格上调，种烟成本上涨和比较效益下降，提高了部分烟叶等级的价格，把全国烟叶产区分为5个价区，统一了价格。

40级烤烟分级标准推进过程中，出现中部叶等级过少、级差过大、伤残要求过严的问题。于是2000年4月4日国家技术监督局批准《GB 2635—1992（烤烟）第二号修改单》，在40级标准基础上，增加中部柠檬黄（C4L）和橘黄（C4F）两等级，修订为42级。此分级标准一直执行至今。

1999~2019年烤烟收购价格表

（单位:元/50千克）

年度	1999	2000	2001	2002	2003	2004	2005	2006	2007	2008	2009	2010	2011	2012	2013	2014	2015	2016	2017	2018	2019
等级	二价区																				
上等	价格																				
C1F	810	810	885	882	882	860	860	860	880	1020	1060	1060	1220	1560	1720	1830	1920	1980	1980	2000	2000
C2F	727	727	777	774	774	790	790	790	810	940	960	960	1110	1380	1520	1640	1720	1760	1760	1790	1795
C3F	625	625	670	667	667	690	690	690	710	830	870	870	990	1200	1340	1450	1520	1530	1530	1560	1560
C1L	757	757	810	806	806	790	790	790	810	930	970	970	1120	1445	1600	1690	1750	1800	1800	1850	1850
C2L	645	645	700	700	700	710	710	710	730	845	880	880	1010	1300	1420	1510	1560	1590	1590	1610	1610
B1F	685	685	710	683	683	690	690	690	710	840	900	900	1020	1270	1400	1500	1600	1600	1600	1720	1720
B2F	565	565	587	564	543	560	560	560	580	715	790	790	880	1090	1170	1300	1300	1250	1250	1370	1370
B1L	548	548	568	570	570	590	590	590	610	705	770	770	850	1020	1140	1200	1250	1250	1250	1250	1250
B1R	565	565	587	564	564	550	550	550	570	685	760	760	820	900	950	950	950	950	950	950	950
H1F	590	590	613	590	590	580	580	580	600	715	840	840	950	1050	1150	1200	1250	1250	1250	1250	1250
X1F	550	550	554	554	554	605	605	605	625	730	830	830	920	1100	1220	1230		1400	1400	1300	1300
中等																					
C3L	545	545	593	570	570	605	605	605	625	745	790	790	900	1120	1240	1350	1370	1370	1370	1380	1380
X2F	410	410	425	430	430	500	500	500	520	625	730	730	790	910	1000	1080	1050	1100	1100	950	950
C4F	318	318	510	490	490	540	540	540	560	665	760	760	880	1020	1160	1290	1320	1320	1320	1100	1100

续表1

年度	1999	2000	2001	2002	2003	2004	2005	2006	2007	2008	2009	2010	2011	2012	2013	2014	2015	2016	2017	2018	2019
C4L	507	507	470	452	452	600	600	500	520	615	710	710	790	940	1060	1140	1180	1180	1180	1000	1000
X3F	400	400	313	323	323	400	400	400	420	510	610	610	650	720	780	615	650	650	650	500	500
X1L			507	505	505	580	580	580	600	700	790	790	880	1000	1120	1130	1250	1250	1250	1100	1100
X2L			388	398	398	465	465	465	485	600	680	680	740	820	900	900	900	900	900	750	750
B3F	437	395	334	300	323	385	395	395	415	550	670	670	740	910	980	850	850	850	850	980	980
B4F	325	280	194	150	150	205	235	235	255	385	520	520	590	730	770	615	560	560	560	500	500
B2L	410	390	345	344	344	390	410	410	430	555	640	640	700	820	920	800	900	900	900	900	900
B3L	298	280	173	160	160	215	245	245	265	395	500	500	550	620	670	550	550	550	550	500	500
B2R	460	460	470	468	468	460	460	460	480	580	620	620	650	700	730	700	700	700	700	700	700
B3R	357	398	275	274	274	275	285	285	305	395	490	490	500	500	510	500	460	460	460	450	450
H2F	495	495	494	492	492	480	480	480	500	590	670	670	770	850	950	950	950	950	950	950	950
X2V	310	310	310	310	310	310	310	310	330	395	450	450	480	600	650	550	530	510	510	410	410
C3V	485	485	486	484	484	500	500	500	520	610	710	710	750	900	980	900	890	890	890	890	890
B2V	368	322	378	376	376	375	375	375	395	455	540	540	590	700	780	700	680	680	680	680	680
B3V	280	280	270	270	270	275	275	275	295	355	450	450	480	500	550	500	470	450	450	450	450
S1	280	280	227	226	226	220	220	220	240	300	420	420	420	500	550	500	470	450	450	430	430
下等																					
B4L	163	150	108	62	62	110	150	150	170	255	360	360	390	420	420	350	310	300	300	300	300
X3L	252	240	248	162	162	210	300	300	320	440	580	580	600	640	680	500	500	500	500	400	390

续表 2

年度	1999	2000	2001	2002	2003	2004	2005	2006	2007	2008	2009	2010	2011	2012	2013	2014	2015	2016	2017	2018	2019
X4L	130	125	120	72	72	115	180	180	200	300	460	460	460	460	460	300	270	260	260	250	240
X4F	170	155	130	82	82	125	210	210	230	340	500	500	500	530	530	350	320	310	310	290	280
S2	153	153	162	102	102	105	105	105	125	190	280	280	280	300	300	300	270	260	260	230	230
CX1K	195	190	156	72	72	120	200	200	220	280	370	370	370	370	370	330	300	290	290	290	280
CX2K	100	100	86	42	42	85	135	135	155	210	280	280	280	280	280	250	230	220	220	220	210
B1K	185	180	130	62	62	110	185	185	205	270	350	350	350	350	350	320	290	280	280	280	280
B2K	110	100	65	32	32	60	100	100	120	180	270	270	270	270	270	240	220	210	210	210	210
CY1	85	85	60	27	27	50	80	80	100	150	220	220	220	220	220	190	170	160	160	160	160
低等																					
B3K	60	60	36	17	17	30	80	80	100	125	190	190	190	190	190	160	145	140	140	140	140
CY2	38	—	22	12	12	20	60	60	80	115	180	180	180	180	180	150	135	130	130	130	130

第四章　卷烟经营

灵宝卷烟市场始于清末民初。流通体制同其他地区一样，经历了自由购销、计划管理、专卖专营三个阶段。中华人民共和国成立后，国家实行计划经济，卷烟销售价格由上级主管部门核定。卷烟价格管理体系经历了自由定价、协商定价、统一定价、价格放开、价格调控五个阶段。1983年11月1日，国务院颁布实施《烟草专卖条例》，确立烟草部门在烟草流通领域的垄断地位。随着时代进步，社会的发展，道路交通及运输的方便，卷烟经营活动中的购、销、存各个环节联系更加紧密，转运更加便捷，渠道更为畅通，经营方式也更为科学规范，并向网络化、信息化、数字化方向发展。

第一节　卷烟流通体制变革

一、流通体制变革

灵宝境内卷烟流通体制同其他地区一样，大致经历了自由购销、计划管理、专卖专营三个阶段。

1. 自由购销

灵宝卷烟市场始于清末民初，卷烟在流通过程中，实行自由购销体制。1914年1月，河南省设立烟酒捐局，负责征收烟酒税和牌照税。1915年，民国北洋政府为弥补财政匮乏，仿照盐务推出烟草公卖制度，在河南省设立烟酒公卖局。管理机构公卖局为官办，主要经销机构——经销栈为商办，各局有征无卖，管销剥离，而且公卖的范围仅限于"土烟土酒"，对洋烟洋酒管理，因种种不平等条约，公卖并未发挥效用，洋商的利益丝毫未受触动。尤其是卷烟，市场大多为洋烟所垄断，实行的是资本主义自由购销体制，由各买办或代理经营。抗日战争前，灵宝县卷烟市场主要是英美烟草公司与南洋烟草公司在竞争。1920年，英美烟草公司在灵宝的经销商采取沿街抛撒、投掷的方式诱众吸食。原本吸食本地旱烟、水烟的习惯逐渐改变，吸食机制卷烟逐步代替部分旱烟和水烟。许多烟草作坊利用简单工具仿制机制卷烟，手工卷烟应运而生。1923年8月，河南省设卷烟局，制定章程和各项规则，按售价20%开征卷烟特税。全省分设12区，专司征税。灵宝、阌乡属洛阳区局。1924 年 11 月,河南省卷烟局开征烟酒费税、厘金,均于原收税额之外附加二成。同年,英美烟草公司汉口部设河南区,共 14 段。灵宝属 14 段之一,并建有仓库。1943 年,灵宝有桃林、一山两家卷烟厂。抗日战争胜利后,国民党积极准备发动内战,无暇顾及卷烟市场管理。一些倒闭的烟厂恢复生产,盲目增加产量,产大于销,域内卷烟消费增长,卷烟销售商进货渠道拓宽,流通渠道畅通,卷烟市场处于无序竞争状态。1948 年,灵宝又增加了桃林、华昌、崤函、秦东等卷烟厂家。

中华人民共和国成立之前,灵宝县较大的商户及烟厂、作坊多集中于城镇,农村商户经营以杂货为主兼营卷烟,亦有小商小贩、货郎经营卷烟。中华人民共和国成立后,政府鼓励民间烟厂、作坊生产卷烟,允许私人经营卷烟,以满足市场需求,增加政府财政收入。随着广大人民群众生活的不断改善和社会经济交往活动的频繁,卷烟需求逐渐扩大,卷烟消费量不断增加,吸食卷烟者遍于民众。但也有少数老年人吸食毛烟、旱烟和水烟。

1950~1952 年,国家为恢复国民经济,实行贸易自由政策,对卷烟实行自由购销及部分包销。这一时期,灵宝县内卷烟经营形成国营经济、私营经济和集体经济等多种经济成分及多渠道并存的局面。国营经济经营的有先后成立的灵宝县烟酒专卖处、灵宝县贸易公司;私有经济有资本主义工商业、个体商贩及流动货郎,还有私人手工作坊在内的自产自销卷烟;集体经济主要是供销合作社、合作组等在城乡结合部及广大农村市场经营卷烟。国家因久历战争创伤,国民经济亟待恢复,人民政府既要清匪反霸,又要恢复工业生产,国家制定了对资本主义工商业加以利用、限制、逐步改造的政策,以期加速恢复国民经济,同时对卷烟实行温和的自由贸易体制。卷烟批发业务基本上由资本主义商业及私有商业所控制,私营个体烟店、烟摊等如雨后春笋般兴起。不规范的经营行为和不正当的竞争,使卷烟价格频繁波动,市场混乱无序,偷税漏税情况严重。卷烟流通领域的自由购销体制一直延至 1952 年才告结束。

2. 计划管理

1949 年 10 月,中华人民共和国成立后,国家对卷烟经营先后实行过集中管理、分散管理、双重管理和专卖管理等体制。1949 年 11 月,中央人民政府贸易部成立,其所属的中国百货公司管理卷烟经营事务。1950 年初,政务院发布《关于统一全国国营贸易实施办法的决定》,要求建立高度集中统一的国营商业体制,同时设立全国性的商业公司和供销合作社系统。河南省相应设立了省、地、县级专业公司和供销合作社系统,逐步形成了国营商业卷烟销售网络,卷烟逐步纳入国家计划经济轨道。

1951 年 1 月，中央人民政府财政部召开全国专卖会议，讨论研究实施专卖事宜；1 月 5 日中央财政部设立中国专卖事业总公司，并于 5 月 5 日制定《专卖事业条例（草案）》和《各级专卖事业公司组织章程》。

1952 年 9 月召开的全国财经会议决定实行卷烟专卖。10 月，商业部、财政部、轻工业部和全国总工会联合召开第二届全国专卖会议，具体研究实施卷烟专卖事宜。根据中央的部署，实施专卖是由国家专卖机关来控制卷烟工业的产销，一律不准新建烟厂，已经生产的私营烟厂和地方国营烟厂经营管理落后的，要予以维持整顿；没有生产条件的逐渐淘汰，手工卷烟逐渐消灭。生产任务按计划分配，提高品质，以适应消费者的要求。卷烟价格由中央统一调整，地方要服从中央。总之，卷烟的产、供、销都必须掌握在国家手中，由国家进行管制。

1952 年 11 月，在中央召开的有关会议上，东北烟酒专卖总局总结实行烟草专卖的经验时，对当时实施专卖的性质及目的做了分析和论述。认为“专卖事业是由国家以行政法令对某些特定商品独占其贩卖权，国家专卖机关依政府授予特权，根据社会生产和消费，结合国家财政任务情况，用有计划的专卖利润伸缩，以增减专卖品社会消费价格，以达到调节生产与消费，使之平衡，以保证国家财政任务之实现”。但此时的新民主主义专卖政策，在当时来说，还不是“完全专卖”，而是“不完全专卖”。工作主要环节是如何和小生产者、私产私销做长期的不倦斗争，是如何依靠法令，使私人资本能为国家增加收入而服务，对其重利主义和盲目的生产加以适当的限制。

在 1953 年国营商业对卷烟产品实现全面包销以后，原本局限于流通环节的卷烟专卖显得没有必要。这年 5 月商业部发出明电称：“关于卷烟专卖问题，半年来证明了是复杂的工作，由于目前对社会产销情况尚未摸清，由产到销的价格及市场安排还未做好，专卖组织力量及工作准备不足，因此确定 1953 年度内暂不拟专卖。”但在各级政府的支持下，专卖事业公司不断打击投机资本和投机倒把行为，巩固发展国营批发阵地。对卷烟商品从政策上向国营商业倾斜，进一步压缩私有商业的经营空间，也限制了自由市场的发展空间。卷烟经营领域依然实行国营、集体、私有商业多种经济成分、各条流通渠道并存的流通体制。这一时期，灵宝县先后主要由中国专卖事业公司河南省分公司灵宝批发部经营，对卷烟商品实行自下而上的要计划及自上而下的指令性计划相结合的计划管理方式，系统内实行调拨制。

1954～1956 年，国家开始在一定范围内限制私有经济的发展，并对其进行社会主义改造，开始确立国营商业的主导地位。经营卷烟的国营商业机构专卖公司开始向乡镇延伸批发,在重要集镇设置专卖小组。1955年,省国营商业与供销合作社对商品分工、地区分工及商业网络调整达成一致意见。城镇周边区域的卷烟批发、零售业务由县专卖公司直接经营;城镇周边的供销社负责组织农村的私商小贩到专卖公司进货;城镇周边不便直接到专卖公司进货的,区供销合作社可作转手批发;有专卖机构的区镇,卷烟经营业务由专卖机构负责;未设专卖机构的区镇,由供销社负责卷烟批零业务,以方便人民群众卷烟消费需要。到1956年,对资本主义工商业社会主义改造完成后,私人资本被取缔,零售商贩大多组建成合作商店或合作小组,少部分转入国营商业和供销合作社,也有转行另谋职业的,沿街兜售摊贩逐步减少。中国计划经济体制进入一个新的阶段。国营商业与供销社完全掌握了卷烟经营和批零渠道。

从1957年起,卷烟流通渠道合并为以国营商业经营机构为源头,以集体商业机构或少量个体经营为源尾的一条渠道。1957年上半年开始,卷烟销售市场处于国营商业局和供销合作社的掌控之中,在无专卖机构的集镇,贸易机构可兼批发。

1958~1959年,人民公社化时期,国家实行政社合一体制,县内供销合作社与国营商业合并,集体所有制上升为全民所有制,随后又把合作商店(小组)合并,过渡到国营商业,卷烟零售合作商店过渡到国营商店即供销合作社商店,卷烟市场供应完全控制在国营商业手中,流动兜售卷烟的小商贩几乎绝迹。由于卷烟零售点减少,卷烟流通渠道中只有单一的国营商业机构和单一的全民所有制经济成分,即大而全的商业流通网络。原来的上下之间系统业务领导关系中断,批发机构按行政区划设置,机构重叠,环节过多,层层封锁,画地为牢,割断了地区之间的经济联系,流通渠道阻塞,商品调拨不灵,供求矛盾突出,市场供应日趋紧张。

1960~1978年,卷烟流通领域的县商业局的副食品经理部、副食品公司、糖烟酒公司一直发挥着主渠道作用,主要从事城关及周边卷烟批零业务,农村则依靠供销社在农村代理批发经营。副食品部门对卷烟货源实行自下而上的要货计划与自上而下的指令性的分配计划指标相结合的管理方式。卷烟计划分为月计划、季计划及年计划,计划分配的数量,一般是按照各公社总人口、人均消费水平及特供需而定。卷烟经营方式主要依据货源情况而定。

1960~1962年,由于河南省受自然灾害影响,烟叶减产,卷烟产量随之减少,卷烟货源紧张,供应不足,实行定量凭券供应。由河南省商业厅统一安排,各地糖烟酒公司印制票券,定量搭配销售。1963年7月1日,中国烟草工业公司成立,对烟草行业实行产供销、人财物、内外贸集中管理。卷烟由副食品经理部经销。1963年底,由于国民经济开始好转,卷烟货源逐步增加,敞开供应低档次卷烟,对适销的品种暂时保留平价定量和高价敞开供应相结合的办法,仍实行凭券供应。

1966~1976年,“文化大革命”时期,卷烟销售网络遭到破坏,流通不畅,卷烟购销业务遭到严重影响。1968年年底,中国烟草工业公司被撤销。卷烟经营管理由各级商业部门管理。1978~1981年,卷烟市场在改革开放、搞活政策指引下,卷烟由单一经济、独家经营变为多种经济成分、多条流通渠道、多种经营方式并存,促进了卷烟生产和卷烟流通的发展。卷烟市场呈现出一方面产品数量增加,满足了卷烟消费者的需求;另一方面,计划外卷烟厂产品品牌呈多、乱、杂、低、假现象,致使产销矛盾突出,市场秩序混乱,经济效益低下。

3. 专卖专营

在计划经济向市场经济转型的大背景下,针对烟草行业的特殊性,1982年国务院决定对烟草行业实行特殊改革,实行专卖专营制度,以期解决烟草行业存在的“散、乱、差”问题,加强对烟草行业的集中管理,改善市场供应,增加国家财政收入。1月1日,中国烟草公司成立,统一管理烟草行业的产供销、人财物、内外贸业务。

1982年6月,国务院发出《关于改进城乡商品流通渠道,扩大工业品下乡的决定》,把原来的城乡分工改为商品分工、城乡开通。为扩大卷烟流通,灵宝县糖烟酒公司在各乡镇恢复增设卷烟批发点,供销社系统也利用其遍布农村的网络开展卷烟代批代销业务。实行多渠道经营流通体制后,糖烟酒公司以外的一些行业也擅自经营卷烟批发业务,加上个体卷烟批发逐步增多,卷烟市场秩序混乱。

1983年7月27日,河南省烟草专卖局成立,河南省卷烟批发业务开始步入统一管理轨道。11月1日,《中华人民共和国烟草专卖条例》正式实施,河南省烟草专卖制度正式确立。实施烟草专卖制度后,卷烟销售市场呈现出以烟草公司为主导,国营商业、供销合作社为辅助的三家共存局面。烟草系统在依托国营商业和供销合作社的同时,逐步建立起自己的卷烟销售网络。

1984年1月,国家烟草专卖局成立。同年,灵宝县烟草专卖局(支公司)也正式成立,主要负责烟草专卖、烟叶种植、收购和卷烟销售。此时,卷烟市场由国营商业独占格局受到挑战。个体商业迅速发展,自由交易的批发市场出现,在烟草系统“三级批发”之外,出现了个体户“四级、五级”批发;各地计划外小烟厂涌入卷烟市场,致使市场卷烟品牌呈现多、杂、乱局面;出现卷烟市场国家价格和市场价格“双轨运行”的局面。到20世纪90年代初,卷烟市场混乱程度严重,致使国营商业的市场萎缩,农村卷烟市场

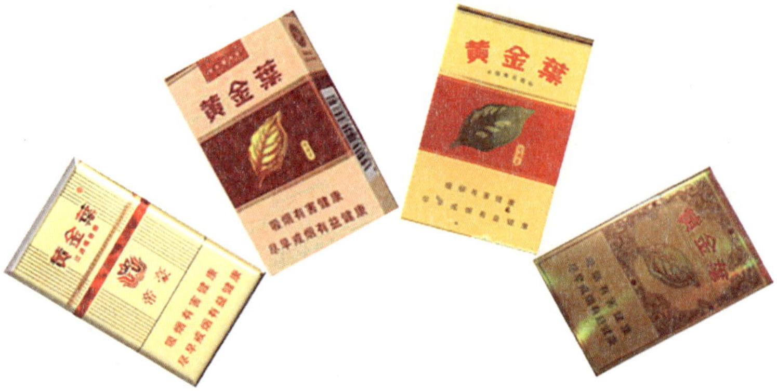

河南名烟

失控,农村供销合作社的批发主渠道作用逐步丧失。鉴于此种情况,国家物价局和国家烟草专卖局对13种名烟价格放开。

1986年,河南省积极开拓农村市场,鼓励基层供销合作社开展代批业务,乡乡有批发点,村村有卖烟户。中低档卷烟优先供应农村,不脱销,不断货,确保了农村市场供应。

1991年1月,国务院发布《关于进一步加强烟草专卖管理的通知》,明令各级地方政府开办卷烟批发交易市场要在国家烟草局统一规划和部署下,由国家局或省级局审批,其他部门和地方各级政府无权审批。此次部署后,灵宝县烟草专卖局(支公司)开展清理整顿行动,取缔卷烟自由批发市场。此后,随着清理整顿工作的不断加强和行业网络逐步建立与完善,卷烟自由批发交易现象逐渐得到遏制,卷烟市场和流通渠道得到一定程度规范。同年,河南省放开卷烟销售零售价格,逐步放开三级批发价,取消卷烟搭配和批条供应。

1992年1月1日,《中华人民共和国烟草专卖法》正式施行。烟草行业实行集中统一管理,国家垄断经营的体制以法律形式确定,卷烟销售纳入法制轨道。对依法经营提供法律保障,对违法经营规定制裁措施。同年,河南省对卷烟收税政策进行调整,放开卷烟价格。

1993年以后,烟草公司在城镇和农村卷烟批发网点上大量投入,逐步占领了卷烟批发、零售市场。

1994年,国家烟草专卖局要求各地坚决取缔卷烟自由批发市场,严厉打击个体卷烟批发经营。在各级政府的领导和工商行政、公安、物价、监察等部门的紧密配合下,灵宝县烟草专卖局(支公司)连年对卷烟市场进行整顿治理,打击无证批发商户,取缔非法交易市场,取得显著成效。

同年,国家烟草局首次提出建设全国国家网络,并决定以“农网”建设为主。当年3月,河南省烟草商业企业实行卷烟批发部定片销售、卷烟零售户定点进货、专卖管理员定片管理的“三定”管理办法,控制并规范了卷烟经营部门的经营活动,河南省烟草行业委托国营商业及合作社经营卷烟的历史宣告结束。河南省农村卷烟销售网络建设开始启动。

1996 年，河南省烟草专卖局（公司）提出销售网络建设三年规划目标。

1997 年，国家烟草专卖局提出用三年左右时间，建立烟草行业自身的、同农村卷烟销售网络有机衔接的、与社会主义市场经济和烟草专卖体制及烟草行业发展相适应的城市卷烟销售网络。

1999 年，先后推广“三网并举、信息管理”“全面访销、全面配送、访送分离、专销结合”“城乡一体、统一运行、专销结合、信息管理、提高素质、注重激励”“全面访销、全面配送、专销结合、访送分离”“电话订货、网上配货、电子结算、现代物流”等城市卷烟销售网络建设的基本运行模式。

2002 年，河南省烟草公司在郑州、洛阳等地召开农村卷烟销售点建设现场会，制定了相关的规章制度、检查和考核办法。当年，河南省撤销县级卷烟批发部，成立县公司卷烟配送中心。

2003 年 5 月，全国卷烟销售工作开始进行网上交易订货。自此，全国卷烟交易模式由传统的面对面交易改为背靠背交易。

2004 年 1 月，河南省烟草工商管理体制改革，烟草行业工业与商业分别独立运行，全省结束了卷烟批发部的历史，全部实现访销配送。

2005 年，全省卷烟销售网络建设实现了新业务模式的整体转换，实现了全省一个样、全省大变样的工作目标。

2006 年，河南省卷烟价格调整及品牌增减均在网上直接发布，之后下达阶段性价格文件，以备存档。网上价格管理系统的施行，简化了卷烟价格及品牌增减的审批程序，提高了价格信息服务的时效性，推动了传统商业向以电话订货、网上配货、电子结算、现代物流为主要特征的现代流通的转变。与此同时，烟草行业坚持以实现消费者、零售户、卷烟工业企业“三个满意”贯彻始终，加快实施“按订单组织供货”。

2007 年，网络建设进入了全面提升阶段。河南省烟草专卖局建立了工商信息沟通机制和工商企业信息共享平台，实现信息共享。及时向工业企业提供品牌生产计划、整合计划、新品牌培育计划、月调度计划、市场需求、营销品牌、客户、消费者等信息，逐步开展与工业企业网上配货，供应商维持库存的运作模式。各市级公司开始筹建现代物流中心及相关配套的设施。最大限度地堵塞违法违规经营者的渠道，将卷烟纳入烟草专卖的流通渠道。截至 2019 年年底，灵宝市烟草专卖局共建设现代零售终端 377 户，黄金叶专柜专位900个,自律互助小组163个,城区和乡镇主要街道商户全覆盖,形成了城乡畅通的卷烟流通网络。

二、卷烟批发机构

1951年,灵宝县政府成立烟酒专卖处经营烟酒批发业务。1952年10月,国营贸易公司经营卷烟,实行“统购包销”。1953年,灵宝县酒类专卖处更名为中国专卖事业公司河南省分公司灵宝批发部,经营卷烟批发。1955年,灵宝批发部改称灵宝县专卖公司,经营卷烟批发。1956年1月灵宝县专卖公司被撤销,成立灵宝县服务局,其所属的烟酒专卖处经营卷烟批发。1956年11月,灵宝县服务局被撤销,组建灵宝县商业局,其所属的副食品经理部经营卷烟批发。1962年7月,副食品经理部被撤销,组建食品公司和副食品公司,卷烟批发由副食品公司经营。1963年2月,成立糖烟酒公司,经营卷烟批发。1968年,灵宝县百货供应站经营卷烟批发。1971年,恢复糖烟酒公司,经营卷烟批发至1984年。

1983年11月1日,国务院颁布实施《烟草专卖条例》,确立烟草部门在烟草流通领域的垄断地位。

1984年1月,灵宝县烟草专卖局(支公司)组建成立,卷烟纳入专卖体制,其内设机构中的业务部门负责卷烟的批发、烟叶的收购和调拨、基建储运及专卖管理等业务。1984年底,灵宝市烟草专卖局(支公司)单独设立卷烟销售科,下设卷烟批发部,负责卷烟的批发、销售业务。随着业务量的发展,当年又设立了城关第一批发部和仓库批发部。1985年增设朱阳、豫灵批发部。1986年增设大王批发部。1989年增设城关第二批发部。1992年增设城关第三批发部。1994年,全国卷烟销售工作座谈会召开,卷烟销售网络建设拉开帷幕,开始推行“送货制”,并增设科里批发部。1995年增设阳店、西阎、函谷关、故县4个批发部。1996年8月,在市电影院附近设立第四批发部,在火车站设立第五批发部,同时在豫灵坡地、大王、苏村、阳平等地设立批发部。1999年,南通网建会议提出建立以访销配送体系为核心的卷烟销售网络。2000年,武汉网建会议聚焦“全面访销、全面配送、专销结合、访送分离”模式。2001年9月,撤销城区卷烟批发部,开展访送分离,以弘农涧河为界划分为两个区域,设立两个卷烟访销配送中心。2003年3月,依照上年上海网建会议精神,市烟草局成立卷烟销售网络建设办公室,探索符合灵宝实际的“电话订货、网上配货、现代物流、电子结算”的营销模式。同年6年,撤销城区两个访销中心和阳店、西阎、阳平、函谷关4个卷烟批发部,成立卷烟访销、配送、稽查、信息4个中心。2005年,建立客户服务中心,配备10名客户经理。2008年

5月，撤销客户服务中心，设立配送中心，自然村全部送货到户。2010年，卷烟科改为卷烟客户服务部。2013年，设立了五亩卷烟营销市场部。2015年，按照专销“双下沉”队(部)合一，成立5个稽查队(市场部)。2017年卷烟配送中心变更为三门峡市烟草公司卷烟物流配送中心灵宝中转站，卷烟客户服务与送货业务分离，卷烟客户服务部不再进行货源三级分配。

截至2019年年底，灵宝市烟草专卖局(分公司)共有卷烟销售管理人员22人。

第二节　卷烟价格

清末民初时期，政府对卷烟销售管理仅限于制定税率、征收税款，不管理价格。卷烟价格随行就市，淡旺季有别，批发、零售有差价，由烟商自定，因而各地区、各时段的价格不一致。

1942年6月，国民政府颁布《战时烟类专卖条类实施细则》，规定零售商出售烟类的价格称零售价格。计算标准为：承销价格加零售合法利润，由当地卷烟企业同业公会拟定，报请专卖机构核定，如无同业公会组织者，经由专卖机构核定。7月1日，财政部《关于战时烟类专卖烟制品厂商及承销商利润分配的公告》规定：厂商利润为制造者所费成本的20%，承销商利润为专卖批发价格的7%，零售商利润为承销价格的15%。10月，烟类专卖局颁发《卷烟承销商须知和零售商须知的训令》，规定承销商向专卖机关批购卷烟价格由专卖局拟定，呈请财政部核定。承销商经销各种卷烟，应遵照专卖局规定价格出售。承销商应将批售卷烟价格列表牌示于店内明显处。承销商兼营零售业务者，其零售价格不得低于规定的零售价格。

中华人民共和国成立之初，卷烟销售价格由中央统一调整，地方要服从中央。卷烟价格管理体系经历了自由定价、协商定价、统一定价、价格放开、价格调控五个阶段。卷烟价格因供求关系、社会经济发展状况而呈现不同的发展态势。河南省卷烟价格由税务部门和工商行政部门管理，国营百货公司销售的卷烟，其零售价格由税务部门核定。

1953年，河南省专卖事业公司接管卷烟经营，实行统购包销政策，河南省商业厅负责卷烟批发价格核定，零售价格是在批发价格的基础上，加上运杂费和经销费用后确定的，城市卷烟零售价由百货公司制定，农村则由供销设制定，因而各地价格不一。中南区专卖事业公司规定了卷烟批发零售起点数量，洛阳专区经销卷烟5条以上为批发，5条以下为零售；48支/包卷烟以10包为批发起点，10包以下为零售。7月，河南省商业厅电示:目前各地包销之卷烟,由于质劣价高,不宜销售,加之私营烟厂与公营烟厂竞销,目前正值霉变季节,为了不使国家财产受到损失,特调整以前卷烟:精装五五 17800 元/条(旧币万元=元,千元=角,下同),简装五五 15800 元/条,简装虎林 9300 元/条;48 支/包星光 3130 元/包,解放 2830 元/包,虎林 2230 元/包,山河、光辉 1880 元/包;于 7 月 1 日挂牌执行。

1954 年,河南省专卖事业公司规定卷烟批零差率按 8%~12%执行,在此幅度内灵活掌握,个别地区低于 8%者,不加限制,因尾数关系差率超过 12%者,应逐步回归到规定范围之内,一时难以回归到规定幅度以内者,必须报请河南省商业厅批准,并报中南区专卖事业公司备案。

1955 年 7 月,因丙、丁级卷烟烟支规格周长由 26.5 毫米改为 25.5 毫米,河南省卷烟零售价格下调,丙级卷烟价格下调 5.5%,丁级卷烟价格下调 9.1%。

1956 年,通过实行公私合营,河南大多数私营烟厂基本改变为国营或公私合营。国营商业对卷烟全部实行统购包销、统一调拨、统一分配、执行统一价格。

1957 年,河南省高档卷烟供求紧张,为调节供应,按国家规定提高了甲、乙级卷烟零售价格,提高幅度 4.02%~12.82%。

1958 年 9 月 30 日,河南省商业局对上海、天津、青海等地所产乙级卷烟销售价格进行调整,其中上海卷烟平均批发价格下调 8.41%,零售价格下调 8.5%。

1963 年 10 月 17 日,国家物价委员会印发《关于提高卷烟销售价格的通知》,决定在上年全国卷烟价格上调 9.47%的基础上,上调销售价格,上调幅度为 9.64%。10 月 27 日,河南省物价委员会按照上述精神,对省产 62 种卷烟县域以上市场的销售价格平均提高 8.43%,其中最高上调 18.7%,最低上调 5.27%。除散花、精装三门峡、黄金叶、大众等 4 个牌号外,其他牌号卷烟批发、零售价格,由河南省商业厅具体下达,调整后的价格从 11 月 1 日起执行。此后,卷烟价格进入相对稳定时期,这段时期一直持续到 20 世纪 70 年代末。如郑州卷烟厂的三门峡牌价格,1963~1980 年的 18 年间,批发价格一直维持在 3.16 元/条,零售价 0.35 元/盒。

1964 年 8 月,河南糖烟酒公司印发《系统内经营商品现行的各种差价》,规定河南省卷烟批零差率按 9%~12%执行。

1966 年 2 月,河南省物价委员会印发《关于调整部分卷烟品质差价的通知》,对部分省产卷烟品质差价进行调整。

1966年2月河南省物价委员会调整部分卷烟价格表

（单位:元/盒）

品牌	解放	金旗	汴京	铁塔	百花	白河桥	拖拉机	京汉
调整前	0.20	0.20	0.23	0.15	0.20	0.24	0.21	0.17
调整后	0.18	0.18	0.21	0.14	0.18	0.21	0.18	0.16

资料来源:河南省档案馆馆藏资料。

1971年6月14日,河南省副食品公司革命委员会印发《关于以新品种上海、红灯代替前门的函》,根据上海新品种卷烟的零售价格,安排河南城乡卷烟市场销售价格,凡在铁路沿线25千米以内的市场,每盒零售价比上海高0.01元,其他地区每盒零售价高0.02元,批零差价掌握在9%~12%。

20世纪80年代,随着国民经济形势好转,社会购买力增强,高、中档卷烟供不应求,卷烟价格上升。1981年10月12日,国务院宣布调整棉布和烟、酒价格,以增加财政收入,回笼货币。对卷烟价格调整的原则是:名牌高档卷烟多提,一般牌号少提,低档卷烟不提。如对郑州烟厂甲级精装中州零售价由0.55元/盒调整为0.88元/盒,甲级彩蝶由0.51元/盒调整为0.80元/盒,乙级精装三门峡由0.35元/盒调整为0.45元/盒,丙级简装黄金叶由0.25元/盒调整为0.34元/盒。此后卷烟价格进入了上升时期。

1982年6月26日,河南省物价局、商业厅、第一轻工业联合印发《关于调整部分卷烟不合理品种比价的通知》,对部分省产卷烟价格进行调整,其中对过滤嘴与粗支烟、雪茄型与烤烟型卷烟差价做了统一规定:纸质滤嘴烟每盒加价0.08元,15毫米醋酸纤维嘴烟加价0.12元,20毫米加价0.15元;同等级混合型烤烟型纸质滤嘴卷烟每盒降价0.02~0.03元。调整后的卷烟价格于6月30日起执行,对外一律不公开宣传、不登报、不广播。

1983年3月1日,根据国家物价局、财政部、商业部、中国烟草总公司联合印发的《关于调整部分甲二级卷烟和滤嘴卷烟价格的通知》,河南省物价局、财政厅、轻工厅、商业厅于3月7日印发《联合通知》,调整部分省产甲二级卷烟和滤嘴卷烟价格:甲二级和乙、丙级滤嘴卷烟,凡使用醋酸纤维滤嘴头的(包括雪茄烟),每盒零售价降低0.04元;丁、戊级醋酸纤维嘴和各种纸质滤嘴卷烟每盒降低0.02元;甲一级滤嘴卷烟不降低零售价。零售价格调整后,相应调整现行批发价格和出厂价格。同时还规定,凡今后生产滤嘴卷烟,在精装粗支卷烟价格基础上,纸质滤嘴卷烟每盒加价0.06元;15毫米醋酸纤维滤嘴卷烟加价 0.08 元,20 厘米加价 0.1 元。为了减少卷烟经营单位的降价损失,鼓励其积极性,通知决定将调节时间错开执行。

1984 年 3 月,中国烟草总公司印发《关于新牌号卷烟作价原则和管理办法的规定》,统一全国卷烟批零差率:甲、乙、丙级卷烟 10%,丁、戊级卷烟 15%,河南省自 3 月 14 日开始执行。9 月 25 日,河南省烟草公司、河南省物价局根据中国烟草总公司、国家物价局印发的《关于统一和调整卷烟批零差率和进销差率的规定》,确定从当年 10 月 1 日起,执行全国统一的卷烟(雪茄烟)批零差率。批零差率按产地批发价,甲、乙级卷烟加价 10%,丙级卷烟加价 12%,丁、戊级卷烟加价 17%;全叶卷和半叶卷雪茄加价 12%。

1988 年 7 月 13 日,国家物价局、国家烟草专卖局联合印发《关于放开名烟价格和提高部分高中档卷烟价格的通知》,放开“云烟”“红茶山”“茶花”“大重九”“玉溪”“红塔山”“阿诗玛”“恭贺新禧”“石林”“中华”“红喜梅”(上海)“牡丹”(上海)“牡丹”(北京)“黄人参”等 13 种名烟价格,实行市场调节,企业定价。政府宏观调控、检查、监督。同时提高部分高、中档卷烟价格。河南省据此精神,除放开以上名烟价格外,还调整了部分省产高、中档卷烟零售价格。

1991 年,河南省烟草专卖局(公司)根据国家物价局、国家烟草专卖局关于放开卷烟零售价格的精神,结合河南省卷烟产销情况,印发《关于放开卷烟零售价格和逐步放开批发价格管理的暂行规定》,规范了卷烟定价原则和方法。定价方法:按照实际进货成本加合理费用和合理利润的原则,先计算出基础销售价格,后结合市场供求情况确定实际零售价格。价格一经确定,要保持相对稳定,从 12 月 10 日起执行。至此,各级烟草公司在制定卷烟各环节销售价格时,同时提出卷烟零售参考价格或者零售指导价,供零售部门参考,不再制定统一零售价格。

1992 年 12 月 17 日起,河南省全面放开各类卷烟、雪茄烟的出厂价格和调拨价格。

1993 年,河南省烟草专卖局印发《关于加强河南省卷烟价格宏观调控的通知》,实现河南省主要卷烟品牌最低保护价。

1995~1996 年,河南省实行品牌限价政策,河南省烟草专卖局(公司)对省产卷烟制定了基准调拨价、最低批发价和参考零售价。

1997~2000 年,河南省烟草专卖局实行卷烟区域总经销,省产卷烟由河南省烟草专卖局(公司)统一制定调拨价格、最低批发价格和零售参考价。各单位按规定价格执行,不得浮动,最低批发价格只准上浮,不得下浮。

1998 年 10 月,河南省烟草专卖局(公司)对河南省卷烟进行分类归档,将批发价格在10元/条以上卷烟分为23个档次，10元/条以下五类卷烟分为3个档次，批发价格在80元/条以上的一类卷烟有金芒果、黄金叶、帝豪、红旗渠、发时达等品牌，批发价格在50元/条以上的一类卷烟有小浪底、豫烟牌卷烟；批发价格在42元/条以上的二类烟有红旗渠、彩蝶、豫烟、潇洒公子、群英会、喜梅、中原、发时达牌卷烟；批发价格在20元/条以上的三、四类卷烟有群英会、茅庐、雪城、云河、黄金叶、洛烟、金钟、彩蝶、红云、许昌、中原、喜梅、九龙、853牌卷烟，批发价格在20元/条以下的三、四类卷烟有彩蝶、喜梅、金芒果、群英会、中原、双龙、丝绸之路、云河、雪城、红云、洛烟、洛阳牡丹、黄河、汴京、金钟、芒果、爱特、顺和、花城牌卷烟；零售价格6元/条的有古城、凤（细长支）、茄宝牌卷烟；零售价格7元/条的有花城、金钟、汝河桥、汴京、金稻、体育、松、邙山牌卷烟。

2005年1月20日，河南省烟草专卖局（公司）印发《关于执行北方11省（市、区）卷烟统一批发价格的通知》，决定从2月1日起执行北方11省（市、区）卷烟统一批发价格。所有卷烟必须一牌（规格）、一码、一价，严禁套牌（规格）、套码、套价销售。

第三节　卷烟销售

一、销售品牌

清末民初，吸食卷烟已逐渐成为民间时尚，各牌号、各等级卷烟均有雇主。市场上比较畅销的卷烟品牌有英美烟草公司生产的哈德门、前门、红锡包、大刀、大炮台、双刀、双鹰、翠鸟等牌号，南洋兄弟烟草公司生产的飞艇、飞马、双喜、发财等牌号，民族资本卷烟厂生产的仙女、乐景、福寿、永安门、大飞鹰、金风、华女、民国、美人、月美、中岳、八里桥、太平门等牌号。

1953～1955年，河南市场上销售的卷烟有郑州烟厂生产的黄金叶、新郑州、新解放、新先锋、大众、大镰刀、农场、人民、大上海等品牌；开封烟厂生产的铁塔、金狮、宝塔、大明、何首乌、如意、和平门、红竞赛、绿竞赛、星河、新力、九三等品牌；许昌烟厂生产的幸福、飞鱼、精芒、长征、好吸来、国友、清泉、坦克红、金线、国光、全胜、令箭、大众、航运等品牌；安阳卷烟厂生产的精金钟、前锋、拖拉机、火车等品牌；南阳烟厂生产的大舞台、南阳、拐河山、群运等品牌；巩县回郭镇烟厂生产的自强、飞机、新金城、金红星、新洛阳、独轮、红桔、大顺利、新三元、绿塔、百花、蟠桃、万字、新农民、福星、怀桔、明明、生生等品牌。销售的省外卷烟主要有上海烟厂生产的中华、白锡包、绿锡包、大前门、光荣、红金、飞马、劳动、双斧、腰鼓、指南、勇士等品牌；青岛烟厂生产的大前门、红锡包、哈德门、玉叶等品牌;天津烟厂生产的大前门、红锡包、哈德门、恒大、新恒大、新金枪、篮球、绿叶等品牌,基本满足市场消费需求。

1995 年,河南省烟草专卖局(公司)推出 10 大名烟:金装芒果、黄金叶、帝豪、豫烟、皇烟、豫烟王、散花、许昌、发时达和红旗渠。

1996 年,河南省烟草专卖局(公司)推出红喜梅、彩蝶、春富、群英会、中原、丝绸之路、洛阳牡丹、洛烟等 8 个畅销品牌。

1997 年,河南省烟草专卖局(公司)推出 6 个高科技卷烟产品:喜梅、中原、红旗渠、发时达、彩蝶、群英会、潇洒公子。

2005 年,河南省内卷烟市场品牌集中度不断提高,河南省产卷烟进入中国《北方价区卷烟价格目录》的有 12 个品牌 41 个规格,主要有黄金叶、沙河、散花、金芒果、豫烟、红旗渠、丝绸之路、帝豪、金许昌、群英会、小浪底和洛烟等。

2008 年,河南省内卷烟市场品牌集中度进一步提高。中国《北方价区卷烟价格目录》中,河南省产卷烟被录入 8 个牌号 31 个规格,其主要品牌有黄金叶、沙河、散花、红旗渠、金芒果、帝豪和许昌品牌等。

二、销售数量

民国初期至中华人民共和国成立,灵宝地区卷烟销售市场虽然形成,但销量甚少,吸食者多为政府官员、富家子弟和城市居民,广大农村仍流行旱烟、水烟,机制卷烟吸食者较少。

中华人民共和国成立以后,灵宝地区卷烟消费量增长较快。据不完全统计,中华人民共和国成立初期年销卷烟量 1000 多箱,1989 年突破 10000 多箱,到 2019 年达到 24916 箱,为中华人民共和国成立初期的 20 多倍。

1950 年,全年卷烟销售 1050 箱(每箱 5 件)。

1951 年,全年卷烟销售 1280 箱。

1952 年,全年卷烟销售 2249 箱。

1953 年,全年卷烟销售 1712 箱。

1954 年,全年卷烟销售 3789 箱。

1955 年,全年卷烟销售 3305 箱。

1956 年,全年卷烟销售 2394 箱。

1957 年,全年卷烟销售 2382 箱。

1958 年,全年卷烟销售 2618 箱。

1959 年,全年卷烟销售 5073 箱。

1960 年,全年卷烟销售 5061 箱。

1961 年,全年卷烟销售 1390 箱。

1962 年,全年卷烟销售 1637 箱。

1963 年,全年购进卷烟 340 箱,销售 2369 箱。

1964 年,全年购进卷烟 36 箱,销售 2715 箱。

1965 年,全年卷烟销售 3362 箱。

1966 年,全年卷烟销售 4686 箱。

1967~1971 年,因处于“文化大革命”时期,卷烟销量无稽可考。

1972 年,全年购进卷烟 72 箱,销售 4101 箱。

1973 年,全年销售卷烟 6246 箱。

1974 年,全年销售卷烟 6020 箱。

1975 年,全年销售卷烟 8015 箱。

1976 年,全年销售卷烟 5702 箱。

1977 年,全年销售卷烟 5911 箱。

1978 年,全年销售卷烟 6389 箱。

1979 年,资料缺失。

1980 年,全年购进卷烟 178 箱,销售 8500 箱。

1981 年,全年购进卷烟 267 箱,销售 8612 箱。

1982 年,全年购进卷烟 552 箱,销售 9613 箱。

1983 年,全年购进卷烟 283 箱,销售 8912 箱。

1984 年,全年购进卷烟 329 箱,销售 11644 箱。

(说明:由于 1980~1984 年,县糖烟酒公司卷烟库存数量巨大,为了销库存,压缩了卷烟的购进量,因而出现了购进量小、销售量大的情况。)

1985 年,全年销售卷烟 16105 箱,销售金额 759 万元。

1986 年,全年销售卷烟 16252 箱。

1987 年,全年销售卷烟 12690 箱。

1988 年,全年购进卷烟总额 1230 万元,销售 14892 箱,销售金额 1203 万元,实现利润 108 万元。

1989 年,全年购进卷烟 10885 箱,金额 1138 万元,销售 11000 箱,销售金额 1158 万元,实现利税 35.3 万元。

1990 年,全年销售卷烟 14340 箱。

1991 年,全年购进卷烟 13358 箱,销售 14418 箱,销售金额 1708.5 万元。

1992 年,全年购进卷烟 15025 箱,销售 17790 箱,销售金额 2019.9 万元。

1993 年,全年购进卷烟 15305 箱,总额 3050 万元,销售 15245 箱,箱均价 2054 元,销售金额 3098 万元。

1994 年,全年销售卷烟 16600 箱,其中省产烟销售 16000 箱,箱均价 2348 元,销售金额 3344 万元,单箱利润 480 元。

1995 年,全年购进卷烟 14775 箱,销售 14500 箱,销售金额 3300 万元,单箱利润 76 元。

1996 年,全年销售卷烟 15808 箱,销售金额 6029 万元。

1997 年,全年销售卷烟 17904 箱,销售金额 7519 万元,一、二类卷烟销售 3560 箱,单箱利润 234.6 元。

烟草行业自组建以来,累计创工商税利 4500 万元。1997 年税利突破 100 万元大关,创历史最高水平。

1998 年,全年购进卷烟 17000 箱,销售 16201 箱,销售金额 5100 万元。

1999 年,全年购进卷烟 17138 箱,销售 16657 箱,销售金额 6008 万元。库存 480 箱。

2000 年,全年销售卷烟 17930 箱,销售金额 6021 万元,单箱均价 3609.8 元,单箱毛利 302 元,实现利润 434 万元。

进入 21 世纪后,市烟草专卖局(分公司)整合销售队伍,完善销售网络,优化销售结构,制定销售措施,使卷烟销售量、单箱销售量收入、销售利润、上缴税金不断攀升,年年都创历史新高。

2001 年,在销售机制上,农村采取“三定”(定人员、定时间、定路线)送货,城区采取访(问)送(货)分离。全年销售卷烟 19449 箱,同比增加 2821 箱,增幅 16.97%,单箱均价 3799 元,增幅 23.1%,销售金额 7389 万元,实现税收 1259 万元。

2002 年,为扩大销售量,市烟草专卖局(分公司)先后从全市筛选出 143 户硬件设施齐全、地理位置优越、高档卷烟销量大、守法经营的零售商户,定点供应外省卷烟。全年共销售卷烟 20500 箱,单箱均价 4415 元,销售金额 9051 万元。

2003 年,全年销售卷烟 21218 箱,比上年增加 718 箱,省产优质品牌卷烟销售

6603.6箱,省产100元以上卷烟销售360箱,销售金额10100万元,单箱均价4760元,单箱毛利602.34元,毛利总额1273万元。

2004年,市烟草局(分公司)按照“抓网建、抓销量、抓结构”的工作思路,建立了“电话访销、集中配送、专销结合、城乡联动”的网络模式,充分发挥“三员”(访销员、配送员、稽查员)联合、“三线”(访销线、配送线、稽查线)互控优势,实现了销量稳定、结构优化、效益翻番的预期目标。全年卷销售烟21901箱,销售金额13786万元;一、二级卷烟达到10.97%,单箱销售收入6294.6元,实现毛利总额2416万元。

2005年,以“优化品牌、稳定销量、提升结构、增加效益”为目标,积极调整卷烟销售策略,在对客户进行科学分类的基础上,制订货源分配方案,合理布局卷烟销售网点。对城区和商户较为集中的地方,从严掌握入网条件,放宽农村入网条件。注重客户利益,建立客户经理队伍,配备了10名客户经理,成立客户服务中心,设立热线电话,完善了客户投诉制度。针对不同消费市场,及时调整货源分配方式,城区和黄金乡镇以高低档卷烟为主销区,城乡结合部和重点集镇为中低档卷烟主销区,农村市场为低档卷烟主销区。全年销售卷烟22489箱,销售金额15135万元;单箱销售收入6730元,实现毛利总额2945万元。

2006年,强化责任目标考核,将全年销售目标任务分解到月,细化到天,量化到每条送货线路,落实到每个销售人员,逐月考核,奖惩兑现,调动了销售人员的积极性,保证了卷烟销售任务的完成。全年销售卷烟26438箱,销售金额21021万元;单箱销售收入7951.06元,实现毛利总额4246万元。

2007年,根据上级安排,把“村村通工程”作为网络建设的重点,成立网络建设领导小组,组织客户经理、专管员对500人以上50个未送货到户的自然村进行整改,对800人以上73个未送货到户的自然村,经过整改全部实现送货到户。全市2489个持证卷烟客户,入网率达到100%,电子结算率达到97%,网上订货率达到11.61%。全年销售卷烟29793箱,销售金额28256万元;单箱销售收入9484.15元,单箱毛利2041.09元,实现毛利总额6081万元。

2008年,全市卷烟客户2518户,全部入网,电子结算率达到97.02%,网上订货率达到30.6%。全年销售卷烟31299箱,单箱销售收入10149元,销售金额31694.62万元,在卷烟中心提取3%后,实现毛利7534万元,实现利润总额6429.73万元。

2009年,全力推行“3G”应用,建立消费者数据库,面向消费者培育品牌,按客户订单组织货源,努力使卷烟销售提档增量。全年销售卷烟32840箱,一、二类卷烟比重占

8.09%,单箱销售收入 11621.92 元,销售金额 38166 万元,实现毛利 8641 万元,实现利润总额 7830 万元。

2010 年,认真落实“卷烟上水平”工作要求和跨越式发展工作重心,完善网络建设功能,提高送货效率,降低物流成本,培育骨干品牌,推进卷烟结构转型,提升卷烟营销水平。全年销售卷烟 33894 箱,一、二类卷烟比重达 9.96%,单箱销售金额 13866 元,销售金额 47188 万元,实现毛利 12206.5 万元,实现利润总额 8249.43 万元。

2011 年,坚持把结构转型升级作为突破口,积极培育骨干品牌。着力扩销一、二类卷烟,卷烟销售水平进一步提高。全年销售卷烟 35133 箱,一、二类烟销量 5718.68 箱,销售金额 69297 万元,100 元以上黄金叶销量 3128 箱,单箱均价 16678 元(不含税)。

2012 年,坚持”稳定销量、提升结构、培育品牌、增加效益”的工作思路,强化市场意识,加强终端建设,优化销售结构,满足消费者需求,提升经营效益。累计建设卷烟零售形象店 162 个、零售终端形象店 88 个,网上订货率达 75%,同比增长 15 个百分点,车均送货量 3570 箱,物流运行效率进一步提升。全年销售卷烟 35703 箱,销售金额 79897 万元。

2013 年,全年建设 10 条卷烟配送路线、现代零售终端示范街 2 条、示范店 19 户,累计建设示范店 169 户,占客户总数的 5.3%,推广应用新商盟平台、“135”工作法软件和扫码等。全年卷烟销量 35032 箱,销售金额 84824 万元,单箱销售收入 20695 元,一、二类烟比重 19.03%,黄金叶三类以上销量 9014.52 箱。

2014 年,建设“四个一”特色零售终端店 21 个、现代卷烟零售终端店 220 个。全年销售卷烟 31757 箱,销售金额 78763 万元,单箱销售收入 21198 元(不含税),一、二类烟比重 18.47%。

2015 年,全年购进卷烟 33220 箱全部销售,销售金额 83312 万元,上缴增值税 3038 万元。

2016 年,主动适应市场变化,实施均衡销售,主推婚庆营销、项目营销、旅游营销等，开展“走基层、访终端、进农村”市场调研和“消费者在哪里，我们就到哪里”主题活动。全年卷烟销售26400箱，销售金额62066万元，单箱销售收入20094元(不含税)。

2017年，充实销售队伍，积极开展“消费者在哪里，我们就到哪里”和“下市场、走商户”营销调研，以省产烟转型升级为契机，强化工商协同，多举措培育”黄金叶”系列品牌。扎实推进零售终端建设，设立卷烟零售示范街1条，确定现代终端示范店157户、“黄金叶”示范店9户、“黄金叶”专柜专位422户。成立自律互助小组43个，涉及商户650户。公开表彰销售省产烟业绩比较突出的零售商户34个。全年卷烟销量达25860箱，占计划的100.89%，单箱销售收入20349元，销售额61568.56万元(含税)。

2018年，全年购进卷烟25033箱，全部销售，销售金额66267万元。

2019年，全年卷烟销售24916箱，销售金额68934万元。其中销售省产烟12913箱。

1984~2019年灵宝市历年卷烟经营情况统计表

年度	购进(箱)	销售(箱)	金额(万元)	年度	购进(箱)	销售(箱)	金额(万元)	年度	购进(箱)	销售(箱)	金额(万元)
1984	329	11644		1997		17904	7519	2010	33894	33894	47188
1985	12795	16105	759	1998	17000	16201	5100	2011	35133	35133	69297
1986		16252		1999	17138	16657	6008	2012	35703	35703	79897
1987		12690		2000	17930	17930	6021	2013	35032	35032	84824
1988		14892	1203	2001	19449	19449	7389	2014	31757	31757	78763
1989	10885	11000	1158	2002	20500	20500	9051	2015	33220	33220	83312
1990		14340		2003	21217	21217	10100	2016	26400	26400	62066
1991	13358	14418	1708.5	2004	21901	21901	13786	2017	25860	25860	61569
1992	15025	17790	2019.9	2005	22489	22489	15135	2018	25033	25033	66267
1993	15305	15245	3098	2006	26438	26438	21021	2019	24916	24916	68934
1994		16600	3344	2007	29793	29793	28256				
1995	14775	14500	3300	2008	31299	31299	31695				
1996		15808	6029	2009	32840	32840	38166				

第五章　专卖管理

“专卖”(monopoly)即垄断经营的意思,是一种经济管理体制,它是整个经济管理体制的一个组成部分。专卖的主要特征是管理权限由国家集中,国家直接运用行政手段管理生产、经营专卖商品的企业及个人。专卖可以分为完全专卖和不完全专卖、国家专卖和地方专卖。所谓完全专卖,即是在全国范围内,对某种商品的生产经营各个环节均实行专卖管理;不完全专卖,是对生产经营的部分环节,主要是销售环节实行专卖管理。专卖即称“榷酤”,榷是指一个人通过不准他人并行的独木桥,是“专”的意思;酤,即卖。作为一种制度,专卖最早由我国封建社会官营工商业制度发展而来,当时称之为禁榷制度,实行禁榷的商品由政府垄断,限制或禁止私人经营,所得收入归政府所有,作为中央财政上缴国库。

烟草及其制品是一种特殊商品,对其实施严格管理,采取“寓禁于征”的高税政策,是世界大多数国家的共同做法。我国对烟草实行专卖的历史比较晚,酝酿于清代末年,施行于北洋政府时期,至今已逾百年。清代的议征烟税议而不决,随清王朝的覆灭而流产;民国初年实行的烟草公卖有名无实;抗日战争时期重庆国民政府实行战时烟酒专卖,是为其经济统治服务;中华人民共和国成立之初,实行的新民主主义专卖政策,是不完全专卖;后来在计划经济条件下实行的是有限专卖;在改革开放时期形成的中国特色社会主义烟草专卖制度,是完全专卖、国家专卖的专卖形式。1983 年 9 月 23 日国务院发布《烟草专卖条例》,11 月 1 日起在全国实施,标志着我国现行烟草专卖制度正式确立。1991 年 6 月 29 日,全国人大通过的《中华人民共和国烟草专卖法》是我国烟草行业有史以来的第一部烟草专卖法典,标志着我国烟草专卖从此走上了依法治理的轨道。

第一节　专卖机制

一、体制沿革

1. 议征烟税

明将福建南安人洪承畴投靠清廷后,对清初的禁烟问题,他提出通过征税让百姓放弃吸烟的想法。乾隆二年(1737年)翰林院编修汪师韩在其编辑的烟草专著《金丝录》附诗中提出对烟草"禁榷"和"丰币","榷烟"想法即建议限制烟草并由官府实行专卖以增加财源。囿于当时政治经济环境,此观点没有得到官方认同。

19世纪末到20世纪初,诸多帝国主义国家入侵中国,清政府被迫多次割地赔款,国库极度空虚。清政府急于寻找新的财源以弥补财政不足。根据当时的情况,提高烟草税收为最佳选择。

当时,清代廷洋务派官员主张效仿外国实践经验在中国实施烟草专卖。光绪二十九年(1903年)任直隶总督兼北洋大臣的袁世凯向光绪帝提议设局开征烟酒税。曾任出洋考察宪政参赞的熊希龄在光绪三十三年(1907年)前后多次上书吁请朝廷尽快施行专卖制度,以增加税收,充实国库,但未能引起朝廷政要重视,"均未能允实行"。

宣统元年(1909年),曾在上海开办过卷烟厂的邮传部右侍郎盛宣怀提出烟草专卖实施方案,除明确要求建立国家专卖机关、实行烟草专卖外,还首次提出烟草耕种、制造及零售实行行政许可的理论和具体措施,使烟酒公卖制度初具大致轮廓。由于清政府议而不决,这一酝酿多年的烟草专卖制度最终随清王朝覆灭而流产。

2. 烟酒公卖

1914年2月9日,国务总理兼财政总长熊希龄呈大总统袁世凯,详细阐述其多年的烟草专卖思想,分析了中国实行烟草专卖政策的必要性,并从专卖管理机构的设立、职责、管理措施等方面提出实施方案。熊希龄的建议得到袁世凯的赞同,当即批示:"维持国货为目前切要之图。所请设烟草专卖筹备处,事属可行。著即博采成规,妥拟办法,呈候核夺 。"

1915年5月3日,北洋政府首脑袁世凯颁布《全国烟酒公卖暂行简章》和《烟酒公卖栈组织法》,设全国烟酒公卖局(后改为全国烟酒公卖办事所),实行"官督商销"的烟酒公卖制度。各省设立烟酒公卖局,下设烟酒公卖栈和支栈,这是中国第一次实行烟酒专卖,实际上是一种"商专卖制",即国家及各地层层设立烟酒公卖机构,由国家公卖机构酌定公卖价格,通告各地执行,公卖收入归属中央财政。此外,北洋政府财政部还公布了《各省烟酒公卖稽查章程》和《烟酒公卖栈暂行章程》等,以完善烟酒公卖制度。至1915年年底,全国除新疆和川北地区烟酒税收仍归北洋政府财政部办理外 ,其余各省相继成立烟酒公卖局。9月1日,河南省在开封成立省烟酒公卖局,统一管理全省公卖事务。同时,划区设分局,招商承办公卖分栈或支栈。烟商买卖烟品必须由公卖栈经理,禁止私下买卖。公卖局按月核定价格,通知分局、公卖栈执行,擅自增减公卖价格的处以罚金。1917 年 10 月 19 日,北洋政府批准河南省烟酒公卖局递送的《外烟外酒及土烟土酒牌照税应一律实行以免偏祜》的呈文,指令称“土烟土酒牌照税与外烟外酒牌照税应一律征收,以昭平允”。由此,保证了烟酒公卖制度在河南省的实施执行。

民国初年实行的“官督商销”专卖制度,公卖费的收取仅限于土烟土酒,实际上只不过在原一般商品税的基础上加收一道公卖费而已,只是具备专卖特征,并不是真正意义上的专卖制度。越到后来,这种烟草专卖制度尤其在专卖管理上已是有名无实。

1920 年 2 月,河南省烟酒公卖局成立,改名为河南省烟酒事务局。

1929 年 8 月,南京国民政府继北洋政府之后第二次实行烟酒公卖制度。国民政府公布河南省烟酒事务局及厘金加价局分支机构和设立地点。全省设 11 个区分局,灵宝、阌乡两县属第九分局(洛阳)。陕灵阌卢烟酒厘金局设于陕县,管辖陕县、灵宝、阌乡、卢氏等 4 县。

1938 年 7 月,国民政府行政院核准财政部关于停止烟酒公卖的报告,公卖制度宣告废止。同年 10 月,国民政府对包括卷烟在内的日用必需品采取统购统销、专卖、限价等办法,实行严格控制,严禁货物流入日伪占领区。与此同时,河南省设立卷烟公卖局,负责办理全省公卖事务。

3. 战时专卖

抗日战争爆发后,中国经济相对比较发达的东南沿海和中部的广大地区被日本帝国主义占领,政府丧失了大部分税收来源,财政收入受到很大影响。随着战争的发展,军费支出大幅增加,政府急需设立新的大宗资金来源。为解决中央财政困难,1942 年,重庆国民政府根据国民党中央八中全会决定,对盐、糖、烟、酒、火柴、茶叶等 6 种消费品实行专卖,由国家垄断经营。同年 5 月 13 日,经立法院通过,由国民政府颁布《战时烟类专卖暂行条例》,正式宣告在国民政府统治区实行战时烟类专卖。这是中国第一部烟类专卖正式法规,条例共 6 章 41 条,烟类专卖范围包括纸卷烟、雪茄烟、烤烟及其他用机制和仿机制的烟类与卷烟用纸等,并在专卖品的产制、运销和管理等方面做出具体规定。同月,国民政府于重庆成立了我国第一个真正意义的财政部烟类专卖局。财政部将各省按烟叶、卷烟产销实际情况划分为河南、川康、广东、广西、闽赣、苏浙、湖南、贵州、云南、陕西、甘宁青 11 个区,除川康区业务由烟类专卖局就近兼办外,其他各区或单独设立区烟类专卖局,或与食糖专卖局合署办公。其时,河南成立河南烟区烟类专卖局。

同期,财政部公布《战时烟类专卖暂行条例施行细则》及有关规定,全国烟类专卖在大后方各省分3批先后实施。第一批于1942年7月1日在四川、西康、鄂西率先实行,第二批于1942年12月10日起在河南、皖北、鄂北区域内实行。根据条例,河南省对烟类的生产、经营实施专卖管理。1942年12月27日,河南区烟类专卖局开始办公,管辖4区业务。各区设办事处,洛阳区一等办事处辖洛阳、灵宝、阌乡、陕县、卢氏等19县。第三批于1943年1月1日起在湖南、江西、江苏、福建、浙江、广东、广西、贵州、云南、陕西、甘肃、宁夏、青海等省及皖南区域内实行。同年,财政部烟类专卖局河南区烟类专卖局在鲁山县正式成立,兼管皖北、鄂北烟类专卖事宜。

1943年8月13日,财政部烟类专卖局训令河南区烟类专卖局发布《河南区烟类专卖局(民国)三十二年度业务计划书》,根据河南烟类产制运销情况,划设许昌、舞阳、周口、洛阳、南阳、皖北办事处。办事处介于省与县之间,其任务是承上启下。分县设立业务所,以此为外勤工作的基层组织。洛阳办事处下辖巩县、偃师、汜水、荥阳、广武、郑县、嵩县、洛宁、陕县、灵宝、阌乡等21县。灵宝、阌乡二县据此设立了烟类专卖业务所,办理烟类专卖有关事宜。

《战时烟类专卖暂行条例》及其实行细则虽然规定得相当详备,但由于种种原因,推行起来困难重重,各种烟案层出不穷,查获的案件又往往悬而不决,积案如山。

1945年1月,《战时烟类专卖暂行条例》终止实施,原来实行专卖的烟类产品改征统税(一物一税的内地税制)。9月,日本战败投降后,国民政府以"胜利之后,复员建设,所需浩繁,为充裕库收,平衡收支"为由,提高烟类征收税率,同时,修订发布《国产烟酒类税条例》。此时,河南尚无烟草管理机构,一直延续到1948年10月河南解放。

4. 计划经济条件下有限度专卖

中华人民共和国成立以后,国家开始对烟草实行统一的管理制度。

河南省的烟草管理先后经历了五个阶段:1949~1951年,实行烟草公司专营制度;1952~1955年,实行烟酒专卖事业公司管理;1956~1963年,实行统购包销政策;1964~1968年,实行烟叶购销合一和卷烟生产统管的托拉斯体制,由中国烟草工业公司郑州分公司管理;1969~1983年实行分散分口管理。

中华人民共和国成立前夕,一部分解放区政府公布了烟酒专卖的相关法令,对烟酒实施专卖。例如,1949年2月,东北行政委员会颁布了《东北解放区烟酒专卖暂行条例》,对烟酒的产销实施有计划的管理。其他地区的卷烟厂大部分为私营,处于盲目生产、自由竞争状态,手工卷烟充斥市场,导致卷烟生产过剩;卷烟批发业务基本由私营商业控制,不规范的经营行为和不正当竞争,使卷烟价格频繁波动,市场混乱无序,偷税漏税情况严重。1950年食品工业部印发了《手工卷烟暂时管理办法草案》,3月,华中烟草公司(前身为中南军政委员会贸易部中原贸易总公司在许昌设立的泰丰烟草公司)经营河南所产烟叶购销业务。7月,华中烟草公司改名为中国土产公司河南省烟草公司,专营烤烟业务,隶属中国土产公司中南区公司。同月,河南省公营烟草公司成立,隶属河南省工业厅。

1951年1月,中央人民政府财政部召开首届全国专卖工作会议,讨论研究实施专卖制度的事宜。5月,中央财政部设立中国专卖事业总公司,负责专卖事业的经营管理,并于5月5日制定《专卖事业暂行条例(试行草案)》和《各级专卖事业组织规程(草案)》,对全国的专卖事业实行统一的监督和管理,规定专卖品为酒类和卷烟用纸两类。当时与烟草相关的工商业全部归为国有,国家对烟叶及烟制品的产、供、销实施严格管理。

1952年9月,全国财经会议决定实行卷烟专卖,河南省专卖事业公司成立。10月,商业部、财政部、轻工部和全国总工会联合召开第二届全国专卖会议,具体研究实施卷烟专卖事宜。根据中央的部署,实施专卖要由国家专卖机关来控制卷烟的产、供、销,卷烟价格由中央统一调整,地方要服从中央。11月1日,财政部将中国专卖事业总公司移交商业部,专卖事业由其及所属各级专卖机构经营管理,并配合对粮食和卷烟的管理。是月,中国土产公司河南省烟草公司改名为中国烟麻公司河南省公司,原设机构不变。

1953年1月,河南省专卖事业公司接收原属河南省百货公司的卷烟盘纸经营业务,对全省烟酒及卷烟盘纸实施专卖。

1954年1月,河南省公营烟草公司被撤销,省工业厅设烟酒工业管理处,实行分级管理。卷烟销售由商业部门经营。4月,河南省烟麻公司业务改归中南区土产公司管理。8月,中国烟麻公司被撤销。

20世纪50年代中期,烤烟由国营企业或委托供销社统一收购,其他单位或者个人不得介入。

中华人民共和国成立后,围绕卷烟工业中出现的集权和分权问题,国家先后进行了几次调整。1952年以前,各地的卷烟厂由各省(区、市)分别管理,全国大部分地区实施类似专卖的制度,实行产销统一管理;1953年,重点卷烟企业由轻工业部直接管理,中小型卷烟企业仍由地方管理,国家拟对卷烟实行专卖,后政务院(今国务院)未批准卷烟专卖。1956年1月,国家设立农产品采购部,河南省设农产品采购厅,内设棉烟麻茶处，各市、县设农产品采购局，烟叶业务由各级农产品采购局经营管理，卷烟产品则由商业部所属专卖事业公司统购包销。

1957年1月，河南省各级农产品采购部被撤销，烟叶经营隶属河南省供销社管理。省供销社下设棉麻公司，各市、地、县设棉麻公司或采购站。12月，河南省专卖事业公司被撤销，卷烟、盘纸专卖同时停止。

1958年5月11日，轻工业部向国务院提交《关于实行烟草专营的报告》。5月18日，国务院批转该报告，决定对烟草行业实行国家经营。

1959年，国务院批转有关部委的报告，将卷烟调整为国家计划二类商品（经由国务院各主管部门管理的重要物资），实行计划生产和调拨，由商业部统一定价、统一收购、统一安排市场。

1962年，对烟叶实施派购政策，由国家下达指令计划，规定烟农的生产、交售数量和收购价格，禁止自由种植和买卖。

1963年7月1日，轻工业部成立中国烟草工业公司（简称烟草托拉斯），对全国卷烟生产和烟叶收购、复烤、调拨、分配等集中统一管理，实行产、供合一的管理体制。全国成立郑州、天津、上海、贵阳四个分公司。郑州分公司管辖中南、西北两大行政区的河南、广东、湖南、湖北、陕西、甘肃、青海、新疆七省一区的卷烟生产。同时，在许昌成立中国烟草工业公司许昌烟叶收购供应部，管理全省烟叶购销业务。

1965年初，中国烟草工业公司接管中华全国供销合作总社的烟叶收购、供应业务。

“文化大革命”期间，“托拉斯”遭到批判，1968年底，中国烟草工业公司宣告撤销，各卷烟企业全部下放给地方轻工业局管理，只有烟叶的计划分配、调拨工作由第一轻工业部办理。烟叶经营管理重归各级供销社、棉麻公司或采购站，卷烟经营由各级商业部门管理。

1976年4月1日，国务院决定烟叶的计划分配业务由轻工业部移交给中华全国供销合作总社，以后有关烟叶的生产扶持、收购、供应、计划调拨等工作统一由供销合作总社统一归口管理。

5. 中国特色烟草专营专卖制度

1978年，改革开放的春风劲吹神州大地，各行各业春潮涌动。在计划经济向市场经济转型的大背景下，针对烟草行业的特殊性，中央决定：对烟草行业实行供产销、人财物的集中统一管理。烟草专卖管理体制由此起步。

1978年4月，河南省轻工业局成立河南省烟草公司，负责全省烟草工业和企业的行政管理。

1981 年 5 月 11 日,轻工业部向国务院提交《关于实行烟草专营的报告》。5 月 18 日,国务院批转该报告,决定对烟草行业实行国家专营。

1982 年 1 月 1 日,中国烟草总公司正式挂牌成立,确立了烟草专营和集中管理体制。12 月 13 日,河南省人民政府印发《关于成立河南省烟草公司的通知》(豫政〔1982〕153 号)。根据通知精神,公司业务由中国烟草总公司统一管理,省内由第一轻工业厅代管,实行以中国烟草总公司为主的双重领导体制。

1983 年 7 月 27 日,河南省烟草专卖局成立,与河南省烟草公司合署办公,由河南省经济建设委员会代管,下设 12 个地级市分公司。9 月 23 日,国务院颁布《烟草专卖条例》,正式确立国家烟草专卖制度。根据该条例,1984 年 1 月,国家烟草专卖局成立,与中国烟草总公司实行"一套机构、两块牌子",对烟草专卖进行全面的行政管理。

1984 年 8 月 28 日,河南省人民政府和中国烟草总公司签订《关于河南省烟草公司上划交接协议书》,河南省烟草专卖局(公司)及所辖 12 个地(市)烟草专卖局(分公司)、114 个县级烟草专卖局(支公司)和 15 个卷烟厂、1 个雪茄烟厂、5 个卷烟调拨站等一并上划中国烟草总公司。河南烟草行业上划后,实行国家烟草专卖局、中国烟草总公司和河南省人民政府双重领导,以国家烟草专卖局、中国烟草总公司为主的管理体制。河南省烟草行业实行省、地(市)、县三级管理,各地(市)、县烟草专卖局(公司)既是省烟草专卖局的直属单位,又是当地政府管理烟草行业的职能部门。灵宝市烟草专卖局(支公司)机构按"两烟"(烟叶、卷烟)区经营需要进行设置。自此,河南省的卷烟、雪茄烟生产和销售管理正式纳入国家专卖轨道。9 月 10 日,国家烟草专卖局发布了《烟草专卖条例实施细则》。

1991 年 6 月 29 日,全国人大常委会审议通过了《中华人民共和国烟草专卖法》;1997 年 7 月 3 日,国务院发布《中华人民共和国烟草专卖法实施条例》。《烟草专卖法》及其实施条例的颁布,把烟草专卖制度和烟草行业"统一领导、垂直管理、专卖专营"的管理体制,以法律的形式确立和固定下来,标志着中国烟草专卖从此走上了依法治理的轨道。其后,全国人大常委会于 2009 年 8 月、2013 年 12 月和 2015 年 4 月先后三次对《烟草专卖法》做出修订,使其更趋完善,更好地适应新的形势要求。

在对国家烟草专卖局的历次"三定"规定中,专卖管理体制得以不断完善和巩固。1988 年提出,国家烟草专卖局依法对烟草进行"垄断经营";1994 年提出,对全国烟草行业实行"统一领导、垂直管理、垄断经营";1998 年提出,对烟草行业实行"统一领导、垂直管理、专卖专营”，形成了完整的管理体制；2005 年 11 月，国务院印发文件，全面理顺了烟草行业资产管理体制，进一步明确要“继续”实行这一管理体制；2008 年 10 月，国办有关文件将国家烟草专卖局调整为工业和信息化部管理的国家局，并明确国家烟草专卖局管理中国烟草总公司，总公司依法对所属工商企业国有资产行使出资人权利，经营和管理国有资产，承担保值增值责任，完成了行业管理从行政管理为主向行政管理与经济管理并重的转变，真正实现了责权统一。

中华人民共和国成立以后，灵宝县于 1951 年成立酒类专卖处，行政上隶属县工商科，负责境内烟叶生产、收购、调拨，卷烟批发、零售等。1952 年供销合作社联合社成立，经营卷烟零售。1953 年 8 月，酒类专卖处更名为中国专卖事业公司河南省分公司灵宝批发部，1955 年改称灵宝专卖公司，1956 年 1 月专卖公司被撤销，成立灵宝县服务局，11 月服务局被撤销，成立灵宝县商业局，农副产品采购局并入供销合作社。此后，随着政府部门的拆并、重组，职能权限变更，烟草的主管部门也不时在变动，商业局副食品经理部、糖烟酒公司、百货供应站、土产公司、棉麻公司、供销合作社等部门都曾经管理过烟草购销业务。

1984 年 1 月，灵宝县烟草专卖局、灵宝县烟草支公司成立，一套机构，两块牌子，依据《烟草专卖法》对全县烟草专卖、卷烟销售、烟叶生产实行统一管理。

烟草专卖制度实行以后，灵宝县烟草专卖局（支公司）运用相关法律、法规赋予的烟草专卖管理职能，坚持烟草专卖法律、法规宣传教育；坚持取缔非法卷烟批发交易；坚持打击制售假冒卷烟、走私卷烟和私自收购卷烟等违法行为；坚持日常检查、节日市场整顿和专项治理；坚持行业内部生产经营监督管理，认真查处内部违法违规违纪行为。通过长期有效的专卖执法和内部监督，维护了国家利益和广大消费者利益，维护了灵宝烟草市场正常秩序，为灵宝烟草持续、稳定、协调、健康发展提供了有力保障。

灵宝市烟草行业 30 多年来累计实现税利超过 1.1 万亿元，实行烟草专卖前的 1981 年，烟草行业实现税利仅 75 亿元。截至 2018 年年底，灵宝市烟草行业实现工商税、总利润 11556 亿元，从 2015 年起连续 4 年实现利税总额破亿元。

二、机构设置

1984 年 1 月，灵宝县烟草专卖局（支公司）成立，内设烟草专卖管理科（简称专卖科）作为专卖管理机构，正式建立烟草专卖管理机制。1998 年根据上级烟草公司的规定，撤销烟草专卖管理科，设立烟草专卖管理办公室（简称专卖办）。

随着烟草业的不断发展和专卖工作的深化管理，灵宝县检察院在县烟草专卖局设立了烟草检察室,与专卖办合署办理有关烟草案件。1996~1997 年,设立烟草专卖管理所,作为专卖办的分支机构,实行分区管理。1996 年,协同公安局市场管理中队,在市烟草专卖局(支公司)设立了烟草稽查大队和“三打管理”(打击卷烟走私、打击假烟、打击无防伪标志卷烟)办公室,与烟草局专卖办公室合署办公,专卖管理队伍由组建时的 2 人逐渐增加到 25 人。2001 年 4 月,城区、大王、豫灵、城南 4 个专卖管理所更名为灵宝市烟草专卖局第一、二、三、四专卖稽查中队。6 月,招聘 10 名复员军人充实到专卖管理队伍中,专卖队伍人员达到 40 人,并配备了交通工具和通信设备。7 月,“两化”(正规化管理、规范化办案)通过省烟草专卖局达标验收。2002 年初,第一、二、三、四专卖稽查中队更名为第一、二、三、四专卖管理所。2007 年,成立打击制售假烟网络工作领导小组,按照《国家烟草专卖局关于加强管理组织机构建设的指导意见》,对上级批复的 6 个队所建项目进行安排部署,确定了 4 个建设项目。2008 年,规范专卖组织机构,组建烟草稽查中心,下辖稽查大队和 4 个市场监管稽查队,并明确了职能,定岗定位。2011 年,增设 1 个市场监管稽查队。2017 年 7 月,成立内部专卖管理监督派驻工作组(简称专管派驻组),有监管人员 3 人。截至 2019 年年底,专卖办共辖 5 个市场监管稽查队和 1 个打私打假稽查队,共有专卖管理从业人员 32 人。

三、规范执法

灵宝县烟草专卖局(支公司)专卖管理科自成立之日起,按照《烟草专卖条例》及《烟草专卖条例实施细则》进行市场管理,规范执法行为。在案件查处过程中,坚持以事实为根据,以法律为准绳,教育和处罚相结合,秉公执法,文明执法,每次执法检查都坚持 2 人以上同行,先出示烟草专卖管理检查证和执法证,再进行查处。对大案要案的查处,坚持填写立案报告表,集体研究处理意见,经分管局长审签,报上级局审批后,再下发处理意见。涉及刑事犯罪的,移交司法机关处理。

1986 年 3 月 21 日起,县烟草专卖局(支公司)执行国家局制定的《烟草专卖管理机关查处违章案件办案程序(试行)》。

1987 年 1 月 1 日起,烟草专卖管理人员执行公务时,开始佩戴“国家烟草专卖管理”字样的徽章。

1992 年 1 月 1 日,《中华人民共和国烟草专卖法》施行。10 月 9 日,国家烟草专卖局《烟草专卖行政处罚规定》颁布。县烟草专卖局(分公司)依据《烟草专卖法》及《行政处罚规定》等相关法律、法规政策,进一步规范执法行为。

1999 年 10 月 1 日起,市烟草专卖局(分公司)按国家局《烟草专卖管理人员统一着

工作服和佩戴执法标志的规定》,专卖管理人员在执行公务时,统一着国家局制发的工作装和佩戴帽徽、领花、肩章、臂章执法标志。每年5月1日至8月31日统一着夏装,9月1日至11月30日、次年3月1日至4月30日统一着秋装,12月1日至次年2月30日统一着冬装。对不按规定着装和佩戴执法标志的工作人员,轻者批评教育,屡教不改者给予纪律处分。

2016年3月以后,市烟草专卖局(分公司)依据《中华人民共和国烟草专卖法实施条例》(2016年2月6日修正版)开展烟草专卖执法监督。

2019年3月28日,国家烟草专卖局印发烟草专卖行政执法"三项制度"实施意见,市烟草专卖局(分公司)聚焦烟草专卖行政执法的源头、过程、结果等关键环节,全面推行行政执法公示制度、执法全过程记录制度、重大执法决定法制审核制度(以下简称"三项制度")。市局着力推进烟草专卖行政执法透明、规范、合法、公正,不断健全执法制度,完善执法程序,创新执法方式,加强执法监督,防范执法风险,提高执法效能,推动形成权责统一、权威高效的行政执法体系和职责明确、依法行政的治理体系,确保烟草专卖依法履行法定职责,切实维护人民群众合法权益。

全面推行行政执法公示制度,市局按照"谁执法谁公示"的原则,承担公示内容的采集、传递、审核、发布职责,强化事前公开、规范事中公示、加强事后公开,做到准确、及时。

全面推行执法全过程记录制度,市局通过文字、音像等记录形式,对行政执法的启动、调查取证、审核决定、送达执行等全部过程进行记录,完善文字记录,规范音像记录,严格记录归档,发挥记录作用,做到了执法全过程留痕和可回溯管理。

全面推行重大执法决定法制审核制度,明确审核机构、审核范围、审核内容、审核程序、审核责任,在依法做出涉及重大执法决定之前,对拟做出决定的合法性、适当性进行审核,未经法制审核或者审核未通过的,不得做出决定。

同时,市局还全面推进行政执法信息化建设。加强执法信息管理,及时准确公示执法信息,实现专卖执法全程留痕,法制审核流程规范有序;加强信息化平台建设,推进信息共享,强化智能应用,有效整合执法数据资源,加快推进执法信息互联互通共享。加大组织保障力度,加强组织领导,健全制度体系,开展培训宣传,加强督促检查,保障经费投入,加强队伍建设,确保“三项制度”落到实处。

第二节　证照管理

根据《中华人民共和国烟草专卖法》《中华人民共和国行政许可法》《中华人民共和国烟草专卖法实施条例》《烟草专卖许可证管理办法》《烟草专卖许可证管理办法实施细则(试行)》《河南省烟草专卖零售许可证管理工作规定》,灵宝市烟草专卖局(分公司)专卖监督管理科是灵宝唯一依照法定的权限、范围、条件和程序审批、发放烟草专卖零售许可证,并进行有效监督管理的机关。专卖许可证分为烟草专卖生产许可证、烟草专卖收购许可证、烟草专卖调拨许可证、烟草专卖批发许可证、烟草专卖零售许可证5种,由国家烟草局统一规定格式,省烟草专卖局统一印制。

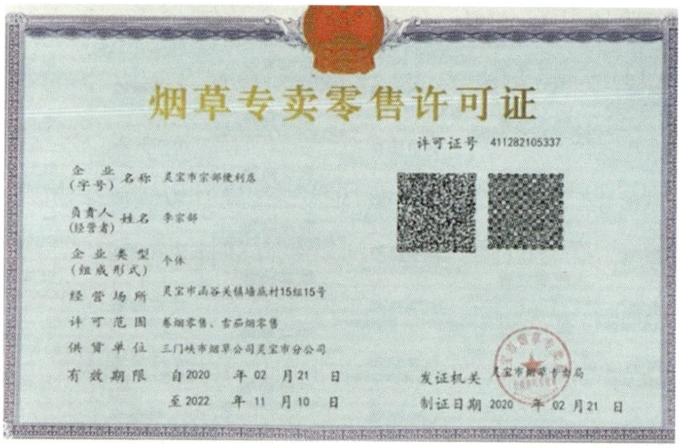

市烟草专卖局(分公司)设有办证大厅,统一负责烟草专卖零售许可证的受理和审批。市烟草专卖监督管理办公室组建后,为严格烟草专卖零售许可证件管理,规范卷烟经营秩序,根据《烟草专卖许可证管理办法》的规定,综合考虑辖区内人口的数量、交通状况、经济发展水平、消费能力等因素,科学规范零售商户合理布局。教育卷烟零售商户要持证经营、合法经营。办理经营许可证商户必须提供详细的个人信息。许可证定期更换。对违章违规屡教不改的商户吊销旧照,缓发新证,以观后效。利用换证工作的契机,专卖办公室重点加强零售许可证的经营地址、经营者姓名的规范表述工作,对过去许可证中表述不准确的统一表述,对有店面转让、停歇业、无证经营等情况的进行书面记录,确保换证工作有计划、有目的、有针对性地开展。2007年,依照河南省烟草局制定的标准,规范了行政许可卷宗,做到了“三统一”,即文体格式统一,受理、审查、审核时限统一,卷宗装订顺序统一。同时,加强了执法证件管理,努力做到着装执法、文明执法、程序办案,不断提高执法水平。

据统计资料,1998 年持证经销商户共有 1422 户,2007 年共有持证商户 2489 户,2019 年共有持证商户 2531 户。

第三节　专卖稽查

1983 年 9 月,国务院颁布的《烟草专卖条例》,给灵宝县的烟草行业带来了生机和活力。县烟草专卖局(分公司)认真贯彻实施,加强市场管理,扭转卷烟多头批发、价格混乱的局面。县烟草专卖局遵循“内管外打”(卷烟实行计划购进、区域管理、标志销售,不准私批大户;烟叶实行合同收购、计划调拨,不准内外勾结,提压等级价格。外打即打击走私烟贩和生产制售假冒商标卷烟)的基本方针,从整顿卷烟流通渠道和加强市场管理入手,建立卷烟批发部,对允许经营的企业和个体零售商户,发放许可证,实行有证经营,配合工商、公安、物价、运输、邮电等部门,集中力量严厉打击投机倒把、非法贩运、地下手工卷制、出售假冒香烟等违法活动。有力地维护了市场秩序,严厉地打击了犯罪分子的嚣张气焰。通过有力的市场监管,有效地促进了专卖与经营行为的不断规范,始终保持卷烟体外循环零报告,卷烟入网销售“落地销售”“落户销售”,进一步巩固、扩大了卷烟打假和整顿规范市场经济秩序的成果,切实保持了卷烟市场的稳定。截至 2000 年年底,灵宝市的卷烟零售商户由 1984 年的 500 多户上升到 2000 年的 2168 户;卷烟销售量由 1983 年的 8000 多箱增长到 2000 年的 1.79 万箱。1988~2000 年,共查处各类违章违法案件 8567 起,标值 228 万余元,其中受到刑事处罚 4 起 4 人,标值 5.65 万元。仅 1998 年、1999 年两年共查处各类违章违法案件 132 起,查获各类非法卷烟 12 万余条,其中假冒走私卷烟 86464 条,端掉制假、售假窝点 56 个,上缴财政罚没款 82 余万元,巩固了烟草专卖体制,保护了合法经营,维护了国家利益,烟草专卖局(分公司)实现了产量、产值、税利同步增长的新局面。

1988 年,根据省政府、省烟草专卖局、省工商和公安的统一部署,对烟草市场进行全面治理整顿,查获 2 起长途贩运倒卖烟叶案件,没收烟叶 5040 千克,价值 11000 元。查处无证商户 10 户、无证经营批发 6 户、高价烟 93 户,省外无计划烟 36 户、走私烟 67 户、假冒霉变烟 2 户,共没收卷烟 32 个品种 672 条,罚没款 740 元。在公共场所焚毁假冒霉变卷烟 4437 条。

1989 年,县烟草专卖局进一步强化专卖机制,加强专卖力量,由 3 人增加到 7 人,

广泛开展《烟草专卖条例》和《烟草专卖条例实施细则》宣传活动，印发通告200多份，广播宣传30余次，出动宣传车辆40余车次。上半年会同公安、税务、工商等有关部门，开展市场检查整顿，打击非法经营活动。共查处违章案件40余起，查扣没收烟叶7995千克，价值16093元。查获假冒、高价卷烟232条，严厉打击了长途贩运、倒买倒卖烟叶和卷烟的非法活动。按上级有关规定，抽调29人对全县680户个体企业、380多户集体企业全面进行了烟草专卖年检。

下半年根据省政府、省烟草专卖局、省工商行政管理局、公安厅的统一部署，在县公安、工商等部门密切配合下，组织了由32人组成的整顿队伍，对县城及阳平、豫灵、西阎、尹庄、大王等乡镇的卷烟市场进行全面整顿，并取得了显著成效。共查处无证商户10户、无证批发6户、高价烟93户、省外无计划36户、走私67户、假冒霉变烟2户，共没收卷烟32个品种6072条，其中甲级卷烟789.6条，进口卷烟86.4条，一般卷烟2480条，走私卷烟68条，无证批发卷烟200条，计划外流入卷烟2394条，罚款740元。10月1日，在县城新华广场对没收卷烟进行公开销售，并展出95种假冒霉变卷烟样品，当众销毁13个品种478条假冒霉变卷烟。

1990年，全年共查获贩卖卷烟案4起，共查获卷烟957箱零27条，其中阿诗玛27件，云烟33件47条，红塔山3件，喜梅15件，兴字烟125件，大工字烟50件，珠宝47件，彩蝶200件，81芒果20件，简芒果100件，红河123件零37条，茶花烟43条。在卷烟市场治理整顿活动中，共查处案件20起，违章户53户、无证户21户、无证批发5户、高价烟150户、省外无计划烟55户、走私户61户，共查扣、没收卷烟55个品种10113.6条，罚款730元。11月25日，在县城新华广场销毁假冒卷烟阿诗玛、红塔山、良友等13个品种236条，霉变卷烟田园、礼花、富运等9个品种260余条，烟丝100千克，滤棒嘴10包。

1991年，县烟草专卖局深入贯彻国务院《关于加强反走私斗争的通知》以及国家工商行政管理局、国家烟草专卖局、海关总署、公安部《关于打击香烟走私整顿香烟市场通告》精神，出动宣传车辆 20 车次，印发通告 3000 多份，展出宣传版面 12 块，广泛宣传打击走私、整顿香烟市场有关政策和开展识别假烟咨询活动。全年共查处违章户 680 余户，违章案件 231 起，查扣没收非法卷烟 8939 条，其中无证经营 224.7 条、黑市批发 6714 条、走私 188 条、假冒烟 1893.2 条，罚没收入 99 万元，为消费者挽回损失 10 余万元。

1992 年，全年共查处违法违章案件 97 起，查获违法卷烟 4676 条，烟叶 11702.5 千克，罚没收入 15.2 万元。

1993 年，全年取缔无证经营 5 户，打击黑市批发 3 户，没收假冒卷烟 2000 条，并进行焚毁。没收各类违法违章卷烟 11643 条，罚没收入 58 万元，其中上缴市财政 30 万元。

1994 年，全年共查处各类违章违法案件 7 起，查处违章商户 230 户；查获违章违法卷烟 48 个品种 50130 条，其中，无证经营 308 条，黑市批发 1007 条，计划外 1240 条，走私烟 768 条，假冒烟 1200 条，罚没金额 28 万元。

1995 年，全年共查处各类违章违法案件 7 起，违章商户 650 户，查获违章违法卷烟 86 个品种 109350 条。其中，无证经营户 53 户，黑市批发 15 户，走私烟 850 条，假冒烟 1400 条，省产无标志烟 18500 条，省定牌号以外的外省卷烟 8940 条。是年，加强了对烟叶产购合同、准运证、国标执行等的监督，有效防止了串站收购、境外售烟等问题发生。

1996 年，全年查处各类违法违章大案要案 18 起，查处违法违章商户 970 户，查获各种违法违章卷烟 78840.9 条，其中走私卷烟 3034 条、省产无标志卷烟 10615.9 条，烟叶 5 车 4 万千克，上缴财政罚没金额 45 万余元。

1997 年，稽查工作本着“经营与管理同步”的原则，销售网点建到哪里，专卖管理就延伸到哪里。制定了长期查与短期查、普遍查与重点查、集市查与路查、城区查与乡镇查相结合的工作方针，强化管理

力度,扩大监督管理范围,促进了卷烟销售,维护了专卖秩序。全年查处各类违法违章案件 21 起,共查获假冒伪劣卷烟 103530 条,其中,假冒走私卷烟 10908 条。端掉黑窝点 16 个,查收烟叶 4 万千克,上缴财政罚没款 66.3 万元。

1998 年,上半年重点对卷烟零售商户加强法制教育,对非法黑窝点从重打击,组织了 2 次全员行动,突击检查卷烟市场,查处黑窝点 10 处,查获违章卷烟 22500 条。6~8 月三个月,管理重点转移到农村和路查,堵查进境无标志卷烟 6 车次 5860 条。

1999 年,全年共查处各种违章违法案件 111 起,打掉钉子户 95 个,捣毁制假售假黑窝点 15 个,其中制假窝点 1 个,当场收缴烟机 1 台,盘纸 2 麻袋,滤嘴 1 麻袋,假冒石林卷烟若干条。查扣违章违法卷烟 89380 条,罚没收入 42 万元。其中 1~10 月,共查处假冒卷烟 51299 条,走私卷烟 271 条。查处假冒卷烟和走私卷烟案件与查处卷烟数量比 1998 年同期上升 75%和 81%。

2000 年,开展卷烟市场治理整顿,查处违章商户 750 户次,查获违章违法卷烟 45473 条,额值 68 万元,其中走私烟 323 条,假冒烟 31831 条,无标志烟 13319 条;端掉黑窝点 38 个。其中,9 月、10 月两次稽查,查收违法卷烟 6935 条,额值 14.2837 万元,上缴财政罚没收入 35.38 万元。

2001 年,全年查获违章违法卷烟 35932 条,标值 108.8 万元,端掉贩假窝点 37 个,下达行政处罚决定书 289 份,追缴罚款 9.8 万元,上缴财政罚没收入 22.9 万元。

2002 年,根据公安部和国家烟草专卖局的统一部署和灵宝市政府《关于严厉打击生产销售假冒伪劣卷烟活动,进一步清理整卷烟市场秩序的通知》精神,联合公安、法院、工商、质量技术监督等有关部门,开展两次打假专项行动。第一次从 2001 年 11 月起,到 2002 年 6 月,集中行动 16 次,累计出动 2600 余人次,车辆 500 余车次,查获假冒卷烟 13841 条,查处非法贩运卷烟案件 1 起,端掉制假售假窝点 12 个,销毁烟丝作坊 1 个,查获烟丝设备 1 台,烟丝 3 吨,收缴 5.6 万元。第二次从 2002 年 11 月 21 日至 12 月 3 日,开展卷烟市场整治活动。出动人员 622 人次,车辆 110 车次,查处违法商户 106 户,端掉售假、藏假、私批窝点 9 个,查获违法卷烟 11100 余条,标值 22 万余元。经过重点整治,全市卷烟市场秩序明显好转。

2003 年,全年查处违法商户 2890 户次,端掉黑窝点 33 个,查获各类违法卷烟 35957 条,标值 60.13 万元;办理行政处罚案件 186 起(其中法院强制执行 102 起);上缴财政罚没款 5.17 万元(其中法院追缴 4.02 万元);打击不法商贩 12 人次(其中逮捕 1 人,监视居住 2 人,拘留 9 人);市场净化率由上年的 92%上升到 98%。

2004年,稽查工作坚持以“四化一打”(科学化、规范化、集体化、一体化,打击私批户)统揽专卖工作,在卷烟零售商户中开展诚信等级管理活动。全年共关停违章违法商户99个,使商户总人口比例下降到3‰。全面建立线索追究责任制,以打击私自批售大户为重点,开展“百日市场整顿”活动。全年查获各类违法卷烟45887条,标值97.7万元,收缴罚款4万余元,打击不法烟贩9人(次),其中逮捕2人,拘留7人。

2005年,深入开展诚信等级管理活动,成立价格自律组织,统一专柜、统一价格,强化许可证管理,推行“出一进一”的管理办法,提高许可证的“含金量”。当年,加入商户2135户,占总商户的86%,总商户达2483户,占总人口的3.45%。积极协调有关部门,加大对无证经营的打击力度。全年取缔无证经营326户次,查处违法商户414户次,端掉售假、存假窝点23个,查获各类违法卷烟19842.4条,收缴罚没款15230元,打击不法商贩4人次,其中判刑2人,拘留2人,市场净化率达98%。在烟叶收购期间,查处擅自收购烟叶案件11起,查获烟叶19300千克。

2006年,市烟草专卖局加强内部监督管理工作,健全内部监督机制,强化“两烟”生产经营的监管和管理,提高了依法行政的水平。积极协调有关部门,建立线索追究制度,加大对无证经营案件的查处和打击力度。全年查处违法商户261户次,端掉售假、存假窝点35个,捣毁非法复烤烟叶窝点1处,查收各类违法卷烟9382条、烟叶打叶复烤设备1套;收缴罚没款6700元;打击处理不法商贩14人,其中逮捕2人,刑事拘留9人,行政拘留3人。

2007年,市烟草专卖局成立打击制售假烟网络工作领导小组,与市法院、检察院、工商、公安、交通等部门密切配合,形成了“沟通协调顺畅、技术支持有力、执法配合密切”的工作格局。全年共查处违法商户154户次,端掉贩藏假烟窝点26个,查获违法卷烟6614.2条,上缴财政罚没款3.48万元,合法渠道进货率达到98%以上,持证经营率达到98%以上。

2008年,坚持以“四化一打”统揽专卖管理工作,全力提高市场占有率,增强市场控制力。全年查处违法案件92起,查获违法卷烟32.18万支,查获非法烟叶4.51吨,上缴财政罚没款3.06万元。联合公安机关赴福建、山东、河南3省9市调查取证,成功破获“4·22”特大贩售假烟网络案件,涉案金额100余万元,逮捕犯罪嫌疑人6名。

2009年,认真贯彻落实《内部专卖管理监督工作规范实施细则》,严厉查处违规生产经营行为。采取入户调查、实地丈量等方式,检查烟农种植面积落实。重点检查是否计划种植,是否规范合同,是否虚报、瞒报种植面积,是否虚构种烟农户,确保了烟叶种植合同的严肃性。全年共抽查商户610户,烟农80户,办理上级交办任务4起,处理异常情况20起。本年还开展节日市场整顿、百日市场整顿。共查处各种违法卷烟12.342万支,上缴财政罚没款227万元;成功破获网络案件1起,涉案金额227万元,判刑5人;查处擅自收购烟叶案1起,查获非法烟叶40余吨,判刑1人;联合工商部门取缔无证经营商户208户次。

2010年,推行"133工作法",落实"321"市场监管模式,加强与工商、交通等部门协作,开展严厉打击分销中转假烟行为和无证经营行为活动,深化节假日市场治理和专项治理。全年共查处各类案件84起,查获违法卷烟29.67万支,上缴财政罚没款2.12万元,取缔无证经营户205户次。落实破网目标管理制,发挥与公安及三省毗邻地区联合协作机制作用,成功查处了"7·21"制售假烟网络案件,涉及河南、山西、河北、陕西等4省11地市。端掉制假窝点2个,涉案金额561.62万元,逮捕2人,刑拘1人,破网工作实现新突破。

2011年,认真落实"321"市场监管模式,深化节日市场专项治理。继续查处"7·21"售假网络案件,历时260余天,奔波5省13地市,行程1.4万余千米,查获售假团伙6个,查明售假网络4层,查获假冒卷烟27.04万支,涉案金额151.81万元,刑事处理不法烟贩7人。开展专项治理活动15次,集中宣传活动3次,出动宣传车17台次,散发宣传单1.2万份。共查处各类涉烟违法案件115起,查获非法卷烟87万支,上缴财政罚没款5.60万余元;查处烟叶案件17起,查获违法烟叶8737.8千克;联合工商部门取缔无证经营160户次。

2012年,坚持"严防死守、露头就打"的基本方针,突出市场基础与打假破网,与工商、交通等部门通力合作,深入开展打假破网、"天价烟"治理、节日市场、高档烟市场、农村市场整顿活动,严厉打击分销中转假烟和无证经营行为。全年查处违法案件61起,查获违法卷烟40.106万支,上缴财政罚没款3.04万元,取缔无证经营110户次。联合公安机关成功破获"7·19""7·20"销售假烟网络案件,查获62.648万支假冒卷烟,案值101万余元,刑事处理3人;成功查处"10·27"无证运输烟叶案件,查获违法烟叶4.6吨,案值25.08万元,刑事处理4人。"7·20"销售假烟网络案件破获成功,并经省烟草局认定。

2013年,市烟草专卖局(分公司)与公、检、法等部门组成卷烟联合打假机制,实施综合治理。全年共查处涉烟案件68起,查获违法卷烟38.944万支,上缴财政罚没款1.957万元,取缔无证无照经营113户次。市场净化率保持在97%以上。联合公安机关查处“5·18”销售假烟案件,涉案金额突破百万元,查明下线80余户,刑拘处理4人;查获“12·10”无证运输卷烟案件,查获假冒卷烟47万支,案值9.2175万元。

2014年,建立公、检、法等部门组成的卷烟联合打假机制,实施综合治理。全年查处涉烟案件86起,查获违法卷烟33.8万支,上缴财政罚没款1.304万元,取缔无证经营商户106户。联合公安机关,破获2013年“5.18”销售假烟网络案件,案值133.88万元,刑事处理8人。破获销售假烟网络案件,得到省烟草局认定。

2015年,突出市场基础与打假破网,建立情报信息站,构建“立体式”打假防控体系。全年查处涉烟案件83起,查获违法卷烟3154条,案值24.17万元。其中,真品卷烟非流通案件63起,违法卷烟2945条,案值23.45万元;假冒卷烟案件20起,违法卷烟209条,案值0.72万元。上缴财政罚没款6235.78元。联合公安机关破获“9·23”贩运烟叶网络案件,涉案金额110余万元,刑事处理2人;破获“12·10”贩售假烟网络案件,涉案金额116万余元,刑事处理4人。

2016年,突出市场基础与打假破网,健全卷烟打假防控体系、日常监管体系、组织保障体系建设,开展“雷霆六号”、中原飓风、夏季专项治理、百日攻坚等专项行动。全年查处涉烟案件109起,查获违法卷烟27.32万支,案值13.3万元,其中真烟非法流通案件98起,违法卷烟25.32万支,案值12.25万元;假冒卷烟案件11起,违法卷烟2万支,案值1.06万元。取缔无证经营商户106户。上缴财政罚没款1.579万元。联合公安机关破获“10·28”非法经营烟叶网络案件,涉案金额122万余元,刑事处理6人,其中3人分别判处3~6年徒刑。

2017年,健全市场考核评价体系,完善卷烟大户监管办法,联合市工商、交通、邮政等部门,强力开展烟草市场综合整治。全年共查处违法案件323起,查扣卷烟127.22万支,案值71.36万元,上缴罚没款1.3万元,取缔无证商户117户。同时,联合公安机关成功侦破“4·24”烟叶案件,涉案金额155.17万

元;成功侦破“10 · 16”非法运输卷烟案件,查获真品卷烟 60 万支,案值 36. 9 万元。全年共刑事处理 6 人,其中逮捕 3 人。

2018 年,查处各类涉烟案件 165 起,查扣非法卷烟 4472 条,案值 75. 65 万元。其中,真品卷烟案件 83 起、3756 条,案值 56. 49 万元;假冒卷烟案件 82 起、716 条,案值 18. 16 万元。上缴罚没款 2. 76 万元;取缔无证经营 113 户,转化无证户 125 户,工商处罚 28 户,封存无证卷烟 1342. 4 条。

2019 年,全年创建“四无”街道 4 条,评选“三无”标兵户 300 户。联合公安、市场监管局开展卷烟市场集中治理活动 42 次,查处涉烟案件 121 起,查扣违法卷烟 86. 16 万支,案值 62. 73 万元;查处涉烟网络案件 1 起,刑事处理 1 人。

1951~2003 年中华人民共和国主要烟草专卖法规和相关法律一览表

类别	法规名称	批准机关	发布时间(年月日)
烟草专卖法律法规	《专卖事业暂行条类(草案)》	中央人民政府	1951. 5. 5
	《烟酒专卖条例(草案)》	中央人民政府	1953. 1
	《卷烟专卖实施细则》	中央人民政府	1953. 1
	《烟草专卖条例》	国务院	1983. 9. 23
	《中华人民共和国烟草专卖法》	全国人民代表大会	1991. 6. 29
	《中华人民共和国烟草专卖实施条例》	国务院	1997. 7. 3
相关法律法规	《中华人民共和国刑法》	全国人民代表大会	1979. 7. 1
	《中华人民共和国行政诉讼法》	全国人民代表大会	1989. 4. 4
	《中华人民共和国国家赔偿法》	全国人民代表大会	1995. 1. 1
	《中华人民共和国广告法》	全国人民代表大会	1995. 2. 1
	《中华人民共和国行政处罚法》	全国人民代表大会	1996. 10. 1
	《中华人民共和国行政复议法》	全国人民代表大会	1999. 10. 1
	《行政执法机关移送涉嫌犯罪案件的规定》	国务院	2001. 7. 9
	《中华人民共和国行政许可法》	全国人民代表大会	2003. 8. 27

灵宝市烟草专卖零售许可证及无证经营情况统计表

年份	持证零售户业态分类及数量							其他类型	证照一致率	城镇持证数量	乡村持证数量	无证经营情况			无证户比列	无证经营整治情况	
	合计	食杂店	便利店	超市	商场	烟酒店	娱乐服务					城镇无证数量	乡村无证数量	合计		处理取缔数量	转化办证户数
2012	3002	2706	12	38	0	98	39	109	100%	1033	1969	28	33	61	2%	62	23
2013	3185	2881	14	42	0	111	33	104	96%	1136	2049	23	40	63	2%	113	85
2014	3151	2918	11	43	2	91	21	65	98%	1095	2056	27	68	95	3%	59	36
2015	3110	2842	25	50	2	100	21	70	99%	1081	2029	35	70	105	3%	68	37
2016	3003	3736	29	57	0	94	19	68	99%	1018	1985	34	101	135	4%	94	41
2017	2797	2542	44	59	0	84	17	51	99%	974	1823	27	45	72	2.3%	86	57
2018	2505	2290	46	66	0	68	10	25	99%	843	1662	24	45	69	2.7%	19	14
2019	2531	2353	40	53	0	59	10	16	99%	831	1700						

第六章　设施建设

为了加快烟草农业整体推进步伐,夯实烟叶生产基础,提高烟叶生产整体水平和烟叶质量,实现烟叶生产持续、健康、稳定发展,灵宝市根据国家烟草局关于烟叶生产基础设施建设补贴项目等一系列的管理办法、政策和补贴标准,大力推进基础设施建设,取得了积极成效。

第一节　烤房建设

自1982年引进烤烟后,烤房建设多依照豫东烟区经验,建起400杆和200杆老虎大张嘴式烤烟房。1988年,全县种植面积2.1万亩,实收烟叶216.3万千克,实际需要烤房数10920座,时有烤房4977座,新增5973座,改建1308座。

1996~1997年,投资10万元,补助新建标准烤房1150座,改建烤房515座。

1999年,学习借鉴外地先进经验,不惜财力进行烤房建设与改造。全市累计新建、改建热风循环烤房1638座,其中朱阳638座,苏村450座,五亩250座,尹庄、川口各150座。

2003年,建下排湿烤房666座,新建一座下排湿烤房,由烟草部门奖补1000元,乡镇人民政府奖补500元。并全部配置了自控设备,全面应用了配套烘烤工艺,烟叶烘烤质量显著提高。

2004年,新建下排湿烤房1271座,总数达到1937座,全部配置了自控设备。

2005年,在种烟大村建造密集式烤房5座,新建下排式湿烤房1767座。

2006年,建密集烤房125座,改密烤房2040座。

2007年,建密集烤房150座,改密烤房2000座。

2009年,建密集烤房490座,改密烤房4363座。

2010年,建大密集烤房29座,改密烤房107座。

2011年,建密集烤房534座。是年,建2个烘烤工场,总投入资金2072.58892万元,其中国家局补贴801万元,省内补贴1217.58892万元。

电力新型烤房

2012 年，建密集烤房 6162 座，密集化烘烤达 100%。

2013 年，投资 1906 万元，建设密集烤房 583 座。

2014 年，改建散烟烤房 98 座。

2015 年，烟草公司在朱阳镇透山村新建 20 座电加热烤房，投资 209.92 万元。

2016 年，新建大密集烤房 6 处 120 座。烤房设备维修更换 15 座，投入资金 376.68 万元。

基础设施项目——烤房建设情况投入表

（单位：万元）

年度	申请验收项目	投入资金	申请国家局补贴资金	申请省市烟草部门补贴资金	烟农自筹资金	合计
2005	密集烤房	62.629	20	22.85	19.779	62.629
	小改密烤房	33.52	24	8	1.52	33.52
2006	密集烤房	131.9	25	101.9	5	131.9
	小改密烤房	979.2	306	306	367.2	979.2
2007	密集烤房	465.5252	129	321.5252	15	465.5252
	小改密烤房	514.834	240	145.234	129.6	514.834
2008	密集烤房	683.1225	266	398.1225	19	683.1225
	小改密烤房	392.904	192	96.3	104.004	392.904
2009	密集烤房	316.4	84	232.4	0	316.4
2011	密集烤房	2072.5889	801	1271.5889	0	2072.5889
2012	烤房	2299.13	1283.4	1015.73	0	2299.13
2013	烤房	1348	0	1348	0	1348
2014	烤房	124.496	0	124.496	0	124.496
2015	电烤房	209.92	0	209.92	0	0
2016	烤房	376.68	0	376.68	0	376.68

第二节　机械配置

灵宝发展烤烟生产,以传统农业方式为主,农业机械应用不太广泛。2000年以前,绝大部分农田采用耕牛起垄。2000年以后,灵宝烟田使用机械起垄。2007年,在国家大力发展现代烟草农业,促进传统烟草农业向现代烟草农业转变的倡导下,灵宝开始购进烟田专用农业机械。

2007年,购置烟田专用起垄机30台。

2009年,投入资金22.275万元购置烟机。

2010年,配置烟叶生产专用机械1225台。

2011年,配置农业机械329台,其中专用设备205台,通用设备124台。投入资金100.293万元,其中国家局补贴60.1758万元,省市烟草行业补贴40.1172万元。

2012年,配置烟草农业机械356台,其中通用设备4台,专用设备352台。投入资金287.447万元,其中国家局投入150.4615万元,省市公司补贴100.3076万元,烟农自筹资金36.6779万元。

2014年,配置机械158台。投入资金301.62万元,国家局补贴180.972万元,省市烟草行业补贴120.648万元。

2015年,购置农业机械6台。投入资金12.15万元,其中国家局补贴7.29万元,省内补贴4.86万元。

2016年,配置烟草农业机械30台。

2005~2016年累计购置烟机963台套,受益面积6.6万亩,受益农户735户,项目造价687.107万元,行业补贴687.1071万元。申请国家补贴410.97426万元,省市烟草行业补贴276.13284万元。

2017~2019 年，利用基础设施扶持资金 214.98 万元购买烟用物资(包括合作社、大棚等)31 项，其中购买所需农机 10 台套。

基础设施项目烟用机械购置情况投入表

单位：万元

年度	申请验收项目	投入资金	申请国家局补贴资金	申请省市烟草部门补贴资金	烟农自筹资金
2009	烟机	22.275	12.075	10.2	0
2011	烟机	100.293	60.1758	40.1172	0
2012	烟机	287.447	150.4615	100.3076	36.6779
2014	烟机	301.62	180.972	120.648	0
2015	烟机	12.15	7.29	4.86	0

第三节　育苗大棚建设

从 1999 年开始，灵宝市烟叶育苗进入集约化育苗实验阶段，2003 年推广集约化育苗，即在塑料大棚覆盖下，培育烟苗。

2003 年，推广应用集约化育苗新技术，全市建设造集约化育苗大棚 253 座，育苗移栽面积 1.5 万余亩。

2004 年，市烟草公司免费向烟农供应育苗托盘、浮盘、基质等物资。乡镇政府对新建育苗大棚给以适当补贴。是年，新建育苗大棚 952 座，总数达到了 1205 座。

2010 年，加强五亩乡渔村优质烟千亩建设，建成漂浮育苗大棚 10 座。

2012 年,建成育苗工场 15 个,育苗大棚 967 个,实现了专业化育苗、商品化供苗、集约化经营。

2014 年,新建育苗大棚 18 座。

2015 年,在朱阳镇透山村新建现代化育苗大棚 21 座,投入省内补贴资金 382.2439 万元。

2016 年,朱阳镇鱼仙河村建成现代化大棚 12 座。

2010~2019 年,建设育苗工场 15 处,弓型大棚 303 座,连体钢架大棚 3 处 12 座,烟草公司投入资金 2070 万元。

2017~2019 年,投资 214 万元,新建育苗工场 3 个,维修育苗工场 15 个。

基础设施项目育苗大棚建设情况投入表

(单位:万元)

年度	申请验收项目	投入资金	申请国家局补贴资金	申请省市烟草部门补贴资金	烟农自筹资金
2010	育苗	116.8114	70.0868	46.7246	无
2011	育苗	846.1485	507.6891	338.4594	无
2015	育苗	382.2439		382.2439	无
2016	育苗	160.6485		160.6485	无

第四节　烟水配套建设

灵宝是水资源相对短缺的地区,并且在时间上和空间上严重分布不均,影响了烤烟的正常生长。烤烟生产普遍呈现出前期干旱严重,植株生长缓慢;后期雨水偏多,土壤中肥料得到重新利用,叶片成熟推迟,难以落黄的现象。

灌溉是烟叶生产的重要一环,灵宝市烟草公司十分重视烟水配套工程的建设。

2003 年,新建水窖 3450 座,总蓄水量 21 万立方米,基本满足了近 2 万亩烟田浇水的需要。

2004 年,在烟田地头建设水窖,新建 1660 眼,总数达到 5110 眼,总蓄水量达 31 万立方米，基本满足了1986.67公顷烟田的用水需要。

2005年，实施人工增雨防雹工程。先后在朱阳、五亩、苏村、故县等产烟乡镇，设置增雨防雹作业点，流动作业点10个。

2006年，投资1562.9万元，完成建设项目2447个，其中，水窖736眼，水池27个，管网9处。

2007年，建成烟叶设施项目2960个，其中，水窖736眼，水池56个，打机井2眼，管网10处，建提灌站4个。

2009年，建成烟水配套项目105个，其中，建水窖52眼，容量2490立方米；水池31个，容量4800立方米；机井2处，小塘坝5处，管网12处，长度84.08千米；提灌站3处。

2010年，建成烟水配套项目19个，投入资金373.4082万元。其中，国家局补贴资金224.0449万元，省内配套补贴149.3633万元。建水池11个，容量2150立方米；小塘坝2处；管网3处，长度33.3282米；提灌站3处。

2011年，完成烟水项目6个。

2012年，建成烟水配套项目9个，增设防雹增雨作业点3个。烟草公司投入资金216.6923万元，其中，国家局补贴资金130.0154万元，省市公司补贴资金86.6769万元。建水池5个，容量950立方米；管网2处，长度为8.636千米；机井1处，塘坝1处。

2013年，争取烟草援建资金1.48亿元，顺利获批白虎潭水利工程。

2007~2012年，共建设机井6眼，烟草公司投入资金448.8139万元。

2014年，建成烟田水利设施4个。投入资金89.4764万元，其中国家局补贴53.6858万元，省内配套资金35.7906万元，修建水池2个，提灌站2个。

2006~2014年，共建水池121个，容量21600立方米，塘坝12个，提灌站14个，管网41条，长度419.0722千米。烟草行业投入资金2610.38万元。

2015年，建设烟水等项目118个，投资1.48亿元定额援建的白虎潭水库完成工程量的90%。

2016年，新增防雹增雨作业点2个。援建的白虎潭水库工程基本完工。

2018年6月，灵宝市白虎潭水库烟草援建水源工程竣工，27日通过三门峡水利局组织竣工验收。水库总造价16380.47万元，烟草行业援建14793.64万元。

2017~2019年，灵宝市政府投资141.75万元，实施烟水配套工程15项，新建蓄水池15个，铺设烟田通水管道25330米。

基础设施项目——烟水建设情况投入表

(单位:万元)

年度	申请验收项目	投入资金	申请国家局补贴资金	申请省市烟草部门补贴资金	烟农自筹资金
2005	烟水	121. 7785	60	26. 13	35. 6485
2006	烟水	582. 5605	212. 762	213. 566	156. 2325
2007	烟水	1294. 103	410. 64	494. 554	388. 909
2008	烟水	753. 1486	239. 4482	314. 2982	199. 4022
2009	烟水	821. 1296	410. 5648	410. 5648	0
2010	烟水	373. 4082	224. 0449	149. 3633	0
2011	烟水	70. 3368	42. 2021	28. 1347	0
2012	烟水	216. 6923	130. 0154	86. 6769	0
2014	烟水	89. 4764	53. 6858	35. 7906	0

基础设施项目——烟水建设情况投入汇总表

(单位:万元)

项目	项目造价(万元)	申请国家补贴	省市烟草行业补贴	烟农自筹资金
水窖	655. 934	258. 56	224. 69	172. 684
水池	715. 5831	252. 0956	384. 6325	78. 855
机井	518. 0485	231. 9630	216. 8509	69. 2346
小塘坝	83. 7412	40. 7676	32. 0304	10. 9432
管网	1836. 0134	774. 2011	704. 8714	356. 9409
提灌站	513. 3136	225. 7759	196. 0033	91. 5345
合计	4322. 6339	1783. 3632	1759. 0785	780. 1922

白虎潭水库项目

白虎潭水库建于东涧河上，坝址位于河南省灵宝市苏村乡坂里村，东涧河中上游。东涧河常年有水，中上游水质良好，水库坝址距灵宝市区 15 千米，是弥补灵宝市区供水不足的理想水源，兴建白虎潭水库可提高灵宝城市供水能力，能有效解决灵宝市城市供水短缺引起的供需矛盾，另外，项目的建设可以改善弘农涧河和东涧河流域的防洪体系，提高灵宝市城区和尹庄镇的防洪能力，对促进地区经济社会发展具有重要作用。白虎潭水库由大坝、排沙洞、供水引水管口组成，大坝为碾压混凝土重力坝，库容 999 立方米，设计坝高 76.3 米，坝顶长度 180.5 米，是一座兼顾农田灌溉、城乡居民人畜用水、防洪等用途的小型水库，建成后将成为弥补灵宝市区及周边乡镇供水不足的理想水源地，也将改善弘农涧河及东涧河的防洪体系，保护涧东新区、城市北区、尹庄镇区等下游 20 余万人民群众生命财产安全，以及陇海铁路、郑西高铁、连霍高速、310 国道等国家重点工程的安全。项目主体工程 2011 年 3 月开工建设，于 2016 年 10 月建成，2017 年 10 底完成水土保持植物措施等施工，2018 年 5 月进入试生产。

项目总投资概算 17813.77 万元，其中环保投资 593.07 万元；根据调查，项目实际总投资 17382.00 万元，实际环保投资 638.85 万元，占实际总投资的 3.59%。在流域灌溉、发电、旅游开发等方面都具有重大意义。

白羊机井项目

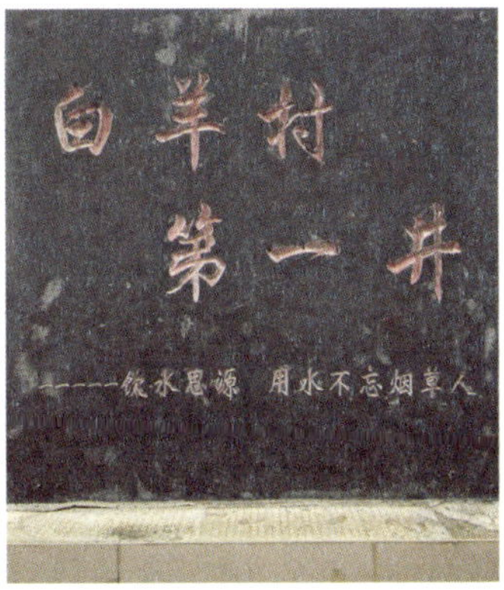

灵宝市五亩乡白羊村烟水配套工程属国家烟叶生产基础建设项目。2009 年，灵宝市烟办、烟草公司为彻底结束白羊村十年九旱的历史，反复论证，精心设计，争取国家资金，钻成 610 米机井一眼，修建 300 立方米、200 立方米蓄水池各一座，铺设管道 7082 米，自 2010 年 8 月投入使用。工程投资 140 余万元，辖 1 个机井及二级提水站。项目编号为 09-4112825c0003、09-41128225c00040，机井项目项目编号为 09

-411282JJ00001。项目建成后,有效解决 8 个组、980 口烟农用水,灌溉烟田面积 1618 亩。

第五节　烟田道路建设

2008 年,修机耕路 20 条、长度为 21. 1475 千米,项目投入资金 293. 3211 万元。其中国家补贴资金 101. 8163 万元,省公司补贴资金 29. 3321 万元,市公司补贴资金 106. 6268 万元,烟农自筹资金 55. 5459 万元。

2009 年,修机耕路 24 条、长度为 31. 98 千米,投入资金 398. 0701 万元,其中国家局补贴资金 148. 622 万元,省内补贴资金 249. 448 万元。沙石路 16 条、长度为 19. 58 千米,硬化路 8 条、长度为 12. 4 千米。

2010 年,机耕路 1 条、长度为 3 千米,投入资金 47. 5415 万元,其中国家局补贴资金 28. 5249 万元,省内补贴资金 19. 0166 万元。

2011 年,机耕路 12 条、长度为 23. 065 千米,投入资金 492. 0757 万元,其中国家局补贴资金 295. 2454 万元,省内补贴资金 196. 8303 万元。

2012 年,机耕路 7 条、长度为 11. 954 千米,投入资金 253. 3992 万元,其中国家局补贴资金 143. 448 万元,省内补贴资金 109. 9512 万元。

2013 年,机耕路 13 条、长度为 19. 1055 千米,投入资金 406. 851 万元,其中国家局补贴资金 229. 266 万元,省内补贴资金 177. 585 万元。

2014 年,机耕路 12 条、长度为 14. 2977 千米,投入资金 372. 536 万元,其中国家局补贴资金 128. 6793 万元,省内补贴资金 243. 856725 万元。

2015 年,机耕路 7 条、长度为 7. 037 千米,投入资金 161. 4366 万元,其中国家局补贴 63. 333 万元,省内补贴资金 98. 1036 万元。

2017~2019 年,灵宝市政府投资 526. 59 万元,实施烟田道路工程 44 项,铺设烟田水泥路、砂石路 77. 5 千米。

基础设施项目——烟路建设情况投入表

（单位：万元）

年度	申请验收项目	投入资金	申请国家局补贴资金	申请省市烟草部门补贴资金	烟农自筹资金
2008	机耕路	293.3211	101.8163	135.9589	55.5459
2009	机耕路	398.0701	148.6220	249.4480	0
2010	机耕路	47.5415	28.5249	19.0166	0
2011	机耕路	492.0757	295.2454	196.8303	0
2012	机耕路	253.3992	143.448	109.9512	0
2013	机耕路	406.851	229.266	177.585	0
2014	机耕路	372.536	128.6793	243.856725	0
2015	机耕路	161.4366	63.333	98.1036	0

第六节　烟站建设

1984年1月7日灵宝市烟草局成立，同时设立5个烟叶收购工作站。分别是朱阳烟叶工作站、苏村烟叶工作站、五亩烟叶工作站、川口烟叶工作站、尹庄烟叶工作站。

2000年1月，投资20万元将朱阳烟叶工作站进行改造，达到标准化烟站要求。投资20万元，与白羊村联合修建白羊烟叶工作站。投资20万元，与秦池村联合修建秦池烟叶收购点。是年4月，将苏村烟叶工作站、朱阳烟叶工作站、秦池烟叶收购点、白羊烟叶工作站建设项目列入计划。①苏村烟叶工作站新建砖混结构平房7间、185平方米，计划投资7万元；②朱阳烟叶工作站新建砖木结构平房2间、75平方米，计划投资3万元；③白羊烟叶工作站新建砖木结构仓库收购棚10间、340平方米，计划投资13万元；④秦池烟叶收购点新建砖木结构仓库收购棚和宿舍14间、415平方米，计划投资15万元。

2003年9月，总投资43万元将朱阳烟叶工作站改造成标准化封闭示范烟站，采用框架结构，共400平方米；结算室、微机室等附属房60平方米。

2004 年 6 月,在故县镇冯家塬村成立故县烟叶收购点,场地采用租赁形式。

2005 年 10 月,总投资 208 万元在苏村乡卫家磨村增设一烟叶收购工作站,距乡政府 22 千米。征地 8 亩,建设办公用房 230 平方米、标准化收购棚 200 平方米、仓库 792 平方米及其他附属设施。

2006 年 2 月底,总投资 525.02 万元,办理白羊烟站土地征用手续和图纸设计工作,征地 7000 平方米,征地款 80 万元;3 月下旬开始施工,7 月上旬工程全部竣工,进入验收使用阶段。

2008 年,总投资 664.8 万元,在朱阳烟站、白羊烟站建设混合结构仓库、办公楼及附属工程。7 月 20 日竣工并验收。

2010 年 9 月,计划将川口烟叶工作站重新建设,2012 年 5 月建设工程完工,并进行决算审计,项目批复资金为 283.09 万元。

2011 年,川口烟站改建项目总投入 292 万元,建设规模 1031.9 平方米,建设 2 层办公楼 335.9 平方米,烟用房 696 平方米。

2015 年,福地临时收购点升格为常设烟叶工作站,苏村烟站 2017 年闲置。

2016 年年底,撤销故县烟叶工作站。

2018 年,原辛店烟站建造于 1997 年。2017 年,异地新建辛店烟叶工作站一座,同时老辛店烟叶工作站于 2019 年开始闲置。投资 1218.45 万元,总建筑面积 3402 平方米。主要建设项目:新建烟叶收购联合工房(含散烟分级、初检、验级、收购、散烟存放、包装、成品存放、物资存放及烟农休息室功能)一座,建筑面积 2032 平方米;新建集烟站办公、职工食堂、职工宿舍、技术培训为一体的办公生活用房楼一栋,建筑面积 1284 立方米;新建水泵房 64 平方米,地下消防水池 486 立方米;其他附属工程建设(含大门、围墙、公共卫生间、变配电、弱电系统、院内土方平衡、院内硬化、道路及广场、绿化、消防设施、地下管网等)。

是年,新建五亩烟叶工作站一座。1985 年修建的五亩烟叶工作站于 2019 年闲置。投资 1665.95 万元,总建筑面积 3772 平方米。主要建设项目:新建烟叶收购联合工房(含散烟分级、初检、验级、收购、散烟存放、包装、成品存放、物资存放及烟农休息室功能)一座,建筑面积 2020 平方米;新建集烟站办公、职工食堂、职工宿舍、技术培训为一体的办公生活用房楼一栋,建筑面积 1341 平方米;新建烟用物资仓库(含公共卫生间)一栋,建筑面积 317 平方米;新建水泵房 64 平方米,地下消防水池 486 立方米;其他附属工程建设(含大门、门卫及消防控制室、围墙、变配电、弱电系统、院内土方平衡、院内硬化、道路及广场、绿化、消防设施、院区安防监控系统、地下管网等）。

2019年，新建秦池烟叶工作站，项目累计投资1191万元，总建筑面积2722平方米。主要建设项目：新建烟叶收购联合工房（含散烟分级、初检、验级、收购、散烟存放、包装、成品存放、物资存放及烟农休息室功能）一座，建筑面积1338平方米；新建集烟站办公、职工食堂、职工宿舍、技术培训为一体的办公生活用楼一栋，建筑面积1280平方米；新建水泵房64平方米，地下消防水池486立方米；其他附属工程建设（含大门、门卫及消防控制室、围墙、变配电、弱电系统、院内土方平衡、院内硬化、道路及广场、绿化、消防设施、院区安防监控系统、地下管网等）。

五亩老烟站

2018年新建五亩烟站

第七章　先进典型

灵宝烟叶规模种植始于 1982 年。灵宝烟草产业的发展经历了从无到有、由小到大、由弱到强的发展历程。全市种烟乡镇和广大烟农按照“政府引导、农民主导、科学施策、品牌营销”的基本思路,经过 37 年艰苦不懈的努力,基本实现了财政不断增强、烟农经济持续增长的产业目标。在灵宝烟叶产业不断发展壮大的进程中。从育苗到烘烤、从生产到销售、从企业管理人员到科技创新、从乡镇到烟农等方面涌现出了一批先进单位和技术能手。本志择其部分先进的生产、销售、技术管理等方面的典型加以介绍,以达记录前人、教化后人之目的。

第一节　生产典型

一、中原烟叶第一镇——朱阳镇

朱阳镇位于灵宝市西南部深山区,镇政府驻地朱阳村,距市区 31 千米。全镇国土总面积 783 平方千米,其中耕地面积 11892 公顷。全镇共辖 41 个村民委员会、361 个村民组,总户数 10847 户,总人口 46288 人,其中农业人口 1. 1 万户 4. 3 万人。朱阳镇是灵宝市山区大镇,也是一个种植业、养殖业、林果业、矿产业和烟叶生产大镇。朱阳镇先后荣获“全省综合经济实力百强镇”“河南省科技致富奔小康示范镇”“河南省发展乡镇企业先进集体”等称号,先后被确定为“全国烤烟综合标准化示范乡镇”“全国无公害优质烟叶生产基地”,被国家烟草局确定为“河南中烟黄金叶品牌优质原料生产基地”,是名副其实的中原烟叶第一大镇。该镇曾是全国首屈一指的“黄金镇”,20 世纪 90 年代后,黄金资源日渐枯竭,黄金产业每况愈下,黄金财政的时代结束。

如何调整产业结构,重振朱阳经济,成了朱阳镇党委、政府的头等大事。经咨询有关烟草专家,党委、政府接受了“烟金并举、山金塬烟”的发展思路,确定了“烟叶开路,政策护航,三年面积翻番”的发展目标。时任党委书记伍宝生指出,要向先进烟区看齐,两条腿走路,地下硬黄金,地上“软黄金”,迅速把烟叶产业打造成朱阳镇的一张新名片。随之,出台了“一揽子”政策,对烟叶发展给予政策、税收、人员倾斜。1984 年,乡政府成立了烟叶生产办公室，专门负责烟叶生产的管理和业务技术培训，并配备车辆，逐村开展政策宣传、工作督导。1985~2009年，灵宝县烟草分公司先后建立朱阳烟叶工作站、马河口烟叶收购站、南新店烟叶工作站(2016年迁至透山村)、秦池烟叶工作站(标准化烟叶工作站)，解决烟农卖烟难的问题。从2006年开始，历年都争取上级烟基建设专项资金100万元以上，不断改善了各村、各烟区烟路、烟水、烟炕、烟机、育苗工场、防灾、烟田等烟叶生产基础设施。

朱阳镇是中原烟叶产业第一镇，全镇共有35个行政村种烟，烟农2000余户，烟叶种植面积稳定在2.5万余亩，占全镇耕地面积的1/5以上，总产值稳定在1亿元左右，创烟税2200余万元，亩均产值保持在4000元左右。烟叶产业已经发展为朱阳镇特色农业主导产业，烟叶生产已成为村镇财力和农民增收脱贫的主要经济来源。

1983年，朱阳镇开始试种烟叶。1988年，全镇种烟面积发展到1820亩。1991年，全镇种烟村组遍布30个行政村、176个村民组，共种植烟叶10650亩，亩均产烟82.5千克，烟农户均收入854元。

在镇政府的大力扶持下，烟叶产业迅速进入了快车道，烟叶种植面积从1995年的2000余亩，一年一个新台阶，到1998年迅速跨入万亩乡镇，烟叶税收达到了150万元，成为该镇第二大税收来源。

2000年以后，市政府不断加大资金扶持力度，采取“六二二”产前捆绑式扶持(市烟草公司投入比例占六，乡镇占二，烟农占二)，种植的品种由原来的“长脖黄”“庆胜2号”提升到“云烟85”“云烟87”“红花大金元”“K326”为主。2002年，朱阳镇被确定为国家烤烟综合标准化示范乡镇，全镇种植烟叶1.97万亩，产值1791.8万元，烟农户均收入5423元，实现烟叶税收538万元，位居三门峡市种烟乡镇之首。

2003年全镇种植烟叶20085亩，总产量达到268.3万千克，烟农收入1842.5万元，较上年增长12.91%。2006年，全镇种植烟叶涉及37个行政村233个组3618户烟农，合同种植烟叶面积21525亩，烟叶总产量323.6万千克，亩均产烟150.3千克，烟叶销售收入3413.6万元，烟农户均收入9435元，亩均产值1585.9元，超百万元村有15个，超10万元的村民组有123个，超万元的户2126户。

2008年，全镇种植烟叶面积达2.48万亩，收购量359.4万千克，烟农收入4659万元，实现烟叶税收1025万元，首次突破千万元大关，稳居全省种烟乡镇第一名。

2009年，全镇种植烟叶面积达24615亩，总产值5803.77万元，亩均产量163.08千克，亩均产值2340元，烟农户均收入20040.64元。2012年，全镇种植烟叶29400亩，收购产量 527 万千克,全镇烟叶总产值首次突破 1 亿元。

2012 年,朱阳镇被国家烟草局确定为“河南中烟黄金叶品牌优质原料生产基地”,当年烟叶生产再创新高,种植烟叶 2.92 万亩,收购量 527 万千克,烟农收入 10869 万元,首次突破亿元大关,亩均产值 3722 元,上等烟比例 58.5%,实现烟叶税收 2391 万元,各项指标在中原烟区种烟乡镇首屈一指。

2013 年,全镇种植烟叶面积 34000 亩,收购量 451 万千克,总产值 1.05 亿元,全镇烟叶总产值再次超 1 亿元。

2015 年,全镇合同种植烟叶 27500 亩,收购产量 435 万千克,总产值 1.08 亿元,全镇烟叶总产值第三次超 1 亿元。

2016 年,建成标准化育苗工厂和标准化电烘烤工厂,被确定为“河南中烟黄金叶品牌优质生态原料供应基地单元”,建设南垣、北塬两个烟叶连片核心示范区,三门峡市最大的烟蚜茧蜂繁育基地落户朱阳透山烟叶育苗工厂,标志着该镇烟草绿色防控进入新的时代。当年全镇合同种植烟叶 27800 亩,收购产量 440 万千克,总产值 1.16 亿元,全镇烟叶总产值第四次超 1 亿元,为历年最高。

2018 年,全镇种植烟叶 25400 亩,收购产量 363 万千克,总产值 1.045 亿元,上等烟比例 75%,全镇烟叶总产值第五次超 1 亿元。

2019 年,全镇种植烟叶 25800 亩,并在吴家垣村发展定制烟,由于遭受烟叶移栽后罕见连续干旱和采收期多雨等灾害,收购总产量 350 万千克,总产值 9200 万元,上等烟比例 69.5%。

2019 年,朱阳镇烟叶产业已建成 2 个烟叶专业合作社(鑫源、北塬)、5 个增雨防雹点(新店、双庙、秦池、梁家庄、王家村)、2 个烟叶产业核心示范区(以透山、新店、麻家河为主的南塬 2300 亩连片核心示范区,以梁庄、吴家垣、庄里、卢子垣为主的北塬 4000 亩带状核心示范区)、5 个千亩连片方(王家村将军岭、运头村赵家垣、秦池村、何家村、高会村)、18 个 500 亩以上村、4 个烟站(朱阳、新店、马河口、秦池)、11 个育苗工场、175 个育苗大棚及 1 个绿色防控蚜茧蜂实验工场和若干个育苗大棚综合利用示范棚、2500 余个密集式烤房和 20 个电烤房、30 余个育苗专业户、70 余名烘烤师。

烟叶产业的稳步发展,经济效益和社会效益日益体现,全镇广大烟农盖新房、娶儿媳、开轿车、购农机不愁了,生产、生活条件得到明显改善,也助推了贫困户脱贫致富步伐。

二、烤烟引种第一乡——苏村乡

1. 发展历程

1980 年,苏村乡原坡村的闫拴年以优异成绩从河南农业大学烟草系毕业后,留校任教。经过对烤烟生产理论和栽培技术的刻苦学习与深入研究,他很快就成为一名卓越的烟草专家。难能可贵的是,闫栓年成才以后,不忘苏村乡土情。他每次回乡探亲,都要到政府机关拜访老同志、老领导,向他们宣传烤烟生产的种植经验和经济效益,竭力鼓动政府领导下大决心,在苏村发展烤烟生产。在闫拴年同志的倡导下,1981 年 9 月,时任苏村乡党委书记的薛本立带领班子成员及部分村支部书记到许昌、漯河等老烟区进行实地考察,并根据苏村乡的地理环境、气候特点、土壤成分等因素,研究决定,从 1982 年开始在苏村试种烤烟,由此拉开了苏村烟叶生产的序幕。

1982 年春,公社有计划地在苏村、东里、西村、周家塬、高岭等前区 8 个大队进行烤烟试种。经过广泛宣传动员,大讲烤烟经济效益,提高农户对烤烟生产的认识,消除顾虑。同时出高薪从许昌市老烟区请来 200 多名技术员,分配进驻到各种烟生产队,具体指导烤烟生产。广大烟农从烟叶育苗、大田移栽、生长期管理到炕房建设、烟叶烘烤、出炕分级,直到烟叶销售,步步都是按技术员的指导去做。一年的辛勤劳作,烤烟在苏村乡试种成功:烟叶呈葡黄色,光泽鲜明,明中发亮;油分丰满,手摸粘手;叶面组织紧密、细腻,主脉不粗。许昌市一位老烟农师傅说:"万万想不到苏村能生产出这样的好烟,质量可与著名的云烟相比。"后经中国烟草工业标准化质量检测中心站鉴定,认为"苏村烤烟气香质好、余味舒适",达到了适产优质烟的要求。其化验结果是:总物质含量为 25.64%,总氮量为 1.78%,尼古丁含量为 2.06%,烟碱氮含量为 0.365%,蛋白质含量为 8.9%,施木克值为 2.86%。权威的肯定,全优的质量,标志着苏村的烤烟试种一举成功,意义非同寻常。它不仅为不少烟农带来一亩烟一千多元的高收入,极大地提高了农户种烟的积极性,而且为灵宝市的烤烟生产带了个好头。正像后来一些人常说的那样,灵宝第一棵烤烟是苏村人种出来的。

1982 年,苏村公社烟叶生产办公室成立,专门负责指导全乡的烤烟生产。1984 年,洛阳地区决定灵宝县为"崤山基地优质烟研究县"。苏村乡政府又乘这股东风及时确立了"长抓林果短抓牧,抓住烟叶当年富"的经济发展思路,在全乡全面铺开烤烟生产。要求各村努力实现"三个一"奋斗目标,即"每人一亩粮、一亩烟、一亩果"。从此,苏村乡的烟叶生产步入正常的发展轨道,一步一个新台阶,稳步发展。烤烟种植面积由开始的 2000 亩逐年扩大到 4000 亩、5000 亩。1983 年烤烟总产量 32.85 万千克,占全县烟叶总产量的80%。2000年以后,烤烟栽培面积每年都在万亩以上。同时,烟叶的质量也在逐年提升。

烤烟生产科技性很强。苏村乡党委、政府高度重视,采取有效措施进行强化目标管理、实施烤烟标准化生产。乡烟办努力做好技术培训工作,每年都要对烟农进行两次比较系统的培训。在烟叶生长期的每个关键环节,还要对烟叶专干和技术员进行一些短期培训,真正做到一个环节一张"明白纸",一户一个"明白人"。积极引导烟农对先进技术推广创新,牢牢把握烤烟生产中以下几个关键环节:

(1)品种的引进与优化。1981年,最初栽培的烤烟品种是"红花大金元"。1991年以后,逐步推广"K326"、"RG17"、"中烟98"。2000年至今则以"云烟87"、"云烟85"为主导品种,确保优良品种面积达100%。

(2)土壤改良与科学施肥。数十年来,苏村乡烟农坚持"秋深耕,冬起垄,春盖膜"等系统整地技术措施,提高土壤蓄水保墒能力,为烟叶生产奠定了基础。坚持亩施有机肥1500千克,饼肥20千克以上,提高烟田的有机质含量。

(3)烤烟栽种的发展演变过程。以前的烟叶生产,从栽到收,虽然时间不长,烟农却分外辛苦和忙碌,而且技术性很强。近30年来,苏村乡的烤烟生产一步一个脚印,每个环节都在不断发展,不断革新,不断迈上新台阶。

(4)烟叶的烘烤。烘烤烟叶首先要建好烟炕。最早的烟炕是小房式或土窑式,分组或联户承建。规格有五棚200杆、七棚500杆不等。排气形式有上排湿热风循环式、下排湿热风循环式等。近几年比较先进了,采用煤机式炕房,联片建炕,一组10个。最关键的是烟叶的烘烤过程,起初是将编好上杆的烟叶装满烤房,开始烘烤后,五天五夜不停火,人工添煤。烟炕内温度湿度高低调节、天窗地道的排气、放风等工序全由人工在七八十摄氏度的高温下作业,汗流浃背,异常辛苦,而且质量很难保证。近几年,灵宝市烟草公司投巨资,在苏村乡的宋峪、固水、高稍、梨子沟、田川等村建立煤机式烤房,配装自控仪,进行相对自动化三段式烘烤,操作简便,俗称"傻瓜式"烤房。因为在烘烤过程中,每个阶段的温、湿度的高低调控,进风、排湿工作等全部自动化调节,炕烟人只需看仪表就行。解除了人在高温中作业的劳苦,烟叶质量大大提高。

(5)基础设施建设。为了搞好烟叶生产,苏村乡政府密切配合灵宝市政府、市烟草公司在全乡搞好"烟水、烟路、烟炕、烟机、烟站"五配套基础设施。栽烟需要水,但由于地理环境特点,烟田大多在高处,栽烟所需的水只好用肩挑、架子车拉,严重制约烤烟生产。乡政府动员烟农打旱窖蓄水,有效地解决烟田用水。但遇大旱年份,烟叶用水仍有困难。直到2005年,灵宝市烟草公司投资30多万元,在宋峪村建起首座烟水配套工程之后,又相继在高稍村投资60多万元,在梨子沟投资88万元,在张家沟投资70多万元,在庙沟投资54万元,为其建立了烟水配套工程,基本解决了烟田用水。同时解决了这些村的人畜用水,改善了村民的生产、生活条件,大大减轻了烟农的劳动强度,提高了人民的生活质量。烤房的建设:以2007年为例,就可了解烤房的基本情况。全乡当年共建烤房1556个,其中大密集烤房36个,小密集烤房366个,下排湿烤房233个,热风循环式烤房895个。烟田所用的农机近几年也大幅度添置。据不完全统计,新添大中型拖拉机43台,小型拖拉机1150台,农用三轮车1860辆,打药机1300多台,烟田起垄机80多台,编烟机50多台。同时在全乡建立起4个烟叶收购点,方便了烟农卖烟。烟路问题,是与村村通水泥路工程同时进行,拓宽田间道路,铺垫砂石,大大方便了机械化耕作。五项基础设施的建成,为烤烟生产奠定了坚实的基础。

2. 辉煌成就

烤烟生产在苏村乡已历时近40年,苏村乡历届党委、政府的高度重视,发展思路正确,策略措施得力,抓得实在,使烤烟生产在正常、健康的轨道上不断稳步发展,逐年提高,取得了巨额的经济效益,烤烟成为全乡经济发展的支柱产业之一,取得了辉煌的成就。以2006年烤烟生产的情况为例,足以说明烟叶生产对苏村乡经济发展的重要作用。2006年,苏村乡共有种烟村21个,种烟组135个,种烟户1295户,烟田面积8719亩。其中千亩以上的是田川村,800~1000亩的有4个村(梨子沟、固水、庙沟、高稍),300亩以上连片的两个村,宋峪326亩,梨子沟335亩。全乡收购烟叶117.84万千克,总产值1214.01万元,亩均产烟135.15千克,亩均产值1392.29元,上等烟比例34.58%,上缴烟叶产品税242.8万元。

2019年全乡共签订合同种烟7740亩,共交售烟叶104.4万千克,平均亩产135.06千克。烟叶总产值3047万元,亩均产值3939.11元,人均产值1876元。其中上等烟占83%,千克均价29.18元。烟叶产值超400万元的村2个,超100万元的村民3个,超50万元的村3个。苏村乡多次被三门峡市、灵宝市两级政府授予"烟叶生产先进乡"荣誉称号。

三、国家级烟草示范种植基地——五亩乡

五亩乡位于灵宝市南部山区,总面积232平方千米,全乡辖31个行政村、216个自然村、272个村民小组,是烟叶种植的适生区域,在乡党委、政府的正确引导下,在市场经济的推动作用下,烟叶生产发展规模越来越大,并带来了越来越好的经济效益和生态效益,成为五亩乡一大特色产业。五亩乡所种植的烟叶品种为“云烟 87”,所产的烟叶品质优良,使得烟叶加工企业争相预订收购,已成为河南一个重要的烟叶生产基地,被在中国销量排名第二位的国家级名烟品牌浙江中烟“利群”品牌香烟确定为特色烟生产基地。

1. 发展历程

(1)探讨摸索时期(1981~1990 年)。1981 年 12 月 28 日,五亩公社成立了烟叶生产领导小组和烟叶办公室,由此拉开了五亩地区发展烟叶生产的帷幕。初期阶段,每年的种植面积均在 133.3~200 公顷。1988 年,乡党委、政府决定把烟叶产业作为加快群众脱贫致富、推动经济发展的一个重要项目来抓,领导小组正副组长每人搞 200 亩试验方,乡烟办、烟站工作人员每人搞 100 亩试验方。以率先示范,带动生产发展,使当年栽植面积增长到 8100 亩,然而,由于面积增长过快,技术服务力量跟不上,加上受气候、土壤等不利条件的影响,一部分村和烟农成效不佳,积极性受到挫伤,致使 1989 年栽植面积锐减到 2000 亩。

(2)恢复提高阶段(1991~2000 年)。20 世纪 90 年代,五亩乡政府烟叶生产领导小组认真分析总结经验教训,加强对烟叶生产各个环节的组织领导。通过上下广泛宣传发动,层层建立责任制,制定奖罚措施,实行党委、政府班子成员包片,机关干部包村的责任制,充实烟办工作人员,实行各村“两委”齐抓共管、村委主任专抓的工作机制,各村配齐烟叶技术员,分片进行技术指导。从而使烟叶种植面积从 1991 年的 213.5 公顷、总产量 13.5 万千克,增加到 2000 年的 538 公顷、总产量 124.7 万千克,经济效益明显提高。

(3)成熟稳升阶段(2001 年以后)。进入 21 世纪,在五亩乡党委、政府的领导下,烟叶生产部门干部、职工和广大农民,从生产实践中尝到了烟叶生产带来的巨大实惠,不断总结生产经验,形成一整套成熟的生产技术,成立了烟叶生产合作社,使烟叶面积、产量、效益稳中有升,形成一大支柱产业,烟叶生产从 2003 年 833.3 公顷、产值 1070 万元,到 2007 年 913.3 公顷、产值 1600 万元,再到 2019 年的 966 公顷、产值 5941 万元,上等烟比例达 70%;种植户均收入从 2006 年的 8643 元增长到 2019 年的 43176 元,受到三门峡市人民政府和灵宝市人民政府的多次表彰。

2. 国家级行业示范合作社

五亩乡金塬烟叶专业合作社成立于 2011 年 3 月,占地 52 亩,共建有 26 座育苗大棚,50 座炕烟房,其中电烤房 10 座,锅炉房 40 座。在烟叶工作站技术人员的指导下,由合作社提供技术服务，为村民提供了极大的方便。合作社按照"统分结合、双层管理"的基本思路，推行"分户种植、专业服务、集约经营、盈余分配"的管理模式，初步形成了具有区域特色的"两场一社六队，一分六统三量化"的基本运作模式。即依托育苗工场和烘烤工场，成立烟叶专业合作社，组建6个专业服务队；社员分户按照烟叶产购合同种植交售烟叶，合作社在育苗、机耕、植保、烘烤、分级、劳动输出等6个方面为社员提供专业化服务；合作社拥有的可经营性资产股份按社员当年合同种植面积量化成股份分解到户；合作社实现的经营盈余，按社员当年股份量化返还到户；烟草行业补贴的物资套餐，按社员当年生产业绩量化扶持到户服务，真正实现了管理上的一体化和规模化。

合作社以育苗工场为主体，整合育苗设施，推行"双层管理、签约供苗"管理模式，全部实现了集约化育苗和商品化供苗；以农村专业服务队为主体，整合现有农机资源，推行"利用社会资源、统筹调配监管"管理模式，专业化机耕起垄面积达到100%；以植保服务专业队为主体，配置先进实用的植保机具，推行"统一购置药剂、统一田间作业"管理模式，专业化植保覆盖面达到82%以上；以烘烤工场和集群烤房为主体，整合烘烤设施资源，推行"委托代烤、来料加工、合理收费、综合利用"管理模式，专业化烘烤覆盖面达到90%以上；以分级服务专业队为主体，整合人力资源和技术资源，推行"培训上岗、按量付酬"管理模式，专业化分级覆盖面达到80%以上；以劳务服务专业队为主体，优化劳动力资源，解决主要生产环节部分社员劳动力紧缺的问题。全方位、全过程的专业化服务，提高了烟叶生产的组织化程度，减轻了烟农劳动强度，减少了烟农劳动用工，降低生产投入成本，实现了烟叶生产的减工降本增效。

凭借完善的基础设施、雄厚的资产实力、健全的管理模式、完备的服务体系，成立当年即交售烟叶113万千克，总产值2054万元，亩均单产149.5千克，亩均产值2706元，社员户均收入5.4万元，各项烟叶生产主要指标高于全市平均数。2016年度被中国烟草总公司评为"国家级行业示范社"。

四、灵宝烟叶产业大村——王家村

朱阳镇王家村位于灵宝市朱阳镇西南18千米处，是一个深山区村。总面积65平方千米，总人口563户2212人，共有19个村民组、43个自然村。村域面积为全市最大村。农业生产、土壤、海拔、自然条件适中，农产品品质优良。全村耕地面积4500亩，烟叶面积占一半，是朱阳镇烟叶面积最大村和烟叶生产重点村，烟叶生产水平处于全镇前列。2016年烟叶总产值超过1000万元，达到历史峰值。烟叶产业成为该村农业特色主导产业和农民增收主要产业、贫困群众脱贫致富支柱产业。2018年，该村烟叶面积

2291 亩,种烟户 207 户,全村人均种烟 1.04 亩,烟叶总产量 32.8 万余千克,总产值 963.9 万元,烟农户均收入 4656 元,亩均收入 4207 元,烟税返还村集体经济收入 10.6 万元。

五、“一村一品”富民路——白羊村

白羊村有 1033 口人,247 户,5 个自然村,8 个村民小组,耕地面积 2305 亩。白羊村从 1982 年开始零星栽烟,当时,全村 820 口人,种烟 100 多亩。大面积发展从 1992 年开始,当年集中连片种植 800 亩,亩均产值 1100 多元,1993 年栽烟 620 亩,随后逐年缩减到 1997 年的 300 亩,1999 年种植 620 亩,2000 年 1345 亩,2001 年 1269 亩,2002 年 1408 亩。2010 年后每年种烟都在 1600 亩以上,产值达到 800 万~1000 余万元。

白羊村的种烟措施:①成立组织。村成立烟叶生产领导小组,村支部书记任组长,设有烟叶专干,专抓此项工作。②宣传发动。村多次召开村组干部会议、群众大会,宣传烟草各项政策,并组织村组干部多次到卢氏县、杜关镇、关道口镇等地参观学习。③村组干部带头发展,每户最少种烟 2 亩。④集中连片种植,在烟叶犁地、整地、起垄等环节中,统一管理进行补贴。⑤邀请烟草公司领导讲解种植技术,村配有烟叶生产技术员,在烟叶生产各个环节进行指导。⑥在烟叶生产各个环节中都制定奖罚措施,进行检查验收,督促各项技术落实到位。每年初,专门召开烟农会议,宣传上级扶持政策,安排烟叶生产,年底召开总结会议,评选先进典型户表扬奖励,披红戴花,给每户奖励、板锄、铁锨等生产工具。

在烟炕的建设方面,1982 年,每组建一座烟炕,全组统一装炕烤烟;1994 年,烟草公司对新建烟炕进行补贴,每个烟炕补贴 200 元;2004 年,烟草公司推广下排湿烟炕建设,每建一座补贴 1000 元,基本种烟户每户一座,共 160 余座;2012 年,开始建密集式烟炕,共修建 80 座。

在道路建设方面,2006 年,烟草公司出资修建前桥烟田硬化道路 2000 米;2008 年,烟草公司出资修建前桥至上村沙石路 3000 米;2014 年,重修前桥至上村水泥硬化道路 3000 米。

种烟大户有:1992 年以前种烟户有李桃明、张广照、王文哲等;2000 年有党月锁、许彦辉、王建勋、许建国、张定江、杨苏民、李占泽等;2000 年有党月锁 24 亩、产值 14 万元,许彦辉 20 亩、产值 12.5 万元,许建国 18 亩、产值 15 万元,李占泽 24 亩、产值 16 万元。

六、发展烟叶生产,带领群众致富——邹安治

邹安治,1966 年 10 月 7 日出生,是灵宝市朱阳镇种烟村梁家庄村党支部书记、灵

宝市北塬烟叶专业合作社理事长。

梁家庄村是朱阳镇北塬烟叶核心示范区，全村 345 户 1300 人，2011 年成立灵宝市北塬烟叶专业合作社，烟农 75 户。2018 年，栽植烟叶 1499 亩，烟叶收入 522 万元，户均烟叶收入 6.9 万元。烟叶生产成为该村群众增收致富的主导产业，该村成为朱阳镇烟叶生产先进示范村。

邹安治在带领群众发展烟叶生产中的主要做法是：①实行“五统一”生产模式，促进烟叶生产“四化”。该村成立烟叶专业合作社以来，坚持烟叶生产统一整地起垄、统一育苗移栽、统一烟叶品种、统一烟田管理、统一采收烘烤，使该村烟叶生产专业化、合作化、科技化、机械化水平不断提高。②坚持“三领先”生产管理，实现科技兴烟、质量兴烟、管理兴烟。他重视烟叶生产工作，坚持做到推广先进生产技术领先、推行先进生产管理领先、推进优质栽植品种领先，提前栽期、小苗膜下移栽、井窖式膜下移栽、豆浆灌根、揭膜培土 、病虫害防治、大麦掩青、一优两转、不适用烟叶处理、专分散收等先进生产技术推广工作全镇乃至全市领先，整地起垄、烟叶移栽工作每年在全市行动快、标准高，多年为全市烟叶起垄、移栽现场会地点，烟叶生产标准化、规模化发展程度较高，建成朱阳镇北塬烟叶核心示范区，是全镇河南中烟黄金叶品牌优质原料生产基地朱阳单元的“云烟 87”生产示范点。

七、养烟有道——朱石头

朱石头是灵宝市朱阳镇王家村职业烟农，1971 年 9 月 1 日出生，他家常年种烟面积 40 多亩，坚持种植推广品种“云烟 87”。2018 年是丰收之年，上等烟比例达到 90.96%，总产值 23.7 万元，亩均收入 5770 元。是朱阳镇烟叶生产大户，烟叶生产水平全镇领先。

他之所以种烟收益好，经验是养烟有门道。一曰养根。他多年坚持“冬耕、深翻、施肥、起垄、盖膜”五措并举，养土养根，活化了土壤、增强了地力、涵养了水墒、减少了病害，为烟叶长好奠定了基础。特别是施肥上，除施用营养套餐外，他年年在冬耕时每亩增施一三轮车（2 立方米）牛粪有机肥，既发挥了自肥肥效，还助力了他肥肥效，使得土壤蓬松透气，烟株根系发达，烟叶长势良好。二曰防病。治病不如防病，防病重在干净。由于烟叶在生长环境中会滋生病害，除在烟苗移栽时“带水、带肥、带药”外，他把田间卫生作为关键预防措施，总结出“四清三中耕法”，即及时清理不适用烟叶、花杈、烟秆、地膜和中耕除草三次，使烟叶能够早发快长，增强抗病性。三曰舍得。算好经济账，有舍才有得。“云烟 87”正常能长出 25 片叶，但真正有效的也就 18 片叶左右，他采取优化叶片结构,及时扫掉底脚叶和下部3片叶、弃烤上部2片叶,既使烟田通风透光,又能促进营养循环均衡,还节省了烤烟投资投劳,从而提升了中上部烟的质量和重量。

八、迷恋新品种——宋相生

宋相生,是灵宝西淹塬上一个有名的“小炉匠”。他文化程度不高,可脑袋灵光,平日里喜欢摆弄个农业机械、音响等玩意儿,在附近也是小有名气。

20世纪80年代初,能折腾的宋相生也只能是望田兴叹,土里刨食过日子。有一天,老宋在隔壁老李家聊天,碰上烟站技术员来推广烟叶新品种。面对新品种“红花大金元”,老李唯唯诺诺,不肯应承。但旁边的宋相生动了心思,听说种“红花大金元”免费提供配套栽培技术,发放相应扶持肥料套餐,于是产生了试种一下的想法。他回家和家人商量,没想到一家人给他泼冷水,他只能背着家人干。

为了证明自己的做法是对的,宋相生在这两亩烟田上没少下功夫,一切按照烟站技术员的要求进行烟田管理。旱了,老宋就拉水,一瓢一瓢地浇灌;病了,就一遍一遍喷农药。功夫不负有心人,当年种植的红大烟叶品种,尽管产量低一些,但亩均收益还是高出别人一大截。这下让他在家里一下有了气场,说话明显顶事了。第二年,宋相生扩大了红大品种种植面积,并带动了左邻右舍。一时间,西淹村红花大金元推广搞得风生水起。

在拳头品种种植上尝到甜头的宋相生,愈发地对品种改良情有独钟。1995年,烟草公司引进了美国品种“NC89”。鉴于宋相生的名望,烟站技术员老王找到了宋相生,告诉他有了新品种,长势强,抗病性好,且耐烤性特好,种了就是宝。宋相生考虑到还要给孩子盖新房,就拒绝了。老王拿出激将法:“是不是怕新品种降服不了,弄赔了,早知道你这么胆小我就不来找你了。”这一招还挺管用,宋相生当场情绪激动:“你不向周围打听打听,哪有我老宋害怕的事,不就是烟叶新品种嘛,我种定了,我就不信这东西还能在我手上弄砸喽!”

放弃了盖房的打算,宋相生在家专心伺候这个外来的“宝贝”。这年风调雨顺,再加上“NC89”抗病性特强,对黄土高原土壤气候非常适应,宋相生烤出的烟叶金黄金黄,摸着软绵绵的,引得周围的烟农都来参观了,都说他有福,总能从烟草公司领来“金疙瘩”。

后来,由于种烟经验丰富,宋相生被村民推选为西淹村烟叶专干,他的名头更响亮了,责任更大了。

九、烘烤有妙招——李江坡

李江坡是灵宝市五亩乡西淹村人,2018年服务烟农27户,服务烤房数量17座,服务面积256亩，种植品种为“云烟87”，交售数量4.62万千克，其中上等烟比例为86.7%，总收益13.3万元，亩均收益5213元。

李江坡是西淹原上十里八村有名的烟叶烘烤大专家。他不仅精通烟叶烘烤工艺，而且对上部烟的烘烤技术造诣颇深，他总结成“三熟工程”。

第一个是做到烟叶“养熟”。“田间没有好货，怎么会烤出有价值的东西呢?”他的话虽然朴实，却一语道出问题的根源，大田管理不到位，往往导致上部叶不“翻顶”，内部营养不均衡，化学成分不协调，自然很难烘烤出优质的烟叶。“从整地起垄、均衡施肥、适时早栽、中耕培土各个环节必须环环相扣，这样烟株才能有健壮体魄。”李江坡说，“此外，中后期的管理也忽视不得，比如说打顶就不能一刀切，要根据品种、土质、肥力，因地制宜科学打顶。”

第二个是做到“认熟”，即确保上部叶充分成熟采收。成熟度把控问题，一直是上部叶采烤的薄弱点。“前几年，由于上部叶普遍落黄早，特别是病害、干旱的烟田，假熟现象严重，容易误导人，由于我对成熟度拿捏不准，导致烟叶烤后青烟、杂烟等副组烟叶占比大。”他说，这些年他一直摸索总结经验，通过烟草公司的培训，这两年他对烟叶成熟标准把握基本到位了。辨识烟叶成熟不仅要看叶色，还要根据叶片、筋脉颜色、成熟斑等特征综合判断，可不能被叶子表象“骗了”。在采收时，要认真辨析成熟烟、假熟烟，做到心中有数、下手有度。

第三个是要通过烤房“烤熟”，即提高上部叶烤后质量。2018年李江波落实烟草公司推广的上六片充分成熟一次性采烤技术，烘烤过程中适当增加湿球温度，采用保温变黄，关键节点适当拉长烘烤时间。

2018年，李江坡服务种植的256亩烟叶，几乎没有糟片烟、青筋烟，亩均效益达到5213元，特别是他2018年的上部叶采烤，通过“三熟工程”彻底破解了以往上部叶成熟难、阉割防治难、烟叶烘烤难的问题，烤后上部叶含青、挂灰明显减少，光上部叶平均每亩比2017年多卖近200元。

十、冬耕“三宝”——葛世峰

葛世峰是灵宝市朱阳镇麻河村人。2018年种植面积21亩，种植品种为“云烟87”，交售数量2942千克，其中上等烟比例为89.5%，总收益9.4万元，亩均收益4480元。

冬耕，是为了活化土壤、培肥地力、蓄水保墒、减少病害等，所以千百年来，农人们乐此不疲。田不冬耕不肥，地不冬耕不收，朱阳镇麻家河村的葛世峰，可谓在烟田冬耕上做足了文章，因为他有冬耕“三宝”。

早耕。冬至前耕金,冬至后耕银。10月,烟刚刚卖完,许多村民们还沉浸在丰收的喜悦里,葛世峰就已经开始忙着冬耕了。对于为什么要耕早,他说,跟灵宝当地"十年九旱"的气候条件有关,冬季来临前耕翻烟田,可以蓄纳整个秋冬季的雨雪降水,达到保墒、增墒的目的,同时对烟田进行冬耕,也能够避免春季耕翻烟田时因风大蒸发水分而造成的跑墒问题,是解决春旱的一项有效措施。他多年的种烟经验表明,冬耕越早,经历风霜雨雪时间越长,高低温干湿交换越频繁,烟叶种植以后发生病害概率也就越小。

培肥。别人种烟靠化肥,他种烟靠粗肥加绿肥。每年8月,他都会在烟田垄间撒施大麦,权当一次小型的倒茬,在冬耕的时候,他还会拉些腐熟之后的牛粪撒到地里,随土一块儿深翻到地里。他说,这样不仅能加厚土层,还能蓬松土壤,提高土壤肥力,增加烟叶油分,使烟叶内含物质丰富,为烟叶柠色转橘色创造良好条件。

耕深。冬耕深一寸,强似多上粪。在常人看来,冬耕就是清地膜,拔烟秆,旋旋地,起起垄。但葛世峰却不这样认为,他说:"人误地一时,地误人一年,只有把土养好,庄稼才能长好!"首先,冬耕前第一步清理地膜非常关键,因为地膜一旦被翻进土壤,很难降解,不仅使土壤中的水、气、肥等流动不顺畅,造成土壤板结,还会给生态造成严重的白色污染。另外,别人耕地都是用旋耕机一遍成,他却用大马力拖拉机进行深翻,而且翻土深度都在30厘米以上,土打得细碎细碎,地耙得平平整整。他起垄也很讲究,一定要起大垄,看墒起垄,把土、肥、水集中起来。为了更好达到深耕养地的目的,每隔3年,他都会把自家的烟田用挖掘机彻底深翻一遍。

因为冬耕基础打得好,移栽及时,葛世峰家的烟在田间发苗快,长相清秀,长势匀称,上部叶也充分开片,特别好烤。

十一、烘烤高手——高坤龙

高坤龙是灵宝市五亩乡渔村人。2018年服务烟农21户,服务烤房数量20座,服务面积267亩,种植品种为"云烟87",交售数量4.16万千克,其中上等烟比例为89.6%,总收益13.99万元,亩均收益5239元。

俗话说"苗是金,管是银,烘烤是个聚宝盆"。烘烤是烟叶生产中至关重要的环节。烟草公司非常重视烘烤技术推广,2018年专门下发文件面向社会层面选拔招聘一批专职烟叶烘烤师。经过村组推荐,烟站层层考核,白羊烟站最终选拔出37名烟叶烘烤师,五亩乡渔村的高坤龙就是其中的一名。

高坤龙,有着近20年的种烟经验,对烤烟有着自己独到的见解,周围村民每次烤烟出现问题都会向他询问。现在终于有了名分,有了这样的职务在身上,一份责任感油然而生。

7月28日,白羊烟站辖区内的烘烤师集体上岗,上岗后的第一个任务便是指导烟农开展结构优化工作,督促做好不适用烟叶的处理。在老高的带领下,周围村民纷纷开始清理起地里的不适用烟叶。

到了8月初,他到烟田里观察了很久,发现大部分烟田中下部烟叶已经可以采收了。回到家中,老高便带着自己刚从地里采摘的烟叶去通知周围烟农,集中讲解鲜烟成熟特征,让他们按照标准抓紧时间去采摘,如果有吃不准的地方就给他打电话联络。

这天烟站王站长刚好下乡到他的辖区,看到他辖区很多烟农的第一、二炕烟大多数都能达到中橘三,便不敢相信地问起他的烘烤秘诀。他笑着说:"今年在烟站的信任下,我担任烘烤师,我就有责任,不仅要炕好自己的烟,还要帮助更多的烟农炕好他们的烟。"

后期采烤中,老高都严格掌握成熟标准,指导烟农分类编杆烘烤,没有一户烟农因为烘烤失当造成损失。烟叶收购结束,因为烤后烟叶质量好,家家户户都获得了好收益。高坤龙自豪地说:"结构优化是基础,成熟采收是关键,鲜烟分类是保障,科学烘烤是法宝。"2018年他负责的20座烤房、267亩烟田,合计交售烟叶4.2万千克,上等烟比例为59.6%,收入较去年几乎翻了一番。

十二、育苗能手——张创升

张创升是灵宝市苏村乡卫家磨育苗工场当家人。2018年育苗棚17个,培育品种为"云烟87"、"云烟99",育苗覆盖面积2600亩。

"苗是金,管是银,烘烤是个聚宝盆。"育苗是烟叶生产的第一关。作为苏村乡卫家磨育苗工场的负责人,他十年如一日,勤勤恳恳,精心管理,只为培育出每一棵壮苗。

育苗是个良心活。每年张创升都会在育苗知识上不断学习、总结,针对烟草公司下发的烟叶育苗准备及播种技术要点、漂浮育苗苗床管理技术要点、育苗环节消毒操作流程等资料,他都要细细研究,认真落实。

育苗也是个技术活。张创升认为烟叶育苗首先需要整体统筹布局,这里面涉及用人管理、物资储备以及过程管控。比如苗床剪叶期间为了防止剪叶病毒交叉传染,操作前他每次都会对务工人员进行培训,严格要求工人不许在棚内抽烟,进出大棚要消毒洗手;在剪叶期间,他从不离场,并且亲自上手,确保剪叶器具、人员的消毒真正到位。其次是要总结好经验,从他这些年的育苗经验来看,烟苗病害的多少,与卫生消毒工作扎不扎实密切相关。

张创升边育苗,边总结。他发现每年5月移栽结束后把回收的旧格盘先清洗晾晒,次年1月育苗棚整理时再进行第二次清洗消毒处理,这样格盘才比较彻底。另外,在苗床病虫害防治上,每年他都会在使用烟草公司免费提供的苗床用药的基础上,自费购置一些防治真菌性病害的保护剂,这样能更好防治病害的发生。正是因为这样,2018年,任凭气候异常变化,他所管理的卫家磨育苗工场仍能够受住各种考验,烟苗依然健康成长,最终完全投入了移栽使用。

在温湿度的管理上,张创升也有自己的技术经验。他坚持烟苗适宜的生长温度在23~28摄氏度,温度过低,烟苗出苗、生长缓慢,甚至容易造成冻害;温度过高,极易形成高温高湿环境,导致病害发生。为保证温湿度控制得当,一般4月中下旬,早上7时让人开始卷膜通风,卷帘位置在80厘米左右,到上午11时将棚膜卷至1.3米,加快通风排湿力度,到了下午6时关闭棚膜保温。

优质壮苗在手,发放烟苗不愁。张创升常怀感恩之情,心系烟农,培育出了一棵棵合格的优质壮苗,为烟农和烟草公司交出了一份满意的答卷。

十三、受益新模式——张学民

张学民是灵宝市朱阳镇美山村村民,2018年种植面积30亩,种植品种为“云烟87”,交售数量4800千克,其中上等烟比例为89.8%,总收益14.5万元,亩均收益4833元。

2018年推行的专分散收新模式,最大优势就是烟农在拣烟分级过程中省人省力省钱。张学民就是新模式拣烟的最早实践者和受益者。烟农在烘烤期间总要雇人拣烟。烟区家家户户都种烟,忙的时候大家都在忙,想雇个人尤其是熟练工更是难上加难。而今年实行专分散收后,根本不需要再雇人了。张学民一家五口人,四个劳力,老婆、儿媳去青去杂,儿子分开颜色、部位,他按烟叶长短分级扎捆,一家人组成小小流水线,一炕烟差不多两天就能分拣完。

仅雇工这一块,张学民细细算了一笔账:以前分级扎把时,至少要雇两个人,一个人每天最多可以分级扎把100斤(50千克)烟叶,用工成本也高,一个工人需要100元/天,还要管三顿饭,相当于1斤烟叶要1元多的费用。今年共交售了4800千克烟叶,直接省去9000多元的费用呢!

9月15日,他拉着烟叶到烟站缴售,当观察室喇叭报出等级后,他悬着的心终于落了地:600千克烟,中橘三验了530千克,下橘二70千克。让他想不到的是,比在家预估的还多卖了400元!

后来,他继续炼烟、卖烟,回回都卖出了好等级。最后算总账,上等烟比例达到89.8%,高出上年40个百分点。新模式让烟农受益更多。

十四、种烟父子兵——明亭州、明拴拴

灵宝市朱阳镇庄里村七组明亭州、明拴拴父子,2018年种植烟叶61亩,种植品种为“云烟87”,交售数量8693千克,其中上等烟比例为85.6%,总收益26.9万元,亩均收益4407元。

明亭州,已年近六旬,有着30多年的种烟经历。

明拴拴31岁,16岁初中毕业后开始跟父亲种烟,头脑活,懂技术,会机械,是一个年轻的“老专家”。

虽说是父子,但俩人的脾气性格大不相同。老明是个慢性子,走起路来不慌不忙,说起话来唠唠叨叨。小明是个急脾气,走路说话风风火火,干起活来干脆麻利。

父子俩虽然性格迥异,但在种烟的态度上却高度统一。父子俩一致认为,想把烟叶种好,就得像对家人一样用心照料每棵育苗。从最初的10亩到2010年的20亩,直到2018年的61亩,父子俩种出的烟叶,质量一直是村上数得着的。

随着年龄增长,老明干起活来越来越力不从心。而立之年的明拴拴在2018年开启了属于自己的烟叶事业。

为了打好采收、烘烤这一仗,不让父亲操心,他多次向技术人员求教,学习技术要领。按照“下三上二”优化要求,打掉了下部3片叶,弃烤了上部2片叶,在分类编杆时又将没有烘烤价值的烟叶剔除。烤烟期间,小明观察烟叶仔细再仔细,烧火升温谨慎又谨慎,遇到问题请教再请教,一心扑在烤烟上,不敢有丝毫懈怠。功夫不负有心人,明拴拴烤出的烟叶一炕赛过一炕。

卖完后,明拴拴把售烟发票整理后,给父亲算了算账:61亩烟叶交售8693千克,上等烟比例为85.6%,收入26.9万元;机械作业服务收入11万元,共计37.9万元。

听着儿子口中细细的账目,明亭州心里踏实了!

十五、“云烟87”的拓荒人——宫永强

2002年,灵宝烟区开始推广“云烟87”新品种,多数烟农心有疑虑,都不大愿意接受。可苏村乡胡坡村的宫永强,全部种上了“云烟87”。

宫永强已经种了两年“云烟87”。在他看来,这个品种产量稳定,色泽好、油分足,还比较抗病,烤出的中部烟多、上等烟多,卖钱也多。

作为一位老烟农,种烟是家庭的主要经济来源。当初试种“云烟87”时,老婆、儿子竭力反对,不让他出这个“风头”,说是人随大流不挨罚,万一弄瞎了,一年的收成打了水漂,一家人吃啥喝啥?老宫两眼一瞪,吼一声“事在人为”。他不认同“庄稼活没啥学,人家咋着咱咋着”,而是认为凡事都有窍眼。种什么品种,就得摸清这个品种的脾气。“云烟87”耐大水大肥,留叶数要适宜,成熟集中,耐烤性好,这些特点他都一一记在心里。从烟苗下地,到施肥、采烤,他都一板一眼地照着技术员的要求去做。

收购时节,宫永强的烟叶黄亮似金,柔软得像绸缎,一进烟站人们纷纷围观,验级员心里也乐,卖烟一点也不作难。烟叶卖完了,他算了一笔账,因为早熟早采,时间比别人提前八九天,人也歇了,地也歇了。虽然产量轻一些,但质量好,一点都不少卖钱。比老品种施肥少,用工少,烤烟省劲,用煤也少。

第二年,他继续试种“云烟87”。这年,霜降来得早,老品种贪青晚熟,好多烟叶糟蹋在地里收不回来,但老宫家的烟叶却在霜降之前就采烤结束了。质量上,仅上等烟比例就比其他人高出了20多个百分点。后来,只要烟站召开品种推广会,就会让宫永强现身说法。在他的示范带动下,新品种更换很快被群众所接受。到2004年,苏村全乡9000亩烟田全部种上了“云烟87”。

第二节　卷烟销售典型

一、丽红烟酒店

丽红烟酒店位于灵宝市三仙鹤北大约500米处。走进商店,迎面而来的是三节烟草展柜,每个展柜上都用香烟摆成各种新颖的造型,突出展示省产烟。

这是一个具有30年历史的老字号商店,据商店老板张丽红介绍,从她的父辈开始,就已经做烟酒生意了。当时的商店还不能称之为店,只能叫作杂货铺。对卷烟购进凭感觉和印象,哪些好卖、能挣钱就多购进哪些烟。2011年,商店搬迁至怡馨年华小区东区,处于十字路口东北角。2017年以来,积极加入灵宝烟草分公司的现代零售终端建设,大刀阔斧地对店内的货物展架进行更换,重新摆放。将原来的老货架全部撤掉,换成新的展示柜。在商店的中央醒目位置,改为白酒地堆,将原来仓库的名酒放在地堆的醒目位置。这样,无形中就提高了商店的档次,顾客在进店的时候,第一眼看到的就是香烟的展柜和名酒的地堆,商店经营从食杂店逐渐升级为烟酒店。

2018年,老板张丽红在烟草公司“省产烟转型升级”的宣传指导下,积极转型,“多卖河南烟,为河南建设做贡献”。每一位来商店购买香烟的顾客,在犹豫不决自己要买哪种烟的时候，她都会积极地向顾客推荐河南烟，介绍河南烟的优势，让顾客烟买得称心，钱花得放心。这样的坚持，也使得该店在2018年被评为河南省产烟销售“明星商户”，在2019年河南烟草的销售中取得了灵宝终端户销售总量第二名的好成绩。

二、现代零售终端商户代表——李安来

李安来在西闫开店已有30余年了，从2012年烟草公司开始终端建设以来，特别是2019年3月的终端改造是他做零售以来感触最深、收获最多的一次。

李安来要做的首先是打消顾虑，积极参与。孟娟妮经理多次向他讲解宣传终端建设的长远意义，详细介绍现代终端建设的月度评价标准。孟经理帮他算了一笔其他商户加入现代零售终端前后的经营账，分析当前零售业的发展趋势，使他意识到终端建设势在必行。与西闫街其他有意向的商户一起共同商量怎么改造好终端。

其次对照标准，硬件先行。先重新粉刷翻新店面，将货物摆放格局进行调整。自主购买了三节背柜、三节地柜，摆放在中心位置，地柜背柜的黄金位置做了省产烟专区陈列，它占了卷烟陈列的2/3。同时将非烟物品进行分类摆放，让整个店面焕然一新。顾客一进门第一眼看到卷烟陈列，陈列整齐的货物，让“高大上”这三个字成为店面形象的活招牌。

最后跟踪消费，针对推介。店面形象提升，卷烟陈列有序，此时推介就同锦上添花。李安来把孟经理给他讲的黄金叶卖点用心记了下来，时常主动跟来店的消费者讲解讨论。为了更好推介卷烟，专门建立了消费者跟踪档案，将购买的规格、数量、频次等信息做好记录，每当新烟到店或者卷烟滞销时，心里也有相应的目标消费群体，将什么种类的烟卖给哪些顾客会容易推销出去，盈利从改造前的8%提升到13%，这样的变化让品牌培育更加得心应手。

转型升级势在必行，终端改造时不我待，正所谓转型升级动员令，卷烟商户齐行动，领导重视效果好，商户努力利益增。李安来抓住了时机，积极响应烟草行业的号召，把卷烟生意做得红红火火，把终端建设搞得漂漂亮亮！

第三节　服务典型

一、灵宝市鑫源烟叶专业合作社

灵宝市鑫源烟叶专业合作社成立于2016年，是一所以服务辖区烟农为主的烟叶综合合作社。

合作社社址位于朱阳镇东6千米的透山塬上，占地面积14307平方米，总投资382.24万元，内部建有现代化育苗大棚21个，育苗3200亩，蚜茧蜂繁育10000亩；高标准电烤房20座；合作社建筑面积336平方米。在烟叶产业发展上，制定了社员烟叶生产、双百分生产业绩、育苗服务、机耕服务、植保服务、烘烤服务、分级服务、劳务服务等管理办法。

2019年，合作社入社社员650户，成立育苗、机耕、植保、采烤一体化专业队4支共221人，服务透山、新店、麻河、双庙、美山烟田面积6800亩，在促进烟叶生产标准化、专业化、机械化、规模化发展中起到积极作用。商品化育苗可为南塬核心示范区310余户烟农3000余亩烟田提供合格烟苗，还进行蚜茧蜂生物灭烟蚜实验培育，利用大棚空闲期进行西红柿等季节蔬菜生产，取得良好效果。烘烤工场采用电烘烤工艺，不仅利用生态清洁能源进行生产，而且降低了烘烤用工，提高了烘烤技术和烘烤质量，为烟叶生产专业化打好了基础。

二、灵宝市北塬烟叶专业合作社

灵宝市北塬烟叶专业合作社位于朱阳镇北6千米的梁家庄村，成立于2011年，2019年有社员300余户，建有50座炕房的大密集式烘烤工场，服务烟田1500亩。

该合作社在烟叶生产上实行统一整地起垄、统一育苗移栽、统一烟叶品种、统一烟田管理、统一采收烘烤的“五统一”模式，积极推广提前栽期、小苗膜下移栽、井窖式膜下移栽、豆浆灌根、病虫害防治、大麦掩青、一优两转、不适用烟叶处理、专分散收等先进生产技术，标准化、专业化、机械化、规模化发展程度较高，整地起垄、烟叶移栽工作每年在全市行动快、标准高，多年为全市烟叶起垄、移栽现场会地点，建成朱阳镇北塬烟叶核心示范区，是全镇河南中烟黄金叶品牌优质原料生产基地朱阳单元的“云烟87”生产示范点。

2018年，该社75户烟农栽植烟叶1499亩，烟叶收入522万元，户均烟叶收入6.9万元。烟叶生产成为社员增收致富的主导产业。

三、五亩乡金塬合作社

2011年，灵宝市与浙江中烟合作，在市区东南15千米的五亩乡建起了国家级五亩基地单元，基本烟田面积3.8万亩，常年种烟在1.7万亩以上。同年3月，按照基地单元建设要求，正式注册成立了灵宝市金塬烟叶专业合作社，下设西淹、白羊、窑坡、鱼村、干解垣5个分社。2013年，该社被国家烟草专卖局确定为行业示范社创建单位。该社规模持续扩大，由原来的5个行政村辐射到18个行政村，入社社员达到942户，种植烟叶 1.7 万亩，户均种烟 18 亩，实现了全面覆盖的目标。合作社取消分社称谓，建设西淹、桂花、白马、长桥 4 个片区。目前拥有烟草行业补贴建设的育苗工场 4 个、50 座烘烤工场 1 个、密集烤房 653 座、农业机械 63 台、植保机械 60 台，可经营性资产 2730.37 万元。

1. 组织机构

合作社设有社员代表大会、理事会和监事会等 3 个组织机构，下设办公室、财务室和业务室等 3 个部门。社员代表大会：合作社实行社员代表大会制度，社员代表大会为合作社的最高权力机构，按 20∶1 的原则产生社员代表，社员代表任期 3 年，可连选连任，根据本社章程，每年召开两次社员代表大会。理事会：理事会是本社的执行机构，理事由社员代表大会选举产生，任期 3 年，可连选连任。理事会由 8 名成员组成，设理事长 1 名、理事 7 名，聘请经理 1 名、会计 1 名和技术总监 3 名。理事长为本社法定代表人，理事会在社员代表大会闭会期间，行使社员代表大会职权。监事会：监事会是合作社的监督机构，代表全体社员监督合作社的财务和业务执行情况。监事会由 4 人组成，设监事长 1 人（烟站站长兼任），监事 3 人。监事会成员由社员代表大会选举产生，每届任期 3 年，可连选连任。

2. 制度建设

合作社建立了社员代表大会、理事会工作、监事会工作、议事规则、资产财务管理、社员管理联系、盈余分配、档案管理等八项管理制度。根据合作社运作情况，2013 年，建立了合作社社务公开制度，规定了公开的内容、公开的程序和公开的范围等。同时，完善了合作社章程、资产财务管理制度、盈余分配制度等；建立和完善了烟叶生产、社员双百分生产业绩、育苗服务、机耕服务、植保服务、烘烤服务、分级服务、劳务服务八项管理制度。八项管理制度是：社员代表大会制度、理事会工作制度、监事会工作制度、议事规则、资产财务管理制度、社员管理联系制度、盈余分配制度、档案管理制度。

3. 资产组成及量化

该社拥有可经营资产总金额 2730.37 万元，主要为育苗工场、烤房、农机设施等全部由烟草部门补贴建设形成的。其中育苗工场 4 处，规模 96 座，育苗设施资产 432 万元；农机设施类资产 176.37 万元，包括播种机 1 台、剪叶机 1 台、烟雾机 10 台、弥雾机 50 台、机耕设备 61 台（套）。烤房类资金 2122 万元，包括烘烤工场 1 处及其配套设施，密集烤房 653 座。2013 年 3 月 10 日，经社员代表大会讲座确定，本社可经营资产按当年基地单元种植面积 1.7 万亩量化到单元内 942 个种植主体，1 亩 1 股即 1.7 万股，每股 1606 元。社员所持股权作为参与合作社盈余分配的依据。

4. 社务管理

(1)社员管理。坚持“入社自愿、退社自由”,种烟农户提出申请,经社员代表大会通过,即成为本社社员。合作社建立社员管理台账,包括社员的出资额、基本烟田面积、当年种烟面积、交易量、资产量化额等。

(2)日常管理。理事长负责合作社全面管理,职业经理执行和落实理事会研究制定的生产经营计划和决策。其他 7 名理事负责所在片区化服务管理,解决服务作业时出现的具体问题。会计负责合作社财务与费用收支管理。

(3)财务管理。合作社实行统一管理、片区实体经营、专业队按量计酬、公积金统一提取的财务管理方式。费用列支主要包括工资、水电费、差旅费、会务费、租赁费和办公费等。提取当年盈余的 10%作为公积金,用于设备维护、扩大再生产、技术培训等。合作社经营收入,按交易总额 1%提取理事会、监事会和其他管理人员的误工补贴。公积金使用实行公开管理制度,每半年张榜公布一次,接受社员监督。

(4)资产管理。农机:烟草部门投入和合作社自购的农机设备,由合作社统一存放、统一调配、统一使用、统一维护、统一管理,为划定片区的烟农提供有偿服务。合作社制定农机具使用和管理办法,农机具正常维护费专项列支。设备人为损毁由责任人自行承担。育苗工场:由育苗专业户提出申请,合作社、烟站共同考察确定育苗专业户,接受烟站指导,统一开展育苗。出台育苗工场管护办法,预算支出在 1000 元以下自然损耗的小型项目由专业户自理;1000 元以上的较大维修项目,由合作社筹措资金,专业户安排实施;人为损坏的,由专业户自行负担。同时,合作社利用育苗工场闲置期间,外包种植蔬菜等,发挥以用代管职能。烤房:合作社出台烤房及烘烤工场管护办法,坚持“谁受益、谁维护”的原则,日常维修由合作社出资,责任人安排实施。利用烘烤工场闲置期间,外包种植食用菌,实现以用代管职能。

(5)收益分配管理。按净收益 10%提取公积金,提取公积金后,其余部分为合作社的可分配盈余。可分配盈余中的 70%按本年度社员资产份额分配返还到户,30%按各专业服务队的经营收入比例,作为绩效奖励返还到人。

5. 管理运作模式

合作社坚持“分户种植、专业服务、集约经营、盈余分配”的基本思路,形成了“总社+片区”的建社模式和具有三门峡烟区特色的“一社两场六队,两分六统三量化”运作模式。社员分户种植烟叶,分片区开展专业化服务,合作社统一组织经营,统一开展技术培训,统一签订服务协议,统一作业流程,统一服务标准,统一收费价格;合作社拥有的可经营性资产按亩量化到户,盈余分配按可经营资产股份量化返还到户,烟草行业补贴的物资套餐按社员当年生产业绩量化扶持到户。进一步深化“统分结合、双层经营、利润在社、成本在队、普惠共享、协调发展”的经营机制。按照国家局提出的“全面覆盖、全程服务、全体受益”的“三全”原则,发挥好合作社生产服务、设施管护、技术推广、物资供应、信息支撑等五大职能,按照生产服务内容覆盖“5+4”的要求,分别组建育苗、机耕、植保、烘烤、分级五类专业队,分片区开展专业化服务,服务价格由理事会、监事会、社员代表共同确定。合作社共组建专业队 56 支,成员 448 人。

四、烟农的福星——灵宝人保财险

2007 年,中国人民财产保险股份有限公司灵宝支公司开始实施政策性农险业务服务。公司员工牢记“人民保险,服务人民”的历史使命,弘扬“求实、诚信、拼搏、创新”的企业精神,烟叶保险从无到有、从小到大,业务得到长足发展。2007 年政策性农险业务开办至今,始终认真践行党中央、国务院“支农惠农,服务三农”的政策部署,发挥行业引领作用,积极开展与烟草、农业畜牧等方面的合作。在理赔服务方面,认真履行“迅速、及时、准确、合理”的理赔方针,充分发挥网点机构遍布全市的优势,确保理赔服务工作高效运行,特别是在近年大面积突发性自然灾害发生后,立即启动应急预案,调动系统理赔骨干,开辟绿色通道,急群众之急,想群众所想,及时为烟农提供保险补偿。

灵宝地处豫西边陲,陕、晋、豫三省交界,大部分属温带大陆性季风气候。按照地缘属性,受海陆间热力性质差异和热带海洋东南季风的影响,区域内夏季盛行东南风。其特点是夏季高温多雨,雨热同季,夏秋季节降雨集中。这种气候常出现强对流天气,继而引发暴雨、洪涝、冰雹、雷击等自然灾害。根据气象经验,烟叶灾害多集中在 7~8 月,且以暴雨、冰雹和病虫害为主。灵宝人保财险根据灵宝气象特点,响应烟叶种植保险服务采购项目的各项具体要求,认真履行各项承诺。从政策宣传、人员配备、合规承保、优质理赔到全面回访、内外监督、大灾预案、法务管理等方面工作制定科学合理的具体措施。①坚持服务为本、防控结合的原则;坚持统一指挥、分级负责的原则;坚持快速反应、全司联动的原则;坚持科学调度、合理配置的原则。实行公司一把手责任制,根据灾情类别、受灾面积、损失程度等建立专项工作小组,调拨人力物力全面保障此项工作顺利开展。②着力突出防汛防灾工作重点,全力落实抢险、查勘、理赔工作关键点。确保民生、确保烟草公司和参保烟农利益,通过快速、高效的理赔服务,体现人保财险的保险服务价值。

2014~2019 年,烟叶保险承保理赔面积 26.5 万亩,投入保费 1181.5 万元,累计受损户数 4973 户,累计受损面积 27049.2 亩,累计理赔金额 1069.9 万元。

五、烟农的保护神——防雹增雨

灵宝市位于河南省最西部豫、陕、晋三省交界的黄河南岸,地处豫西丘陵山区。地势为南高北低,地形地貌复杂,局地小气候明显,冬季干冷,夏季降水集中(约占全年的60%),年降水量偏少,干旱问题较为突出。发生范围广,出现次数多,持续时间长,是困扰农业生产发展最重要的气象灾害,民间有“十年九旱”的说法。由于地形地貌复杂,所以冰雹等灾害性天气频繁发生,给农作物带来毁灭性的打击。为减少灾害损失,保证农民增产增收,灵宝市气象局开展了人工影响天气(防雹增雨)工作。

灵宝市的人工影响天气(防雹增雨)工作开展于 1992 年。1997 年 5 月成立了灵宝市人工影响天气工作领导小组,组长由主管副市长担任,办公室设在气象局,小组成员单位包括市财政、公安、农业、水利、林业、交通等部门。领导小组每年召开一次协调会议,制订年度工作方案,布置安排全年工作。制定考核办法并列入了市政府对乡镇的目标考核。每年下发文件督导工作,并组织现场实地督查,推动工作落实。同时各有关乡镇也都按要求成立了人工影响天气工作领导小组,组织管理本乡镇人工影响天气工作,担负作业点建设管理职责,并按要求上报年度作业方案及相关材料。

到 2019 年,灵宝市共设立固定防雹增雨作业点 14 个,主要用于烟叶及苹果生产服务,绝大部分分布在烟叶生产区域。具体分布是:烟叶主产区,朱阳镇 5 个,分布于新店、梁家庄、秦池、王家村、双庙等村;五亩乡 3 个,分布于白马、走马岭、窑坡等村;苏村乡 3 个,分布于胡坡村、下湾、庙沟等村。果品重点区寺河乡分布 2 个。

灵宝市防雹增雨工作取得明显成效:2003 年 5 月中旬以后,灵宝市出现了严重的旱情。这一时期的降雨量比同期偏少 40 毫米以上，其中 5 月 28 日、6 月 18 日所测的土壤墒情达到极旱程度。市委、市政府对此非常关注，要求气象局会同有关乡镇在做好防雹减灾的同时，积极做好人工增雨作业，以解除当前旱情。市气象局认真落实市委、市政府要求，密切注意天气变化，认真分析天气形势，当预报出 6 月 21~22 日有一次有利于增雨作业的天气过程时，立即组织朱阳、五亩、苏村、东村、焦村等乡镇作业炮点，再加上几个流动作业点，利用 5 门高炮、4 门火箭炮进行联合增雨作业。共发射增雨火箭弹 13 发，增雨炮弹 146 发，使全市普降 40 毫米以上降水，基本解除了旱情。

2010 年春季，灵宝市出现了多年不遇的严重的旱情，灵宝市气象局按照不放过一次天气过程的原则，克服一切困难，不分昼夜，连续作战。共开展人工增雨工作 46 站次，动用人员 368 人次，发射增雨高炮炮弹 283 发，火箭弹 59 枚，极大缓解了旱情，冬小麦在大旱之年取得了丰收。

2009~2019 年累计发射炮弹数量 17664 发，年均 2208 发。累计发射火箭弹 726 枚，年均 54 枚。其中作业数量最多的 2015 年，共开展防雹增雨作业 101 站次，发射增雨防雹炮弹 3645 发，火箭弹 9 枚。由于开展了人工影响天气工作，有效地减少了冰雹、干旱等自然灾害给农业生产，尤其是对烟叶、苹果等经济作物造成的损失。

人工影响天气工作在保障全市烟叶及苹果生产安全、农业生产、防灾减灾、降低森林火险等级和改善生态环境方面发挥了重要作用，获得许多殊荣。2002~2010 年连续 9 年被市政府表彰为“服务烟叶生产先进单位”；2004 年灵宝市人工影响天气办公室被省人事厅、省气象局授予“全省人工影响天气工作先进集体”；2003~2004 年连续两年被河南省气象局评为“全省气象部门十佳县（市）气象局”“重大气象服务先进集体”；2004 年和 2007 年两年被省人事厅、省气象局授予“全省人工影响天气工作先进集体”。

第四节　技术创新典型

一、“豆浆灌根”第一人——李新华

灵宝市朱阳镇麻家河村职业烟农李新华,1952 年 12 月 19 日出生,常年种烟 10 亩,2018 年售烟收入 3.3 万余元,烟叶亩均收入 3300 余元。2019 年种烟 8 亩,收入 3.5 万元,烟叶亩均收入 4500 余元。

李新华发明烟叶“豆浆灌根”技术,对烟叶增色提香作用突出,已在全三门峡市普及推广应用。

1998 年,时任朱阳镇麻家河村村委主任的李新华,做得一手好豆腐,村里的人都喜欢叫他“华子哥”。只因偶然机缘,将发酵捂臭的豆浆兑水在距烟根 3 寸远处扎五指深穴灌烟根部并封穴保墒灌了 2 亩,结果所产烟叶烘烤后颜色鲜亮,通体金黄,看上去片大肉厚,一杆赛过一杆,稍微上潮后,柔软得像绸缎一样,每亩多卖出 253 元。一传十,十传百,被烟草公司技术人员发现,上报获批搞试验。他发动烟农试验了一年,取得成功,总结成豆浆灌根技术,形成操作方案,2000 年开始在灵宝全市烟田示范推广,使得烟叶产量、质量和烟农收入迈上了一个新台阶。

2005 年,这项技术被纳入《三门峡优质烟叶生产技术标准》,在全市推广应用,收效显著,还获得了省级科技进步奖。省内外烟区相继来人考察学习,引进示范应用。为此,三门峡市烟草专卖局(公司)还专门建立了“烟叶专用豆浆”加工厂,磨豆浆、发酵等工厂化生产,烟农只需要领回去兑水灌根就可以了,确保了此项技术推广达 100%。

二、烤烟技术的里程碑——“傻瓜烤房”

烤房是烘烤烟叶的基本设施,其性能的优劣直接影响烟叶的烘烤质量。只有不断改进烤房设施,降低建造成本,简化操作技术,才能保证烟叶生产持续稳定健康发展。为此,灵宝市烟办和烟草公司李守义、安明生、邵为民、张继帅、范赞锋、刘建设等人,于 2002 年开始,对原烤烟使用的下排湿炕房,采取边研究边改进边示范边推广的技术路线,主要从改进建造材料、改立式炉为蜂窝煤炉、增设自控仪三方面进行研究应用,形成了具有灵宝特色新的下排湿烤房——“傻瓜烤房”。

“傻瓜烤房”一是变砖混结构为土木结构、变陶瓷火管为土坯火管,便于就地取材、降低成本,平均每个烟炕比原下排湿烤房节约成本 3680 元,促进了本项目在灵宝全市的大面积推广应用;二是变立式炉为蜂窝煤炉,节能效果明显,比上排湿烤房平均每千

克原烟节煤 0.58 千克，降低了能耗，减少了大气污染，保护了环境；三是配以自控仪，基本实现烟叶烘烤过程自动化，明显减轻烟农烟叶烘烤阶段的劳动强度，平均每炕烟比上排湿烤房减少劳动时间 122.2 小时，烟农可腾出时间从事烟叶大田管理或从事其他活动；四是保持了烤房内的湿度，淀粉转化更快速、更充分，减少了挂灰现象，杜绝了青筋青片，提高了黄烟率，平均挂灰率降低 83.1%，大幅度提高烟叶产量和质量，经济效益明显，平均每亩烟叶增加产量 17.7 千克，上等烟比例提高 11.8 个百分点，平均价格提高 1.6 元/千克；五是缩短了烘烤时间，比上排湿烤房缩短烘烤时间 15.7 小时，减轻了烟等炕现象，以及烟叶成熟期赤星病和雹灾对烟叶造成的损失。

从 2002 年始，逐步扩大“傻瓜烤房”的数量及应用面积。“傻瓜烤房”以建造成本低廉、自动化程度较高、节能、省工、提质、增产、投入产出比高的独特优势深受业内有关烟叶烘烤专家的好评和烟农的普遍欢迎。到 2004 年年底，全市共推广 1560 座傻瓜烤房。烟叶产质效益，按每座烤房烘烤 5 亩烟叶，每亩增加效益 381.7 元，共增加效益 297.7 万元。按现行烟叶产品税 20%计算，可创利税 59.5 万元。共可创效益 357.2 万元。减少用工，节约开支，按每座烤房平均每年开烤 7 次，每次节约用工 122.2 小时，共可节约 855.4 小时，每小时按 1.25 元计算，可节约开支 1069.25 元。共可节约开支 166.8 万元。按每座烤房每个生产季节开烤 7 次，每炕 200 杆，每杆原烟 1.23 千克，每千克原烟节煤 0.58 千克，每千克煤 0.38 元计算，共减少开支 59.2 万元。按每座傻瓜烤房较原始下排湿烤房节支 3230 元，全市 1560 座傻瓜烤房共可节支 503.9 万元。累计增加经济效益 1087.1 万元。利用“傻瓜烤房”比上排湿烤房所烘烤的烟叶，平均亩产量增加 17.7kg/亩，平均均价提高 1.6 元/千克，平均亩产值增加 381.7 元，上等烟比例提高 11.8 个百分点。

该项目的研究和应用推广，彻底改变了依赖于人力死看硬守的传统烟叶烘烤模式，显著地提升了烟叶产量和质量，增强了灵宝市烟叶产品在全国烟叶市场的美誉度，烟叶一直供不应求，同时也增加了烟农收入，极大地改善了种烟乡（镇）和烟农的财政收入与经济状况，促进了灵宝全市烟叶生产的持续稳定健康发展，并且节约了砖和水泥资源，降低了能耗，既缓解了建筑材料和能源的供需矛盾，又减少了烟尘的排放量，减轻了大气污染程度。

灵宝市率先开展的“‘傻瓜烤房’建造技术研究与应用”在省内居于领先水平。2005 年 6 月获灵宝市科技进步三等奖，并荣获三门峡市科技进步三等奖。

第五节　灵宝烟草行业突出贡献者

程宝玉　李守义　赵玉卿　苏富强　邵为民　薛本立　杨金圈　王全录
许钢锁　王守奎　郭结运　李建立　周玉成

程宝玉　出生于1955年11月,中共党员,毕业于河南农业大学烟草专业,农艺师职称。1985年3月至2003年7月在灵宝市烟草公司工作,曾任生产副科长、科长,公司副经理,后调任三门峡市烟草公司工作。在灵宝市烟草公司工作期间,注重科技兴烟和管理创新,为推动烟区科技进步和可持续发展做出了突出贡献。

程宝玉担任烟草公司副经理之初,正值烟区发展徘徊不前之际,烟农积极性不高、烟田面积连年萎缩、烟叶总产持续下降、种烟经济效益欠佳等问题制约着烟区的稳步发展。他认真开展调查研究,寻找破解难题、走出困境的有效途径,坚持不懈、卓有成效地组织实施了"五个提高"工作。

着力提高烟田基础整体水平。为破解烟田基础肥力偏低、分布零散,制约烟叶产量、质量、效益的问题,程宝玉提出并组织开展了"三个转移"工作:烟田选择由坡地向平地转移,烟田布局由零星分散向集中连片转移,烟田耕作方式由多年连作向三年轮作转移。通过"三个转移"工作的有效开展,使得全市烟田规划合理、布局科学、轮作有序,烟田基础整体水平得以显著提高,为提高产量、质量和效益奠定了良好基础。

着力提高烟农队伍技术整体水平。20世纪90年代初期,由于诸多因素所致,烟农普遍技术素质不高,技术理解能力不强,技术落实不规范。程宝玉提出并组织开展了"四个一"工作,即每年制订一份年度烟农技术培训计划,每个重要生产环节分别召开一个现场会,每项主要生产技术给烟农发放一张技术规范(明白纸),每年利用农闲时间进村开展一次技术系列讲座。通过上述工作的深入开展,广大烟农的技术理解能力、技术操作水平和技术水平得到了整体提高。

着力提高技术指导队伍整体水平。工作在生产指导一线的烟草职工,其技术水平的高低,直接决定着技术指导工作的最终成效。程宝玉十分重视技术指导队伍的建设工作,一是有效调整公司现有技术指导人员,做到人尽其才、才尽其用。在此基础上,先后从许昌老烟区聘请了30名烟叶生产技术员,壮大烟叶生产技术指导队伍。二是每年组织从事烟叶技术指导人员,开展两次为期不少于5天的集中技术培训,采取理论授课、登台试讲、闭卷考试的方式,保证培训取得良好效果。三是注重理论联系实际,突出烟叶育苗、烟田施肥和烟叶烘烤三项主要技术,组织进行田间答疑解惑,现场操作练兵,有效提高了生产技术指导队伍的整体水平。

着力提高标准化生产整体水平。标准化生产技术落实到位率的高低,决定着烟叶产量、质量和经济效益,同时决定着烟区可持续发展的态势。为了提高烟区标准化生产整体水平,程宝玉提出并组织开展了三个方面工作:一是组织实施烟农生产业绩双百分考核管理,将烟农应落实的烟叶标准化生产技术,分项量化,确定分值,总分为200分,由烟站技术指导人员分项进行现场检查考核,烟农年终考核总得分与其享受的烟叶生产扶持费挂钩兑现,有效提高了烟农落实技术标准的自觉性。二是实施公司生产职工工作业绩百分考核管理,将职工在生产指导中应落实的各项工作分解量化,确定分值,总分为100分,由公司组织分阶段进行现场检查考核,职工年终考核总得分与绩效工资挂钩兑现,极大地提高了职工督导技术落实到位的积极性。三是实施技术包村目标责任制,开展"四包一挂",即每位烟站职工技术承包一个种烟村,将种烟面积、上等烟比例、总产量、亩产值四项考核目标完成情况与职工本人工资奖金挂钩兑现。上升三个管理机制的推行,保障了技术标准的全面落实,促进了烟区标准化生产整体水平的不断提高。

着力提高烟区科技进步整体水平。烟区要保持可持续发展的良好态势,不仅要坚持不懈认真抓好标准化生产常规技术的全面落实,而且要十分注重推动烟区科技进步与科技创新。程宝玉发挥所学专业之长,身先士卒,个人先后在国家级、省级刊物上发表科技论文17篇,同时带领科研技术人员,先后研发推广了多项省、市领先的新技术,其中烟田"低起垄、高培土"旱作栽培技术、"三五三一"烟叶烘烤工艺、烟田豆浆灌根技术、烟叶下排湿烤房建造与应用技术、烤房自动化控制烘烤设备应用等技术成果获得省、市级科技成果奖。

程宝玉在灵宝市烟草公司工作期间,以烟区稳步发展为己任,发挥烟叶生态资源优势,优化烟田区域布局,强化技术队伍建设,突出标准化生产,注重烟区科技创新与进步,工作成效显著,为灵宝烟草事业的发展做出了重要贡献。

李守义 1992年,李守义临危受命,接任灵宝市烟叶生产办公室主任。他兢兢业业,任劳任怨,在这个岗位上一干就是18年,为灵宝烟草事业的持续发展弹精竭虑,鞠躬尽瘁,受到广大烟农、业内业外人士的一致好评。

灵宝市的烤烟生产起发于1982年,1983年烤烟种植面积逐渐稳定在3万亩左右。

后来，由于多数烟叶都种植在“三边”的不毛之地，致使烟叶质量差、商品烟亩均产量低，粗放种植烟叶生产效益不佳，加之天公不作美，连年干旱、冰雹等自然灾害的袭击，导致烤烟种植面积急剧下滑，1992 年全市实际种植面积只有 6000 亩左右。

上任伊始，李守义就下沉到各种烟乡镇，走村串户，考究烤烟生产的症结。他第一站来到了苏村乡深山区梨子沟村，当听到烟农反映，缺乏资金无法保证烟叶生长的物资投入，缺乏结合烟叶生产特性所必需的生产技术要领，就开始琢磨烟办该怎样支持烟农种植烤烟。1994 年 9 月，市烟办出台了三年“滚动发展”的政策，市里出资 17 万元，购买肥料、地膜等烟用物资，供烟农生产使用。烟农出售烤烟后，由村委会负责收回物资款，10%留给村用于发展烟叶开支，其余 90%缴市烟办。由烟办下年从市里下拨的 17 万元中补足 100%后，购成烟用物资连续扶持烟农。当年就确定了 8 个村 2000 余亩的滚动扶持，后来 3 年扶持面增加到 50 个村，面积达到 10000 余亩，取得了很好的经济效益。紧接着，他为解决烟农生产中技术应用问题，先后从许昌、襄城等地聘来 13 名烤烟技术员，分派到面积大的种烟村，此后慢慢地各种烟村组都配上了技术员。村民通过种烟，立马脱贫，当年致富。种烟积极性大增，全市种烟面积由 1992 年的不足 6000 亩跃升到 13000 亩。

为继续提高烟农的积极性，做大做足灵宝烟叶产业。李守义向市政府提出了改革税收分配模式的建议。在他的建议和推动下，灵宝市政府于 1998 年出台了《关于调整各种烟乡镇税收返还办法的通知》，先从烟叶税收总款中提取 10%用于扶持烟农生产投入，然后将全市烟叶税收总额 50%返还到乡，5%奖励到村。由此，调动了乡、村、组烟农种烟爱烟的积极性。各种烟乡镇纷纷出台奖励政策，机关干部也都披挂上阵，背起行囊入村包户，宣传发动群众种烟致富。1998 年五亩乡烟叶面积仅剩 400 多亩，税返政策使之起死回生，后来成为万亩种烟乡。

在烟叶生产快速发展过程中，存在着乡、村、烟农的经济效益和市场需求优质原料、烟草部门收购产品调出及收购环节等新的矛盾。他在实践中总结出了优质烟叶是生产出来的，不是收购出来的；提出了烟叶生产必须提质增效，稳步有序发展的策略。于是他从抓技术培训入手，不断提高烟农素质。推广实用技术，重点抓好配方施肥和烟炕改革。积极外聘技术员，与许昌研究所研究员李淑君签订技术指导合同，双方达成协议，每年培训灵宝烟农 5 次，使灵宝烟农烟叶生产技术在较短时间里得到全面提升。

他重视烟叶生产的每个环节，即整地起垄、育苗、移栽、田间管理、采收烘烤。用他的话说，就是五关十八环、环环紧相连，哪个环节都不能出问题、掉链子。在落实“五关十八环”生产的过程中，他率先拟出“双百分”考核方案，同烟办、烟草公司员工一起，给每个环节都以对烟叶质量的影响不同的分数计算，加起来共100分；把年终收购量以上等烟比例、中等烟比例和收购总量按100分计算，这样为两个100分。有奖有罚，奖罚干部和烟农都以环节计分为依据。结合“双百分”考核方案，给烟农发放明白卡，进行培训指导，严格到每户、每个阶段、每个环节上。

他重视技术推广网络组织建设，建立了市、乡、村三级技术网络，各乡镇有烟办、各村有烟叶专干，都配有专职技术人员。在年终考核中，对上等烟比例和产量达到分配任务，且环节计分在90分以上的烟农，兑现当年扶持费，否则按比例扣除。对乡镇、村上等烟比例和收购量达到分配任务，且对环节措施落实达到90分以上的给予奖励，80分以下的给予处罚。通过“双百分”考核，使上下齐动，形成员工人人有担子，烟农户户有压力。一成套实用技术得到推广应用，烟叶生产无论数量或者质量都得以逐年提高。

在设施建设方面，他亲自规划，积极向上争取资金和项目。在任期间，共为灵宝争取资金2亿余元。想方设法，取得配套资金2000余万元，使灵宝烟区的烟田道路、烟叶机械、烟水配套、烟炕改造、育苗设施等方面的硬件建设得以极大改善，基本实现五配套，并解决了大部分山区种烟村的人畜饮水问题。为把自然灾害降到最低，他积极协调气象、武装、乡镇等部门，并投资200余万元在全市烟区建立两个防雹增雨炮点，有效控制了灾害的发生。

他倡导首推灵宝烤烟综合标准化基地项目建设。该项目2002年被核准立项，2004年以优异成绩顺利通过国家第一批考核验收。在任期间，他以工业的理念谋划烟叶生产，优化品种布局，确定了以云烟系列优质品种为主种植，生产卷烟工业主要原材料。使灵宝的烟叶在市场上供不应求。全国几个大工业卷烟集团争相在灵宝建立生产基地。确定基本烟田保护制度，促进耕作制度改革，依据优质烟生产需要划定生产区域和地块，实行“三二三”轮作制度。满足烟叶生产发展长期对土地的需要，结合本地自然环境情况，建立了冬起垄、春盖膜、露脚盖膜、不揭膜，施粗肥、草盖垄、少施肥，硝酸钾、豆浆、氨基酸灌根等耕作措施。实施良种良法配套，确定了施肥的时间、施用量、施用方法、次数、病虫害防治。另外，如云烟系列品种在灵宝地区种植，因原来4月底5月初气温偏低，此时移栽易感染病毒。依据实际情况确定了在灵宝山区前塬5月10日后栽植，后塬5月15日后开始栽植，降低病害发生率。

李守义作为烟办主任，不仅给市政府提建议、出点子，还扑下身子深入烟田地头，亲自和烟农起垄栽烟。在五亩白羊村一待就是9天，满身泥土，几乎变成泥人。在寺河乡新烟区,他亲自给烟农示范“挖大坑、深栽烟、浇足水、缓封土”栽烟要领,动作敏捷、技术熟练。许昌烟草研究所专家李淑君连连称道“李主任也成专家了!”

李守义,坚守烟草行业近 19 年如一日,干一行,爱一行,足迹遍布全市种烟乡镇的各个村组,为发展灵宝烟草产业,倾注了全部心血。全市的烟田面积由 6000 亩发展到 5 万多亩,烟叶收购量由最初的 4000 担攀升到 16 万担,创造了其他烟区萎缩、灵宝逆势而上、不断发展的奇迹。

李守义虽已退休多年,但人们只要说起灵宝烟叶,都会说:灵宝烟叶壮大发展,李守义功不可没!

赵玉卿　1991 年春走马上任灵宝县烟草公司经理。上任伊始,灵宝烟草公司生产落后,经营亏损,干部职工思想情绪低落。他深入乡村,面对面和烟农交谈,耐心细致地做烟农的思想工作,在较短的时间里,不断扩大烟叶种植面积,使灵宝烟田面积迅速回升。他倾心致力于烟草公司内部建设,稳定员工队伍,重组烟草资源,使灵宝烟草企业出现一年一小步、三年一大步的局面。单位盖起了办公大楼,建起了复烤加工厂,企业扭亏增盈,盖了家属楼,成为灵宝企业纳税大户。到 1993 年,灵宝烟叶面积达到 14744 亩,产值达到 400 万元以上,为国家上缴烟叶税 120 万元以上。

赵玉卿勤于学习,不断钻研烟草业务,多次受聘到河南农大、洛阳市、三门峡市等多地巡回讲学;多次获得科技成果奖,其中,省级 6 项,地市级 13 项,县级 2 项。1982 年他的《烟叶优良品种长脖黄大面积推广应用研究》获洛阳地区一等奖。1983 年他的《大面积推广优良品种长脖黄》在《烟草科技》第 2 期发表;1988 年《坚持“国标”收购,维护良好的收购秩序》在《中国烟草工作》第 1 期发表。电视纪录片《陕县烟叶醇又香》《优质烟叶栽培技术》,分别于 1985 年、1986 年在全国烟叶生产会议和洛阳电视台播放,1987 年在三门峡电视台播放。

赵玉卿多次被评为先进工作者、优秀技术员,1984 年被评为洛阳地区先进科技工作者。1991~1993 年任灵宝县烟草公司经理期间,科学谋划、精心管理,为灵宝烟叶生产持续健康发展做出了突出贡献。

苏富强　男,1964 年 6 月生,中共党员,研究生学历,高级农艺师。1987 年 8 月至 2004 年 2 月在灵宝烟草公司工作,2004 年 2 月至 2010 年 5 月任卢氏县烟草公司副经理,2010 年 5 月至 2020 年 1 月任三门峡市烟草局(公司)烟叶生产管理科科长。

1987年7月，苏富强从河南农业大学烟草专业毕业，8月被分配到灵宝市烟草公司，在灵宝烟草公司恪尽职守、任劳任怨，勤勤恳恳地奋斗了17年，受到领导与同事的一致好评。刚到公司时，他被安排到朱阳烟站工作（当时朱阳全乡仅朱阳烟站一个烟站）。1988年1月被任命为副站长，主管烟叶生产工作。他不畏基层工作和生活条件艰苦，任劳任怨。当时交通条件十分差，下乡到村全靠两条腿步行。朱阳种烟在灵宝来讲起步较晚，此时正是发展阶段，群众对种烟技术还不掌握。他常年四季不断地深入到种烟村，吃住在村，与村干部座谈，与烟农交流，宣传种烟政策和种烟技术。对一些关键技术，他亲自示范，手把手地教。许多烟农刚开始种烟，尤其不懂得烟叶烘烤技术，他就把烟农集中起来，亲自示范讲解，和烟农一起住到烤房旁，亲自操作。刚到烟站短短一个月时间内，他就跑遍了朱阳镇各个种烟村的自然村。他不断地奔波于各个种烟村，不断地解决烟农种烟中的问题，使刚发展起来的一些新户和新的种烟村迅速巩固，并扩大种植规模。他也同时与广大烟农建立了深厚感情，凡是种烟村的烟农都能叫上他的名字，哪户烟农种多少烟，哪块烟长得怎样，他心里都有谱。到各村里，群众都争着让他到家里吃饭，而且将能够把他请到家里吃饭作为一种荣耀。他在高会村开展烟田地膜覆盖试验，取得了显著成效，并逐年在朱阳扩大应用，使地膜覆盖新技术在烟田上的应用实现了突破，为后来在全灵宝全面推广应用起到了积极的示范引导作用。

1989年2月，苏富强调到灵宝市烟草公司烟叶生产技术科，先后任副科长、科长。在灵宝市烟草公司烟叶生产技术科工作期间，特别是1994~2004年10年，他担任烟叶生产技术科副科长和科长期间，针对烟农技术薄弱，种植效益低下，他常年深入种烟乡村，以自然村为单位，逐自然村对烟农开展技术培训。针对红花大金元品种容易黑暴、难烘烤的问题，他不断深入到种烟村，进烟田、钻烤房，耐心细致地做指导，使红花大金元这个优良品种得以稳定种植。他积极组织示范推广云烟87优良新品种和漂浮育苗新技术，总结出适合于灵宝丘陵山区烟田稳产稳收的旱作栽培技术，并在生产中全面实施以冬耕整地起垄和春盖膜为核心的旱作栽培技术。积极出台有关对乡镇、对村组、对烟农的扶持政策，激发了广大乡镇村组干部抓烟主动性和广大烟农种烟积极性，推动了烟叶生产整体水平提升，使烟叶种植效益大幅度增长。他连续多年先后包朱阳镇、苏村乡，督导乡镇烟叶生产工作，使朱阳镇由一个种烟数千亩的小乡镇一举发展到3万余亩，成为灵宝市种烟第一乃至三门峡市种烟第一的大乡镇；使苏村乡也进一步巩固发展跃升到种烟万亩乡镇行列。他担任烟叶生产科长10年时间里，灵宝市的烟叶种植规模由小到大、由弱到强，迅速跃升为三门峡市主要种烟县（市）之一。为此他被评为“灵宝市财贸系统标兵”,被三门峡市委组织部评为“三门峡市先进科技人才”,被三门峡市委授予“三门峡市首届十佳青年科技人才”称号。

苏富强能够结合灵宝烟叶生产工作实际,一直坚持学习,不断思考和总结,在理论上升华。先后在国家和省部级刊物上发表论文20余篇,其中在《烟草科技》《中国烟草科学》《西北农林科技大学学报》《郑州轻工业学院学报》等省(部)级以上刊物上发表论文10余篇;作为主要完成人,完成《烤烟“低起垄坑栽烟高培土”旱作栽培技术的研究与应用》,先后获得灵宝市科技进步一等奖和三门峡市科技进步一等奖;《豫西旱作烤烟“三五三一”烘烤工艺研究与应用》获得三门峡市科技进步成果三等奖;《旱作烤烟矿质营养需求与平衡施肥技术研究与应用》获得三门峡市科技进步成果三等奖;《豫西旱作烤烟烘烤模式研究与应用》获得三门峡市科技进步成果一等奖。获得实用新型专利1项。作为主要作者编写专著3部,其中,作为副主编,完成《烟叶烘烤》24.3万字中的6.26万字的编写量。

邵为民 中共党员,高中文化程度,1984年10月由洛阳地区烟草公司统一招考录取、培训进入灵宝县烟草公司工作。先后在苏村、五亩、朱阳、烟叶复烤厂、公司生产科工作,曾担任过生产技术员、等级预检员、收购点负责人、烟站站长、生产科科长等职务。

1989年7月,邵为民被调到灵宝产烟大镇朱阳镇烟站,主要负责全镇烟叶生产的技术指导和烟叶收购等级质量工作。由于平时工作踏实、认真,表现突出,从主检被提拔到副站长兼主检。1991年年初至1999年年底任朱阳烟站站长,其间因矿山黄金产业的发展和果业种植面积发展的冲击,烟叶种植面积逐年下滑。1995年全市烟叶面积下滑3000余亩,其中朱阳下滑就有2000亩左右。为了扼制面积下滑,邵为民带领烟站员工在镇政府烟办人员的大力配合下,深入村组,讲解公司出台的优惠政策,宣传种烟富民政策优势,并逐环节培训指导种烟技术,增强烟农种烟致富的信心。通过不懈的坚持和努力,1998年朱阳镇的种烟面积恢复到1.2万亩。

每年到了收购季节,为保证收购工作顺利进行,达到国家、烟农、企业满意,他以烟站为家,总是带领职工起早贪黑奋战在收购一线,晚上还守候在仓库查看成包数量和报表数字,做到日盘日清。在站内员工中积极开展“我是一位烟农”主题活动,通过学习教育换位思考,提高了员工认识和服务态度,同时还经常利用下班休息时间,为烟农讲解分级知识,帮他们整理混级烟叶,保证了烟叶收购的公开、公平、公正。1996年底,邵为民累倒在工作岗位上,经医生检查发现,因艰苦的工作环境和劳累过度,他患上痨病。

经住院治疗后,他又快速重返工作岗位。

1999年年底,因工作需要,他被调回公司生产科工作,主要负责外聘技术管理工作,同时也有生产包乡任务。他包的乡镇是五亩乡,五亩乡1999年前种植烟叶3000余亩。为了发展面积,邵为民和站长刘建设积极配合五亩乡政府,在乡主抓领导和烟办主任的大力支持下,深入村组,通过大会小会为群众宣传种烟政策,培训推广种烟新技术。为取得实效,使烟农得到收益,他们与烟农同担风险,凡是需要在全乡推广的技术,都要在自己所包村内先推广,然后示范带动。为了弥补技术欠缺,他总是前一天晚上提前学习、理解、吃透,第二天再向烟农培训传授。多次在移栽时自掏腰包为所包村整修抽水站备水栽烟。6年间,他走遍了五亩乡所有的村组及每一块烟田,下乡期间与烟农同吃同住,打成一片,建立了深厚感情。他的手机就是五亩乡烟农热线,随打随接,24小时电话指导。五亩乡烟田面积由1998年的3000余亩迅速发展到2005年的13700余亩,为五亩乡烟叶发展打下坚实基础。

邵为民在科技创新工作中,积极组织实施冬前起垄、漂浮育苗、平衡施肥、地膜覆盖、优良品种推广、化学抑芽、成熟采烤、密集化烘烤等,并取得了显著成效。邵为民还结合当地气候土质情况,于1996年在朱阳镇麻河村独创"团棵"烟苗豆浆灌根根外追肥技术,取得显著成效。并在此基础上,针对烟田肥力和烟株长势搭配调整硝酸钾和硫酸钾的合理使用,真正达到提质、增产、增效的作用。当时统计增产在30%以上,增效50%左右,烟叶等级在原有的基础上普遍提升了一级。此项技术得到省内外烟草专家的高度认可,并在省内外烟区推广应用。

2004年5月,在推广下排湿烤房时,邵为民将五亩乡桂花村张兴泽家的下排湿烤房的立式炉改为蜂窝煤卧式炉,多次加煤改为一次性加煤,省时省力。他同郑州智联公司一起研发自控大门烤烟设备,经多次试验最终获得成功,并于当年在全市范围内大面积推广使用,效果甚佳,深得烟农欢迎。这两项技术的使用,大大降低了烟农的烘烤强度,由原来的不离烤房,2小时搭一次煤,到烤一炕烟装一次煤,烟农烤烟干活两不耽误。经粗略统计,烟农烤一炕烟可省工6~8个。

2011年,郑州烟草研究院朱尊权在豫西烟区选点研究"提高上部烟可用性"试验课题,最后选点是在渔村上埝百亩连片30亩烟田,由蔡博士提供试验方案,灵宝分公司生产科组织实施,邵为民科长在五亩乡渔村的百亩连片大力推广了"上部6片叶一次成熟采收"技术,由于安排到位、措施得力,当年试验一举成功。烤后的烟叶具有成熟度好、香气足、颜色好、化学成分协调等优点,得到专家们的高度赞誉,他们说"这是我见过最好的上部烟叶,这个烟叶真是太好了”。第二年,邵为民又带领科室包乡人员和烟站包村人员深入村组,给烟农宣传推广“上部6片叶一次成熟采收”技术,成效显著,真正改变了原来上部烟烤后挂灰现象,大大提高了等级质量,烟农效益可观。

邵为民在任烟站站长、生产科科长期间,同烟草公司其他同志一道,攻坚克难,为灵宝烟草事业做出了积极的贡献。2004年9月,灵宝烟区顺利通过国家局“烤烟标准化综合示范区”验收。2006年顺利通过全国“烤烟质量体系认证”。2010年、2011年以高分成绩分别通过了浙江中烟五亩基地单元、河南中烟朱阳基地单元验收。2012年9月,顺利通过国家局“烤烟标准化综合示范区”复检。

李建立　一个土生土长的山区农民,学校毕业后,满怀一腔热血,踊跃报名,参加了中国人民解放军。在这所大学校里,他的自身素质得到了提高,个人意志得到了淬炼,精神世界得到了升华。复员后,毅然回到了生他养他的故乡——白羊村。经党员群众推荐、党委批准,于1983年春走马上任,挑起了白羊村党支部书记的重担。

铁肩担道义,妙手绘河山。这担子一挑就是31年零8个月。如今白羊村的集体经济底子厚了,群众腰包鼓了,道路宽了,汽车多了,李建立笑了。村民人均纯收入由1983年的不足100元,上升到了2015年他卸任时的10000元以上。白羊村从昔日落后的穷山村走到今天,靠什么?靠的是“一村一品”的发展思路,靠的是种植烟叶。

白羊村位于五亩乡山区塬上。村民祖祖辈辈靠着勤劳的双手,过着“日出而作、日落而息”的农耕生活,十年九旱,劳作单一。20世纪80年代初期,灵宝开始种植烤烟。县上乡里,大会号召、小会鼓动,村里也是大会讲、小会说,不断向群众宣传种烟的好处。不少村民说,这事听起来动心,干起来担心,还是老老实实种庄稼吧;一些村民认为,有了责任田,喂头猪、养头牛,老婆孩子热炕头,觉着烤烟这“洋玩意”,好像丈二和尚摸不着头脑;还有极少数村民想不通、听不惯,不管你怎么说,就是抱着葫芦不开瓢。上任伊始的李建立面对不少村民小富即安、思想保守的局面,更觉得作为村官的责任重大。他以军人特有的作风,冷静分析,沉着应对,带着一班人,定思路、谋出路、找活路。经过一段时间的调查研究,他根据该村土地面积广,适宜多种作物种植的特点,提出了“一人一亩园,一人一亩烟”的奋斗目标。俗话说,新官上任三把火。说干就干。李建立从县上请来了烟办的李守义主任、烟草公司的程宝玉经理,和大队长李满祥分别深入到各生产队,召开不同形式的会议,给群众算经济账,并把许昌的烟师傅请到村里,面对面畅谈宣传许昌地区种烟给群众带来的好处。同时把愿意种烟的农户用班车拉到卢氏、灵宝种烟好的乡镇参观学习。经过深入细致的群众工作,1983 年发展烟叶 300 余亩。就这样一直到 1991 年,由于缺乏科学施肥等关键技术要素,炕出的烟叶多数是黑爆烟,种烟收入不高,不少种烟农户纷纷下马,到 1991 年年底,五亩全乡只剩下白羊村的 200 多亩烟田。1992 年,五亩乡政府出台了一系列激励群众发展烟叶生产的惠烟政策,李建立针对群众种烟情绪不高、种烟积极性下降的实际,结合乡政府的惠烟政策,村两委也出台了一系列奖罚措施,让种烟效益好的烟农现身说法。经过不断的耐心工作,白羊村 1992 年烟田面积达到了 629. 5 亩。之后,由于惠烟政策的持续激励、烟农种烟技术的逐步成熟,烟农种烟积极性逐年高涨,2000 年以后,白羊村的种烟面积一直稳定在 1000 亩以上,烟农收入不断攀升。到 2005 年,村民人均收入已经达到 5000 元以上。村民家家户户买回了农用三轮车,家用电器一应俱全,不少农户还买回了东风汽车、桑塔纳轿车、高档摩托车。到 2019 年,白羊村仅种烟一项村民收入已经达到 10000 元以上。如今的白羊村楼房林立、道路平坦、清水哗哗,村民洋溢在脸上的自信和鼓囊囊的钱袋子,呈现出一派欣欣向荣的社会主义新农村的繁荣景象。村民们都说,吃水不忘挖井人,这要感谢烟叶的好产业,更要感谢我们的老书记李建立!

薛本立　引种烤烟第一人。薛本立是灵宝市五亩乡南村人,生于 1939 年 1 月。1958 年 7 月参加工作,1959 年加入中国共产党,先后在五亩、故县、阳平公社、农业局、朱阳、苏村等单位工作,建树颇多。

1980 年 11 月至 1983 年 10 月任苏村公社党委副书记、管委会主任。在任期间,想群众之所想,急群众之所急。为了使山区群众早日脱贫致富,于 1981 年秋,亲自带领苏村部分村支部书记和部分村干部,赴许昌、漯河等老烟区实地考察学习烟叶生产技术。返回后,积极向县委、县政府申请在苏村试种烤烟;积极宣传在本乡种植烤烟的自然优势和发展烟叶生产、“富民富乡”的重大意义,并召开村组干部大会,实行紧急动员部署,提出了“常抓林,短抓牧,抓住烟叶当年富”的经济发展思路,明确提出每人种植一亩烟的责任目标。苏村党委及时将种植烤烟的发展思路、目标任务、实施步骤、具体措施向县委、县政府做了全面汇报,得到了县委、县政府的肯定。1982 年春,苏村乡最早开始种植烤烟。之后,灵宝域内烟叶种植面积逐年攀升,逐步成为富民富乡富财政的支柱产业。因此,薛本立被誉为灵宝烤烟引种第一人,苏村乡被誉为开启灵宝烤烟种植第一乡。

郭结运　郭结运先后两次主管朱阳镇烟叶工作,第一次是1996年7月至1999年9月,时任副镇长,第二次是2000年月2月至2005年1月,时任副书记、人大主席。

烟叶当时已是朱阳镇农业主导产业,是农业产业发展的重头戏,郭结运主管烟叶生产工作,在乡镇也是重要岗位,感到重任在肩。

朱阳镇烟叶产业发展一波三折,从1982年开始,到郭结运主管的1996年,全镇烟叶栽植面积已发展到1.5亩,占到全市的40%,烟叶生产主要指标总产量、总产值、亩均单产、千克均价一直也在全市乡镇前列。到1999年,全镇烟叶栽植面积发展到2万亩;到2004年,全镇烟叶栽植面积发展到2.5万亩。在他主管朱阳镇烟叶工作这几年,通过下达任务、督促落实、宣传发动、典型带动,全镇烟叶栽植面积增加了1万余亩,烟农户数增加2000余户。烟农收入显著提高,盖新房、娶新娘、买新车,村村面貌变了样。

他重视烟叶生产技术推广工作。1998年麻家河村村委主任李新华发明了烟叶豆浆灌根技术,朱阳镇组织烟农实验成功,第三年开始在灵宝全市烟田示范推广,2005年这项技术被纳入《三门峡优质烟叶生产技术标准》,还获得了省级科技进步奖,使得烟叶产量、质量和烟农收入迈上了一个新台阶;烟叶育苗,当时主要是推广营养钵育苗,采取集中育苗、专业指导、示范带动的办法,组织烟农育好烟苗,保证烟叶育苗成功,满足移栽需要。烟田起垄、烟苗移栽、烟田管理,由于机械化程度不高,烟农需要投入大量劳力进行深翻施肥、画线起垄、移栽浇水、查苗补苗、豆浆灌根、中耕除草、病虫害防治和烟株抹芽打顶,他积极组织烟办、烟站干部职工深入烟田指导烟农生产,督促生产进度。烟叶采收烘烤,村村安排有技术员,上门技术指导。

郭结运注重配套改善烟叶生产基础设施。主要是烟炕建设,采取烟草公司补一点、镇政府补一点、烟农筹一点的办法,鼓励烟农新建改建烟炕,改进烤烟设施工艺,提高烤烟技术水平。

烟叶收购,是每年的烟叶生产重点工作。全镇当时有两个烟站,收购任务大,烟叶收购秩序维护至关重要,镇领导实行包站管理,烟办、各村驻站值班,维护收购秩序,协调解决矛盾纠纷,保证了烟叶收购顺利进行。郭结运主管朱阳镇烟叶生产总共8年,见证、亲历了朱阳镇烟叶产业的发展壮大,目睹了朱阳烟农的成长变化,烟叶生产对朱阳镇的发展和农民的致富发挥了重要作用。

第八章　财务税收

灵宝市在烟草公司成立前，烟草经营企业的财务与审计工作按照国家财政部门和上级公司的有关规定进行。县公司成立后，执行烟草行业统一的会计制度和财务管理制度。

第一节　财务管理

中华人民共和国成立后，烟草经营行业的财务管理体制随着国家政策和烟草业务归属的变动而不断变化。

一、体制沿革

1950~1951年，财务管理模式为省级公司统一财务核算、统一资金调拨、统一费用报销。税收在属地缴纳。

1953年5月起，境内烟草经营机构财务管理及核算体制为三级管理，统收统支，实行简易核算，为省、专公司的报账单位。

1955年8月，成立土产副食品经营部，经营卷烟、烟丝、烟叶及糖、酒等，实行简易核算，逐级上报，由省专卖公司统一核算。

1957年，河南省各县烟草机构并入县供销合作社，为县、社二级机构。财务归县、社核算。下属收购单位的财务与基层供销社一起核算。

1958年3月，商业体制改革，服务局、供销社、商业局合并为商业局，实行统一领导、统一经营、统一核算的管理体制。烟草经营机构改属县商业局管理和核算体系，与上级公司核算脱钩。

1962年5月，国家商业部颁发《关于恢复和建立专业公司的决定》，经营卷烟的副食品经理部(公司)划归省商业厅副食品公司系统，由省公司统一核算管理，县公司为简易核算报账单位，所属资产与县商业局、县财政局脱钩，利润全额上缴，亏损上级拨补，行政上接受县商业局领导。经营烟叶的县土产经理部划归供销合作社系统，为简易核算单位。

1966 年 1 月,副食品公司改属县商业局核算体系,利润上交县财政。土产公司仍为供销社简易核算单位。

1975 年,供销社恢复,烟草收购业务归供销社,卷烟经营业务归县商业局;恢复建立烟棉麻公司,其财务管理为独立核算、自负盈亏。

1984 年,县烟草公司成立初,其财务管理体制沿袭商业财务体制,与县财政局脱钩,成为独立核算、自负盈亏的经济实体,并实行中国烟草总公司、省公司、分公司、县公司四级管理三级核算体制。

1985 年 1 月,河南省烟草公司及所属工商企业由中国烟草总公司管理,实行产供销、人财物、内外贸集中统一管理,财务制度由中国烟草总公司统一制定,财务收支纳入财务计划。河南省烟草商业企业实行省公司、分公司、县公司、基层烟站四级管理。

2007 年 10 月,灵宝市公司法人资格被取消。实行简易核算。

二、计划目标

灵宝县烟草公司成立前,烟草经营单位按照"统一计划、分级管理"的原则,对商品实行严格的计划管理。1978 年,县商业局将甲级卷烟列入由局统一管理的商品,无论是计划内调拨,还是计划外增拨或采购的甲级卷烟,均由县商业局纳入计划,统一掌握,统一分配。局管商品的计划安排,由综合业务股根据商品分配原则和上级下达的指标负责办理,并经局领导批准下达,副食品公司按计划执行调拨。

县公司成立后,计划工作根据不同时期的不同管理方式,可分为计划管理、责任承包、目标管理三个阶段。

1. 计划管理

1985 年起,灵宝烟草公司根据上级公司下达的年度商品流转计划、财务审计划和指标控制数,以及后期追加计划中的各项财务指标,综合实际经营情况,对计划期内的经营活动进行预测规划和计划控制,编制出销售、成本、税金、利润、流动资金、专用基金和基本建设项目投资等项计划,报经省公司审定后下达执行。县公司为确保年度财务计划的实现,分别编制月、季财务计划,计划财务股按月、季提出财务分析和财务报表,公司经理及时组织召开财务分析会,对计划进行检查、总结,发现漏洞,及时堵塞,以确保经营活动正常、高效运行。

2. 责任承包

1988 ~ 1993 年,省公司对灵宝烟草公司实行经营承包,改计划管理为省公司与灵宝公司签订经济承包协议,使省、市之间由下达任务与完成任务变为发包与承包的经济关系。

3. 目标管理

1994 年转换企业经营机制,省公司对灵宝市烟草公司实行目标管理。分公司每年年初下达经营财务计划指标,年底考核验收。市公司将此项计划指标逐项分解落实到各基层单位,由基层单位负责人承包,实行百分制考核,与责、权、利挂钩,按月检查计划完成情况,月月兑现,年终结算。

三、财务制度

灵宝县烟草公司成立初,沿袭国营商业会计核算形式,仍采用增减记账法。从 1985 年 1 月 1 日起,按烟草系统统一会计制度核算盈亏,即按烟草系统三级核算体系,把企业利润指标纳入内部经济责任制,实行工效挂钩,优化劳动组合。商品销售收入按规定入账核算,实行一个账户,日清月结。县公司下设卷烟批发部(站),在当地银行开户,办理销货存款、汇款等业务,每月向县公司出报表,再由县公司汇总后上报地区分公司,实行简易核算。1985 年 9 月,灵宝烟草公司按中国烟草总公司制定的《中国烟草总公司财务管理试行办法》执行。

1987 年,分公司根据全区的会计核算和财务管理情况,决定取消各基层网点的简易核算,改简易核算为报账制。

1993 年 7 月 1 日起,烟草企业财务制度与国际接轨。会计记账方式统一采用“借贷记账法”,改变会计核算的基本平衡公式,使用“资产减负债等于权益”的平衡计算方法。

1994 年,国家实行新财会制度以后,原《中国烟草总公司财务管理办法》不再执行。河南省烟草公司为规范财务行为,根据新修订的《中华人民共和国会计法》和中国烟草总公司财务会计部编制的《烟草企业财务会计改革示范手册》,印发《河南省烟草公司财务管理试行办法》,自 1995 年 1 月 1 日起执行。

1996 年 4 月,推行“资金定额、批价调拨、现款结算、实物负责”的会计核算形式,首创“批发价核算”,在杜绝低价竞销、制止赊销等方面,起到很好作用,受到省、市公司的肯定,并进行推广。

2005 年,河南省烟草商业财务体制按照国家烟草专卖局《县(市)级烟草公司取消法人资格后资产无偿划转及有关财务管理暂行办法》的通知,取消县级分公司法人资格。县级烟草公司不再进行独立核算。

2006 年,灵宝市烟草公司按照河南省烟草公司印发《关于做好烟叶收购资金委托付款工作的通知》要求,落实烟叶收购资金安全及财务管理,防止收购资金被挪作他用,避免国家财产损失及不规范行为。

2007 年 10 月,取消县公司法人独立核算资格,实行在分公司规定的财务管理权限内进行简易核算,月终将简易核算的财务账表报分公司审核。

2008 年,灵宝市烟草公司按照河南省烟草公司印发的《河南省烟草商业资金监管暂行办法》要求,对银行印鉴及银行账户管理、资金调度对账会签收支分离等事项做出明确规定。对违反规定的,按照干部管理权限和相关规定给予处分,构成犯罪的,依法追究刑事责任。2016 年 9 月以前,副经理以上领导干部电话费实行费用包干。

自 2016 年 10 月起,副经理以上领导干部电话费实行包干范围内据实报销。单位不负担职工电话费,科室办公电话费由办公室统一据实报销。

2016~2018 年,灵宝分公司业务招待费开支执行三门峡市局三烟办〔2016〕68 号《三门峡市烟草公司公务接待管理规定》,严格执行公务接待以派出单位公函为准,无公函的公务活动和来访人员一律不予接待。接待用餐以自助餐为主,一般安排在单位食堂。根据工作需要,接待部门可以安排一次工作餐并严格控制陪餐人数。接待对象在 10 人以内的,陪餐人数不得超过 3 人;超过 10 人的,不得超过接待对象人数的 1/3。行业内工商企业之间一律不得相互宴请,确因业务需要走访洽谈的,一般在单位食堂安排自助餐,用餐标准每人每天不超过 50 元(其中,早餐 10 元,午餐 25 元,晚餐 15 元)。因周六周日、法定节假日或其他特殊原因和无内部食堂的单位,确需在外用餐的,用餐标准每人每天不超过 100 元(其中,早餐 10 元,午餐 45 元,晚餐 45 元),不提供酒水。业务招待费报销实行一事一清。禁止将多次接待支出合并报销或定期集中结账报销,禁止在指定酒店(宾馆、饭店)签单挂账。

2016~2019 年,灵宝分公司差旅费开支执行三门峡市公司差旅费管理规定。其中,2016 年至 2018 年 3 月差旅费开支执行三烟办〔2016〕67 号《三门峡市烟草公司差旅费管理规定》,2018 年 3 月至今差旅费开支执行三烟办〔2018〕28 号《三门峡市烟草公司差旅费管理规定(修订)》。职工要按照规定标准乘坐交通工具,乘坐普通火车应购买硬座或硬卧车票;乘坐动车或高铁列车应购买二等座车票;乘坐轮船应购买三等舱船票;经主要领导批准,乘坐飞机应购买经济舱机票;乘坐大巴等其他公共交通工具凭票报销。市内交通费按出差自然(日历)天数计算,凭票在限额标准内据实报销。具体标准为:三门峡市外出差 80 元/(人 · 天),三门峡市区、县级(市、区)出差 30 元/(人 · 天);若职工自带车辆或接待单位以及相关单位免费提供交通工具的,不再报销市内交通费。伙食补助费按出差自然(日历)天数计算,按规定标准包干使用。伙食补助费标准为:三门峡市外出差100元/(人·天)。其中到西藏、青海、新疆三省区出差120元/(人·天),三门峡市区、县级(市、区)出差50元/(人·天),乡镇30元/(人·天),职工到扶贫点扶贫50元/(人·天)。

2019年三门峡市局修订公务接待管理规定,在此基础上,灵宝分公司出台灵烟〔2019〕10号《三门峡市烟草公司灵宝市分公司公务接待管理规定》。公务接待仍以派出单位公函为准,无公函的公务活动和来访人员不予接待。行业内工业、商业企业来客,一般在职工食堂安排自助餐,用餐标准每人每天不超过100元(其中,早餐10元,午餐45元,晚餐45元)。

四、制度选摘

三门峡市烟草公司灵宝市分公司业务接待管理规定

2019年2月27日,灵宝市烟草专卖局、灵宝市烟草分公司以〔灵烟2019(10号)〕文件印发《灵宝市烟草专卖局(分公司)业务接待管理规定》的通知。通知要求各科室、基层各单位,按照要求,认真贯彻落实。

第一章　总　则

第一条　为进一步加强公务接待管理,根据省公司《关于重申业务招待费管理规定的通知》(豫烟〔2016〕96号)、《河南省烟草公司机关公务接待管理规定(修订)》(豫烟办〔2017〕45号)、《三门峡市烟草公司公务接待管理规定(修订)》(三烟办〔2019〕16号)等文件精神,结合我局(分公司)实际,制定本规定。

第二条　本规定所称公务,是指出席会议、考察调研、执行任务、学习交流、检查指导、请示汇报工作等公务活动。

第三条　机关和基层各单位食堂负责本单位的公务接待和职工食堂的日常管理,要切实做好后勤服务保障,不断提高公务接待规范化水平。

第四条　依据“管办分离”原则,我局(分公司)公务接待归口管理部门设置在综合管理办公室。

第五条　公务接待费用要全部纳入预算管理。据实在预算限额内列支,严禁超预算、无预算支出。

第六条　全面实行公务卡结算制度。除银行转账方式结算外,全面使用公务卡支付接待费用。

第七条　公务接待要以派出单位公函为准,无公函的公务活动和来访人员不予接待。

第八条　公务接待一律不准提供酒水,同城不得予以接待。

第二章　接待标准

第九条　行业内工业、商业企业来客,一般在职工食堂安排自助餐,用餐标准每人每天不超过100元(其中,早餐10元,午餐45元,晚餐45元)。

第十条　行业外来客的公务接待,可以安排一次工作餐,工作餐标准不超过100元/(人·餐)。接待对象在10人以内的,陪餐人数不得超过3人;超过10人的,不得超过接待对象人数的1/3。

第十一条　提供有偿服务的行业外业务单位,需要在职工食堂就餐的,按照每人每天不超过50元(其中,早餐10元,午餐25元,晚餐15元)用餐标准缴纳餐费,由食堂管理员收缴后集中上交财务部门。

第十二条　超出职工食堂接待能力或其他特殊原因确需在外用餐的,经局(分公司)主要负责人审批同意,参照第九条、第十条用餐标准执行。

第三章　用餐审批

第十三条　实行公务接待审批制度。公务接待要依据公务活动的内容、时间、人数和人员身份,由对口接待部门填写《内部就餐审批单》(附件1),经本部门负责人签字报分管领导批准后,经食堂管理员签字后统一安排就餐。

第十四条　符合第十二条规定确需在外用餐的,对口接待部门填写《外部就餐审批单》(附件2),经本部门负责人、分管领导、食堂管理员签字后,报局(分公司)主要负责人批准。

第十五条　提供有偿服务的行业外业务单位,需要在职工食堂就餐的,对口接待部门填写《内部就餐审批单》(附件1),在是否缴费栏注明“缴费”字样,经本部门负责人签字报分管领导批准后,经食堂管理员签字后统一安排就餐。

第十六条　公务接待结束后,接待部门要如实填写公务接待清单(附件3),接待清单应包括接待对象的单位、姓名、职务和公务活动项目、时间、场所、费用等内容。

第四章　费用报销

第十七条　规范公务接待费用的会计核算。严格按照规定的列支渠道列支费用,在内部食堂接待的费用不得在食堂经费补贴中列支。

第十八条　在职工食堂发生的接待费用由食堂管理员于每月末统一报销。在职工食堂之外发生的接待费用由对口接待部门在公务接待结束的当月报销。报销凭证主要包括派出单位公函、就餐审批单、公务接待清单、食堂就餐凭据及相关费用票据等。

第十九条　全面实行定额审核和票据联签制度,财务科对公务接待票据进行审核,超定额不得报销;对公务接待费用报销单的全部附件进行审核,要素不全、签批不全不得报销;监察科对公务接待费用报销单进行事前审签,未经审签不得报销。

第五章　监督问责

第二十条　机关各科室、基层各单位不得报销与公务接待活动无关的费用,不得报销应由个人负担的费用。禁止在接待费中列支应当由接待对象承担的差旅、会议、培训费用,禁止以举办会议、培训为名列支、转移、隐匿接待费开支;禁止向下级单位及其他单位、企业、个人转嫁接待费用;禁止假造公函借公务接待名义列支其他支出。

第二十一条　机关各科室、基层各单位不得超标准接待,不得组织旅游和与公务活动无关的参观,不得组织到营业性娱乐、健身场所活动,不得安排专场文艺演出,不得以任何名义赠送礼金、有价证券、纪念品和土特产品等。

第二十二条　监察科应加强对违规违纪接待行为的查处,并对违反规定的行为进行纠正和问责。

第六章　附　则

第二十三条　本规定适用于三门峡市烟草公司灵宝分公司。

第二十四条　本规定自印发之日起执行。

第二节　税　收

一、烟草税收简史

烟草作为特殊消费品,历代政府皆实行"寓禁于征"。一为控制烟制品过量生产,一为增加国家财政收入。清初,沿袭明代税制,经营烟草者,需缴纳牙税。咸丰三年(1853年),朝廷试行捐厘之法,厘金税率为:烟叶每担(50千克)捐制钱80文;烟筋每担40文;水烟每大箱360文,小箱240文。光绪三十年(1904年),境内开征烟酒税,烟酒税率相同。

民国3年(1914年),开征烟酒特许牌照税。民国4年(1915年),加征烟酒公卖费。公卖费征收范围包括烟草种植、烟丝刨制、烟产品经营等。民国22年(1933年)7月,停征烟酒公卖费,改征"统税"。烟叶按照产地核定完税价格征收30%,烟丝征收

15%。一物一税,于产地一道征收,不再重征。民国35年(1946年),烟叶税率提高到50%,烟丝提高到30%。

中华人民共和国成立后,烟税制度的演进大体经历三个阶段。

1949~1957年为第一阶段。这一阶段又分为两个时期:①货物税时期。1949年11月,中央召开全国首届税务工作会议,制定《货物税暂行条例》,凡从事卷烟产制、购运和营销的单位和个人都纳货物税。②货物税与商品流通税并行时期。1952年12月3日,政务院颁布《商品流通税试行办法》,从货物税品目中划出卷烟、酒类等22个品目,改征商品流通税。货物税以市场价格为计税标准,商品流通税以国营批价为计税依据。

1958~1984年为第二阶段。这一阶段也分两个时期。①工商统一税时期。1958年9月13日,国务院颁布《工商统一税条例(草案)》,把原商品流通税连同货物税、营业税、印花税合并为工商统一税。卷烟产品按价格高低从四个等级调整到五个等级,税赋亦有所增加。②工商税时期。1972年,国务院颁布《工商税条例》,从1973年1月1日起,卷烟分级计税标准仍沿用工商统一税,但税率做了适当调整:甲、乙级卷烟税率合二为一,法定为66%;丙、丁、戊级卷烟税率保持63%、60%、……、40%不变。

1984年后为第三阶段。国家全面改革工商税制。烟草随从纳税有四类:一为产品税、增值税、营业税;二为房产税、土地使用税、车船使用税、城市维护建设税;三为国营企业盈利所得税;四为国营企业调节税。

1984年10月,灵宝县开征产品税,烟叶税率为38%。

从1984年10月1日起,试行第二利改税。烟草企业按规定上缴所得税后,不再上交利润,而改为上缴国营企业调节税。同时,对现行的工商税制进行全面改革:①工商税按性质划分为产品税、增值税、营业税、盐税4个品种。②恢复房产税、土地使用税、车船使用税、城市维护建设税4种地方税。③对国营大中企业完纳所得税后的余利,另行征收国营企业调节税。税率按企业具体情况分别核定。

1993年至1994年初,进行税制改革,工商税制改革涉及烟草企业的主要内容包括所得税制改革、留转税制改革及其他方面的改革。所得税改革:①降低国营企业所得税税率,将1983年开始执行的55%的税率调整为33%。②取消烟草公司向国家缴纳的国营企业调节税,国家能源交通重点建设基金、国家预算调节基金等税目税额。流转税制改革:①开缴卷烟批发及零售领域的增值税。②将烟叶从原产品税中分出,划归农业特产税。③调整营业税税目,取消原开征的卷烟批发和零售环节的营业税。其他税制改革方面,主要是取消了国营烟叶企业工资调节税和奖金税。

1995年以后，烟草公司向国家缴纳的税费种类主要有增值税、城市维护建设税、教育费附加、印花税、房产税、城镇土地使用税、车船使用税、代扣个人所得税、国营企业所得税、地方教育发展费、投资方向调节税等。

2007年，根据国家烟草行业改革精神，撤销县(区)级烟草公司法人资格，实行以市级烟草公司为独立核算单位，统一核算，统一对外编制报表。原灵宝市县级烟草公司改为三门峡市级烟草公司的一个分支机构，实行内部报账制度，不再是法人实体，不独立核算盈亏，不独立编制会计报表。税收缴纳工作主要由法人公司三门峡市局单位与三门峡市税务总局实行分税制进行管理和分配。

2017年12月27日，十二届全国人大常委会第三十一次会议表决通过《烟叶税法》。本法自2018年7月1日起施行。2006年4月28日国务院公布的《烟叶税暂行条例》同时废止。

烟叶税的计税依据为纳税人收购烟叶实际支付的价款总额。烟叶税的税率为20%，烟叶税的应纳税额按照纳税人收购烟叶实际支付的价款总额乘以税率计算。

烟叶税法规定，烟叶税的纳税义务发生时间为纳税人收购烟叶的当日，烟叶税按目计征，纳税人应当于义务发生日终了之日起15日内申报有关缴纳税款。

二、涉烟税种

(1)教育费附加。为了扩大教育经费的资金来源，加速发展基础教育事业，灵宝依照规定，从1986年7月1日起，对城市(包括县域和在乡镇的国营企业)缴纳产品税、增值税和营业税的单位或个人，实际缴纳的产品税、增值税和营业税的税额，征收1%的教育费附加。

(2)增值税。从1993年1月开始，1994年1月1日执行《中华人民共和国增值税暂行条例》规定。其税率分基本税率、低税率和零税率。基本税率为17%，低税率为13%，低税率适应于农业产品、粮食、植物油、白米、暖气、冷气、热水、煤气、石油、液化气、天然气、二甲醚、沼气、居民用煤炭制品、图书、纸、杂志、饲料、化肥、农药、农机、农膜等。零税率适用于出口货物(国务院另有规定除外)。

(3)城镇土地使用税。城镇土地使用税根据不同地区和各地经济发展状况执行等级幅度税标准。灵宝市执行的标准为每平方米每年0.2~4元。

(4)车船使用税。车船使用税按年征收，一次缴纳。分机动车和非机动车两大类。城市维护建设税城市维护建设税从1994年1月1日起计征。纳税人在市区的执行7%的税率；纳税人在建制镇的，执行5%的税率；不在市区及建制镇的，执行1%的税率。

征收的城市维护建设税税款,全部用于城镇的公用事业以及公共设施的维护和建设。

(5)个人所得税。1980 年 9 月 10 日,第五届全国人民代表大会第三次会议通过《中华人民共和国个人所得税法》,个人所得税课征范围是工资、薪金所得。

(6)土地税。以土地为课税对象,按照土地面积、等级、价格、收益或增值等计征的货币或实物。简称“地税”,包括对农村土地和城市土地的课税。

(7)烟叶税。2006 年 4 月 8 日,《中华人民共和国烟叶税暂行条例》公布实施。在中华人民共和国境内收购烟叶的单位为烟叶的纳税人。纳税人应当依照本条例规定缴纳烟叶税,条例中所称烟叶是指晾晒烟叶、烤烟叶。烟叶税的应纳税额按照纳税人的收购金额和规定的税率计算。

(8)印花税。是对经济活动和经济交往中书立、领受具有法律效力和行为所征收的一种税,因采用在应税凭证上粘贴印花税票作为完税的标志而得名。印花税的纳税人包括在中国境内书立、领受规定的经济凭证的企业、行政单位、事业单位、军事单位、社会团体、其他单位、个体工商户和其他个人。

(9)农林特产税。农林特产税是农业税的组成部分。以从事农林特产的生产取得农林特产收入的单位与个人为纳税人。征收范围包括园艺收入、林木收入、水产收入和其他收入。采用幅度比例税率,税率可适当提高,但最高不得超过 30%。

三、灵宝烟草税收

灵宝烟草公司属于国有企业,按照相关规定,共缴纳 11 项税费。这些税费有增值税、营业税、企业所得税、城建税、教育附加费、地方教育附加费、房产税、土地税、车船税、烟叶产品税、印花税等。自 1982 年以来,灵宝烤烟种植从小到大、从弱到强,以其优质高产的品质,为灵宝地方经济注入了新的活力。仅烟叶产品税一项,不仅为灵宝财政提供了强大的支撑,而且为乡(镇)村两级带来了生机。1982~1992 年累计上缴烟叶产品税 1541 万元;1993~2002 年,灵宝全市累计上缴烟叶产品税 4366 万元;2003~2012 年,灵宝全市累计上缴烟叶产品税 24392 万元;2013~2019 年,灵宝全市累计上缴烟叶产品税 54208 万元。

灵宝市烟草分公司 1982～2019 年税收缴纳情况汇总表

（单位：万元）

年度	增值税	营业税	企业所得税	城建税	教育费附加	地方教育费附加	房产税	土地税	车船税	烟叶特产税	印花税
1982 年										4.1	
1983 年										17.8	
1984 年										92	
1985 年										214.8	
1986 年										81.9	
1987 年		3.69		0.19	0.03					110.65	
1988 年		6.11		0.3	0.06					240.15	
1989 年		9.86		0.49	0.18					153.54	
1990 年		8.06		0.4	0.16					97.4	
1991 年		8.56		0.43	0.17					155.18	
1992 年		13.45		0.67	0.27		0.27	0.29		177.13	
1993 年		13.79		0.79	0.97					125.28	
1994 年										54.97	
1995 年										59	
1996 年										108.5	
1997 年	321.06	0.26		8.75	4.46	2.42				161.26	
1998 年	357.5	0.08	65	27.76	11.91	3.07	4.92	1.12	0.17	250	0.04
1999 年	204.27	0.08	313.94	22.66	9.73	6.8	5.51	0.56	0.01	453.32	0.02
2000 年										728.15	
2001 年	891.78		536.04	37.64	22.58	2.96	5.05	4.63	1.07	45.84	2.75
2002 年	319.28	0.65	193.77	37.47	9.45	8.08	4.97	3.69	0.24	538.77	1.33
2003 年										772.71	
2004 年	436.75		902.69	30.13	12.91		6.18	9.65	0.34	946.28	0.43
2005 年	930.44		999.95	65.13			6.76	9.46	0.36	1152.64	0.01
2006 年	1016.8		1280.42	71.18			3.15	9.46	0.36	1401.08	1.73
2007 年	1461.42		2810.99	102.3	43.84		6.49	25.77	0.45	1241.435	1.76
2008 年	1784.28	0.17	1654.47	124.91	53.53		8.62	41.75	1.17	2063.12	24.5
2009 年	3047.66		632.71	213.34		91.43	4.87	31.58	1	2572.51	
2010 年	2118.31	0.19	755.03	148.3		63.56	14.96	41.89	0.95	2358.04	

续表

年度	增值税	营业税	企业所得税	城建税	教育费附加	地方教育费附加	房产税	土地税	车船税	烟叶特产税	印花税
2011 年	3132. 11		978. 32	219. 25	24. 34	132. 26	16. 67	41. 89	0. 84	2473. 8	
2012 年	4115. 01	0. 48	1158. 67	253. 12	108. 48	72. 32	16. 27	41. 89	1. 47	5043. 8	
2013 年	5175. 26	0. 15	2584. 52	397. 24	170. 25	113. 5	16. 02	41. 89	1. 44	4948. 5	
2014 年	4541. 47		2040. 54	317. 9	136. 24	90. 83	16. 94	41. 89	1. 32	3159	
2015 年	5047. 77		1880. 85	353. 36	151. 44	100. 96	16. 05	41. 89	0. 69	5051. 38	
2016 年	5764. 01		1583. 79	403. 48	173. 34	115. 56	12. 15	31. 41		4932	
2017 年	5656. 55		1840. 26	395. 96	169. 7	113. 13	19. 55	41. 88		3178	
2018 年	3748. 43		1144. 96	262. 37	112. 46	74. 97	18. 22	42		4510	
2019 年	4438. 49		1682. 73	310. 71	133. 15	88. 77	18. 44	42. 36	0. 17	4037. 38	

第三节　审计与监督

1982 年至 1985 年 12 月,灵宝市烟草公司成立初始,设置审计岗位,由财务人员兼职,审计职能由财务部门行使。

1986 年 7 月至 2014 年,灵宝市烟草专卖局设立监察科,配有专职审计人员。自 1987 年以后,烟草行业审计工作先后经历四个阶段:第一阶段(1987~1992 年),工作重点主要是查错防弊、严肃法纪、加强管理、提高效益。审计形式主要是财务收支和经营审计。第二阶段(1993~1998 年),是以围绕提高经济效益服务行业中心工作为重点,审计形式主要以财务收支审计为基础,突出经济效益和全面开展固定资产投资预决算审计。第三阶段(1999~2000 年),是以行业管理监督和企业法人履行任期经济责任为重点,审计形式主要是对企业法人任期经济责任审计。第四阶段(2001~2014 年),是以行业同级内部审计和烟草行业烟叶生产基础设施建设项目补贴资金审计为重点,审计形式主要以事前、事中、事后监督控制为重点,实行统一领导、分级管理,逐级负责制。在业务上受国家烟草专卖局(总公司)和河南省审计厅的指导并对其报告工作。

2015~2019 年,为落实国家烟草专卖局(总公司)《关于进一步加强烟草行业内部审计监督的意见》,完善县级局(分公司)审计管理体制,发挥审计监督作用,三门峡市局(公司)研究决定向各县级局(分公司)派驻专职审计人员。派驻专职审计人员与县级局(分公司)纪检监察部门合署办公。

审计工作职责是:①完成市局下达的各类审计项目;按要求参加市局(公司)组织的异地审计项目。②对上级重大政策措施贯彻落实情况进行审计,对所在单位管理制度执行情况开展审计监督,突出基层单位廉政风险点的管理监督,对本单位经济运行中各类风险隐患进行揭示,根据生产经营和管理需要实施其他专项审计。③加强财务收支、预算管理、经济合同等有关经营管理活动的监督工作。④对本单位采购事项中招标代理机构抽取、项目评委抽取、项目评标等关键环节进行现场监督。⑤对本单位采购事项招标控制价编制进行程序性审核。⑥协调本单位的审计整改工作,促进审计成果利用。⑦配合实施全市系统审计信息化建设。⑧完成市局(公司)及本单位领导交办的其他工作。

一、内部审计

审计工作,主要是加强公司内部审计,规范公司经营活动管理方式,自觉遵守和维护国家财经法规,提高公司各项管理水平,促进公司各项事业在健康轨道上运行发展。烟草行业深化改革的重点是推行承包经营责任制。灵宝市公司的内部审计以此为重点,认真对承包合同、承包基数、内部分配等进行审计,并监督承包合同的兑现。具体审计内容:一是审计每月、全年度各单位经济责任制执行状况,做到经济效益与费用开支(包括工资收入)挂钩,按完成承包合同的比例审核财务开支;二是审查各项费用开支是否合理,是否违规违纪;三是审查单据、发票是否真实有效。

二、上级审计

通过上级的审计,查找公司存在的问题,理顺了国家、集体、个人三者之间的关系,维护了公司正常的经营秩序,使审计工作真正起到较好的财务监督作用。

三、年度会计决算审计

会计决算审计重点有 3 个方面内容:一是审查财务成果。主要是核实商品销售数量,防止隐瞒或虚报;检查商品销售价格,注意有无违纪违规问题;核对销售成本,防止利用销售成本调节利润;检查联营收入、其他销售收入及营业外收入有无违规款项,有无应转未转情况;报表中财税检查被查出的利润与实际是否相符。二是审核利润分配。主要审查是否依法缴纳所得税与调节税,防止少缴、漏缴或欠缴税款,审查从利润中归还的贷款是否合法、合理,防止项目尚未投产或投产后没有利润,而用正常的利润归还贷款,并审查归还贷款的利润提取"两金"是否符合规定,增长利润部分调节税免征金额的计算是否正确;审计核税后留利的分配,各项专用基金的提取,从外单位分得的利润的分配等是否符合规定。三是审查专用基金。着重审查各项基金的来源与使用是否符合规定。超过标准部分的奖金是否照章缴纳奖金税;审查上交下拨款项。将汇总报表与企业报表相互进行核对,检查上交、下拨款项是否相符,是否根据有关制度规定执行。

第九章　组织机构

第一节　灵宝市(县)烟叶生产领导小组

1982年灵宝县开始种植烤烟。为了加强对烟叶生产的领导,促进灵宝烟叶生产再上新台阶,助推烟叶生产不断发展壮大,使这一富民富财政产业的各项指标落到实处,灵宝县政府成立了烟叶生产领导小组,负责组织领导全市(县)烟叶生产。其后根据烟叶生产状况的需要和领导人事的变更,及时调整人员组成。1990年3月,灵宝县设立烟叶生产办公室,烟叶生产步入正常发展时期,灵宝县烟叶生产领导小组的部分职能随之由烟叶生产办公室完成。2017年11月,为坚持行政推动与市场调控有机结合,强化转型升级工作组织保障,灵宝市政府成立了由分管领导任组长、相关单位和烟草部门参加的烟草转型升级工作领导小组,负责转型升级工作的领导、协调和督导。

一、1984年9月成立的灵宝县烟叶生产领导小组

【灵政字〔1984〕81号】

组　长:李景森(灵宝县县长)

副组长:雒魁虎　王民权

成　员:宋兴勋　王龙水　安　平　王尚宗　李天胜　陈兆祥　张树威

领导小组下设办公室(在烟草公司办公),张树威任办公室主任。

二、1988年成立的灵宝县烟叶生产领导小组

【灵政字〔1988〕13号】

组　长:孙自义(灵宝县政协副主席)

副组长:刘高增　雒魁虎　王希周(聘任)

成　员:张曼珊　郭文峰　张　周　杨兆利　李兴泽　宋跃庭　黄自立

徐玉瑞　李同让

领导小组下设办公室(在烟草公司办公),李同让任办公室主任。

三、2017 年 11 月灵宝市烟草业转型升级工作领导小组

【灵政办〔2017〕74 号】

组　长:彭占玉(灵宝市副县级干部)

成　员:张敏华　王维新　朱天义　张世刚　王海民　邵中革　赵晓景　董翔凌　徐建文　王　继　杨记敏

领导小组下设办公室(在烟草专卖局办公),朱天义任办公室主任。

第二节　灵宝市(县)烟叶生产办公室

1984 年,灵宝县政府根据烟草工作发展需要,在县农委棉花办公室安排烟叶生产管理人员,对外称棉烟办,由县农委副主任王创治兼任县烟办主任,牵头负责烟叶生产工作,地点位于灵宝县招待所二楼。1990 年 3 月,经灵宝县人民政府研究同意,决定成立灵宝县烟叶生产办公室,并于 1990 年 3 月 21 日以政府文件【灵政〔1990〕32 文件】形式,将这一机构的成立和人事任命通知全县各单位。至此,灵宝县烟办方列入政府编制序列。1993 年 5 月,灵宝撤县设市后,灵宝县烟叶生产办公室更名为灵宝市烟叶生产办公室。2019 年,办公场所位于灵宝市车站路中段。2017 年 8 月,办理事业单位法人证书,法人代表王维新。

工作职责:贯彻落实国家有关烟叶生产的各项政策,制定烟叶生产的中长期规划、年度计划并抓好落实。研究制定烟叶生产优惠政策;负责组织、协调、指导、督促、服务全市烟叶生产和收购工作。

灵宝市(县)烟叶生产办公室历任领导成员更迭表

职务	姓名	性别	民族	政治面貌	任职时间	籍　贯
主任	王效云	男	汉族	中共党员	1990.03—1993.05	灵宝市阳平镇
主任	李守义	男	汉族	中共党员	1993.05—2010.01	灵宝市阳店镇
主任	强自义	男	汉族	中共党员	2010.01—2017.03	灵宝市阳平镇
主任	王维新	男	汉族	中共党员	2017.07—	灵宝市大王镇
副主任	李守义	男	汉族	中共党员	1990.03—1993.05	灵宝市阳店镇

续表

职务	姓名	性别	民族	政治面貌	任职时间	籍　贯
副主任	宁群柱	男	汉族	中共党员	1990.03—1993.01	灵宝市阳店镇
副主任	范孟冬	男	汉族	中共党员	2002.01—2002.12	灵宝市阳店镇
副主任	田少辉	男	汉族	中共党员	2006.04—2010.12	灵宝市川口乡
副主任	王战歌	男	汉族	中共党员	2018.05—	灵宝市故县镇

2019 年烟叶生产办公室干部职工名表

姓名	性别	政治面貌	文化程度	贯　籍	职务	任职时间
王维新	男	党员	本科	河南省灵宝市	主任	2017.07—
王战歌	男	党员	本科	河南省灵宝市	副主任	2018.05—
吉双丰	男	群众	大专	河南省灵宝市	职工	1993.05—
张学虎	男	群众	大专	河南省灵宝市	职工	2010.04—
徐　星	女	群众	大专	河南省灵宝市	职工	2010.01—
焦少培	女	群众	大专	河南省灵宝市	职工	2018.10—
王文韬	男	群众	大专	河南省灵宝市	职工	2019.01—
赵海涛	男	群众	大专	河南省卢氏县	职工	2018.10—

第三节　灵宝市(县)烟草专卖局(分公司)

1984 年 1 月,灵宝县人民政府批准成立灵宝县烟草专卖局、灵宝市烟草(支公司),实行一套机构、两块牌子。业务隶属于洛阳地区烟草公司。从此,烟草经营正式从商业中分离出来。根据《烟草专卖法》及《烟草专卖法实施条例》规定,灵宝县烟草专卖局(支公司)受洛阳地区烟草专卖局(公司)和灵宝县人民政府双重领导,以洛阳地区烟草专卖局(公司)的领导为主。灵宝县烟草专卖局(支公司)为主管全县烟草行业、实施烟草专卖制度的行政执法机构,对烟草行业实行"统一领导、垂直管理、专卖专营"的经营管理体制,对全县烟草专卖品的生产、销售和进出口业务实行垄断经营。1986 年 5 月,因行政区划变更,灵宝县烟草专卖局隶属三门峡市烟草专卖局(公司)。1993 年 7 月,灵宝县烟草专卖局(支公司)改称灵宝市烟草专卖局(支公司)。2007 年 10 月,更名为灵宝市烟草专卖局(分公司),取消法人资格,属垂直上挂国有企业。主要从事烟叶生产、烟叶经营、专卖管理、卷烟销售等方面工作。内部实行党支部领导下的经理负责制,从 1991 年起,各科室负责人实行聘任制。

2019 年,灵宝市烟草专卖局(分公司)办公治所位于灵宝市车站路中段。

截至 2020 年 2 月,灵宝市烟草专卖局(分公司)共有员工 185 人,其中,中共党员 71 人、在册人员 134 人、劳务派遣用工 51 人、各类技术人员 99 人。灵宝市烟草专卖局(分公司)机关内设 11 个职能科室,分别为综合管理办公室、专卖监督管理科(专卖稽查大队)、内部专卖管理监督派驻工作组、财务管理科、人事科、监察科、安全管理科、烟叶生产服务部、烟叶收购服务部、烟叶生产技术推广站、卷烟客户服务部等;9 个基层烟站(点),分别为朱阳、新店、白羊 3 个烟叶收购站,马河口、秦池、五亩、卫家磨、福地、川口 6 个烟叶收购点。市场监管稽查队 5 个,卷烟市场部 5 个。

灵宝市(县)烟草专卖局(分公司)历任领导更迭表

职　务	姓名	性别	民族	政治面貌	任职时间	籍　贯
副局长副经理(筹备组建烟草公司)	李文超	男	汉族	中共党员	1984.01—1984.09	陕州区张汴乡
副局长副经理	张向泽	男	汉族	中共党员	1984.01—1984.09	灵宝市阳店镇
副局长副经理	张国华	男	汉族	中共党员	1984.01—1984.09	山西省芮城县
副局长副经理(主持工作)	张树威	男	汉族	中共党员	1984.07—1987.11	灵宝市大王镇
副局长副经理	白文羽	男	汉族	中共党员	1984.07—1987.11	灵宝市城关镇
协理员	张向泽	男	汉族	中共党员	1984.09—1987.11	灵宝市阳店镇
协理员	张国华	男	汉族	中共党员	1984.09—1987.11	山西省芮城县
协理员	李文超	男	汉族	中共党员	1984.09—1987.11	陕州区张汴乡
局长、经理	李同让	男	汉族	中共党员	1985.10—1989.12	灵宝市豫灵镇
局长、经理	袁　贞	男	汉族	中共党员	1989.12—1991.04	灵宝市阳店镇
局长	袁　贞	男	汉族	中共党员	1991.04—1993.12	灵宝市阳店镇
经理	赵玉卿	男	汉族	中共党员	1991.04—1993.12	河南省长葛县
局长、经理	袁　贞	男	汉族	中共党员	1993.12—1998.11	灵宝市阳店镇

续表 1

职　务	姓名	性别	民族	政治面貌	任职时间	籍　贯
副经理(主持工作)	张宪升	男	汉族	中共党员	1998.11—2000.08	灵宝市苏村乡
局长、经理	张宪升	男	汉族	中共党员	2000.08—2007.10	灵宝市苏村乡
副局长(主持工作)	韩黎明	男	汉族	中共党员	2007.10—2009.01	河南省卢氏县
局长、经理	韩黎明	男	汉族	中共党员	2009.01—2015.03	河南省卢氏县
局长、经理	朱天义	男	汉族	中共党员	2015.03—2020.01	河南省陕州区
局长、经理	李致新	男	汉族	中共党员	2020.01—	河南省太康县
副局长副经理	王英民	男	汉族	中共党员	1987.11—1996.08	灵宝市大王镇
副局长副经理	宁群柱	男	汉族	中共党员	1987.11—1996.08	灵宝市阳店镇
副经理	张宪升	男	汉族	中共党员	1994.02—2000.08	灵宝市苏村乡
副经理	程宝玉	男	汉族	中共党员	1994.02—2003.09	山西省曲沃县
副局长	薛建康	男	汉族	中共党员	1996.04—2000.08	河南省陕州区
副局长	吕广森	男	汉族	中共党员	2000.08—2005.09	河南省陕州区
协理员	袁　贞	男	汉族	中共党员	2000.10—退休	灵宝市阳店镇
副经理	安明生	男	汉族	中共党员	2004.04—2006.05	河南省卢氏县
副局长副经理	韩黎明	男	汉族	中共党员	2004.02—2009.01	河南省卢氏县
纪检组长	胡　冰	男	汉族	中共党员	2004.02—2007.04	河南省伊川县
总经济师	王选民	男	汉族	中共党员	2004.02—2004.10	灵宝市朱阳镇
副局长副经理	胡　冰	男	汉族	中共党员	2006.05—2010.5	河南省伊川县
副经理副局长	韩黎明	男	汉族	中共党员	2004.02—2007.10	河南省卢氏县
副经理	王海波	男	汉族	中共党员	2007.10—2011.01	灵宝市西闫乡
纪检组长	李超克	男	汉族	中共党员	2007.04—2012.03	河南省卢氏县
副局长	谭介伟	男	汉族	中共党员	2010.05—2016.02	灵宝市阳店镇
副经理	牛永鸣	男	汉族	中共党员	2011.01—2016.02	河南省三门峡市
纪检组长	张彦雄	男	汉族	中共党员	2012.03—2016.02	灵宝市苏村乡
副经理	李超克	男	汉族	中共党员	2012.03—2014.11	河南省卢氏县
副经理	马京民	男	汉族	中共党员	2014.11—2016.02	河南省洛阳市
副局长	邢卫东	男	汉族	中共党员	2016.02—2020.04	河南省陕州区
纪检组长	刘保国	男	汉族	中共党员	2016.02—2020.04	河南省义马市

续表 2

职　务	姓名	性别	民族	政治面貌	任职时间	籍　贯
副经理	吉贵锋	男	汉族	中共党员	2016.02—	河南省渑池县
副经理	王晓军	男	汉族	中共党员	2016.02—	灵宝函谷关镇
主任科员	谭介伟	男	汉族	中共党员	2016.02—	灵宝市阳店镇
副主任科员	王茂生	男	汉族	中共党员	2017.09—	河南省灵宝市
副局长	王晓军	男	汉族	中共党员	2020.04—	灵宝函谷关镇
副经理	王　鹏	男	汉族	中共党员	2020.04—	河南省陕州区
纪检组长	李国亮	男	汉族	中共党员	2020.04—	河南省义马市

第四节　党的组织

一、灵宝市(县)烟草专卖局(分公司)党支部

1984 年灵宝县烟草专卖局(公司)成立后,根据党务工作需要,中共灵宝市委组织部于 1984 年 9 月发出【灵组字〔1984〕181 号文件】《关于建立灵宝县烟草专卖局(公司)党支部的通知》。根据这一文件要求,1984 年 9 月 17 日灵宝县烟草专卖局(公司)成立了灵宝县烟草专卖局(公司)党支部。1993 年灵宝县撤县设市后,更名为灵宝市烟草专卖局(公司)党支部,1997 年 12 月设立纪律监察室。2009 年 7 月灵宝市烟草专卖局(公司)党支部变更为党总支委员会。

灵宝市(县)烟草局(分公司)历任党支部成员表

职　务	姓名	性别	民族	政治面貌	任职时间	籍　贯
党支部书记 (主持全面工作)	陈兆祥	男	汉族	中共党员	1984.09—1987.11	灵宝市大王镇
委员	张树威	男	汉族	中共党员	1984.09—1987.11	灵宝市大王镇
委员	白文羽	男	汉族	中共党员	1984.09—1987.11	灵宝市城关镇
党支部书记	李同让	男	汉族	中共党员	1988.01—1990.02	灵宝市豫灵镇
委员	张树威	男	汉族	中共党员	1988.01—1990.02	灵宝市大王镇
委员	白文羽	男	汉族	中共党员	1988.01—1990.02	灵宝市城关镇

续表

职　务	姓名	性别	民族	政治面貌	任职时间	籍　贯
党支部书记	袁　贞	男	汉族	中共党员	1990.02—2000.10	灵宝市阳店镇
委员	王英民	男	汉族	中共党员	1990.02—2000.10	灵宝市大王镇
委员	薛健康	男	汉族	中共党员	1990.02—2000.10	河南省三门峡市
党支部书记	张宪升	男	汉族	中共党员	2000.10—2004.02	灵宝市苏村乡
委员	安民生	男	汉族	中共党员	2000.10—2004.02	河南省卢氏县
委员	韩黎明	男	汉族	中共党员	2000.10—2004.02	河南省卢氏县
委员	胡　冰	男	汉族	中共党员	2000.10—2004.02	河南省伊川县
委员	李超克	男	汉族	中共党员	2000.10—2004.02	河南省卢氏县
党支部书记	张宪升	男	汉族	中共党员	2004.6—2008.06	灵宝市苏村乡
党支部副书记	吕广森	男	汉族	中共党员	2004.6—2008.06	河南省陕县
委员	胡　冰	男	汉族	中共党员	2004.6—2008.06	河南省伊川县
委员	赵福臣	男	汉族	中共党员	2004.6—2008.06	河南省灵宝市市
委员	王　伟	男	汉族	中共党员	2004.6—2008.06	河南省陕州区
党支部书记	张宪升	男	汉族	中共党员	2008.6—2009.07	灵宝市苏村乡
委员	韩黎明	男	汉族	中共党员	2008.6—2009.07	河南省卢氏县
委员	胡　冰	男	汉族	中共党员	2008.6—2009.07	河南省伊川县
委员	李超克	男	汉族	中共党员	2008.6—2009.07	河南省卢氏县
委员	张自丁	男	汉族	中共党员	2008.6—2009.07	灵宝市大王镇

二、灵宝市烟草专卖局(分公司)党组

根据党章规定,在中央和地方国家机关、人民团体、经济组织、文化组织和其他非党组织的领导机关中,可以成立党组。根据这个规定,2004 年 2 月灵宝县烟草专卖局(公司)成立党组。它的主要职责是发挥党的领导核心作用;任务是负责贯彻执行党的路线、方针、政策;讨论和决定本单位的重大问题;做好干部管理工作;团结党内外干部和群众,完成党和国家交给的任务;指导机关和直属单位党组织的工作。

灵宝市烟草局(分公司)历任党组书记、副书记更迭表

职　务	姓名	性别	民族	政治面貌	任职时间	籍　贯
党组书记	张宪升	男	汉族	中共党员	2004.02—2007.10	灵宝市苏村乡
党组书记	韩黎明	男	汉族	中共党员	2009.01—2015.03	河南省卢氏县
党组书记	朱天义	男	汉族	中共党员	2015.03—2020.01	河南省陕州区
党组书记	李致新	男	汉族	中共党员	2020.01—	河南省太康县
党组副书记	吕广森	男	汉族	中共党员	2004.02—2005.09	河南省陕州区
党组副书记	韩黎明	男	汉族	中共党员	2007.10—2009.01	河南省卢氏县

三、灵宝市烟草专卖局(分公司)党总支委员会

2009 年 7 月,灵宝县烟草专卖局(公司)根据党员数量的增加和实际工作需要,成立了党的总支委员会。到 2019 年局总支部下辖 4 个党支部,分别为机关党支部、基层第一党支部、基层第二党支部、老干部党支部。共有党员 99 人,其中正式党员 97 人,预备党员 2 人;男 75 人,女 24 人 。

灵宝市烟草专卖局(分公司)历任党总支书记表

职　务	姓名	性别	民族	政治面貌	任职时间	籍　贯
总支书记	韩黎明	男	汉族	中共党员	2009.07—2015.02	河南省卢氏县
总支书记	朱天义	男	汉族	中共党员	2015.02—2016.12	河南省陕州区
总支书记	邢卫东	男	汉族	中共党员	2016.12—	河南省陕州区

第五节　科室(厂)简介

2019 年灵宝市烟草专卖局(分公司)内设综合管理办公室、人事科、财务管理科、监察科、安全管理科、专卖监督管理科(专卖稽查大队)、卷烟客户服务部、内部专卖管理监督派驻工作组、烟叶生产服务部、烟叶收购服务部、烟叶生产技术推广站等 11 个科室。

一、综合管理办公室

灵宝市烟草专卖局办公室于 1984 年 1 月随着烟草专卖局的组建同时成立。2011

年办公室名称为综合管理办公室(简称综合办),现有干部职工9人。

综合办主要职责:拟订并组织实施机关政务管理制度和工作规范;负责政务协调、调研督办、会议管理、文档管理、政务信息、新闻宣传、材料撰写、保密管理、信访稳定、后勤管理、车辆管理、公务接待、应急值守、外事管理、精神文明建设等工作;承担绩效考核,并对考核结果评价、审核、汇总、归档;负责法规和整规工作,做好网络、计算机的维护和管理工作,定期进行计算机和信息化应用系统培训工作。

综合办负责人更迭表

姓名	性别	出生年月	政治面貌	文化程度	籍　贯	职务	任职时间
李启孝	男	1939.08	党员	高中	灵宝市尹庄镇	主任	1984.01—1987.08
胡太更	男	1936.05	党员	中专	河南省灵宝市	主任	1987.08—1989.02
屈发正	男	1950.12	党员	初中	河南省灵宝市	主任	1989.02—1990
王长青	男	1941.08			河南省灵宝市	主任	1990—1995
亢恩祥	男	1943.05	党员	高中	河南省灵宝市	主任	1995—2002
王　伟	男	1964.02	党员	本科	河南省灵宝市	主任	2002—2007
邵团民	男	1961.09	党员	专科	河南省灵宝市	主任	2007—2018.05
孔明革	男	1983.09	党员	本科	河南省灵宝市	主任	2018.05—

2019年综合办干部职工一览表

姓名	性别	出生年月	政治面貌	文化程度	籍　贯	职务	任职时间
孔明革	男	1983.09	党员	本科	河南省灵宝市	主任	2016.05
张少华	男	1966.09		大专	河南省灵宝市	副主任	
李　伟	男	1976.08		大专	河南省灵宝市	职员	2012.03
王亚勤	女	1982.09	党员	本科	河南省灵宝市	职员	2009.01
牛天雄	男	1992.04		本科	河南省三门峡市	职员	2016.04
王　硕	男	1992.03	党员	专科	河南省濮阳市	职员	2017.08
张艺童	女	1993.03		本科	河南省灵宝市	职员	2018.07
姚　淳	男	1992.10	党员	本科	河南省三门峡市	职员	2018.11
屈明星	男	1978.05	党员	专科	河南省灵宝市	职员	2016.07

二、人事科

1983 年 9 月,河南省烟草公司洛阳分公司开始组建各县(市)支公司,1984 年 1 月,灵宝县烟草支公司成立,同时设立人事科。

2019 年年底,人事科有员工 5 人,人事科科长 1 人、副科长 1 人、劳资管理员 2 人、党务干事 1 人。

人事科主要职责:①贯彻执行上级人事、劳动工资政策和制度;②负责干部人事、人才队伍、劳动工资、保险福利、教育培训等工作;③负责专业技术职称和职业技能鉴定申报、管理工作;④负责因私出国(境)审核报批和证照管理工作;⑤负责离退休人员工作;⑥负责本单位党的建设、思想政治建设、文化建设等工作;⑦负责对口扶贫和捐赠管理工作;⑧负责本单位工会工作;⑨负责本单位团委、妇工委工作;⑩负责计划生育工作;⑪完成领导和上级有关部门交办的其他工作。

人事科历任负责人更迭表

姓名	性别	出生年月	政治面貌	文化程度	籍　贯	职务	任职时间
王英民	男	1943.07	党员	初中	河南省灵宝市	科长	1983—1987
胡太庚	男	1934.09	党员	中专	河南省灵宝市	科长	1987.06—1991.06
赵福臣	男	1955.01	党员	大专	河南省禹州市	科长	1991.06—2008.05
张自丁	男	1955.04	党员	高中	河南省灵宝市	科长	2008.05—2010.12
王社民	男	1963.08		大专	河南省灵宝市	科长	2010.12—

2019 年人事科干部职工一览表

姓名	性别	出生年月	政治面貌	文化程度	籍　贯	职务	参加工作时间
王社民	男	1963.08		大专	河南省灵宝市	科　长	1985.07
任丽娜	女	1983.12	党员	本科	河南省灵宝市	副科长	2005
员琳敏	女	1989.09		本科	河南省陕州区	管理员	2014
刘舒畅	女	1992.02	党员	本科	河南省遂平县	管理员	2015
强　珺	女	1990.05	党员	本科	河南省卢氏县	干　事	2014

三、财务管理科

灵宝市烟草专卖局于1984年1月7日正式成立,同时设置财务科等相关职能管理科室。财务科历经李培钦、孔天军、黄云英、荆孝宗四任科长主持工作。财务科主要设置科长、副科长、预算管理员、国有资产管理员、档案管理员、会计、出纳等岗位。

财务科主要职责:①负责本单位财务预算的审核、汇总、执行、检查,不断完善费用定额管理,及时做好月度及年度预算编报控制工作,确保预算目标合理可控;②负责依法计算、缴纳本单位的各项税金,负责本单位所得税的清算解缴,负责本单位个人所得税的计算及代扣代缴工作,协调、配合税务、审计部门的各种检查、清算、稽查工作;③负责本单位资金收付工作,按照财务制度有关规定,监督各项财务收支,严格审查各种费用开支;④负责本单位日常财务核算监督工作,确保会计科目核算科目运用、辅助核算、业务数据等核算内容准确无误;⑤负责本单位基础设施建设、维修工程、设备购置等重大事项,并负责各项开支的审查、支付;⑥负责本单位的国有资产登记管理及报废清理工作,监管单位所有的资金、财产、物资的增减变动,组织开展定期或不定期的财产、物资盘点清查;⑦负责对本单位会计资料的收集、整理,做好本单位会计档案的归档、借阅和管理工作;⑧负责本单位招标采购管理工作,按时组织召开三项工作管理委员会,严格按照采购要求进行网上采购流程操作。

财务管理科负责人更迭表

姓名	性别	出生年月	政治面貌	文化程度	籍　贯	职务	任职时间
李培钦	男	1933.01		初中	河南省温县	科长	1984.07—1993.03
孔天军	男	1957.02		高中	陕西省富平县	科长	1993.03—2005.04
黄云英	女	1958.09	党员	函授	河南省灵宝市	科长	2005.04—2008.05
荆孝宗	男	1964.12		大专	河南省灵宝市	科长	2008.05—

2019年财务科干部职工一览表

姓名	性别	出生年月	政治面貌	文化程度	籍　贯	职务	任职时间
荆孝宗	男	1964.12		大专	河南省灵宝市	科长	2008.05

续表

姓名	性别	出生年月	政治面貌	文化程度	籍　贯	职务	任职时间
何　燕	女	1982.01	党员	本科	河南省灵宝市	副科长	2001.01
孙　明	男	1992.05	党员	大专	河南省灵宝市	管理员	2016.04
王彦宇	女	1991.03		本科	河南省洛阳市	会计	2016.01
李婉欣	女	1992.02	党员	本科	河南省洛阳市	会计	2016.04
张　琪	女	1993.03		本科	河南省三门峡市	出纳	2018.07
樊玉恒	男	1967.11	党员	高中	河南省灵宝市	联络员	2016.03

四、监察科

监察科成立于1986年7月,目前编制4人,设科长、副科长、纪检专干、审计员。

监察科主要工作职责:①履行《党章》和《行政监察法》赋予的职责,对本单位党风廉政建设负监督责任。②认真落实党内监督条例,强化对民主集中制执行情况的监督,坚持抓好“三重一大”决策制度贯彻执行情况的监督,督促单位民主决策、科学决策、依法决策。③落实重要情况报告制度,加强干部日常监督,对领导干部报告的个人有关事项的真实性和完整性开展抽查核实,对不如实填报或隐瞒不报的,根据情节轻重,做出相应处理。④制定本单位党风廉政建设的规章制度和具体措施,抓好党风廉政建设责任制的落实。⑤认真核查从各种渠道反映的行业党员干部的苗头性、倾向性问题,采取约谈、函询等方式向本人和组织核实,及时掌握党员干部思想、工作、生活情况和动向,早提醒、早纠正、早查处。⑥严肃查处发生在重点领域、关键环节和群众身边的腐败案件。严格审查和处置党员干部违反党纪政纪、涉嫌违法的行为。⑦严格执行中央《关于实行党政领导干部问责的暂行规定》,对职责范围内领导不力、落实不到位的,严肃追究责任。⑧廉政文化建设,利用行业内外的典型案件深入开展反腐倡廉警示教育,并针对案件暴露出来的问题,举一反三,建章立制,堵塞漏洞。⑨严格执行内部审计工作制度,确保审计结果客观、公正、真实、准确。⑩对在审计过程中发现的涉嫌违纪违法线索及时移交纪检监察部门处理。

监察科负责人更迭表

姓名	性别	出生年月	政治面貌	文化程度	籍　贯	职务	任职时间
张国华	男	1930.11	党员		山西省芮城县	科长	1986.07—1988.12
张树威	男		党员		河南省灵宝市	科长	1989.01—1995.12
屈发正	男	1950.12	党员	初中	河南省灵宝市	科长	1996.01—2008.07
王译君	女	1965.11	党员	大专	河南省灵宝市	科长	2008.07—2015.03
李军正	男	1968.12	党员	大专	河南省灵宝市	科长	2015.03—2016.03
朱媛媛	女	1983.01	党员	本科	河南省卢氏县	科长	2016.04—

2019 年监察科干部职工一览表

姓名	性别	出生年月	政治面貌	文化程度	籍　贯	职务	进入科室时间
朱媛媛	女	1983.01	党员	本科	河南省卢氏县	科 长	2009.05
蔡建立	男	1963.11		高中	河南省灵宝市	副科长	2018.11
赵晓梅	女	1972.12		中专	河南省新野县	审计员	2015.03
陈远征	女	1986.02		本科	河南省潢川县	纪检专干	2017.03

五、安全管理科

安全管理科成立于 1985 年，曾用名称保卫科、安全保卫科。

安全管理科主要工作职责：对局（分公司）安全管理工作进行检查、监督和指导；为领导安全工作决策提供正确依据，对各部门贯彻落实上级安全文件、会议精神进行监督；组织安全检查，对查出的事故隐患，督促有关部门和责任人进行认真整改；搞好职工的安全教育培训，组织开展各类事故演练；督促各部门完善安全管理制度，并监督执行情况；参与事故调查，负责事故统计、分析、上报。

安全管理科历任负责人更迭表

姓名	性别	出生年月	政治面貌	文化程度	籍　贯	职务	任职时间
杨　桦	男	1959.01	党员	高中	河南省孟州市	科长	2008.05—2010.11
张彦雄	男	1973.02	党员	本科	河南省灵宝市	科长	2010.12—2012.02
刘书文	男	1965.09	党员	本科	河南省灵宝市	科长	2012.07—2016.01
亢　宁	女	1978.06	党员	本科	河南省灵宝市	科长	2016.01—

2019年安全管理科干部职工一览表

姓名	性别	出生年月	政治面貌	文化程度	籍　贯	职务	参加工作时间
亢　宁	女	1978.06	党员	本科	河南省灵宝市	科长	1998.10
孟桂玲	女	1971.03	党员	本科	河南省灵宝市	科员	1993.07
李　峰	男	1990.08		本科	河南省灵宝市	科员	2015.07

六、专卖监督管理科

灵宝市烟草专卖管理机构成立于1984年1月,随着烟草专卖局的组建同时成立,专卖管理机构名称为专卖监督管理科(简称专卖科),2019年实有专卖管理人员34人(含正、副局长)。其中,专卖管理人员28人(劳务派遣6人)。下设6个稽查队,其中,5个市场监管稽查队,1个打私打假稽查队。具体情况为:专卖科科室人员7人(包括行政服务大厅证件管理人员2人);第一市场监管稽查队办公地点位于烟草局办公楼一楼,配有专卖人员6人,负责管理城区区域;第二市场监管稽查队办公地点位于烟草局办公楼一楼,配有专卖人员5人,负责管理尹庄镇、焦村镇、函谷关镇、西闫乡、阳平镇;第三市场监管稽查队办公地点位于朱阳镇烟叶工作站院内,配有专卖人员4人,负责管理朱阳镇、五亩乡、苏村乡;第四市场监管稽查队办公地点位于豫灵镇豫灵街,配有专卖人员4人,负责管理豫灵镇、故县镇;第五市场监管稽查队办公地点位于大王镇干店街,配有专卖人员4人,负责管理大王镇、阳店镇、川口乡、寺河乡;打私打假稽查队与驻烟草公安室联合办公,位于烟草局办公楼一楼,配有专卖人员2人,主要负责涉烟大要案件的调查侦办。

专卖监督管理科主要职责：①认真做好《中华人民共和国烟草专卖法》及《中华人民共和国烟草专卖法实施条例》和相关法律法规在本辖区宣传、贯彻、实施；②协调地方党委、人民政府和相关执法、司法部门工作，建立健全行政执法和刑事司法衔接机制、协作联动机制，组织开展联合执法和市场集中整顿活动；③根据部署，开展“两烟”市场日常监管，确保市场净化率保持在98%以上；④负责审核办理和管理烟草专卖零售许可证；⑤负责调查审理本辖区涉烟违法案件；⑥负责罚没物品的处理和罚没收入的管理；⑦负责专卖综合事务管理，对专卖人员实施工作绩效考核。

专卖监督管理科负责人更迭表

姓名	性别	出生年月	政治面貌	文化程度	籍　贯	职务	任职时间
彭松岩	男	1951.03	党员	大专	河南省灵宝市	副科长	1984—1986
南方勋	男	1941.05			河南省灵宝市	副科长	1986—1987
海大增	男	1947.11	党员	小学	河南省灵宝市	副科长	1987—1989
赵福臣	男	1955.01	党员	大专	河南省灵宝市	科长	1989—？
杨　桦	男	1959.01	党员	高中	河南省灵宝市	科长	
屈法正	男	1950.12	党员	初中	河南省灵宝市	主任	
张自丁	男	1955.04	党员	高中	河南省灵宝市	科长	1997—2008.05
刘书文	男	1965.09	党员	本科	河南省灵宝市	科长	2008.05—2012
崔书学	男	1975.03	党员	本科	河南省渑池县	科长	2012.03—2017.07
刘书文	男	1965.09	党员	本科	河南省灵宝市	科长	2017.07—

2019年专卖监督管理科干部职工一览表

姓名	性别	出生年月	政治面貌	文化程度	籍　贯	职务	任职时间
刘书文	男	1965.09	党员	本科	河南省灵宝市	科 长	1985.05
吴柯乐	男	1987.12	党员	大专	河南省洛宁县	副科长	2018.05
张　伟	男	1981.05	党员	大专	河南省陕州区	职员	2017.05
袁帮哲	男	1991.09		本科	河南省灵宝市	职员	2017.07
董梦瑶	女	1992.06	党员	本科	河南省孟津县	职员	2017.07

续表

姓名	性别	出生年月	政治面貌	文化程度	籍　贯	职务	任职时间
马若红	女	1976.09		高中	河南省灵宝市	职员	1998.07
闫海峰	男	1978.01		高中	河南省陕州区	职员	2003.07
彭志超	男	1968.10		大专	河南省灵宝市	职员	2001.07

2019 年打私打假稽查队、市场监管稽查队干部职工一览表

姓名	部　门	职务(岗位)	性别	学历	进入行业时间
张　伟	打私打假稽查队	稽查员	男	大专	2017.05
张　科	第一市场监管稽查队	中队长	男	本科	2002.08
杨新灵		副中队长	男	高中	1982.01
孙思博		稽查员	男	本科	2006.09
刘天龙		稽查员	男	大专	2010.08
陈　炎		稽查员	男	本科	2017.07
蔡李霖	第二市场监管稽查队	副中队长	男	大专	2012.05
宁　锋		副中队长	男	本科	1990.09
李　瑜		稽查员	女	本科	2017.07
李　卓		稽查员	男	大专	2017.07
杨少龙		稽查员	男	本科	2011.08
樊海波	第三市场监管稽查队	中队长	男	大专	1985.06
高树生		稽查员	男	高中	1985.01
尹国辉		稽查员	男	大专	2011.01
王海洋		稽查员	男	本科	2017.07
杜双林	第四市场监管稽查队	中队长	男	大专	1987.01
赵　力		稽查员	男	本科	2008.11
刘腾蛟		稽查员	男	本科	2017.07
郭元东		稽查员	男	大专	2017.05

续表

姓名	部　门	职务(岗位)	性别	学历	进入行业时间
管冬生	第五市场监管稽查队	中队长	男	本科	1990.12
王仲凯		稽查员	男	本科	2007.09
李　帅		稽查员	男	本科	2017.07

七、卷烟客户服务部

1983年9月,河南省烟草公司洛阳分公司开始组建各县(市)支公司,1984年1月,灵宝县烟草支公司成立。1984年2月,灵宝县烟草支公司经研究内设一室三股,其中业务股负责卷烟批发、烟叶收购调拨、基建储运和专卖管理业务。1984年底单独设立卷烟销售科。

卷烟销售科下设卷烟批发部。其中,1984年为城关第一批发部和仓库批发部;1985年增加朱阳、豫灵批发部;1986年增设大王批发部;1989年增设城关二批;1992年增设城关三批;1994年增设科里批发部;1995年增设阳店、苏村、五亩、函谷关、故县5个批发部;1996年增加城关五批、西闫、阳平3个批发部。2003年撤销批发部。

2019年卷烟客户服务部共计人员22人,卷烟科科长1人、副科长1人、客户经理(网建负责人)1人、综合管理员2人、客户经理17人。

卷烟客户服务部主要职责:①卷烟销售。负责制订卷烟销售计划,完成销售目标。②品牌培育。负责开展营销活动和品牌宣传。③客户关系维护和客户服务。负责新办证商户入网维护、订货指导、客户拜访、零售户培训、客户的投诉处理与反馈等,帮助商户解决卷烟经营过程中的实际困难。④市场信息采集和上报。负责信息点的布点、数据采集和上报工作;负责按时提报销售数据的有关报表、业务分析;真实准确提报需求预测;负责开展市场调研、零售户满意度调研等,及时掌握市场动态并向上提报。⑤卷烟营销网络建设。负责按要求建设卷烟现代零售终端、零售户自律互组小组、文明吸烟环境,并引导其发挥功能。⑥规范市场秩序。负责做好规范经营,加强内部流程管理,专销协同加强大户监管、异常订单监管,加强法规宣传和零售户诚信经营教育,维护市场秩序。⑦信息传递。负责对上级下发的通知进行收转,抓好落实,确保信息流通的及时性;向零售户公开货源、档位、订货周期等卷烟经营相关信息。⑧负责做好与其他单位和部门的衔接,确保各项工作运转协调。⑨负责完成上级交付的其他任务。

卷烟客户服务部历任负责人更迭表

姓名	性别	出生年月	政治面貌	文化程度	籍　贯	职务	任职时间
闫纪文	男	1940.03		初中	灵宝市阳店镇	科　长	1884.12—1993.03
张宪升	男	1954.04	党员	初中	灵宝市苏村乡	科　长	1993.03—1994.03
屈转芳	男	1957.03	党员	初中	灵宝市焦村镇	副经理	1994.05—1999.08
陈建新	男	1955.03		初中	河南省灵宝市	副科长	1999.08—2001.02
谭介伟	男	1962.03	党员	高中	灵宝市阳店镇	科　长	2001.02—2004.03
王茂生	男	1965.07	党员	高中	灵宝市西闫乡	副科长	2004.03—2005.04
						科　长	2005.04—2016.09
高　臣	男	1978.11	党员	本科	河南省陕州区	主　任	2016.09 —

2019年卷烟客户服务部干部职工一览表

姓名	性别	出生年月	政治面貌	文化程度	籍　贯	职务	参加工作时间
高　臣	男	1978.11	党员	本科	河南省陕州区	主任	1995
李扬扬	女	1986.10	党员	本科	河南省灵宝市	副主任	2008
张圣利	男	1986.11	党员	高中	河南省柘城县	经理	2017
兰　斓	女	1994.09		本科	河南省湖滨区	管理员	2017
牛彦冉	女	1993.11		本科	河南省邓州市	管理员	2017
张增录	男	1967.09		高中	河南省灵宝市	客户经理	1985
钱玉郎	男	1965.07		大专	河南省灵宝市	客户经理	1985
王凌冰	女	1973.08		本科	河南省灵宝市	客户经理	1995
亢少卫	男	1974.09		高中	河南省灵宝市	客户经理	1995
薛斌芳	女	1980.05		高中	河南省灵宝市	客户经理	1999
张建强	男	1975.02		高中	河南省灵宝市	客户经理	1996
孟娟妮	女	1978.11	党员	本科	河南省灵宝市	客户经理	1999
张　芳	女	1989.06		研究生	河南省渑池县	客户经理	2017
陈晓亮	男	1993.02		大专	河南省信阳市	客户经理	2018

续表

姓名	性别	出生年月	政治面貌	文化程度	籍　贯	职务	参加工作时间
司丹蕾	女	1990.07	党员	本科	河南省洛阳市	客户经理	2017
邹军伟	男	1992.12	党员	研究生	河南省灵宝市	客户经理	2018
裴晓冰	女	1976.10		高中	河南省灵宝市	客户经理	2007
刘晓伟	男	1990.07	党员	本科	河南省浚县	客户经理	2017
张晓丹	女	1973.10		高中	河南省灵宝市	客户经理	1996
巴国丽	女	1974.04		大专	河南省灵宝市	客户经理	1996
杨菲菲	女	1985.11		大专	河南省灵宝市	客户经理	2007
李圆圆	女	1990.03	党员	本科	河南省陕州区	客户经理	2015

八、内部专卖管理监督派驻工作组(简称专管派驻组)

内部专卖管理监督派驻工作组成立于 2017 年 7 月。它是从专卖监督管理科所辖内部监管业务分离所形成的。2019 年内部专卖管理监督派驻工作组(简称专管派驻组)有内部监管人员 3 人,其中,组长 1 人,负责两烟生产经营监督管理工作;烟叶生产经营规范监督岗 1 人,负责烟叶生产经营具体监管工作;卷烟经营规范监督岗 1 人,负责卷烟生产经营具体监管工作。

内部专卖管理监督派驻工作组主要职责:对辖区卷烟、烟叶经营业务进行同级监管和日常监管。对卷烟访销配业务进行日常监督,加强对卷烟零售市场的监控、分析,及时报告工作中发现的内部违法违规经营线索;对烟叶种植收购合同的签订和执行情况进行检查;组织、督促有关部门支持、配合内管部门开展工作,抽调人员协助对违法违规线索进行调查核实,并按上级要求落实整改处理工作。

2019 年内部专卖管理监督派驻工作组干部职工一览表

姓名	性别	出生年月	政治面貌	文化程度	籍　贯	职务	任职时间
崔书学	男	1975.03	党员	大专	河南省渑池县	组长	2017.07
陈风新	男	1966.05	党员	初中	河南省扶沟县	副组长	2017.07
吴娟霞	女	1970.05		研究生	河南省灵宝市	副组长	2018.10

九、烟叶生产服务部

1983 年 9 月，河南省烟草公司洛阳分公司开始组建各县（市）支公司，1984 年 1 月，灵宝县烟草支公司成立，同时成立生产科。目前，生产科名称为烟叶生产服务部。

2019 年，烟叶生产服务部共计人员 5 人，科长 1 人、副科长 1 人、烟用生产物资管理员 1 人、基础设施建设管理员 1 人、烟叶生产技术管理员 1 人。

烟叶生产服务部主要职责：①烟叶生产计划的编制、下达与组织实施；②烟叶生产种植合同的组织签订与管理；③烟叶生产农用物资的计划编制与购进发放；④烟叶生产新技术的试验、示范及应用推广；⑤烟叶生产技术方案的制订与组织实施；⑥烟叶生产技术培训的组织、实施及考核；⑦烟叶生产基础设施的规划、申报及组织实施。

烟叶生产服务部历任负责人更迭表

姓名	性别	出生年月	政治面貌	文化程度	籍　贯	职务	任职时间
杨荣春	男	1932.04	党员	初中	河南省灵宝市	科长	1984—1987
李启孝	男	1939.08	党员	高中	河南省灵宝市	科长	1987—1988
程宝玉	男	1955.11	党员	本科	河南省灵宝市	科长	1989—1992
苏富强	男	1964.06	党员	本科	河南省灵宝市	科长	1993—2004
邵为民	男	1963.09	党员	高中	河南省灵宝市	科长	2004—2006
范赞峰	男	1963.03	党员	大专	河南省灵宝市	科长	2006—2007
邵为民	男	1963.09	党员	高中	河南省灵宝市	科长	2008—2013
赵建立	男	1981.10	党员	本科	河南省原阳县	科长	2013—2016
李军正	男	1968.01	党员	本科	河南省灵宝市	科长	2016—

2019 年烟叶生产服务部干部职工一览表

姓名	性别	出生年月	政治面貌	文化程度	籍　贯	职务	参加工作时间
李军正	男	1968.01	党员	本科	河南省灵宝市	科　长	1990.07
李成龙	男	1973.08	党员	本科	河南省灵宝市	副科长	1992.07
苏江辉	女	1975.02	群众	高中	河南省灵宝市	管理员	1998.08

续表

姓名	性别	出生年月	政治面貌	文化程度	籍　贯	职务	参加工作时间
王一瑛	女	1993.02		本科	河南省宜阳县	管理员	2017.07
张益博	男	1993.01		本科	河南省孟津县	管理员	2017.07

十、烟叶收购服务部

烟叶收购服务部成立于1985年，曾用名称烟叶科、烟叶经理部、烟叶生产收购服务部。

历任部门负责人：胡太庚、张宪升、王选民、孙向明，现任南世峰。

烟叶收购服务部主要工作职责：烟叶收购实施方案的制订与实施；烟叶收购计划的执行；烟叶收购工作管理；烟叶收购等级质量指导、平衡、检查；烟叶收购物资采购计划的编报、实施；烟叶仓储管理与调拨计划衔接、执行，工商等级质量交接；组织实施烟叶分级人员、入户预检、专业化分级人员技术培训。

烟叶收购服务部负责人更迭表

姓名	性别	出生年月	政治面貌	文化程度	籍　贯	职务	任职时间
胡太更	男	1936.05	党员	中专	河南省灵宝市	经营科长	1986—1987
张宪生	男	1954.04	党员	初中	河南省灵宝市	主任	1987—1993
杜航敏	男	1955.05	党员	大专	河南省灵宝市	主任	1994—1995.06
王选民	男	1958.02	党员	大专	河南省灵宝市	主任	1995.06—2004
孙向明	男	1963.04	党员	大专	河南省灵宝市	主任	2004—2008.05
南世峰	男	1967.10		大专	河南省灵宝市	主任	2008.05—

2019年烟叶收购服务部干部职工一览表

姓名	性别	出生年月	政治面貌	文化程度	籍　贯	职务	参加工作时间
南世峰	男	1967.10		大专	河南省灵宝市	主任	1985.06
王　祎	男	1963.08	党员	高中	灵宝市豫灵镇	副主任	1985.04

续表

姓名	性别	出生年月	政治面貌	文化程度	籍　贯	职务	参加工作时间
谭战军	男	1969.04		中专	灵宝市阳店镇	职工	1998.08
赵曙高	男	1967.05		中专	灵宝市五亩乡	职工	1985.04
何栓牢	男	1964.10		高中	灵宝市西闫乡	职工	1985.04
郝　珍	女	1990.07	党员	本科	三门峡陕州区	职工	2014.04
闫维群	男	1963.09		中专	灵宝市尹庄镇	职工	1984.11
王会生	男	1960.06		高中	灵宝市西闫乡	职工	1995.10
胡启伟	男	1966.04		高中	灵宝市尹庄镇	职工	1991.08
孙长春	男	1963.05		高中	灵宝市阳平乡	职工	1985.04
何朋朋	男	1988.10	党员	研究生	河南省灵宝市	职工	2017.07
谭　弢	女	1988.04	党员	本科	河南省灵宝市	职工	2008.10
王　祥	男	1993.07		本科	河南省三门峡市	职工	2017.07

十一、烟叶生产技术推广站

烟叶生产技术推广站成立于 2017 年 7 月。其主要职能是负责全市烟叶生产特色技术、现代烟草农业科技成果的推广及应用;负责烟叶质量评价、良种试验示范及推广工作;负责烟叶质量管理体系的应用及改进;完成上级部门安排的烟草病虫害绿色防控关键技术研究及科技创新工作。技术推广站设科长 1 人、推广员 2 人。科长张文康,中共党员,大学专科学历。推广员张继帅,中共党员,农业推广硕士。推广员王俊,大学本科学历。

烟叶生产技术推广站负责人及干部职工一览表

姓名	性别	出生年月	政治面貌	文化程度	籍　贯	职务	任职时间
张文康	男	1966.01	党员	大专	河南省灵宝市	科　长	2017.07
张继帅	男	1965.03	党员	本科	河南省灵宝市	推广员	2017.07
王　俊	男	1990.04	群众	本科	河南省正阳县	推广员	2017.07

十二、灵宝市烟叶复烤厂

灵宝市烟叶复烤厂位于铁路道南丁字路口处（现市烟叶仓库）。建于1993年8月，总投资450万元，起重设备投资108万元，生产线设计能力为年挂杆复烤烟叶750万千克，年创利税100万元。2001年4月9日，国家烟草局印发了《关于推行原烟交接、委托加工的烟叶复烤实施意见》，指出从2001年起，必须全面实行分公司统一经营烟叶，零散、规模小的产区逐步过渡到由省级烟叶公司统一经营的体制；产区县级烟草公司要把主要精力用在组织烟叶生产、提高质量、搞好收购方面上来。要求限期取消挂杆复烤企业，同一烟叶生产经营区域内，凡打叶复烤生产线已建成投产的，原则上不再挂杆复烤烟叶，到2003年全部淘汰挂杆复烤企业。挂杆复烤企业的临时工要按有关规定清退，固定工要充实到基层站和打叶复烤企业，挂杆复烤设备要及时拆除。

根据国家烟草专卖局和国烟发〔2002〕266号、豫烟发〔2002〕14号文件规定精神，2002年10月17日，省烟草局挂杆复烤销毁工作验收领导小组在三门峡市烟草局有关人员的陪同下，莅临灵宝监督烟叶复烤厂的销毁工作。至11月底，设备销毁工作全部结束，达到场地干净标准要求。2003年1月18日，通过国家烟草专卖局的检查验收。

从1993年复烤厂建成至2002年关闭，共存在了9年时间。刘和平于1993~2002年先后任厂长、副厂长（主持工作），何正军、白云增、杨桦等先后任副厂长。

十三、2019年烟草局离退休人员统计

截至2019年12月，灵宝市烟草局（分公司）共有在册离退休人员76名，其中，离休人员1名、退休人员75名，中共党员26名。

灵宝市烟草局（分公司）离退休人员花名册

姓名	性别	出生日期	政治面貌	离退休日期	离退休类别
陈兆祥	男	1932.05.16	党员	1992.05.15	正常退休
张国华	男	1930.11.10	党员	1992.09.15	正常退休
杨荣春	男	1932.04.08	党员	1992.12.15	离休
白文羽	男	1934.9.29	党员	1994.12.15	正常退休
陈月香	女	1943.06.21		1995.12.15	正常退休
吉忠烈	男	1937.12.05	党员	1997.12.15	正常退休
籍书花	女	1947.03.16		1998.06.15	正常退休
刘眉珍	女	1943.08.21	党员	1998.12.15	正常退休

续表 1

姓名	性别	出生日期	政治面貌	离退休日期	离退休类别
齐仙娥	女	1942.05.05		1998.12.15	正常退休
李启孝	男	1938.08.16	党员	1998.12.15	正常退休
陈花荣	女	1949.11.11		1999.12.15	正常退休
刘月红	女	1950.05.12		2000.06.15	正常退休
间继文	男	1940.03.15		2001.01.15	正常退休
李世权	男	1944.08.27		2001.01.15	正常退休
赵桂香	女	1950.01.10		2001.01.15	正常退休
南方勋	男	1941.05.11		2001.06.15	正常退休
王长青	男	1941.08.08		2001.08.15	正常退休
张　方	男	1941.07.15	党员	2001.08.15	正常退休
樊亚妮	女	1952.09.10		2002.12.15	正常退休
陈艳玲	女	1953.05.08		2003.04.15	正常退休
翟当霞	女	1953.04.23		2003.04.15	正常退休
王英民	男	1943.03.16		2003.10.15	正常退休
亢恩祥	男	1943.05.19	党员	2003.11.15	正常退休
杨宽学	男	1944.05.20	党员	2004.06.15	正常退休
杨书先	女	1952.07.25		2004.10.15	正常退休
李惠玉	女	1954.08.15		2004.12.15	正常退休
杨军让	男	1946.10.16	党员	2006.11.15	正常退休
宁群柱	男	1947.02.02	党员	2007.03.15	正常退休
李新启	男	1951.01.13		2007.04.15	提前退休
海大增	男	1947.11.11	党员	2007.11.15	正常退休
孟桂芳	女	1957.07.05		2007.12.15	正常退休
黄云英	女	1958.09.29	党员	2008.10.15	正常退休
马秀花	女	1958.08.18	党员	2008.10.15	正常退休
张喜平	男	1948.10.02		2008.10.15	正常退休
樊志民	男	1948.12.01		2008.12.15	正常退休
张让超	男	1949.04.01		2009.04.15	正常退休

续表2

姓名	性别	出生日期	政治面貌	离退休日期	离退休类别
巴宏泽	男	1949.12.29		2009.12.15	正常退休
李美霞	女	1960.04.01		2010.04.15	正常退休
贺景霞	女	1960.04.15		2010.04.15	正常退休
屈发正	男	1950.12.10	党员	2010.12.15	正常退休
彭松岩	男	1951.03.29	党员	2011.03.22	正常退休
张龙超	男	1951.10.22		2011.10.21	正常退休
薛闷慈	男	1951.11.04		2011.11.21	正常退休
伍泽山	男	1951.11.04	党员	2011.11.21	正常退休
王润年	男	1952.02.14	党员	2012.02.15	正常退休
候亚丽	女	1962.07.15		2012.07.19	正常退休
李焕银	女	1957.10.09	党员	2012.10.11	正常退休
杨宽福	男	1952.10.14		2012.10.12	正常退休
崔卫明	男	1953.07.02		2013.07.17	正常退休
张宪升	男	1953.09.15	党员	2013.09.17	正常退休
何正军	男	1953.09.21	党员	2013.09.17	正常退休
杨瑞直	男	1953.10.15		2013.10.18	正常退休
郭治力	男	1953.12.10		2013.12.11	正常退休
王劳慈	男	1954.12.21		2014.12.10	正常退休
赵福臣	男	1955.01.29		2015.01.13	正常退休
陈建新	男	1955.03.27		2015.03.18	正常退休
赵国华	男	1955.04.02		2015.04.14	正常退休
张自丁	男	1955.04.14	党员	2015.04.14	正常退休
闫丽娟	女	1965.06.12	党员	2015.06.16	正常退休
孙桂民	女	1960.06.18		2015.09.21	正常退休
宋漫兰	女	1965.11.05		2015.11.23	正常退休
潘淑琴	女	1966.03.29		2016.03.16	正常退休
张艺丽	女	1966.04.14		2016.04.19	正常退休
王绪生	男	1956.03.20		2016.08.01	正常退休

续表 3

姓名	性别	出生日期	政治面貌	离退休日期	离退休类别
李国强	男	1956.07.28		2016.08.01	正常退休
郭宽锁	男	1956.11.23		2016.11.01	正常退休
白云增	男	1957.01.29		2017.01.01	正常退休
孔天军	男	1957.07.15		2017.07.02	正常退休
刘和平	男	1957.07.15	党 员	2017.07.03	正常退休
孙少波	男	1957.08.24		2017.08.04	正常退休
张艳红	女	1969.04.14		2017.12.05	正常退休
袁克琴	女	1968.01.25		2017.12.06	正常退休
张东生	男	1959.11.25		2016.05.01	正常退休
于长安	男	1959.01.07		2019.01.21	正常退休
杨　桦	男	1959.01.15	党 员	2019.02.19	正常退休
张星芳	男	1959.12.09		2019.12.10	正常退休
楚会粉	女	1969.12.08		2019.12.10	正常退休

第六节　烟叶工作站

一、主要职能

烟叶工作站，简称烟站，是依照《中华人民共和国烟草专卖法》《中华人民共和国烟草专卖法实施条例》等国家法律法规和行业规定，结合烟叶种植布局而依法设立的基层单位。1985年灵宝县烟办、烟草局在各种烟乡镇境内投资建设基层烟站，隶属于灵宝县烟草专卖局（分公司）领导。2019

年,灵宝市烟草专卖局下设9个烟叶工作站,分别分布于朱阳、苏村、五亩等种烟乡镇。其主要职能是:①按照县局(分公司)下达的种植计划组织烟叶生产;②按照县局(分公司)下达的收购计划组织烟叶收购;③按照县局(分公司)制定的烟叶生产基础设施建设规划,组织基础设施建设;④组织实施标准化生产,开展技术培训、技术指导、技术服务和科研工作;⑤落实行业烟叶生产投入政策,组织烟用物资供应;⑥组织开展职工政治思想教育、党风廉政建设及其他工作。

二、2019年灵宝市烟草局基层烟站基本情况表

序号	烟站	所在乡镇	成立时间	起止时间	占地面积(亩)	常年种植面积(万亩)	常年收购量(担)	历任站长
1	朱阳	朱阳镇	1985	至今	15	1	30000	潘建立　张喜平　宁群柱　杜航敏　范赞峰　邵为民　李军正　王　祎　王金秀　郭　巍
2	新店	朱阳镇	1985	至今	13	0.6	18000	伍泽山　王建生　李学增　钱玉郎　赵　辉　孙　鹏
3	马河口	朱阳镇	2002	至今	10	0.5	15000	钱玉郎　戴焕峰　孙　鹏
4	秦池	朱阳镇	2019	至今	15	0.4	12000	戴焕峰
5	五亩	五亩乡	1985	至今	13	0.5	15000	巴宏泽　刘应祥　亢恩祥　张　方　何正军　刘建设　海　星　王金秀
6	白羊	苏村乡	1996	至今	15	1	30000	刘建设　李军正　钱玉郎　李成龙　王　伟
7	苏村	苏村乡	1985	2002	10	0.3	9000	张宪升　刘和平　马作民　王　祎　张文康　李军正　王金秀
8	福地	苏村乡	2017	至今	6	0.4	12000	袁增泽
9	卫家磨	苏村乡	2002	至今	6	0.4	12000	王金秀　海　星　王江谋　袁增泽　赵　辉
10	川口	川口乡	1985	至今	6	0.1	3000	宁虎群　宋建阳　张文康　李学增
11	尹庄	尹庄镇	1999	2002	5	0.2	6000	邵为民　王社民
12	故县	故县镇	2003	2017	5	0.2	6000	李军正　张星芳　袁增泽　钱玉郎　戴焕峰

第七节　乡镇管理人员

一、苏村乡历任主管烟叶生产领导名表

姓名	性别	政治面貌	文化程度	籍　贯	时任职务	主管时间
王创治	男	党员	高中	灵宝市苏村乡	副乡长	1982.01—1987.01
姚吾茂	男	党员	大专	灵宝市焦村镇	副乡长	1987.01—1988.01
邵水旺	男	党员	中专	灵宝市苏村乡	副乡长	1988.01—1990.01
刘文超	男	党员	中专	灵宝市苏村乡	副乡长	1990.01—1997.01
张飞虎	男	党员	本科	灵宝市焦村镇	副乡长	1997.01—1998.01
王爱民	男	党员	大专	灵宝市豫灵镇	副乡长	1998.01—2000.06
任友三	男	党员	本科	灵宝市焦村镇	党委委员、副乡长、党委副书记	2000.06—2009.06
张金刚	男	党员	本科	灵宝市苏村乡	党委委员、副乡长、常务副乡长	2009.06—2015.02
伍继平	男	党员	本科	灵宝市苏村乡	党委委员、副乡长、党委副书记	2015.02—2019.07
张国栋	男	党员	本科	灵宝市大王镇	党委委员、副乡长、党委副书记	2019.07—

二、苏村乡历任烟叶生产办公室主任名表

姓名	性别	政治面貌	文化程度	籍　贯	任职时间
张　方	男	中共党员	初中	灵宝市苏村乡	1982.07—1985.03
薛焕醒	男	中共党员	高中	灵宝市苏村乡	1985.03—1988.07
彭军科	男	中共党员	中专	灵宝市苏村乡	1988.07—1998.07
徐天照	男	中共党员	本科	灵宝市五亩乡	1998.07—2010.06
张　睿	男	中共党员	大专	灵宝市豫灵镇	2010.06—2016.03
卢娟霞	女		大专	灵宝市尹庄镇	2016.03—

三、五亩乡历任主管烟叶生产领导名表

姓名	性别	政治面貌	文化程度	籍 贯	时任职务	主管时间
亢正友	男	中共党员	高中	灵宝市大王镇	副乡长	1984.01—1987.12
李启祥	男	中共党员	初中	灵宝市函谷关镇	乡长	1988.01—1990.01
毋来群	男	中共党员	初中	灵宝市尹庄镇	副乡长	1990.01—1993.01
张运强	男	中共党员	本科	灵宝市苏村乡	副乡长	1993.01—1995.12
郭宝中	男	中共党员	高中	灵宝市阳店镇	副书记	1996.01—1996.12
李冠学	男	中共党员	大专	灵宝市尹庄镇	党委委员	1997.01—1998.12
王守奎	男	中共党员	大专	灵宝市阳店镇	副书记	1999.01—2009.12
王晓锋	男	中共党员	大专	灵宝市西阎乡	副书记	2010.01—2011.12
邵 岩	男	中共党员	大专	灵宝市苏村乡	副书记	2012.01—2012.12
李兴农	男	中共党员	大专	灵宝市尹庄镇	副乡长	2013.01—2015.12
许清华	男	中共党员	本科	灵宝市尹庄镇	副乡长	2016.01—2016.12
李兴农	男	中共党员	大专	灵宝市尹庄镇	副乡长	2017.01—2019.12
潘定元	男	中共党员	本科	灵宝市尹庄镇	副乡长	2019.09—

四、五亩乡历任烟叶生产办公室主任名表

姓名	性别	政治面貌	文化程度	籍 贯	任职时间
薛冠慈	男	中共党员	初中	灵宝市五亩乡	1984.01—1993.12
伍勤学	男	中共党员	中专	灵宝市五亩乡	1994.01—1995.12
马文辉	男	中共党员	高中	灵宝市五亩乡	1996.01—1996.12
张斌刚	男	中共党员	中专	灵宝市大王镇	1997.01—2000.12
许青华	男	中共党员	本科	灵宝市尹庄镇	2001.01—2002.12
张斌刚	男	中共党员	中专	灵宝市大王镇	2003.01—

五、朱阳镇历任主管烟叶生产领导名表

姓名	性别	政治面貌	文化程度	籍　贯	时任职务	主管时间
杨青山	男	中共党员	副乡长	灵宝市朱阳镇	管委会副主任	1983.01—1984.01
伍保生	男	中共党员	高级政工师	灵宝市五亩乡	副乡长	1984.01—1987.02
贺锁立	男	中共党员	研究生	灵宝市朱阳镇	副乡长	1987.02—1992.04
张宪录	男	中共党员	大专	灵宝市苏村乡	副书记	1992.04—1993.02
毋军哲	男	中共党员	大专	灵宝市五亩乡	副镇长、副书记	1993.02—1996.07
郭结运	男	中共党员	大专	灵宝市苏村乡	副镇长	1996.07—1999.09
郭仙朋	女	中共党员	本科	灵宝市西闫乡	党委委员、副镇长	1999.09—2000.02
郭结运	男	中共党员	大专	灵宝市苏村乡	副书记、人大主席	2000.02—2005.01
袁　峰	男	中共党员	大学	灵宝市川口乡	党委委员、副镇长	2005.01—2010.06
薛选荣	男	中共党员	本科	灵宝市五亩乡	党委委员、副镇长	2010.06—2014.06
王忠孝	男	中共党员	大学	灵宝市焦村镇	党委委员、副镇长	2014.06—2016.05
杨超波	南	中共党员	大学	灵宝市焦村镇	党委委员、人大主席	2016.05—

六、朱阳镇历任烟叶生产办公室主任名表

姓名	性别	政治面貌	文化程度	籍　贯	任职时间
杨清泉	男	中共党员		灵宝市朱阳镇	1982.01—1985.12
薛金让	男	中共党员		灵宝市五亩乡	1986.01—1988.12
佟海峰	男	中共党员	专科	灵宝市朱阳镇	1989.01—1992.12
郭宪民	男	中共党员	高中	灵宝市朱阳镇	1993.01—1998.12
张冠强	男	中共党员	专科	灵宝市苏村乡	1999.01—1999.12
屈福民	男	中共党员	专科	陕西省洛南县	2000.01—2013.07
赵启高	男	中共党员	专科	灵宝市阳店镇	2013.08—2016.12
李增孝	男	中共党员	本科	灵宝市西闫乡	2017.07—

第十章　烟草文化

明天启年间(1621~1627年)烟草传入河南,清末民初传入灵宝,从此开始进入人们的生活,逐步成为人们日常生活和社会活动中不可替代的消费品。中华人民共和国成立后,特别是一代伟人毛泽东主席亲临河南烟区视察并赋予"烟叶王国"之称,推动了河南烟草事业发展,使烟草与人们的生活、工作和社会活动更加密不可分。改革开放以来,河南烟草人开拓创新,充分利用优质原料,采用高新技术,生产出质优价廉、美观漂亮的烟草产品,在最大限度满足人们需要的同时,也最舒心地享受着丰富的烟草文化的愉悦。近百年来,烟草扎根于灵宝这片沃土,紧密融入千百万人们的生活、工作和社会活动之中,不断演绎出许许多多的故事,折射出丰富和灿烂的烟草文化。

第一节　中国烟草标识

一、基本含义

中国烟草标识是烟草行业文化建设中的重要组成部分,叫做VI视觉识别系统,是烟草行业各种场地、各种文具器材、不同场合使用的标志。不同的烟草印刷品、文化制品在使用中国烟草标识时,均有严格的规格尺寸规定。它不属于烟草商业广告、商标,只是烟草企业的标志。

中国烟草标识,对外是为了通过视觉的冲击告知社会大众烟草专卖公司及其下属分支机构的办公地点,看到这个标识,就能找到办公地点,方便群众前来办事。对内,通过全国统一规范化悬挂该标识,体现崭新的行业风貌,激励每一个中国烟草人把国家利益放在第一位,把消费者利益放在心头上。

中国烟草标识使用于2008年。外圈C代表中国,当中烟叶形代表烟草行业。中国烟草行业标识具有强烈的时代感和视觉冲击力。传递出中国烟草的自信和热情,象征着国家烟草专卖局(中国烟草总公司)代表党中央、国务院,依照《烟草专卖法》及其实施条例行使职能,对全国烟草行业“人、财、物,产、供、销,内、外、贸”进行集中统一管理。强烈表达了中国烟草“国家利益至上、消费者利益至上”的责任使命和共同价值观。同时也蕴含着中国烟草全面创新、求真务实、不断超越的精神风貌,展现了中国烟草人与时俱进、奋发向上、蓬勃发展,致力于建设小康社会的良好愿景。

二、实施要求

中国烟草视觉识别系统已经国家局正式确定在全行业推广使用,为认真落实好国家局国烟办〔2008〕389 号文和省局豫烟办〔2008〕125 号文关于规范使用工作的要求,明确确保中国烟草视觉识别系统在三门峡烟草行业的规范使用。①充分认识规范使用工作的重要意义。企业视觉识别是企业所独有的一整套识别标志,它将企业理念、企业文化,运用整体的传达系统,通过标准化、规范化的形式语言和系统化的视觉符号,传达给社会大众,具有突出企业个性、塑造企业形象的功能。它包括企业标志、企业名称、企业商标、企业标准字、企业标准色、象征图形、企业造型等。《中国烟草视觉识别系统》是烟草行业的重要知识产权,规范使用中国烟草视觉识别系统,是加强企业文化建设,充分体现烟草行业“统一领导,垂直管理,专卖专营”体制的统一性和整体性,提升烟草行业整体形象,增强行业凝聚力,建设“严格规范、富有效率、充满活力”的三门峡烟草的一项重要工作。②明确规范使用工作的主要内容。河南省局根据河南烟草商业的实际情况,就中国烟草视觉识别系统在河南烟草商业的规范使用明确规定《中国烟草视觉识别系统》主要包括基础部分、规范部分和指导应用三个部分,对中国烟草企业标志、企业名称、企业标准字、企业标准色等进行了明确。

三、明确规范使用工作的有关要求

①《中国烟草视觉识别系统》是烟草行业的重要知识产权,国家烟草专卖局、中国烟草总公司拥有其全部知识产权,烟草行业各单位必须严格按照要求使用,未经允许、行业外任何单位和个人不得以任何方式使用系统内容。②行业各单位在进行企业形象推广中,必须认真查阅系统相关适应标准,依托《中国烟草视觉识别系统》电子文件,严格按照系统规范完成的设计稿样及要求进行作业。③《中国烟草视觉识别系统》基础应用、规范应用部分所涉及的内容,均为行业规范标准,各单位主体建筑物、办公经营场所、烟田基础设施、卷烟配送车辆、网站等形象推广,凡涉及图像、文字、颜色、比例等,必须按照《中国烟草视觉识别系统》相关标准、要求规范使用,不得随意更改。④《中国烟

草视觉识别系统》指导应用部分内容和相关要求，供各单位在实际应用中参考使用。⑤《中国烟草视觉识别系统》自印发之日起执行。凡新建建筑物、经营场所、车辆等，必须严格按照本系统规范应用标准执行。

第二节　吸烟用具

烟具，是指与吸食烟草及其制品有关的工具和用具。它与其他工具一样，随着人类的文明进步而不断发展。不同时期的烟具，带着不同时期的文化烙印。烟具最初只是人们吸食烟草的器具，后来在烟具的使用和收藏中逐渐积淀了许多神秘而充满韵味的内容，赋予了烟具五彩斑斓的艺术语言，形成了独特的烟具文化。

一、旱烟袋

旱烟袋，又名烟袋。它是指一头可用于盛烟，一头可以吸食，并附以一个可以装烟丝或烟沫的小袋子而称之为烟袋。它是河南省流行时间最早、最长、普及范围最广的传统烟具。约始于明末清初，与烟草传入中国的时间基本相伴而生。在灵宝，个别商贾巨富、达官贵人、社会名流，极尽装饰烟袋，整个烟袋所用材料，质地考究，豪华异常。有的烟袋上系有或吉祥或避邪或信仰或纪念的小物件，有的可换两头牛、几石麦，可谓价值不菲。烟袋不仅作为这些人吸食烟草之用，而且把它视为自己身份与地位的象征，作为宠物和玩物随手把玩，朝夕不离。

旱烟袋的结构比较简单，由烟锅、烟杆、烟嘴 3 部分组成。前端为烟锅，多为铁制、铜制，也有玉石雕刻的，还有铝锡所制的；中有烟杆，早年多为王八骨头、多年生枸杞茎，中有细孔，用细竹管或木管制成，以后多用铜管所制，有长短之分；后有烟嘴，多为玛瑙、玉石、翡翠、铜、银等所制。三部分衔接组装成为烟袋，并有用布和皮子做成的烟袋荷包，内装碎烟、火镰套，有的别在腰带上，有的拴在烟袋杆上，便于外出随时吸烟之用。旱烟袋以烟杆为主体，盛装烟丝、烟末的袋、嘴都是烟杆的附属品。旱烟杆也有长短之分,可择其所好。在各家中备有篮箩或烟盒、烟匣,内装碎烟,供家人和来客吸用。也有用木头雕成的大烟锅,烟锅、烟嘴连在一起,可揣在衣兜里外出随时吸烟。有的旱烟袋只有烟杆、烟锅而没有烟嘴,亦可吸食。随着机制卷烟的普及,旱烟袋在河南省已退出历史舞台,但在农村和山区仍有个别老年人使用。

二、水烟袋

水烟袋,又称水烟壶、水烟管。吸水烟是中国传统的吸烟方式之一,在河南广大城乡流行甚广。用水烟袋吸烟,烟气从水中经过,烟味醇和,可以减少焦油和尼古丁等有害成分,有其独到的优点。河南吸食水烟的时间远远晚于旱烟,据清嘉庆十年(1805 年)王䜣著《食烟考》云:“……初时人畏其力猛,食者绝少,断自泰,而晋、而齐、而豫、鲁、燕、宋,大江以南,今且遍天下,无不至矣。”由此可见,吸水烟远在清代中期就在河南流行。

水烟袋造型奇特有趣,多以黄铜和白铜为制作材料,也有锡制和银制的。大多数水烟壶由烟管、吸管、盛水斗、烟仓、手托、通针、镊子以及相关座件构成。烟管一头为烟碗,其下连一细管,伸入水斗的水中,这一部分往往放在最前面,吸管一般长 30 厘米左右,也有更长的,位于烟管之后,或并列,或稍有间隔,上端向后弯曲,便于吸烟,下端便插入水斗,但在水斗的水面之上。吸管、水斗一般为整体。烟仓多为桶形,上均有盖,以防烟丝风干。手托主要起连接作用,盛水斗、烟仓及通针、镊子座都插在其中,一般系整体铸成。烟管和手托之间的链条也很讲究,一般为铜链、银链,还佩有各式小挂件。考究的水烟袋,或雕,或镶宝石,或嵌墨银,或烧珐琅等,其纹样有花、鸟、草、虫、鱼,亦有吉祥图案、诗词联句等,加上有趣的造型,遂成吸烟者把玩之物,成了一种名贵的工艺品。那烟具一头进气,一头吸食,两头上翘,中间一处贮水。装烟吸食时,烟气穿过水壶,既可滤掉一些烟气中的杂质杂气,还能发出咕噜噜、咕噜噜的声响,犹如鸟啼凤鸣,听起来十分悦耳。烟具的高雅贵贱之分,既在于质料,也在于使用者的身份和地位。

关于水烟壶的吸食方法,史书中曾这样描述:“装水半壶,外有五件,一烟窝,二烟管,三烟夹与毛刷,四纸媒头管,五烟丝筒,另加铜链,外观别致。吸食者先装烟丝,口吹纸媒头,一口吸净。使用水烟壶需要把握的细微技巧不少,如给盛水斗上水,只要稍微多一点儿,吸烟时的第一口肯定就是"辣汤",若少了,又发不出悦耳的咕咕声。水烟袋以吸食烟丝为主,也可吸食烟片。水烟壶的保养非常讲究,平常一日一小洗,五日一大洗。擦拭白铜壶时最好用瓦灰,这样既能擦得晶莹雪亮,又不致损伤精致的镂刻纹饰。此外,富贵人家,冬、夏两季会在水烟壶的手托上套上托套,夏天用竹丝或龙须草编织,以防手汗侵蚀烟壶;冬天用皱线编织,以免烟壶冰手。

水烟袋吸食的好处:从吃味上来讲,可以使烟气从水中通过,过滤焦油,调和气味,清除燥思,减少焦油和尼古丁等有害成分;从形式上来讲,吸水烟既高雅又卫生,既能过烟瘾,又平添了几分闲情逸致。

在水烟流行的年代,竹质水烟壶常由吸烟者就地取材制作而成,为平常人家所用。而铜、锡等金属质水烟壶则多由专门作坊制作,常被人特制定做,作为礼品用于馈赠。

清末和民国时期,水烟袋一直为富裕人家所享用。一些大商店,尤其是绸布店和医药店,都备有水烟袋数杆甚至数十杆。顾客进店,店家伙计随即奉上水烟袋,请顾客吸水烟。有的茶楼酒馆,店家将水烟袋的烟嘴管制成1米或更长,能伸能缩自由转动,以便将烟嘴送到室内每个角落供顾客享用。当时的商家,都以为只有请顾客吸水烟,才能显示本店的气派和对顾客的尊敬与热情。因此,吸水烟的风气不但很快在富裕阶层中普及,而且经久不衰。水烟袋肚内盛有水,吸烟时,烟气先通过水再进入吸烟者嘴里,因此人们认为吸水烟比较卫生,味道也比较醇和,这也是它在富裕阶层人士中受欢迎的原因之一。但水烟袋比较笨重,肚内又盛有水,携带很不方便,只适宜于居家使用。随着卷烟的普及,到20世纪50年代末期,河南省吸水烟者渐行渐少,现在已基本绝迹,但在市场上,各类铜、锡、银制作的水烟袋,以供喜爱者收藏、把玩,还十分盛行,尤以旅游景点为最。

三、烟斗

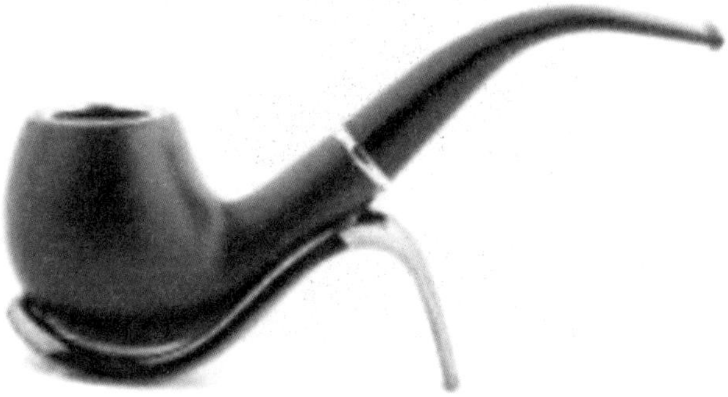

烟斗,是吸食烟丝的用具,与旱烟袋、水烟袋有异曲同工之妙。烟斗是舶来品,是从外国传入中国的。最早的烟斗是烧瓷的,由英国人发明。因为瓷烟斗的造价太高,一般人买不起。当时,有一个很有趣的现象:几个喜欢抽烟斗的人会合资买一个瓷烟斗共用。如果有人买了一只新瓷烟斗,就会大肆宣扬,甚至大摆宴席,以示阔绰。旅馆和餐厅为了招徕顾客,会在吸烟室里放置烟斗,并派专人管理,把瓷烟斗租给客人吸烟,按时间收费。

瓷烟斗风行于16~17世纪,后渐渐被木质烟斗取代。因为木烟斗的质料种类繁多,而且便于携带、价格便宜,能大量生产。烟斗制作考究,造型奇特,有长支、短支之分,有大小、粗细之别,有圆柱形、苹果形等各种形状。采用的材料有金、银、铜、玉、瓷、石、骨、木等。烟锅壁有厚有薄,有表面呈麻面的,也有表面呈光滑透亮的。随着时代的发展,烟斗的材质和造型不断变化,从廉价的木雕烟斗发展到一些造型独特、设计新颖、价格昂贵、深受上层社会喜爱的高级烟斗。那些嘴形偏小、斗大、斗色棕黄、管细黝黑、花纹古朴、造型别致的烟斗,在古玩市场上售价不菲,颇受烟具收藏者青睐。

无论何种材质的烟斗,其基本构造大体相同,一般由9部分构成:①斗钵,盛放烟丝的容器,烟丝在其中燃烧;②斗钵壁,斗钵的外壳,是斗钵的依托;③斗柄,用来连接斗体的部分,烟丝燃烧产生的烟气从其中通过;④口柄,连接到斗柄的部分,可拆卸,便于清洁;⑤榫,使口柄和斗柄镶嵌连接的凸出的部分;⑥棒眼,棉插入其中,使口柄与斗柄连接;⑦烟嘴,与口唇接触用来吸烟的部分;⑧嘴沿,烟嘴的顶端略微凸起的部分,起防止烟斗从嘴唇滑落的作用;⑨烟道,烟气通过这里进入口柄。有些以特殊工艺制作的烟斗构造更加复杂,比如系统烟斗具有普通烟斗所不具备的构造,其特殊性在于具有调整气流、降低温度、减小湿度、过滤焦油等功能。

四、烟缸

烟缸也叫烟灰缸,产于19世纪末。旱烟、水烟盛行时没有烟灰缸,人们吸烟重视的是质量品味,烟灰则随吸随抖。随着卷烟的出现,人们称之为清洁的嗜好品,比起抽旱烟或烟斗显得既方便又文明、时髦,纸烟灰乱弹、烟蒂乱扔有碍卫生,有悖文明,于是烟灰缸就应运而生了。

烟缸最早以瓷质见多,有人称之为烟碟。以后逐步发展用玻璃、金属、木质和塑料制作,其形状、大小、模式不一,但均有明显标记,即烟缸边上都有几道烟支粗细的槽,是专为放置卷烟设置的。吸烟需用火柴,烟缸在设计时充分考虑到这一点,有的烟缸在边上涂制一圈粗糙的瓷麻面,吸烟者用黄磷火柴一划即可点燃。安全火柴推出后,有的烟缸一侧设计一个可以放置抽屉式火柴的空槽;打火机出现后,有的烟缸设计出放置打火机的位置,以方便吸烟者使用。20世纪90年代后,随着社会的发展和人们生活水平的提高,烟缸的设计和制作越来越考究,形状有四方形、三角形、圆形、仿植物形、水果形等;功能也随之增加,除了有放烟支的凹槽,还有熄灭烟蒂的小圆柱形孔,有的还增加了镂空花盖子,用手指一按机关可自动抖灰;用材也有很大改进,以有机玻璃、不锈钢居多,还有用水晶、玉石、工艺陶瓷等材料制作烟灰缸的。

烟灰缸除具备实用功能外,还是一种艺术工艺品,具有很强的观赏价值。烟灰缸制造商运用现代先进技术,采用多彩色调和各种花纹造型,以巧妙构思制造出各种不同规格、形状的烟缸,既具有实用性,又具有观赏性。有的设计成人物状,如长寿星、钓鱼翁、古代仕女等;有的设计成动物状,如蟠龙、虎、狮、鱼等;有的设计成器物状,如啤酒桶、树叶、烟叶、车辆、烟盒等,样式千奇百怪、绚丽多彩,成为收藏者的艺术藏品。烟灰缸同时又是一种极佳的广告宣传载体,许多烟草制造企业委托烟灰缸制造商设计制造出新颖独特的烟灰缸,印上产品标识、名称、图案和企业名称,免费赠送给用户,借此扩大企业和产品的影响力。

五、烟嘴

起初人们吸烟都是由嘴直接吸食,后来发明了烟嘴,用烟嘴吸烟逐步成为时尚。烟嘴长短不一,最长的超过20厘米,最短不足5厘米。由于卷烟不直接在烟嘴里燃烧,所以选材不十分考究,有古朴高雅的竹、木角、骨等;有昂贵高档的玛瑙、象牙、白玉、翡翠等;有硬塑、藤根、植物茎、子弹壳、金属管等;有硬木、紫竹、铜、铁等材料制作。烟嘴形状多数为圆形,嘴扁、口圆、头方,也有其他形状的。烟嘴有通身一体的,也有嘴、身拼装连接而成的。用烟嘴抽烟,其初衷和目的不尽相同。有人认为用烟嘴抽烟,可以减少有害物质,降低对身体的危害;有人认为用烟嘴抽烟可以减少烟蒂的长度,增加吸食量;有人认为用烟嘴抽烟,烟蒂不接触手指,可以避免烟蒂熏黄手指;还有人认为用烟嘴抽烟,显示高雅和炫耀身份,特别是用那昂贵气派的烟嘴,被看作时髦和高贵的享受。既然用烟嘴抽烟是炫耀身份的象征,于是烟嘴制作者投其所好,在选材上使用高档贵重玉石和金属,如和田玉、缅玉、翡翠和银、铜之物,精工细作,制成精美、大气、喜爱之物。还有人在烟嘴身上雕刻鸟、花、虫、鱼,撰写雅诗或雕刻上主人的名字,使烟嘴更显得雍容华贵,成为近年来收藏者青睐的藏品之一。

20世纪70~80年代之后,随着过滤嘴卷烟的普及,灵宝城乡使用烟嘴的人越来越少。

第三节　吸烟风俗

一、吸烟风情

人们吸烟的社会习俗,历史久远。明万历三十九年(1611 年),福建莆田人姚旅著《露书》中写道:"淡巴菰,一名日醺,以火烧一头,以一头向口,烟气从管中入喉,能使人陶醉,且可避瘴气。"由此可见,中国吸烟现象早在明代末年就已经流行,是随着晒烟的种植而出现的。当时,人们吸烟主要是为避瘴气,故不分贫富贵贱、身份高低,用的烟具都是旱烟袋,吸的都是晒烟烟片。随着社会的发展,吸烟人群开始显示出不同阶层、地位和身份。富裕户和有社会地位的人,旱烟袋上镶钢、雕花,吸用的烟片是经过加工添料做成的"香杂拌"。普通百姓吸揉碎的烟片。自烟丝和水烟袋出现之后,吸烟习惯又有新的变化,烟丝和水烟袋只被富商官绅、书香门第中的上层人物所享用。

20 世纪初,卷烟传入灵宝,被称之为"洋烟卷",为城市中富有阶层吸食,农村农民吸用不起,主要还是吸烟片旱烟袋,少部分人享用烟丝水烟袋。

中华人民共和国成立后,卷烟在农村少量出现,大多数农民还是抽吸旱烟。20 世纪 60~70 年代,在灵宝农村流行"喇叭筒卷烟",把旧书报纸或白纸裁成长 10 厘米~15 厘米、宽 5 厘米~7 厘米的纸片,用手卷成前粗后细的喇叭筒状,装进烟片、捣实、封口,用手一拧,掐头,露出碎烟,点着火即可吸食,甚为方便实用,也有人叫它"一头拧"。由于此烟经济方便,流行近 20 年,直到 20 世纪 80 年代,人们的经济收入逐步好转,"喇叭筒"渐渐被卷烟取代。

人们吸烟大致分为 4 种类型。一是消遣型,大多数人把吸烟当作消除疲劳、清醒头脑、振奋精神、增加思维能力和消愁解闷的兴奋剂。有俗语说:歇时吸根烟,强似活神仙。二是交际型,在现实生活中,人们把吸烟与待人接物联系在一起,当作联络感情的工具和手段,招待亲友、托人办事见面先递烟,有"烟酒不分家"之说。三是炫耀型,把吸烟当作表现自己风度、气质,尤其是当众抽高档名牌卷烟,显示自己的身价和富有。四是赶时髦型,主要是刚踏入社会的青年,赶时髦,猎新奇,认为嘴上叼着烟卷才有潇洒派头,开始是模仿性吸烟,渐渐养成习惯,成了卷烟消费的新生力量。

在灵宝广大城乡,吸烟已经成为人们日常生活中的重要消费之一,如婚丧嫁娶、盖房修屋、走亲访友、请客送礼、待人接物、生孩子办喜事,所有活动都离不开卷烟。在广大农村,人们办理婚嫁喜事,从提亲、订婚、下聘、迎娶,到喜宴、闹洞房的整个过程,各种场合都离不开卷烟。媒人提亲时装着卷烟,表示男方家底厚实、富有,起玉石姻缘之功;订婚前或订婚时,男方要给未来的岳父敬送烟酒;聘礼中除钱、肉和婚装、被褥、首饰等外,还需有一定数量的烟酒。新郎到新娘家迎娶时,行到村中,陪同人员要将整盒卷烟撒向人群,或逐个发放;出村时,再次将烟撒向人群,以求吉利和顺利出村。婚宴开始后,新郎新娘给来宾敬烟敬酒,有的乡村,新娘还要给来宾点烟;遇到新郎新娘同辈来宾,有意刁难新娘,新娘点燃时,故意不吸燃,让新娘点上三五次,才把烟点着,以此增加欢乐气氛。新郎新娘花烛之夜,闹洞房的小伙子让新娘点烟更是常有的事。

灵宝人民具有热情好客的历史传统。过去,在广大农村,无论会不会吸烟,各家都备有旱烟袋,条件稍好的备有水烟袋,当亲朋好友或客人到访,有先让烟的习惯。将旱烟袋或水烟袋装上烟片或烟丝,擦净烟杆后递给来客,客人是长辈者,还替客人点上烟。这个习惯一直延续至今,不仅在农村,在城市亦是如此,只是旱烟袋、水烟袋不见了,代之而来的是卷烟。

过去吸旱烟的男人还有一个习惯,就是出门随身带着旱烟袋,有的别在裤腰带上,有的搭在肩膀上,烟袋杆在前,烟荷包、火镰匣在后,中间一根链带连着,不管走到哪里,只要烟瘾上来,随时取下烟袋装上烟片吸上几口。遇上熟人还可以炫耀一下自己的烟袋和荷包,有时候互相交换烟袋吸用。女人吸烟一般都在自己家里吸,当众吸烟者极少。

在长期的吸烟习惯中,人们自觉总结出“七吸”“六忌”“五不吸”的习俗。七吸:饭后、睡前、陪客、访友、阅读、写作、工余时间吸烟。六忌:繁忙、乘车、卧床、久病、祭礼、吐痰咳嗽时忌吸烟。五不吸:进仓库、近易燃易爆物、进影剧院和会场、科研实验室、病房内不吸烟。

二、民间敬烟

敬烟是一种知礼懂事的行为表现,晚辈敬长辈,下级敬上级,主人敬客人,其中都有很深的学问。敬烟礼俗的讲究,实际是传达了一种人类美好、善良的愿望。在现代生活中,敬烟作为一种社交礼俗被继承下来,而香烟的频繁使用,也在随时随地传达着相互致意的愿望。

早年,河南省民间敬烟时,一般主人先将烟叶(烟丝)装入烟锅,然后再呈送客人吸食,也有烟民将烟叶(丝)用纸张制成喇叭状烟卷以自用或敬献客人吸食。当时以洋烟(卷烟)敬客在一般家庭极少见,只有在有客人来访、亲朋相聚时才能见到,其他场合较少见。

随着生活水平的提高,河南省卷烟制造业的兴盛,烟民的增多,敬烟已随时随处可见。人们外出办事、联系工作、接洽业务时,或好友、同学、同乡聚会时,见到对方先向其敬烟,若多人在场,还要依次敬烟后,才自我介绍说明来意。所以说,敬烟又有“介绍信”之说。在结婚喜宴上,放上两盒比较高档的香烟,称之为“喜烟”。有的地方风俗,在开宴之前,会有一人做主,将香烟连同糖果、瓜子一起分发给众人。散席之后将其带回去给会吸烟的人吸,叫作“沾沾喜气”。凡有酒宴的地方就有香烟伴随,所以人们常说“烟酒不分家”。

随着社会文明的不断推进,人们的生活习惯也在不断改变,在享受生活的同时,还越来越注重身体健康。吸烟的方式和习惯逐渐向着文明、健康、环保的方面发展,主要表现在:①年轻人在长者、长辈面前时,如果长者、长辈不吸烟,自己尽量不吸烟;如果长者、长辈吸烟,自己又处于客人的地位,应先向长辈、长者敬烟, 待为其点燃后自己再吸烟。向长辈敬烟要用双手捧上,对长辈递来的烟要用双手接过。②公共场所禁止吸烟,其他场所有禁烟标志的也应不吸烟,不当着陌生的众人吸烟。当周围人咳嗽不已的时候,应把烟熄灭或走到外面去吸烟。在众人面前吸烟应注意自己的姿态,不可吐烟喷人,不要吐烟圈,不把夹烟的手伸近邻人。③在妇女面前,应先表示一下歉意再吸。在自己的女友面前,应以尊重的态度少吸烟为宜。叼着烟说话,夹着烟散步,也是不合礼仪的,是不尊重对方的。在未成年的孩子面前最好不吸烟,避免他们仿效大人偷吸烟。④到别人家里做客时,主人如果不主动敬烟,周围又无烟具,客人不应喧宾夺主,取烟递给主人。如果在特别熟识的人家做客,可随意吸烟,但不在不吸烟的主人面前无节制地吸烟。⑤有客人到访时,主人应主动敬烟。向客人敬烟时,不要抛掷。对已声明不吸烟的客人不强行敬烟。客人不吸烟,会吸烟的主人应自我克制,不当着客人面吸个不停。⑥对宗教界人士和信仰基督教、伊斯兰教的少数民族不敬烟。⑦在婚礼上,对新郎或新娘敬的烟不能不接,即使自己不会吸,也要吸上几口,待新郎新娘应酬他人时再熄掉。拒不接烟,会使人扫兴,特别是敬烟人是长者、领导,会使人感到态度生硬,同喜庆的气氛不谐调。⑧不随地抛烟头、吐唾沫、吐痰污。

第四节　烟草农谚

烟草农谚,是一个世纪以来从事烟草实践的高度概括和总结。其特点是内容广泛、科普性强、具有地方特色。从烟草的育苗施肥、选种催芽、打畦播种、移栽补苗、中耕浇水、平顶打杈，到采收烘烤、分级上交，应有尽有，无所不包，几乎将所有环节都编入烟草农谚。所有农谚在烟草生产管理中具有较高的科学普及作用。无论哪个环节，只要按照农谚的要求去做，就会生产出优质烟来。这些农谚还具有易懂易记的特征，它将纷繁复杂的讲义教材知识变为雅俗共赏、通俗易懂，具有可操作性、可行性的科普读物。

优质丰产靠科学

烤烟生产环节多，优质丰产靠科学，
良种良法须配套，规范栽培莫懒惰。

炕好是关键

良种是内因，壮苗是条件，
大田是基础，炕好是关键。

种油料促烤烟

多种油料办法鲜，芝麻油菜促烤烟，
施足饼肥产质好，烟油配套双丰产。

埂栽好处说不尽

埂栽好处说不尽，通透性强光照匀；
根系发达叶茂盛，有利合成尼古丁；
能排能灌防旱涝，优质丰产有保证。

苗　床

苗床最好不重茬，背风向阳冬前打；
立春过后播种下，排灌防风措施抓。

苗　肥

麦前备足育苗肥，夏灌粪水熟为泥；
糟至不暴黑碎烂，过筛撒施苗床里。

选　种

种烟求效益,烟种是关键;
淘汰多劣杂,选种优为先;
种子年年选,择良种植烟;
引进外地种,必须先试验;
成功定品种,两过推广关;
品种优而纯,效益往上翻。

催　芽

催芽办法多,温缸最科学,
消灭病毒菌,温度要掌握,
不时摇均匀,齐状出苗多。

打烟畦

宽一米,长三丈,埂打实,面拍光,
高五寸,鱼脊状,不跑水,利保墒,
土如面,平如镜,底下实,肥适量,
东西向,透风光,药处理,防虫伤。

播　种

大寒过早春分迟,立春雨水正适时;
烟芽露嘴播畦内,芽儿过长苗不齐;
不稀不稠要适量,覆盖肥土要适宜;
扎弓张膜增温度,科学管理促苗齐。

间苗定苗与锻苗

俩叶间苗四叶定,五叶促苗七叶控,
九叶十叶苗长成,苗肥苗壮好收成。

移栽时间

宁栽谷雨土，不栽立夏泥，
适时三分壮，栽烟莫失机。

移　栽

挖垛起苗运大田，划行定距三尺三；
挖穴施肥苗中间，浇水洇苗土封严；
轻挤轻捺苗栽全，墒足苗旺茎叶圆。

查苗补栽

苗缺一株烟田亏，挨边烟株嫩又黑；
两株大苗夹一小，连累周围长不好；
栽罢烟叶查缺棵，浇水补栽保苗全。

施　肥

烟田施肥有学问，饼肥草灰钙镁磷；
适时浇水施足肥，“少富”“老贫”是规律；
测土化验巧配比，科学施肥增效益。

中　耕

烟苗下地要中耕，松土锄草保墒情；
近锄浅、远锄深，锄匀锄透促发根；
头遍浅、二遍深，深浅都为多生根；
三遍深锄培好土，四遍浅锄莫伤根。

浇　水

小苗偷浇棵发旺，大水漫灌苗发黄，
旺长时期浇水足，叶片落黄喜黄墒。

平顶打杈

平顶不见花,见花质量差,
打杈不过寸,过寸跑养分。

防治病虫害

栽罢烟、播毒谷,确保全苗治蝼蛄,
带药移栽防土蚕,乐果能把蚜虫除,
西维因治烟青虫,蚯蚓怕见硫酸铜,
敌敌畏治斑须蝽,金针怕见敌百虫。

采　烟

五黄六月叶落黄,千家万户采烟忙。
童叟上阵无闲人,欢声笑语歌声扬。
采烟要打成熟叶,好炕好卖高质量。
成熟叶,有特点,不沾手,光叶面。
叶色黄,有光泽,断面折,易采摘。
茸毛脱落至脉白,茎叶角大才能采。
若逢下雨莫采烟,要采烟叶到晴天。
露水烟叶不要采,傍晚以前宜采烟。
精心烤出优质烟,支援“四化”做贡献。

炕　房

苗是金、大田银,炕房好似聚宝盆,
烘烤时节松一松,金银全丢白费劲。

装　炕

上装稠、下装稀,中棚不稠又不稀,
雨装少、旱装密,不旱不涝装适宜。

炕　烟

小火保温促变黄，二火稳烧不着忙，
烟黄九成转定色，注意排湿满炕黄，
烧火过急烟炕青，高温闷炕烟发红，
干筋掉火要阴筋，定色降温脸着灰。

干块起苗

干块起苗方法好，苗床铺底精细搞，
定苗划块是关键，七八叶时把苗锻；
苗成畦土半旱墒，起苗栽烟根少伤；
移栽浇水返苗快，烟株健壮炕烟害。

灵宝烟农的四步曲

八十年代种烟“难”

20世纪80年代刚实行生产责任制，种植烟叶靠自己挖烟畦，自己育种，用“生白布”缝个袋子，揣在身上暖烟籽，砍点树枝或高粱秆作弓棚，为苗畦施上土粪，用石灰青灰洇底，撒上暖出芽的种子后，浇水、拔草、间苗、剪叶、炼苗、通风、揭膜，这就是当初育苗的全过程。耕地用牛，开沟后人工起垄，移栽烟叶后，浇水上粪用架子车，前面让牛拉着，除草、打药都是人工操作。采收烟叶全靠人背肩扛，架子车是唯一的运输工具。炕烟用的是自建的小土炕，烧的是麦秸、蒿草，晚上住在炕边上不敢睡觉，一会儿看一次。编烟用的是自己制作的麻绳。起五更打黄昏，一亩烟一年能收入100多元，这在当时已是很大的一笔收入了。

九十年代种烟“累”

到了20世纪90年代，随着种烟条件的不断改善，不再为购买生产资料发愁了，还基本淘汰了用牛耕田，卖烟也用上了四轮拖拉机。但是，种烟仍然很累，栽烟完全靠人工刨坑、拉水起垄、封土盖膜、除草、打顶抹杈。烟栽上之后，天天有活干，特别是采烟，钻到烟地里又热又累,满身汗水,人背肩扛把烟叶拉到炕房边上,再编烟装炕,忙得不可开交。炕完烟之后,抓紧分拣等级,起早贪黑拉到烟站排队交售。好在炕烟使用煤后,填一炉后能休息一下,晚上还能睡一会儿。那时候交售烟叶的等级由过去的十五级制改为四十级制,价格也比过去涨了一倍。

2000年后种烟"乐"

随着先进技术的推广应用,2000年之后种烟变化很大。育烟苗推广了包衣种子,建起了育苗大棚实施漂浮育苗;耕地起垄用上了拖拉机,由烟草公司补贴统一实施;炕烟也实行了集中智能化标准炕,过去的小土炕一律淘汰掉,标准炕一次能炕180多杆烟叶;栽烟用上了移栽机,还有专业的覆膜机。政府和烟草公司出资,在每个连片的烟叶大方内统一打了机井,架设了电线,修建了机井房,配备了抗旱浇烟设备,个别地方还在烟田内铺埋了管网,绝大部分烟区还修建了塘坝,开挖了沟渠,整修了烟田的区间道路,烟区实现了旱能浇、涝能排、沟相通、渠相连、路顺畅。基础设施的改善,极大地缓解了种烟过程中的苦和累。

如今种烟"真轻松"

30多年来,种烟发生了翻天覆地的变化。从种植规模上说,过去一家一户小打小闹,种两三亩"面条田",如今都是规模化、连片成方;过去使用牛耕地起垄,如今变成机械化耕作,大型拖拉机、旋耕机、起垄机、盖膜机、喷灌机、移栽机等应有尽有;育苗变成工场化育苗,每个烟区都建有专业化育苗大棚;烟田的统防统治变成了使用机械喷洒药物,再也不用人背药桶打药了;烟田浇水灌溉,地头有井有渠,管子一架电闸一推,水都自动流到地里了,有些烟方还实现了水肥一体化,方便快捷;炕烟统一建造了智能化炕房,采取集中专业炕烟,用煤用电,轻松省事;运输烟叶用上四轮拖拉机,交售烟叶也不再扎把了,全部散烟收购,烟站还实行预约上门收烟,省去了烟农排队等候售烟的麻烦。烟农轻松种烟、轻松卖烟,劳动强度轻了,效益反而增加了,现在亩效益能达到3000元上下。与过去相比,无论是种、管、炕、卖,都比以往省事多了,烟农得到的实惠也多了。

如今在烟区最亮丽的景观是成排的育苗工场大棚,最夺人眼球的是集约化烟炕群,最美丽的风景线是沟渠塘坝和烟田间的道路。

第五节　灵宝市烟叶生产电视宣传片解说词

烟草赞歌

——灵宝市烟叶生产电视宣传片解说词

总策划:王维新　李致新　　撰稿:李冠学　　制作:王战歌

好山好水好风景,好花好果好烟叶。

素有"黄金之城、苹果之乡、道家之源"美称的河南省灵宝市,不仅盛产黄金、苹果,也能生产出享誉一方的优质烟叶,被誉为"金城金叶"。到2019年,全市烟叶面积连续20年稳定在5万亩以上,年收购量达到15万担以上,上等烟比例达到70%以上,烟农年收入在2亿元以上。灵宝烟叶天生丽质,禀赋天成。灵宝烟叶生长在800~1200米高程的南部丘陵山区,海拔高,昼夜温差大 无霜期长,是生产优质烤烟的风水宝地。灵宝以其得天独厚的自然条件,造就了灵宝烟叶"香气质好,香气量足,焦甜香明显,烟气细腻柔和,口感甜润干净,卷烟配方可用性强"的卓越品质。先后与浙江中烟建立了"利群"品牌五亩特色烟基地单元,与河南中烟建立了"黄金叶"品牌朱阳优质烟叶基地单元,所产烟叶进入"利群""黄金叶"品牌两大中烟卷烟主配方,成为全国烤烟综合标准化示范基地。

灵宝好烟叶是怎么种出来的呢?

一是得益于市委、市政府的科学决策和全力支持。灵宝市委、市政府始终把烟叶生产作为实现乡村振兴战略的重要抓手,围绕"烟农满意、政府满意、工业满意、企业满意"的工作目标,制定出一系列惠及烟农的扶持政策和发展规划。据不完全统计,市委、市政府累计投入6800万元,建设烟田道路138千米、烟水配套工程56处、育苗工场108棚、烘烤工场500座。

二是得益于"科技兴烟"。持续叫响做实具有灵宝地域特色的"饮山泉、住氧吧、睡绿毯、吃土粪、喝豆浆、披花环"等特色技术。2019年,种植向日葵绿色防控隔离带,加大烟蚜茧蜂、太阳能杀虫灯等绿色防控措施;增大有机肥施入,补贴牛圈粪1041亩,统一供应芝麻饼肥1056吨,豆浆灌根260吨4.85万亩;开展土壤保育,地膜回收3万亩,挖掘机深翻 1 万亩,土壤松根剂 2 吨,生态碳肥 100 吨,种植绿肥 120 吨 1. 34 万亩。

三是得益于烟叶生产抓环节、不断链。从 2010 年开始,灵宝就开始全方位谋划现代烟草农业建设,按照种植规模化、管理精细化、作业机械化、生产专业化、基础设施全面配套的发展理念,用工业的管理理念指导全市烟叶生产。灵宝烟草人从最基本、最基础的环节抓起,一步一个脚印,精心打造一流的烟草生产、一流的烟叶品质。用他们的话说就是“五关十八环,环环紧相连。抓好五关十八环,年底抱个大金碗”。冬天,抓好冬耕起垄;春天,投入到紧张的育苗生产中,烟农视烟苗如待哺的婴儿,千般呵护、万般关爱;夏季,烟农们把烟叶当“儿子”看待,为他除草、为他治病,喂他豆浆,为他打顶抹杈,还建起了人工炮台,防雹增雨;采收时节,是烟农一年中最忙碌的季节,也是烟农最舒心的时刻,他们的辛勤汗水终于凝聚为丰收的果实。

四是得益于良好的服务队伍。灵宝有一支亲民为民的干部队伍。为了使烟地“田成方、地成片”,烟区干部们为搞好土地流转,深入群众,做耐心细致的思想工作,调整种植布局。到 2019 年,实现百亩以上连片种植 53 个,万亩以上种植乡镇 2 个。灵宝通过选任、聘任,走出去、请进来,培育市级地方烟草专家。这些技术人员分别包乡镇、包村、包户,做到“人盯人、人盯户、人盯地、人盯炕”,全方位落实各项技术措施。2019 年,灵宝市实现市、乡、村三级技术网络全覆盖,拥有一支 300 余人精于“怎么种烟”的技术队伍,实现了“村有土专家,户有明白人”。已经建立了 2 个国家级烟叶生产专业合作社,为烟农提供规范有序的产前、产中、产后服务。市烟办、烟草局、烟叶工作站为烟农提供全方位的服务。

门前风景雨来佳,满船清梦压星河。灵宝烟草人不忘初心,牢记使命,借天时之机、占地利之势、得人和之助,将以卓绝的勇气和不息的斗志在开拓与创新的征途上,一路搏击,踏浪前行。

第六节 影像集锦

领导关怀

2019年3月26日，中国烟叶公司水源办副巡视员卞卡一行(右二)视察灵宝烟叶生产工作。河南省烟草公司烟叶处处长李广良等，灵宝市委书记孙淑芳、市委副书记王跃峰、市领导张磊陪同

河南省副省长刘伟(左二)、三门峡市市长安伟(左一)2019年10月在灵宝调研烟叶收购工作

2018年9月，河南省烟草专卖局(公司)党组书记、局长、总经理武卫东(左二)在灵宝烟田指导工作，并听取灵宝市主管领导汇报

2017年10月，浙江中烟集团领导在灵宝考察烟叶市场

领导关怀

2019 年 8 月 20 日，省局(公司)副总经理王泽宗(左二)到三门峡市局(公司)调研烟叶生产工作。其间，深入灵宝市五亩乡、朱阳镇，察看下部烟叶采烤、大田管理、病虫害防治情况，了解基础设施建设、烟用物资管理、合作社运行等情况。图为调研现场

2019 年 4 月 18 日，三门峡市副市长高永瑞到灵宝市朱阳镇透山村调研烟叶生产工作。三门峡市烟草专卖局(公司)党组书记、局长、经理张敬榜，灵宝市政府党组成员王泉钧，副县级领导彭占玉，政府办、烟办、烟草局、朱阳镇等相关领导陪同调研

三门峡市烟办主任沙庆家(右一)在灵宝调研烟叶育苗工作

2019 年 7 月 24 日，三门峡市烟草专卖局(公司)主要领导张敬榜、烟叶生产管理科科长苏富强一行到灵宝五亩乡渔村特色烟叶示范区、朱阳镇透山现代烟草农业示范区进行考察调研，督导全省烟叶结构提升及原收原调灵宝现场观摩会准备事宜

基层调研

2018年7月，市委书记孙淑芳（前一）烟田调研

2019年10月，市长何军（左二）调研烟叶收购工作

2017年10月，市人大常委会主任侯乐见（右三）调研烟叶收购工作

2019年10月，灵宝市委副书记王跃峰（右二）检查烟叶收购工作

2017年11月，市委常委徐红梅（右三）调查烟叶收购工作

灵宝市副市长王泉钧（右二）调研烟叶生产

灵宝市烟办主任王维新（前一）深入烟田调研

灵宝市烟草局局长李致新在烟田

基础设施

国家级烟水配套工程——白虎潭水库

白虎潭水库碧波荡漾

五亩乡木子河烟区道路

五亩乡烟田硬化道路

朱阳镇通向烟田的硬化道路

育苗托盘

育　苗

防雹增雨

基础设施

朱阳镇新店烟站

五亩烟站

鑫源烟叶专业合作社

金塬烟叶专业合作社

电烤房

大密集烤房

育苗工场

育苗大棚

机械化作业

烟田耙耱

机械剪叶

烟田起垄

中耕除草

烟田施肥

拔烟杆

覆膜

无人机植保

卷烟专卖

亮证执法

送证上门

送烟上门

卷烟零售终端

烟草专卖宣传

执法检查

听证会

文明执法

第十一章　研学成果

第一节　学术论文·科技成果·专利

一、灵宝市烟叶专卖局发表论文一览表

序号	标　题	作者	发表期刊名称	发表时间	是否核心期刊
1	变黄排湿同步走	苏富强	中原烟草	1989 年第 2 期	是
2	烤烟花叶病药剂防治初探	宁群柱　程宝玉　苏富强	中原烟草	1989 年第 2 期	是
3	烟叶“湿床盖被”回潮法探讨	程宝玉　苏富强	全国科技情报中心《烟叶科技情报资料》	1991 年 10 月	否
4	自制播钵器育苗方法	程宝玉　任少斌	烟草科技	1993 年第 6 期	是
5	豫西烟田细毛蝽发生规律与防治	程宝玉	烟草科技	1993 年第 4 期	是
6	豫西烟田地膜覆盖与赤星病发生相关性探讨	程宝玉　苏富强	烟草科技	1994 年第 3 期	是
7	豫西烟草白粉病发生规律及损失估计研究	程宝玉　苏富强	烟草科技	1995 年第 1 期	是
8	豫西丘陵旱作烟田追肥调查研究	吴娟霞　苏富强	河南烟草	1999 年第 3 期	
9	我市烟叶生产中若干问题及改进对策	苏富强	豫西农业	2000 年 7 月	否
10	烤烟留杈接头技术应用研究	张继帅　苏富强	烟草科技	2000 年第 2 期	是

续表 1

序号	标　题	作者	发表期刊名称	发表时间	是否核心期刊
11	烟叶烘烤过程烤房常见故障、成因及对策	程宝玉　吴娟霞	河南烟草	2001 年第 1 期	
12	豫西烤烟品种结构调整及配套技术探讨	张继帅　程宝玉 苏富强　范赞锋 吴娟霞	中国烟草科学	2002 年第 3 期	是
13	豫西烟草脉斑病发生规律及药剂防治研究	程宝玉　吴娟霞 陈卫华　苏富强	烟草科技	2002 年第 7 期	是
14	烟草农业技术推广人员管理浅议	吴娟霞　王海波	河南烟草	2010 年第 4 期	
15	豫西丘陵烟区机械化应用初探	吴娟霞　郭　华	河南农业	2011 年第 1 期	
16	钾肥施用方式对豫西烤烟钾含量及产质量的影响	代晓燕　郭春燕 王海波　张继帅 刘国顺　史宏志 马继盛　杨园园	中国烟草学报	2012 年第 18 卷第 3 期	是
17	高香气烤烟品种豫烟 11 号优质栽培调制技术	张继帅	河南农业	2014 年第 2 期	
18	浅谈灵宝烤烟最适移栽期	张继帅　吴娟霞 赵建立　陈远征	河南农业	2014 年第 8 期	
19	灵宝市烤烟散烟烘烤技术进展	张继帅　赵建立 陈远征　董宁禹 马浩波	河南农业	2015 年第 11 期	
20	对灵宝烟叶合作社建设的思考	董宁禹　张文康 李军正　苏江辉 吉贵锋	现代农业科技	2016 年第 16 期	
21	豫西烤烟成熟的影响因素及应对措施探析	张继帅　吉贵锋 李军正　朱天义	现代农业科技	2016 年第 22 期	
22	烟叶精益生产探讨	蒋海洋　吉贵锋 李军正　张继帅	中国农业信息	2017 年第 11 期	

续表 2

序号	标　题	作者	发表期刊名称	发表时间	是否核心期刊
23	有机烟叶及其生产	蒋海洋　吉贵锋 李军正　张继帅	农业与技术	2018 年第 2 期	
24	基层烟叶生产管理存在的问题及对策	蒋海洋　朱天义 吉贵锋　李军正	现代农业科技	2018 年第 2 期	
25	生物炭对植烟褐土 C / N 值及烤烟根系发育的影响	吉贵锋　王鹏泽 位辉琴　李军正 邢云霞　蒋海洋	河南农业大学学报	2018 年第 52 卷第 6 期	是
26	生物炭对不同植烟土壤理化特性及烤烟根系发育的影响	吉贵锋　王鹏泽 位辉琴　李军正 邢云霞　蒋海洋	中国农业科技导报	2019 年第 21 卷第 10 期	是
27	生物有机肥对植烟土壤微生物及烤后烟叶质量的影响	李　佳　李　璐 杨胜男　何朋朋 张继帅	江西农业学报	2019 年第 31 卷第 6 期	是
28	豫西红大烤烟特殊天气调制工艺探讨	张继帅　吉贵锋 李军正　寿纪培 陈彦春　王海涛 王勇军	安徽农业科学	2019 年第 47 卷第 1 期	是
29	烟蚜茧蜂防治烟蚜技术在三门峡烟区的应用效果	王　俊　张兆扬 王松岭　仝建华 杨晋燕　董宁禹	安徽农业科学	2019 年第 47 卷第 6 期	是

二、灵宝市烟叶专卖局烟草科技成果一览表

序号	题　目	参与人员	获奖情况
1	优质烟草技术系列的研究	李启孝	1991 年国家科技进步二等奖
2	烤烟“低起垄、深栽烟、高培土”旱作栽培技术研究与应用	李启效　程宝玉　苏富强等	1992 年河南星火三等奖
3	豫西烟田主要病害消长规律及防治技术研究与应用	张宪升　范赞锋　张继帅 吴娟霞　王艺	2000 年灵宝市人民政府科技进步一等奖

续表

序号	题　目	参与人员	获奖情况
5	“傻瓜烤房”建造技术研究与应用	李守义　安明生　邵为民　张继帅　范赞锋　刘建设	2005年6月获灵宝市人民政府科技进步三等奖，同年获三门峡市人民政府科技进步三等奖
4	三门峡烤烟综合标准体系的建立与推行	吴娟霞等	2007年河南省烟草专卖局科技进步二等奖
6	豫西烟区烤烟生产豆浆灌根技术研究与推广	吴娟霞等	2009年中国烟草总公司河南省烟草公司二等奖

三、灵宝市烟叶专卖局烟草科研专利一览表

序号	名　称	发明人	授予时间	类型
1	简易潮烟系统	张继帅	2014.6.11	实用新型
2	一种适用于烟草种植的起垄器	张继帅　赵建立　马浩波　翟寅生　董宁禹　吴娟霞　陈远征	2016.4.27	实用新型
3	一种适用于烟草种植的施肥器	张继帅　李军正　朱天义　蒋海洋　陈彦春　吉贵锋	2017.5.10	实用新型
4	一种烟草生产打叶机矩形打叶框栏	蒋海洋　朱天义　吉贵锋　李军正　张文康　张继帅	2018.12.4	实用新型
5	一种烤烟用烤房	蒋海洋	2018.3.30	实用新型

第二节　学术论文选摘

一、《豫西烤烟成熟的影响因素及应对措施探析》

作者:三门峡市烟草公司灵宝市分公司

张继帅　吉贵锋　李军正　朱天义

摘要　综合分析了影响烤烟成熟的各方面因素，提出了一系列切合实际、可行性较强的应对措施。旨在提高豫西烤烟质量，彰显豫西烤烟的浓香型特色，提高其工业可用

性和市场信誉,保持豫西烤烟持续稳定健康发展。

关键词 烤烟 成熟 施氮量 移栽期 烤烟质量

The influence factors of the western flue-cured tobacco maturity and response analysis

ZHANG Ji-shuai JI Gui-feng LI Jun-zheng ZHU Tian-yi

Abstract the comprehensive analysis of the factors to affect all aspects of the flue-cured tobacco mature and put forward a series of practical feasibility, strong response. Aims to improve the quality of the western flue-cured tobacco, show the features of the western tobacco luzhou-flavor, improving its industrial availability and market reputation,

Key words quality of flue-cured tobacco mature n application transplanting stage of flue-cured tobacco

近年来,豫西烟区由于部分烟农片面追求烟叶产量,不当推迟移栽期、盲目增加施氮量等多种因素的影响,导致烟苗移栽成活率降低,烟叶成熟期推迟,烤后原烟青筋率较高,一直为烟草工业企业所诟病。豫西多年烤烟生产实践证明:适当提早移栽期,使中部烟叶在 8 月底前基本全部烘烤结束,上部烟叶在 9 月底前后基本烘烤结束有利于提高烟叶成熟度,减少烟叶含青率,提高烟叶质量。通过分析豫西烤烟成熟的影响因素,提出相应的应对措施,提高豫西烤烟质量。

1 豫西烤烟成熟的主要影响因素

1.1 环境条件

1.1.1 温度

烤烟成熟期必须在 20℃ 以上,一般在 24~25℃ 持续 30 天左右有利于形成优质烟叶。豫西部分烟农片面认为推迟移栽期可以减少花叶病的危害,移栽过晚使烟叶成熟推迟,不利于优质烟的形成,还给烘烤带来困难,又易导致赤星病的发生和流行。因此,选择适宜的移栽期直接决定烟叶成熟的早晚。影响烟草移栽期的因素较多,但温度是决定移栽期的主要依据,烟草是喜温作物,一般土壤 10cm 深处的温度低于 10℃,生长就会停止,当 10cm 地温达到 12~13℃,而且有逐渐上升的趋势时,才有利于新根的发生。烟叶成熟期则要求较高的温度,除天气晴朗多日照外,日平均应在 20 ℃以上。

1.1.2 海拔

豫西旱作烟区,大多无灌溉条件,海拔 500~1300m,地貌多为丘陵、山地,气候垂直变化十分突出,一般是高度每增加 100m,气温则降低 0.5℃。可见,海拔和气温的高低差别直接影响到烤烟成熟期的早晚。

1.2 品种因素

不同烟草品种生长期长短有差异,也关系到成熟期的早晚。一般少叶型品种生育期较短,多叶型品种生育期较长。豫西烟区部分烟农为了提高烟叶产量,对烟叶质量考虑较少,通过非正常渠道,盲目选择多叶型非推广品种,导致烟叶成熟期严重滞后,烤后烟叶色淡少油,失去豫西烟叶浓香型特色和卷烟工业的可利用性。

1.3 土壤肥料因素

1.3.1 土壤肥力

土壤碳氮比是衡量烟田供肥能力的指标之一,由于灵宝烟叶种植区域相对集中,烟农户均种植面积近乎饱和,导致轮作较困难,部分烟田甚至连作 20 年以上,加之烟区秸秆、牛粪等农家肥资源逐年减少,连续施用化肥,导致烟田土壤碳氮比逐年降低,土壤板结较严重,有益菌群落环境恶化,致使烟株对土壤中氮、磷、钾吸收利用率下降,烟株生长发育也相对变慢,烟叶贪青晚熟,成熟期推迟,烟叶品质降低。

1.3.2 施氮量过高

氮素对烤烟产量和质量影响大,氮素充足而不过量,烟株生长正常,产质兼优。豫西部分烟农为了提高烟叶产量,盲目增加施氮量,烟株生长旺盛,叶大筋粗、贪青晚孰难以落黄。烤后青烟黑烟多,色泽灰暗,油分差,杂气重,吃味辛辣,品质低劣。

1.3.3 施钾量不足或过高

钾是烟草最重要的品质元素。含钾量高的烟叶落黄好,色泽鲜亮。豫西有的烟农施钾量过高,每公顷施用硫酸钾 450kg 以上。造成烟株吸收不完而流失,有的烟农施钾量偏低,又不注意追施钾肥,造成烟叶不易落黄或落黄差,影响烟叶成熟和质量。

1.4 栽培因素

1.4.1 育苗

自从 21 世纪初,灵宝烟草育苗方式从营养钵育苗逐渐过渡到大棚育苗,育苗介质也从以土壤为主变为以水为主。因为水比土的比热小得多,导致大棚育苗的出苗期比营养钵育苗明显延后,一般出苗期为 15~20 天,进而影响后期炼苗、烟苗移栽、烟叶成熟。

大棚育苗的关键措施是通风排湿,即使天阴下雨也要保持棚内无雾气,只要棚内出现雾气,就要打开大棚两端的通风窗进行排湿,棚内温度也随之下降,无形之中也影响了种子的萌发和烟苗的生长发育速度。

1. 4. 2 地膜覆盖与揭膜

地膜覆盖的主要作用是使烟田土壤耕层提温保墒,从而使烟株早发快长,促进烟草的生长发育。由于近年来灵宝部分烟农起垄盖膜偏晚,导致烟株晚发而烟叶成熟期推迟。有的甚至 5 月上旬移栽前才盖膜 ,膜内温度过高,空气温度过高,严重影响烟苗成活率,没能充分发挥地膜覆盖的提温作用,膜内过高的温度甚至抑制烟苗根系的正常生长,也是烤烟生育期相对推迟的因素。

通过适时揭膜能降低垄体温度,促进烟株根系生长发育,提高烟叶产质,但如果揭膜后持续干旱,反而影响烟株生长发育,后期遇雨烟株继续生长,往往造成烟株晚发,烟叶贪青晚熟,不如不揭膜。

1. 4. 3 打顶留叶

部分烟农打顶过低、留叶过少,烟株易形成伞形,上部叶过大过厚,难以烘烤,降低烟叶产量和质量,烟叶成熟期也不易把握;打顶过高、留叶过多,上部叶过短,不易提高烟叶等级,虽然烟叶产量提高,但烟叶落黄偏晚,成熟期推迟。

1. 4. 4 前茬选择不合理

突出表现为:以玉米为前茬,由于玉米田残留氮元素偏高,有的又使用过除草剂,加之又人为不适当施肥,有的烟叶肥厚,迟迟不落黄,宜烤性变差。有的由于前茬残留除草剂的影响以及玉米根系分泌的抑制烟株根系生长发育元素的作用,从移栽开始,烟株发棵就极度缓慢,烟株矮小,烟叶贪青晚熟,产质变差。

2 促进豫西烤烟成熟的应对措施

2. 1 选择生育期适宜的烤烟良种

豫西烤烟主栽品种为云烟 87,搭配云烟 97、云烟 99、云烟 100 等品种。目前来说,云烟 87、云烟 99、云烟 100 三品种全生育期 125 天左右,是较适合豫西烟区栽培的烤烟良种,云烟 97 全生育期 135 天左右,较晚熟,可作为备选品种。特别要注意的是,部分烟农片面追求烟叶产量而私自育苗栽植非推广品种,延长生育期至 150 天左右,严重降低烟叶质量及豫西烟叶的市场信誉,必须采取与收购环节挂钩等强力措施,坚决杜绝烟农栽植非推广品种的行为,确保豫西烟叶的浓香型风格及在卷烟工业中增香提质的不可替代的作用。

2. 2 积极探索促使种子提早萌发、尽快生长的方式方法

烟草包衣种子萌发过程不需要光照,可加大科研力量积极试验利用大密集烤房对已播包衣种子的苗盘进行加温,加快包衣种子的萌发速度,缩短出苗期,为烟苗进入大

棚后早发快长奠定基础。

2.3 加强苗床管理

现阶段,豫西烟区基本全为商品化大棚育苗,必须加强对育苗户的技术培训及责任心教育,探索以烟苗质量定价的市场化措施,切实增强育苗户苗棚管理和培育壮苗的自觉性,主要抓好以下技术措施:

2.3.1 加强棚膜管理

苗床前期大棚棚膜及四周都要压严,坚持棚内无水雾不能通风排湿,最好定时通风排湿。中后期傍晚或下雨要及时将棚膜盖严。

2.3.2 适早播种移栽

豫西种烟村大多集中在海拔 500~1300m 的地区,春季气温回升较慢,根据历年经验,随着海拔的增加,大棚育苗播种期在 2 月 25 日至 3 月 5 日较合适。每年的 4 月下旬,盖膜垄体内的温度已能满足烟苗的根系的正常生长,4 月 25 日至 5 月 5 日趁墒移栽一般可以使烟苗正常生长,当年 9 月 25 日前后采收烘烤结束。

2.3.3 严格按技术标准进行苗床施肥

苗床施肥要按标准执行,多则容易烧苗或徒长,少则烟苗发育不良,叶色变黄,都不能保证育成壮苗,所以要严格按技术标准执行,即播种后第一次加肥、播种后四周第二次加肥及移栽前 2 周第三次加肥,每千克水加 0.5g 育苗肥,不能过高过低。确保壮苗下地,为适早移栽提供保障。

2.3.4 精细播种,适早间定苗

以机械播种为主,每穴播种烟草包衣种子 2~3 粒即可,人工播种要严格控制每穴粒数,不可过多,否则给间苗增加不必要的工作量,并且影响烟苗生长速度及质量。做到 2 片真叶即要及时进行间苗,3 片真叶及时进行定苗,间定苗过晚,烟苗根系生长过大,相互纠缠,不仅增加了间定苗的难度,而且影响烟苗的正常生长及成苗进程。

2.3.5 及时清理烟苗下部黄叶

烟苗长至 5 片真叶,即封盘以后,由于烟苗间较密闭,下部烟叶变黄,失去其生理作用,导致苗间通风不畅,不仅容易引发碳疽病、立枯病等病害,而且消耗光合产物,抑制烟苗生长发育速度,影响烟苗移栽及大田后期烟叶成熟,所以必须集中人力进行摘除。

2.4 及早腾茬整地,起垄覆膜

烟田烟叶采收结束后,要及时腾茬深耕,一方面减少了烟田养分的无效消耗,另一方面为及时冬前起垄提供了可能。若冬前因大田封冻来不及起垄,开春后,及时开犁耙耱、施足粗肥、起好垄、穴施基肥,遇到透墒及时覆膜,以利于提高垄体温度,保住土壤中的墒,为尽早移栽做好准备。

2.5 慎选前茬

烤烟的适宜前茬作物是谷子、糜子、芝麻等,尽可能避开玉米等高施氮作物,确因地块调不开,最好执行“一年烟叶两年种”,即先在这些高施氮作物地块上,在控制氮肥的基础上,种一年油葵、红薯等高吸收氮素作物,“拔拔地力”,再在增施钾肥的基础上种植烤烟。

2.6 提高土壤供肥能力、控制施氮量

一是适量施用腐熟的牛粪、羊粪等农家肥,提高土壤有机质,增强烟田土壤的持续供肥能力,做到用养结合。二是每公顷烟田增施碳肥 750kg 以上,提高烟田土壤的碳氮比,改善土壤微生物环境。可促进烟株生长发育,烟叶提早落黄成熟,可缩短成熟期 7 天以上。二是适当降低施氮量,中等肥力烟田,云烟 87、云烟 97 两品种,每公顷烟田施氮量控制在 75kg 以内,严格根据氮磷钾比例 1∶2∶3 合理配施磷钾肥。每公顷烟田可增施硫酸钾 375~450kg。

2.7 合理增施钾肥

一般中等肥力烟田施钾量应严格遵循氮磷钾比例 1∶2∶3,按照一般复合肥(氮磷钾含量 8∶8∶14),每公顷施 750kg 计算,每公顷应再增施硫酸钾 150 kg 左右,不可过高过低,并且钾肥基肥与追肥施用比例为 50∶50 时可明显促进烟叶落黄和成熟。

2.8 大力推广新型移栽方式

近年来,在豫西烟区试验示范了小苗膜下移栽和井窖式移栽等新型烟叶移栽方式,有效避免了前期低温、干旱等不利气象因素对烟叶生长的影响,烟苗栽后成活率高、返苗快、生长快,烟株成熟期可提前 10~15 天。

2.9 合理打顶留叶

应根据天气、地力、烟株长势、产质要求等方面因素,相应采取扣心打顶、现蕾打顶或盛花打顶,落实二次打顶,力求上部叶正常开片,烟株呈塔形或筒形,既不能留叶过少使烟株呈伞形,也不能留叶过多使上部烟叶偏小且延长成熟时间而降低烟叶质量。

2.10 适时盖膜揭膜

4 月中下旬遇透雨一定要及时盖膜,以充分保住地下墒,促进膜内土壤温度尽快回升,为适早移栽做好准备。

多年揭膜试验证明,是否提膜应根据团棵期以后中长期天气预报的雨水情况来决定,如果雨水时有时无,可以考虑揭膜,如果持续干旱少雨,要坚决杜绝揭膜,否则后期遇雨烟株晚发,烟叶贪青晚熟,降低烟叶质量。

【本文发表于《现代农业科技》2016 年第 22 期】

二、《豫西红大烤烟特殊天气调制工艺探讨》

作者:河南三门峡市烟草公司灵宝市分公司

张继帅　吉贵锋　李军正　寿纪培　陈彦春　王海涛　王勇军

摘要:2017 年豫西灵宝市、卢氏县、渑池县示范种植了红花大金元烤烟,但遭遇了前期干旱、后期雨涝的影响,中上部烟叶贪青晚熟,烤后烟叶蒸片、花片、含青等严重,加之霜降即将到来,进行了中上部叶混采混烤新工艺与传统工艺对比试验。结果表明,采用新工艺调制时间缩短 6h,节煤 0. 17kg/kg(干烟),省电 0. 01KW · h/kg(干烟),烤出的原烟结构为尚疏松,身份中等,含青率降低 10. 49 个百分点,上等烟比例提高 12. 34 个百分点,中等烟比例提高 5. 89 个百分点,烟叶产量降低 85. 09kg/h 平方米,产值提高 4043. 79 元/hm^2,对烟叶内在化学成分没有明显影响,烟叶整体品质有所提高。

关键词:豫西;红花大金元;中上部叶;调制工艺;烟叶产质

Discussion of Special Weather Modulation Techniques for Hong Da Tobacco in West Henan Province

Abstract:In 2017, Yuxi LingbaoCity、Lushi County、Mianchi County demonstrated the cultivation of safflower gold yuan flue-cured tobacco. However, it was affected by the rain and rain in the late period of the early drought. The middle and upper tobacco leaves were greedily cooked late, and the steamed tobacco leaves, flower pieces, and blue leaves after baking were serious.The frost is coming soon. For this reason, [Method] the comparison test between the middle and upper leaf mixed roasting process and the traditional process is carried out. The results showed that[Conclution] the time of the new process was shortened by 6h, the coal was 0.17 kg/kg(dry smoke) , and the power was saved by 0.01 kw · h/kg(dry smoke). The raw tobacco structure baked is still loose, with a medium identity, a decrease of 10.49 percentage points in the percentage of green content, an increase of 12.34 percentage points in the proportion of upper tobacco, an increase of 5.89 percentage points in the proportion of medium tobacco smoke, a reduction of 85.09 kg/hm^2 in tobacco leaf production, and an increase in output value of 4043.79 yuan/hm^2, there was no obvious effect on the internal chemical composition of tobacco leaves and the overall quality of tobacco leaves was improved.

Keyword: Yuxi; Safflower gold yuan; Middle upper leaf; Modulation Techniques; Tobacco leaf Production quality.

红花大金元烤烟烟叶香气质好、清醇、量足,内在化学成分协调,烟碱含量适中,劲头适中,具有独特的品种特征,满足卷烟工业企业对特色烟叶的需求,针对现阶段全国烤烟市场供过于求、上等烟叶需求旺盛、低次等烟叶滞销等结构性矛盾突出的严峻形势,卷烟工业企业对以红花大金元烤烟为代表的优质烟叶需求日益迫切,2017 年豫西灵宝市、卢氏县、渑池县在上一年度小面积恢复示范种植红花大金元烤烟的基础上,进一步扩大了该品种的示范面积。但在烤烟整个生育期中,遭遇了极端特殊天气,即苗期严重低温、团棵与旺长期严重干旱、成熟期严重雨涝,尤其成熟期长时间的低温多雨寡日照,导致所种植的红花大金元烤烟表现为团棵期和旺长期发棵慢、成熟期中上部烟叶晚发,干物质积累严重不足,加之烟叶降雨返青等不利因素的叠加,在霜降前都迟迟不能正常落黄,烟农按照常规的调制工艺烤出的烟叶大多表现为蒸片、花片、挂灰、含青,严重影响烤后原烟质量,烟农种植该品种的积极性进一步降低,加之雨天及霜降即将来临的影响,烟农突击在霜降前降雨间隙集中抢收混采混烤中上部烟叶,已经成为不得已而为之的现实。而烟叶调制的目的就是通过强化烟叶生化进程,把采收的潜在质量转变为期望的消费质量,因此本文针对特殊天气条件下红花大金元烤烟中上部叶集中时间混采混烤的调制工艺进行了试验研究,以期对红大品种在特殊天气条件下的烘烤工艺应用积累经验。

1 材料与方法

1.1 试验材料

试验样品为采自豫西灵宝市、卢氏县、渑池县示范基地的中上部烟叶,施肥水平、烟株长势、田间烟叶成熟度基本一致;烤房为气流下降式密集烤房(四棚),并且符合《密集烤房技术规范》(国烟办综〔2009〕418 号)要求,自控装置均为洛阳易通电气科技有限公司出品,调制用煤均为内蒙古产块煤。

1.2 试验方法

试验于 2017 年在灵宝市朱阳镇运头村赵村组烤房群进行,每个地点采集的烟叶随机选择2座烤房(四棚),每个烤房装烟500杆,每杆编叶120片,杆距10cm,四棚烟叶均装满,装烟量、装烟密度一致,当天采收,当天装炕完毕,调制结束烟叶回潮后,分别各取2烤房1~4棚中间烟叶2杆,统计分析两种调制工艺所烤原烟的外观质量、化学成分、评吸评价、经济性状。

1.2.1 科学新工艺(简称新工艺T)

目标:72h内,底棚烟叶叶柄主筋柔韧、折不断,初步拿软,烟片初步变黄,失水30%。

变黄期:点火前封死冷风门,拔掉冷风门线,点火使干球升至28℃,稳温2h,再升干球至32℃,稳温2~3h,再升至36~37℃,稳温3h,再升干球至40℃稳温5~6h,调整湿球至34~35℃,排湿40min,以观察窗无明水为准。再关闭风机、加大火力,使干球升至41℃,稳温2h,再调整湿球至34~35℃,排湿40min。

24h后,干球调至38℃,湿球调至36~37℃,稳温7~8h,至第三棚(顶棚为第一棚,往下依次为第二棚至第四棚,第四棚即底棚)烟叶7~8成黄,似勾非勾,立即调整湿球至34~35℃,排湿50min,再缓慢(2~3h升温1℃)使干球升至41~42℃,稳温8h左右,达到底棚烟叶叶柄柔韧(折不断),叶片充分塌架。

定色期:以1℃/2~3h使干球升至45℃、湿球37.5℃,顿火6h,再以1℃/2~3h使干球升至48℃、湿球38℃,顿火6h,再以1℃/2~3h使干球升至50℃、湿球38.5℃,顿火8h,达到二棚烟叶主筋基本退青,叶片勾尖卷边,再以1℃/h使干球升到54℃、湿球39℃,顿火6h以上,完成定色。

干筋期:将干球以1℃/h升到60℃、湿球40℃,稳温6h,使烟叶主筋变紫,再将干球以每小时升1℃升到68℃、湿球41~42℃,顿火稳温直到全炕烟叶干筋。

1.2.2 传统调制工艺(CK)

目标:变黄期不排湿、保湿变黄,以青筋黄片为准,变黄时间不限。

变黄期:点火后干球温度以1℃/h升到38℃,湿球温度36℃,顿火稳温,不排湿,直到烟叶青筋黄片。风机一直保持低速运转。

定色期:干球温度以1℃/h升到48℃,湿球温度37℃,顿火稳温,直到二棚烟叶主筋退青。再以1℃/h升到54℃,湿球温度37℃,顿火稳温,直到全炕烟叶干片定色。

干筋期:干球温度以1℃/h升到68℃,湿球温度41℃,顿火稳温,直到全炕烟叶干筋。

1.2.3 化学指标测定

总糖、还原糖(YC/T 159—2002)、总氮(YC/T 161—2002)、烟碱(YC/T160—2002)、氯(YC/T162—2002)的分析用 ALLIANCEINTEGRAL 流动化学分析仪进行,钾(YC/T274—2008)的分析用 PEAnalyst300 原子吸收光谱仪进行,并计算相应的糖碱比、氮碱比和钾氯比;有机酸的分析用 PEClarus500 气相色谱仪进行,多酚的分析用 Agilent1100 液相色谱仪进行,致香物质的分析用 PEClarus600 气相色谱/质谱仪进行。

糖碱比=总糖含量/总植物碱含量

氮碱比=总氮含量/总植物碱含量

钾氯比=钾含量/氯含量

1.2.4 评吸评价

将烤制好的烟叶制成 0.12mm 烟丝,卷制成单料烟后,平衡 48h,组织相关评吸人员按 9 分制进行评吸评价。烤烟样品评吸指标包括香气质、香气量、浓度、杂气、刺激性、余味、劲头 7 项指标,每项指标均按 9 分制,香气质好(8~9 分)、中等(3~7 分)、差(1~2 分);香气量足(8~9 分)、中等(3~7 分)、少(1~2 分);浓度浓(7~9 分)、中等(4~6 分)、淡(1~3 分);杂气小(7~9 分)、中等(4~6 分)、大(1~3 分);刺激性小(7~9 分)、中等(4~6 分)、大(1~3 分);余味纯净(7~9 分)、中等(4~6 分)、差(1~3 分);劲头中等(7~9 分)、大或较大(4~6 分)、小或较小(1~3 分)[7]。

1.2.5 经济性评价

分别记录各烤房用电量、用煤量及调制总时间,每公顷产量、每公顷产值、上等烟比例、中等烟比例、单叶重、含青率,比较两种调制工艺的经济性。

1.2.6 数据统计与分析

使用 Excel 2007 和 SPSS 21.0 分别进行数据统计分析和方差分析。

2 结果与分析

2.1 不同调制工艺对烟叶外观质量的影响

由表 1 可以看出,使用新工艺烤出的原烟结构、身份比传统工艺烤出的原烟更好。这可能是新工艺变黄期要求较高的温湿度条件以及定色期要求较高的湿度条件使烟叶内在化学成分转化更充分协调所致。

表 1　烘烤后原烟外观质量

Tab. 1　Appearance quality of original tobacco after baking

试验地点	处理	成熟度	颜色	色度	油分	结构	身份	正反面色差
灵宝市	T	成熟	橘黄	中	有	尚疏松	中等	一致
灵宝市	CK	成熟	橘黄	中	有	稍密	稍厚	一致
卢氏县	T	成熟	橘黄	中	有	稍疏松	中等	一致
卢氏县	CK	成熟	橘黄	中	有	稍密	稍厚	一致
渑池县	T	成熟	橘黄	中	有	稍疏松	中等	一致
渑池县	CK	成熟	橘黄	中	有	稍密	稍厚	一致

2.2 不同调制工艺对烟叶化学成分的影响

烟碱是影响烟草品质最重要的化学成分,烤烟烟碱含量一般要求在 1.5%~3.5%,以 2.5%为适宜值;含氮量是烟草营养水平和烟叶内在化学成分协调性的重要指标,优质烤烟总氮含量要求在 1.5%~3.5%,以 2.5%为宜;烟叶中氯的含量以 0.3%~0.8%较为理想;优质烤烟含钾量要求不低于 2%;适宜的钾氯为 4~10;烤烟水溶性总糖含量一般在 15%~35%,适宜含量为 20%~26%;烤烟的还原糖含量一般在 15%~26%,以 18%~25%为最佳;糖碱比通常被用作对烟气强度和柔和性评价的基础,烤烟糖碱比要求在 6~10,不宜超过 10;烟草的香味是评定烟草及其制品质量的重要指标,是烟叶品质的重要内容。从检测结果来看,三地整体钾含量稍微偏低,还原糖偏高,糖碱比偏高,烟碱、总糖、总氮、氯、钾氯比的指标均较为合适,品牌需求符合度整体表现较好。

由表 2 可知,三个不同产地中上部烟叶不同调制工艺间除渑池县与其他两地的钾氯比存在显著差异($P<0.05$),其余指标差异均不显著,说明处理对烟叶内在化学成分没有明显影响,两处理的烟叶化学成分基本在适宜范围内。

表 2 三地点中上部烟叶不同调制工艺化学成分含量

Tab. 2 The chemical composition of tobacco leaves in middle and upper part of the three place with different modulation techniques

地点	处理	烟碱(%)	总糖(%)	还原糖(%)	总氮(%)	钾(%)	氯(%)	糖碱比(%)	钾氯比(%)
灵宝市	T	2.51a	33.40a	28.36a	1.76a	2.01a	0.44a	11.14a	4.57a
灵宝市	CK	2.66a	35.10a	28.98a	1.87a	1.90a	0.46a	11.46a	4.13a
卢氏县	T	2.33a	33.04a	28.78a	1.79a	1.97a	0.38a	12.20a	5.18a
卢氏县	CK	2.50a	34.88a	29.35a	1.89a	1.85a	0.40a	12.21a	4.63a
渑池县	T	2.86a	32.65a	28.41a	2.11a	1.98a	0.24a	9.35a	8.25a
渑池县	CK	2.98a	34.57a	28.06a	2.25a	2.00a	0.33a	10.01a	6.06b

注:同一列各地点化学成分数据不同小写字母表示在 0.05 水平达显著性差异。

Note: The same chemical composition data at each location with the different letters represent significant difference ($P<0.05$) in the same column.

2.3 不同调制工艺对烟叶评吸的影响

优质烟叶一般香气量大、香气质纯、劲头适中、余味舒适、杂气和刺激性较小,由表 3 可知,使用新工艺烤出的烟叶比传统工艺烤出的烟叶整体品质有所提高,没有改变红花大金元烤烟烟叶原有的独特品种特征。

表 3 不同调制工艺对烟叶评吸影响

Tab. 3 Effects of different modulation techniques on obacco smoking

地点	处理	香气质	香气量	浓度	杂气	刺激性	余味	劲头	总分
灵宝市	T	8.5	8.7	5.5	5.5	6.5	6.5	9.0	50.2
灵宝市	CK	8.0	8.6	5.3	5.5	6.2	6.0	8.3	47.9
卢氏县	T	8.6	8.8	5.6	5.9	6.3	6.3	8.9	50.4
卢氏县	CK	8.3	8.6	5.6	5.7	6.0	6.1	8.5	48.8
渑池县	T	8.3	8.8	5.7	6.0	6.6	6.8	8.5	50.7
渑池县	CK	8.1	8.8	5.6	5.6	6.4	6.6	8.2	49.3

2.4 不同调制工艺对烟叶经济性状的影响

两种工艺烤出的烟叶产质结果如表 4 所示，使用新工艺烤出的烟叶比传统的工艺上等烟比例平均提高 12.34 个百分点，中等烟比例平均提高 5.89 个百分点，烟叶含青率平均降低 10.49 个百分点，烟叶产量平均降低 85.09kg/hm^2，产值平均提高 4043.79 元/hm^2。这是因为新工艺变黄期要求烟叶要达到变黄变软，并且要求在定色中期的 45~50℃要充分延长时间，使烟叶主筋变黄，从而大幅度降低了上部烟叶烤后原烟的含青率，内含物的消耗也相应使烟叶产量有所降低，但明显提高了上中等烟比例及烟叶产值。

表 4　三地点不同调制工艺对烟叶经济性状的影响

Tab. 4 Effects of different modulation techniques in three locations on the economic characteristics of tobacco leaves

地点	处理	产量 (kg/hm^2)	产值 (元/hm^2)	上等烟比例(%)	中等烟比例(%)	单叶重 (g)	含青率 (%)
灵宝市	T	1288.95	24947.55	46.67	45.22	13.02	2.85
灵宝市	CK	1373.10	20929.65	34.07	39.56	13.87	13.33
卢氏县	T	1298.36	25129.62	46.88	45.63	13.12	2.73
卢氏县	CK	1385.16	21113.47	34.56	39.66	13.99	12.93
渑池县	T	1308.93	25334.26	46.97	45.82	13.22	2.83
渑池县	CK	1393.26	21236.94	34.87	39.77	14.07	13.61

2.5 不同调制工艺对调制时间、用电用煤量的影响

两种工艺的调制时间、用电量、用煤量如表 5 所示，新工艺比传统工艺每座烤房平均少用时 6h，平均省电 0.01KW·h/kg(干烟)，平均省煤 0.17kg/kg(干烟)。

表 5　三地点调制时间用电及用煤量比较

Tab. 5　Comparison of power consumption and coal consumption during modulation time at the three place

地点	处理	时间(h)	用电量(kw · h/kg)	用煤量(kg/kg)
灵宝市	T	144.00	0.31	1.44
灵宝市	CK	150.00	0.32	1.60
卢氏县	T	145	0.31	1.45
卢氏县	CK	151	0.32	1.62
渑池县	T	144	0.31	1.43
渑池县	CK	150	0.32	1.61

3 结论与讨论

红花大金元作为我国传统特色优质烤烟品种,在中等以下肥力、有一定坡度的向阳地块,可以作为首选品种,亩施纯氮 3~3. 5kg,氮磷钾配比 1 ∶ 1 ∶ 2,再采取适当的调制工艺,完全可以生产出优质适产的烤烟。之所以存在烟叶贪青晚、烤青、烤黑等难以调制问题,主要是土壤基础肥力或施氮量偏高、调制工艺掌握不当所致。在当前豫西烤烟优质品种单一、数量少的情况下,红花大金元的种植不失为对豫西优质烤烟品种种质资源的一个有效补充。这与云南省烟草研究所尚志强的观点完全一致,他认为:红花大金元烟叶难调制是相对的,只要使个体发育良好,群体结构合理,能正常成熟落黄,调制也不是大问题。使用新工艺调制红花大金元上部烟叶,不仅节电、省煤、缩短调制时间,而且能大幅度降低红花大金元上部烟叶烤后原烟含青率,提高其产量和产值,提高烤房利用效率,部分缓解烟叶调制后期烤房不足之忧。在今年前期干旱、后期雨涝寡照的特殊气候条件下形成的贪青晚熟红花大金元烟叶,按照新工艺完全可以烤黄、烤软、烤亮。关键是黄期要真正掌握"先拿水后拿色"的调制策略,从而避免烟叶硬变黄、变黄过度现象,减少糟片、花片、挂灰、青筋、青片的产生。该工艺适合失水困难(俗称"口紧")、难以变黄的烤烟品种以及多雨天气形成的返青、欠熟等非正常烟叶的调制。

烟农普遍认为不易变黄的烟叶如红花大金元烤烟变黄期就应该保湿变黄,结果造成烟叶硬变黄,定色期湿球温度掌握过低,总认为烤房内湿度大,烟叶易变黑,殊不知湿球温度代表的是烤房内烟叶周围空气的相对湿度,近似表示烟叶本身的温度,如果变黄期湿度过低,低棚烟叶温度更低,烟叶内面水分排不出去,升温更困难,达不到正常变黄的要求，拉长了变黄时间，导致了烟叶内含物消耗过度。定色期湿球温度过低，同样减缓了烟筋的变黄速度，因而导致整个调制时间拉长，降低了烟叶的质量和产量。值得一提的是，当烟叶鲜干比值在9.0以上时，定色难度增加。对于水分大的烟叶必须先排除过多的水分，然后再使其变黄。

【本文发表于《安徽农业科学》2019年第47卷第1期】

三、《对灵宝烟叶合作社建设的思考》

作者：三门峡市烟草公司灵宝市分公司

董宁禹　张文康　李军正　苏江辉　吉贵锋

摘要　以灵宝市金塬烟叶合作社为例，对灵宝市烟叶合作社建设及运行情况进行分析，针对当前烟叶合作社存在的问题提出了对策，为烟叶合作社更好地发挥作用，更优地为烟农服务提供了思路。

关键词　烟叶合作社；问题；对策；河南灵宝

发展现代烟草农业是烟草行业中长期发展规划的重要内容之一，烟叶合作社作为现代烟草农业的重要内容和载体，其作用和地位不可小觑。2011年以来，随着烟叶基地单元的建立，催生了一批烟叶合作社走进人们的视野。现以金塬合作社为例，浅析合作社建设，为合作社建设、运行提供参考。

表1　2011~2015年烟合作社基本情况

合作社	创立时间	场地（m^2）	农机（kw）	入设社员户	种烟面积（hm^2）	服务面积（%）
金塬	2011.03.11	28000.14	760.73	885	1146.67	98
北塬	2011.03.22	5333.36	570	2239	1825.93	88
双玉	2013.04.16	6666.7	66.15	67	68	80
冯家塬	2012.05.20	1333.34	67.5	47	103	87

1. 金塬合作社基本情况

金塬合作社现生产范围覆盖基地单元面积1146.67 hm^2，入社社员885户，从单一机耕、育苗服务发展成为生产服务内容涵盖植保、烘烤、分级、劳务技术推广等生产全程的综合性服务社，经济效益和社会效益十分明显。

表 2　金塬合作社运行的基本情况

年份	入社社员户	户均种烟(m^2)	种烟面积(hm^2)	服务面积(hm^2)	实现利润(万元)
2011	381	13280. 07	506. 00	306. 67	—
2012	419	13733. 40	576. 67	378. 00	0. 17
2013	942	12026. 73	1133. 33	1106. 67	33. 65
2014	815	12746. 73	1039. 00	1033. 33	34. 39
2015	885	12953. 40	1146. 67	1133. 33	38. 58

2. 烟叶合作社的优势

减少用工成本,稳定种烟规模。随着社会形态的变化,城市化发展以及农村产业结构的调整,农村人口流失严重。五亩基地单元 2012 年烟农户数 984 户、人口 4955 人,2015 年统计栽烟农户 885 户、人口 4235 人。平均年流失种烟户 5%,年流失种烟人口 7. 2%,而且烟区人口老龄化严重,烟区 60 岁以上种烟老人 18. 72%,40 ~ 60 岁的占 75. 5%。其中主要集中在 50 岁以上年龄段,40 岁以下种烟人口不足 60%,烟区面临着种烟后继乏人、面积退化的窘境,如何破解烟区可持续发展的难题,烟农合作社应运而生。通过近若干年探索实践,金塬合作社提供育苗、机耕、植保各类专业化服务 80%以上,大大降低了烟农劳动强度,提高了种烟生产效率,种植相同面积的烟田,在专业化服务的模式下,相比于人工减工 50%左右,在劳动力大量转移的情况下,种烟面积维持在相对稳定的规模上,其主要原因是专业化服务填补了劳动力减少的空白。

合理土地流转,提高户均规模。专业化服务、规模化种植始终是现代农业的发展主题。一方面劳动力转移,部分土地撂荒,为土地流转创造了可能, 而合作社组织社会专业化服务,为大户大片种植提供了现实条件。合作社建立以来,五亩基地单元发展千亩连片 2 个,500 亩以上连片 5 个,100 亩种植大户 6 个,20 亩以上户 1 个,比建社前均有所提高。

表 3　建社前后规模化种植情况

	千亩方(个)	面积(hm^2)	500 亩(片)	100 亩(个)	20 亩(个)
建社前	2	126. 53	3	5	0
建社后	2	148. 2	5	6	1

专业化服务作业,减工降本成效明显。在传统农业模式下 ,1 户 2 个劳力只能种烟 5~7 亩,有了合作社和专业化机械服务,一户可以种烟 10 亩以上, 尤其是缺乏技术的农户也可以借助合作社的力量种植烟叶。在生产关键环节,烟站和合作社都有专门的培训,专业化服务活动也通知到村到户,农户无技术之虞。新型基础设施的建设,又为规模种植提供了物质基础。现在新型炕房和新型装烟技术(烟夹编烟、散烟烘烤)可以满足 1 炕烤烟 20~30 亩的能力,而且合作社专业化烘烤服务解决了农户烤烟缺乏技术的难题,极大地提高了用工效率。往昔一户一炕全天候烧炕烤烟只管 5 亩,现在一人数炕,烤烟 100 亩以上。专业化植保、拔烟秆也大大地解放了劳动力,农户种烟琐碎繁重的环节都有专门的队伍来做,种烟变得轻松,也刺激了农民种烟的积极性。有统计数字表明,传统种烟中平均投工 435 个/hm^2,折算成本 26250 元/hm^2,接受专业化服务后平均用工 267.75 个/hm^2, 人工投入 15990 元/hm^2。行业向农户专业化服务补贴后,用工成本更低。合作社专业化服务,烟农种烟降工减本成效十分明显(表 4)。种烟队伍得到稳定,生产得以健康发展,其社会效益有目共睹。

表 4 专业合作社用工统计表

项目	用工数(个/hm^2)		用工价格(元/工)		用工增减(个/hm^2)	用工成本增减(元/hm^2)	说明
	传统农业	专业服务	传统农业	专业服务			
育苗	30.0	9.00	120	36	-21.00	-1260	中耕 3 次 植保 5 次 7 炕/人
深耕	22.5	15.00	90	60	-7.50	-450	
起垄	15.0	7.50	80	40	-7.50	-600	
中耕培土	45.0	11.25	180	45	-33.75	-2025	
病虫防治	37.5	7.50	120	25	-30.00	-1425	
烘烤	45.0	22.50	180	90	-22.50	-1350	
拔秆	22.5	9.00	90	35	-13.50	-825	

3. 存在的问题

(1)自主能动性被束缚。烟叶合作社法人注册,具有企业的元素特征。由于烟草元素十分明显,行业虽有“扶持而不包办、引导而不强迫”的要求,但合作社的运作轨迹始终离不开行业的影子。行业的要求、规则、思路在合作社运行中占绝对主导作用,致使运行模式老旧,市场化竞争理念被束缚,自我提高意识薄弱, 自主盈利能力偏低。

(2)管理制度不到位。合作社掌握着较为庞大的可经营资产,用不好,管不好,就面临着资产缩水风险。虽然一些资产以协议形式移交给了合作社,但由于历史原因,一些村组的炕房群、育苗工场在建设时,土地及部分资金由村户投入,要想完全交给合作社管理难度较大,除了资金问题,牵扯到土地政策和村组利益。整合这些资源,必须借助政府部门推动,才有可能得到真正解决。

(3)人员队伍能力水平不足。一是合作社在开展生产经营过程中,确实缺乏理财能手,财务管理人员基本上是村组会计兼任,一岗多责,没有企业管理理念。二是合作社人才管理平台搭建不到位,没有相关专业人才。

(4)人员风险防控意识薄弱。由于合作社服务辖区全部为丘陵山地,交通条件也差强人意,加之农户在农事操作中安全意识不够,导致每年在机械服务活动中都有事故发生。轻者人仰马翻,重者车毁人亡,给组织服务者带来了严重的经济损失。

4. 进一步发展种烟合作社的对策

(1)政府需加大扶持力度。合作社是法人注册,具备单独运行的资质。因此,一是政府应放宽政策,解决合作社运行过程中存在的历史遗留问题,加大其资金、财产的支配权,同时成立监管、考核体制。二是政府应加快人才队伍配备,譬如招聘符合条件的大学生村官到合作社任职;对合作社管理人员加强业务培训。

(2)建立自主创新运作模式合作社的成立意义在于服务于民、致富于民,因此合作社自身应肩负责任,带动群众发现财富,制造财富,鼓励群众多出点子,多提意见,营造朝气蓬勃的创业气氛。

(3)自我完善规章制度。为维护合作社日常运行的稳定,要加强安全、奖罚制度的落实。一是克服麻痹侥幸心理,加强社员安全教育。参加专业服务的机耕手,必须接受安全操作技能培训,持证上岗, 所有农机设施定期强制检修,不允许带病运行。二是建立防风险体制,较大型动力机械操作手一律购买人身保险。重要岗位人员签订安全协议,参加必要的健康体检,合作社负担部分体检费用,通过多种途径,把安全风险降到最低。三是严格奖罚制度,通过合适的奖罚措施,激励自主创新。

党的十八届三中全会上,中央指出鼓励发展多种形式的农民专业合作社。因此,根据自身条件,因地制宜,合理定位合作社服务职能,这才是真正意义的创新生产组织形式。“一个模式”“一个标准”“一个路子”实际是禁锢合作社发展。耕作条件好、连片面积大的地域,着重发展机耕合作社(冯家塬合作社)。劳动力富裕的乡镇可以组织以劳务输出为特色的分级采收合作社(双玉合作社)。广大烟农对合作社的发展充满期待，有什么资源和需求，就建设适应的合作组织，多种合作组织的发展，共同支撑农村经济发展一片蓝天，已经挂牌的合作社不能办成“翻牌社”“休眠社”。努力构建合作社经济组织的政策洼地。一是合作社发展之初，规模小、实力弱，政府相关部门要积极响应中央要求予以扶持。二是合作社从事农业生产、服务和产品加工等税收优惠、减免政策要落到实处。三是农业上有关的技术推广项目要向合作社项目倾斜。四是加强改进农村融资办法，拓宽合作社融资渠道，为合作社融资提供政策支持。五是合作社发展根本上靠人才，特别是要有好的领办人。合作社管理团队的能力水平、市场竞争意识的高低，影响到合作社的生存发展。可以与当地人力资源部门、职业技术学校建立联姻关系，加大教育培训力度，培养一大批优秀的合作社管理人才，带领合作社又好又快地发展。

（原载《现代农业科技》杂志 2016 年第 16 期农村经济学专栏，入志时略有改动）

第十二章　人物 · 荣誉

第一节　人　物

一、灵宝市(县)烟叶生产办公室现任班子成员简介

王维新　男,汉族,生于 1967 年 8 月,1991 年 7 月加入中国共产党,大学学历,灵宝市大王镇王和村人,1988 年 9 月参加工作,现任灵宝市扶贫办党组成员、灵宝市烟叶生产办公室主任。

1988 年 9 月至 2013 年 6 月,在灵宝市函谷关镇政府工作,历任农办秘书、人大秘书、政府秘书、党委委员、副镇长等职;2013 年 6 月至 2017 年 7 月,在灵宝市园艺局工作,正科级,任党委委员、副局长、副书记等职;2017 年 7 月,在灵宝市烟叶生产办公室工作,任灵宝市扶贫办党组成员、灵宝市烟叶生产办公室主任。

王维新自参加工作以来,在不同的工作岗位上,恪尽职守,勤奋工作,不忘初心,牢记使命,出色地完成了组织赋予的各项工作任务。尤其到烟办工作以来,紧紧围绕"稳控规模、提升质量、彰显特色、突出亮点"的工作思路和"转型升级、提质增效、促农增收"的总体目标,着力实施烟叶种植规模化、烟叶生产标准化、烟田耕作机械化、烟叶管理精细化、基础设施现代化,一步一个脚印,狠抓工作落实,为灵宝市社会经济发展做出了积极贡献。2017 ~ 2019 年,在烟草基础工程建设中,科学谋划,整体推进,共投资 967.32 万元,完成烟基工程项目 98 个,其中,铺设砂石、硬化烟田道路 44 条、77.5 千米;新建蓄水池 15 个,铺设烟田通水管道 25330 米;新建育苗工场 3 个,维修育苗工场 15 个;购买烟农所需农机 10 台套。2017 ~ 2019 年,灵宝全市烟叶收购达到 40.12 万担,上缴烟叶特产税 11727 万元;2018 年、2019 年灵宝市烟办连续两年被灵宝市人民政府授予"特殊贡献先进单位"称号。2018 年、2019 年王维新连续两年被灵宝市委、市政府授予"先进工作者"称号。

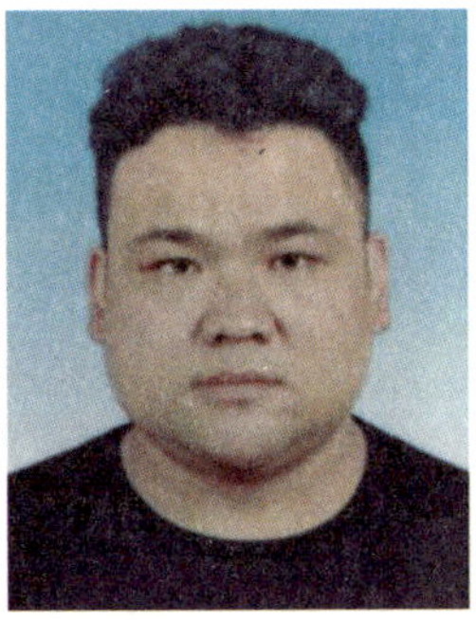

王战歌　男,汉族,生于1988年4月,本科学历,灵宝市故县镇赵村人,2014年5月参加工作,2019年5月加入中国共产党,现任灵宝市烟叶生产办公室副主任。

2003年9月至2008年7月,在河南省司法警官职业学院学习;2008年8月至2011年6月,毕业待业,曾在灵宝市黄河路派出所工作;2011年7月至2014年4月,在灵宝市烟叶生产办公室工作;2014年5月至2017年8月在灵宝市体委工作;2017年8月,在灵宝市烟叶生产办公室工作,任副主任。2017年被灵宝市委农村工作办公室授予"先进工作者"称号;2018年、2019年连续两年被灵宝市人民政府授予"先进工作者"称号。

二、灵宝市(县)烟叶生产办公室历任负责人简介

赵有刚　男,汉族,生于1936年2月,灵宝市大王镇人。1957年7月毕业于河南百泉农专。1957年7月参加工作。1960年8月加入中国共产党。1984年8月至1991年8月,任灵宝县政府棉烟办主任。

1957年7月至1958年6月,任灵宝县农牧局技术干部;1958年8月至1960年10月,任县农业学校团支部书记;1960年10月至1964年6月,任县农牧局人保干部;1964年6月至1966年6月,参加农村社会主义教育工作队,任工作队员;1966年6月至1968年8月,任农牧局技术干部;1968年8月至1972年4月,任寺河公社政工干部;1972年5月至1979年10月,任阳店公社党委宣传委员;1979年11月至1982年6月,任五亩公社管委会主任;1982年6月至1984年8月,任县区划办副主任;1984年8月至1991年8月,任县政府棉烟办主任;1991年8月至1996年2月,任县农牧局协理员;1996年2月退休,2003年10月病故。

王效云　男,汉族,初中文化,生于1932年5月,灵宝市阳平镇人。1951年3月参加工作,1952年12月加入中国共产党。于1990年3月至1993年5月任灵宝县烟叶生产办公室主任。

王效云1951年3月参加工作后,曾先后在东常乡、阳平区、灵宝县人委、故县乡、县机械厂、四清工作队、县水利局、川口林场、县水泵厂、阳平公社、焦村公社、苏村公社、涧口公社、阳店公社、县农

委、县政府办公室、县经联社、水电局、县烟叶生产办公室等单位工作;历任宣传干事、组织委员、人委秘书、四清工作队组长、县局副局长、局长、公社、乡副书记、革委会主任、党委书记、县政府办公室主任等职;1990 年 3 月至 1993 年 5 月任灵宝县烟叶生产办公室主任。1992 年 5 月退休。

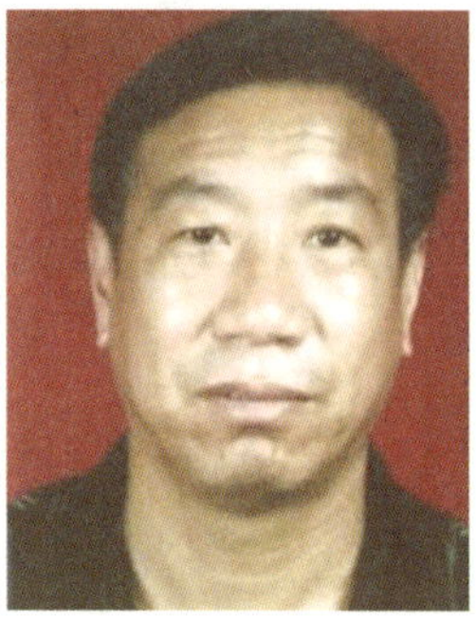

李守义　男,汉族,大专文化,生于 1950 年 6 月,灵宝市阳店镇人,1967 年 12 月应征入伍,1971 年 8 月加入中国共产党。于 1993 年 5 月至 2010 年 1 月任灵宝县烟叶生产办公室主任。

1968 年 4 月参加工作。1967 年 12 月应征入伍,在部队历任技工、无线电技师;转业后在阳店公社工作,先后任宣传干事、管委会副主任、副乡长;1991 年 12 月至 2002 年 4 月,先后在县棉花办、农牧局、市农委、市扶贫开发领导小组等单位工作,历任副主任、副局长、市农委党组成员、烟叶生产办公室主任等职务。1990 年 3 月至 1993 年 5 月任灵宝县烟叶生产办公室副主任,1993 年 5 月至 2010 年 1 月任灵宝县烟叶生产办公室主任。2010 年 6 月退休。

强自义　男,汉族,生于 1963 年 4 月,本科学历,灵宝市阳平镇人,1983 年 6 月参加工作,1988 年 7 月加入中国共产党, 2010 年 1 月至 2017 年 3 月任灵宝市烟叶生产办公室主任。

1983 年 6 月至 1985 年 6 月,任甘肃省武威市农牧局科员;1985 年 6 月至 1987 年 9 月,任灵宝市农委科员;1987 年 9 月至 1999 年 9 月,任灵宝市尹庄镇党委委员、副镇长;1999 年 9 月至 2010 年 1 月,任灵宝市焦村镇副镇长、副书记、人大主席;2010 年 1 月至 2017 年 3 月,任灵宝市委农办副主任、扶贫开发办副主任兼灵宝市烟叶生产办公室主任。2017 年退居二线,享受正科级待遇。

强自义任烟办主任期间,灵宝市烟叶生产办公室连续 8 年被灵宝市委、市政府授予先进单位称号; 2010 年被三门峡市委、市政府授予烟叶生产先进工作办公室称号; 2012 年被河南省人民政府授予烟叶生产先进单位称号。2007 年 4 月至 2012 年 4 月任灵宝市第十二届人大代表; 2007 年 4 月至 2012 年 4 月任三门峡市第六届人大代表。

三、灵宝市烟草局（分公司）现任班子成员

李致新　男，汉族，生于1979年1月，2001年5月加入中国共产党，本科学历，河南太康人，2001年7月参加工作，现任灵宝市烟草专卖局（分公司）党组书记、局长、经理。

1997年7月至2001年7月，在河南农业大学烟草种植专业学习；2001年7月至2003年3月，在卢氏县烟草公司工作；2003年3月至2010年5月，在三门峡市烟草专卖局（公司）人劳科工作；2010年5月至2014年12月，任卢氏县烟草专卖局（分公司）党组成员、副经理；2014年12月至2016年1月，任渑池县烟草专卖局（分公司）党组成员、副经理；2016年1月至2017年3月，任渑池县烟草专卖局（分公司）党组副书记、副局长、副经理；2017年3月至2020年1月，任渑池县烟草专卖局（分公司）党组书记、局长、经理。2020年1月，任灵宝市烟草专卖局（分公司）党组书记、局长、经理。2018年荣获“三门峡市五一劳动奖章”“三门峡市职业道德建设十佳职工”称号。

王晓军　男，汉族，生于1971年8月，2002年6月加入中国共产党，本科学历，河南灵宝人，1989年9月参加工作，现任灵宝市烟草专卖局（分公司）党组成员、副经理。

1989年8月至1990年4月，在陕县烟草专卖局（公司）烟叶复烤厂工作；1990年4月至1998年4月，在陕县烟草专卖局（公司）卷烟科工作；1998年4月至2001年5月，任陕县烟草专卖局（公司）观音堂中心市场管理所所长、中心批发部主任；2001年5月至2002年8月，任陕县烟草公司西站卷烟配送中心主任；2002年8月至2004年1月，任陕县烟草公司李村烟站站长；2004年1月至2007年4月，任陕县烟草专卖局办公室副主任；2007年4月至2009年1月，任陕县烟草专卖局办公室主任（主持工作）；2009年1月至2016年1月，任陕县烟草专卖局专卖监督管理科科长；2016年1月，任灵宝市烟草专卖局（分公司）党组成员、副经理；2020年4月，任灵宝市烟草公司专卖局（分公司）党组成员、副局长。

吉贵锋　男，汉族，生于1977年10月，2007年6月加入中国共产党，本科学历，河南渑池人，1995年10月参加工作，现任灵宝市烟草专卖局（分公司）党组成员、副经理。

1995 年 10 月至 1996 年 6 月,在渑池县烟草公司卷烟批发部工作;1996 年 6 月至 2003 年 2 月,在渑池县烟草公司生产科工作;2003 年 2 月至 2003 年 12 月,在渑池县烟草公司天池烟站工作;2003 年 2 月至 2005 年 8 月,在渑池县烟草公司质量管理办公室工作;2005 年 8 月至 2008 年 3 月,任渑池县烟草公司生产科副科长(主持工作);2008 年 3 月至 2010 年 12 月,任渑池县烟草专卖局(分公司)生产科科长;2010 年 12 月至 2012 年 2 月,任渑池县烟草专卖局(分公司)监察科科长;2012 年 2 月至 2016 年 2 月,任渑池县烟草专卖局(分公司)生产技术科科长;2016 年 2 月,任灵宝市烟草专卖局(分公司)党组成员、副经理。

王　鹏　男,汉族,生于 1979 年 3 月,2006 年 6 月加入中国共产党,本科学历,河南陕州人,2000 年 12 月参加工作,现任灵宝市烟草专卖局(分公司)党组成员、副经理。

2000 年 12 月至 2004 年 9 月,在渑池县烟草公司烟叶科工作;2004 年 9 月至 2009 年 6 月,在三门峡市烟叶营销中心仓储一部工作;2009 年 6 月至 2010 年 12 月,任三门峡市烟叶营销中心经营部副主任(主持工作);2010 年 12 月至 2016 年 2 月,任三门峡市烟叶营销中心经营部主任;2016 年 2 月至 2020 年 4 月,任三门峡市烟叶营销中心班子成员、副经理;2020 年 4 月,任灵宝市烟草专卖局(分公司)党组成员、副经理。

李国亮　男,汉族,生于 1983 年 1 月,2012 年 6 月加入中国共产党,本科学历,河南义马人,2002 年 7 月参加工作;现任灵宝市烟草专卖局(分公司)党组成员、党组纪检组组长。

2010 年 11 月至 2012 年 5 月,任义马市烟草专卖局(分公司)财务科副科长;2012 年 5 月至 2014 年 1 月,任义马市烟草专卖局(分公司)人事劳资科副科长(主持工作);2014 年 1 月至 2017 年 9 月,任义马市烟草专卖局(分公司)人事劳资科科长;2017 年 9 月至 2018 年 3 月,任义马市烟草专卖局(分公司)财务科科长(兼人事劳资科科长);2018 年 3 月至 2020 年 4 月,任义马市烟草专卖局(分公司)财务管理科科长;2020 年 4 月至今,任灵宝市烟草专卖局(分公司)党组成员、党组纪检组组长。

邢卫东　男，汉族，生于1976年6月，2004年6月加入中国共产党，本科学历，河南陕州人，1994年9月参加工作，现任灵宝市烟草专卖局(分公司)党组成员、副局长。

1994年9月至2003年7月，先后在陕县局(分公司)卷烟科、菜园管理所、西站管理所、张村管理所工作；2003年7月至2005年4月，任陕县局(分公司)店子烟站副站长；2005年4月至2008年4月，任陕县局(分公司)店子烟站站长；2008年4月至2009年6月，任陕县局(分公司)菜园烟站站长；2009年6月至2010年5月，任陕县局(分公司)烟叶仓库主任；2010年5月至2016年1月，任陕县局(分公司)党组成员、纪检组长；2016年1月，任中共灵宝市局(分公司)党组成员、灵宝市烟草专卖局副局长。2020年4月调离灵宝市烟草专卖局。2010年1月，被陕县政府评为烟叶生产先进工作者；2011年3月、2012年2月被陕县纪委评为先进个人；2012年3月、2013年3月、2014年3月、2015年1月被陕县总工会评为先进个人；2013年6月被陕县预防职务犯罪领导小组评为先进个人；2014年4月被三门峡市委宣传部、总工会评为职业道德建设先进个人。

刘保国　男，汉族，生于1975年12月，河南义马人，1997年3月参加工作，2004年3月加入中国共产党，现任灵宝市烟草专卖局(分公司)党组成员、纪检组长。

2000年8月至2001年12月，在三门峡市烟草公司义马市分公司常村卷烟批发部工作；2002年1月至2004年9月，在三门峡市烟草公司义马市分公司卷烟配送中心工作；2004年9月至2009年4月，任三门峡市烟草公司义马市分公司卷烟配送中心主任；2009年4月至2010年3月，任三门峡市烟草公司义马市分公司卷烟营销中心副主任；2010年3月至2016年1月，任三门峡市烟草公司义马市分公司卷烟营销配送服务部主任；2016年1月，任灵宝市烟草专卖局(分公司)党组成员、纪检组长。2020年4月调离灵宝市烟草专卖局。

自2016年1月任灵宝市烟草专卖局(分公司)党组成员、纪检组长以来，分管纪检监察和安全管理工作。抓纪检监察工作过程中，坚持正风肃纪与教育感悟并重、重点查处与抓早抓小并重、专项检查与日常监督并重、主体责任与监督责任并重、监督他人与自我监督并重，纪检监察各项工作扎实有力，落实“两个责任”、廉洁风险防控等多方面工作取得了可喜的成绩。2016年、2017年被灵宝市委评为党风廉政建设先进单位。

2018 年,烟草专卖局(分公司)六责协同工作得到监察委卫光书记亲笔批示,要求市直各单位学习推广;烟叶收购期间设置的“红帐篷”廉政监督岗被《东方烟草报》《中原烟草报》纷纷报道。近年来,信访举报件逐年递减,2019 年实现全年“零举报”。2018 年获得“灵宝市安全生产先进个人”荣誉。

谭介伟　男,汉族,生于 1962 年 3 月,2001 年 6 月加入中国共产党,大专学历,河南灵宝人,1981 年 1 月参加工作,2016 年 2 月任灵宝市烟草专卖局(分公司)主任科员。

1981 年 1 月至 1986 年 3 月,在卢氏县林业局东湾林场工作(1984 年 9 月正式招录为全民固定工人);1986 年 3 月至 1996 年 4 月,在灵宝市烟草公司车辆管理所工作;1996 年 4 月至 1997 年 7 月,任灵宝市烟草公司车辆管理所负责人;1997 年 7 月至 1998 年 12 月,任灵宝市烟草公司办公室副主任;1998 年 12 月至 2001 年 2 月,任灵宝市烟草公司车辆管理科科长;2001 年 2 月至 2004 年 2 月,任灵宝市烟草公司卷烟科科长;2004 年 2 月至 2010 年 5 月,任卢氏县烟草专卖局党组成员、副局长;2010 年 5 月至 2016 年 2 月,任灵宝市烟草专卖局党组成员、副局长。

王茂生　男,汉族,生于 1965 年 7 月,1995 年 3 月加入中国共产党,大学学历,河南灵宝人,1983 年 10 月参加工作,2017 年 9 月任灵宝市烟草专卖局(分公司)副主任科员。

1983 年 10 月至 1986 年 1 月,部队服役;1986 年 1 月至 1997 年 6 月,在灵宝市烟草局(公司)卷烟科工作;1997 年 6 月至 2004 年 3 月,任灵宝市烟草局(公司)卷烟科副科长;2004 年 3 月至 2012 年 2 月,任灵宝市烟草局(分公司)卷烟科科长;2012 年 2 月至 2017 年 9 月,任灵宝市局(分公司)副协理员;2017 年 9 月至今,任灵宝市烟草专卖局(分公司)副主任科员。2009 年 4 月被评为灵宝市劳动模范,荣获“五一”劳动奖章;2009 年在灵宝市“创先争优”活动中,被评为优秀共产党员。

四、灵宝市烟草局(分公司)历任负责人

李同让　男,汉族,生于 1944 年 8 月,豫灵镇杨家村人,大学文化, 1965 年 11 月加

入中国共产党，1968 年 8 月参加工作。曾于 1985 年 10 月至 1989 年 12 月任灵宝县烟草专卖局局长、灵宝县烟草公司经理、党支部书记、灵宝县烟办主任等职。

1964 年至 1968 年，在北京政法学院学习；1969 年至 1985 年 10 月，在栾川县工作，先后任栾川县委宣传部干事、副部长，乡党委书记、农经委副主任等职；1985 年 10 月至 1989 年 12 月，任灵宝县烟草专卖局、灵宝市烟草公司局长、经理、书记，烟办主任等职；1990 年至 1992 年，任灵宝县检察院副检察长、司法局局长；1992 年后任灵宝市司法局正科级协理员；2002 年提前退休。

袁　贞　男，汉族，生于 1943 年 1 月，灵宝市阳店镇观头村人。1963 年参加工作，1966 年 5 月加入中国共产党。1989 年 12 月至 1998 年 11 月，先后任灵宝市（县）烟草专卖局（支公司）局长、经理、党支部书记。

1963 年 8 月至 1969 年 12 月，任城关公社教育专干；1970 年 1 月至 1971 年 12 月，任阳店公社观头学校负责人；1972 年 1 月至 1973 年 12 月，任决镇公社月渡中学校长；1974 年 1 月至 1975 年 12 月，任决镇公社涧东中学校长；1976 年 1 月至 1979 年 8 月，任决镇公社五七中学党支部书记、校长；1979 年 9 月至 1981 年 2 月，任决镇公社革委会、管委会副主任；1981 年 3 月至 1983 年 5 月，任灵宝县委办公室秘书；1983 年 6 月至 1989 年 12 月，任尹庄镇镇长、党委副书记；1989 年 12 月至 1991 年 4 月，任灵宝县烟草专卖局（支公司）局长、经理；1990 年 2 月至 2000 年 10 月，任灵宝县烟草专卖局（支公司）党支部书记；1991 年 4 月至 1993 年 12 月，任灵宝县烟草专卖局（支公司）局长；1993 年 12 月至 1998 年 11 月，任灵宝县烟草专卖局（支公司）局长、经理。2003 年 1 月退休，2009 年 9 月病故。

赵玉卿　男，汉族，生于 1942 年 11 月，河南省长葛县石固镇南张庄人，高中文化，农艺师，1968 年 2 月参加工作，1987 年加入中国共产党。生前是中国烟草学会会员、河南省地膜覆盖栽培研究会会员、中国农学会会员。于 1991 年 4 月至 1993 年 12 月任灵宝市烟草公司经理。

1963 年至 1967 年，任南张庄大队副大队长；1968 年至 1975 年，任长葛县烟草公司

技术员;1975 年至 1984 年,任陕县烟棉麻公司技术负责人;1985 年至 1986 年,任陕县烟办副主任;1986 年至 1988 年,任三门峡市烟草公司技术负责人;1988 年至 1991 年,陕县烟草公司副经理;1991 年 4 月至 1993 年 12 月,任灵宝市烟草公司经理;1994 年 1 月,因工作需要,调回陕县烟草局(公司)工作,任陕县烟草专卖局(公司)局长、经理至退休。2017 年 1 月病逝。

张宪升　男,汉族,生于 1953 年 9 月,河南省灵宝市苏村乡淹里沟村人,1970 年参加工作,1989 年 6 月加入中国共产党。1970 年 9 月至 1985 年 5 月,在灵宝县苏村供销社工作;1985 年 6 月至 1994 年 1 月,在灵宝县烟草专卖局(支公司)烟叶科工作;1994 年 2 月至 2000 年 8 月,任灵宝市烟草专卖局(支公司)副经理;1998 年 11 月至 2000 年 8 月,在灵宝市烟草专卖局(支公司)主持全面工作;2000 年 8 月至 2007 年 10 月,任灵宝市烟草专卖局(分公司)局长(经理)、党支部书记、党组书记。2013 年 9 月退休。2020 年 2 月因病辞世,享年 67 岁。

韩黎明　男,汉族,生于 1964 年 9 月,1990 年 12 月加入中国共产党,本科学历,河南卢氏人,1981 年 1 月参加工作,2009 年至 2015 年 2 月,任灵宝市烟草专卖局(分公司)党组书记、局长、经理。

韩黎明同志在任职期间,灵宝市烟草专卖局(分公司)先后创建了省级文明单位、省级“廉政文化建设示范点”,被省烟草局授予“卷烟联合打假先进集体”“烟叶工作先进县(市)”“烟叶工作先进单位”称号;被三门峡市人民政府授予“扶贫开发先进单位”称号;被三门峡市烟草局授予“目标管理先进单位”“政风行风建设先进单位”“专卖管理工作先进单位”“综合治理工作先进单位”等荣誉称号;多次受到灵宝市政府通令嘉奖。韩黎明同志被授予“五一劳动奖章”,当选为灵宝市政协第十二届委员会委员。

朱天义　男,汉族,生于 1963 年 6 月,1998 年 3 月加入中国共产党,本科学历,河南三门峡人,1983 年 12 月参加工作,2015 年 2 月至 2016 年 1 月任灵宝市烟草专卖局(分公司)党组书记、局长、经理。

1983 年 12 月至 1985 年 7 月，先后在陕县柴洼乡政府、支建煤矿工作；1985 年 7 月至 2001 年 5 月，在陕县烟草公司工作，曾任专卖办副主任、主任；2001 年 5 月至 2005 年 6 月，任义马市烟草专卖局党组成员、副局长；2005 年 6 月至 2007 年 4 月，任陕县烟草专卖局党组成员、副局长；2007 年 4 月至 2012 年 2 月，任卷烟营销配送中心副经理，其中 2010 年 5 月至 2012 年 2 月，任卷烟营销配送中心党支部副书记（主持党务工作）；2012 年 2 月至 2015 年 2 月，任卷烟营销配送中心副经理（正科级）（其间，2012 年 2 月至 2015 年 2 月任卷烟营销配送中心党支部书记）；2015 年 2 月至 2020 年 1 月，任灵宝市烟草专卖局（分公司）党组书记、局长、经理；2020 年 1 月调离灵宝市烟草局。1996 年 4 月被河南省烟草局授予“整顿卷烟市场先进个人”荣誉称号；1999 年 3 月被河南省烟草局授予“全省烟草专卖管理标兵”荣誉称号。

第二节　荣　誉

一、先进单位

年度	单位名称	荣誉称号	颁奖单位
1991	灵宝市烟草局（分公司）	《优质烟草技术系列研究》科学技术进步二等奖	国家科学技术委员会
1996	灵宝市烟草局（分公司）	烟叶收购先进单位	河南省烟草公司
1997	灵宝市	烟叶生产表扬单位	三门峡市人民政府
	灵宝市烟草局（分公司）	爱国卫生先进单位	河南省爱卫会
	灵宝市烟草局（分公司）	卷烟销售先进单位	河南省烟草公司
	灵宝市烟草局（分公司）	烟叶收购先进单位	三门峡市政府
	灵宝市烟草局（分公司）	市级文明单位	三门峡市委、市政府
1998	灵宝市烟叶生产办公室	烟叶生产先进单位	三门峡市政府
	灵宝市烟叶生产办公室	烟叶生产收购先进单位	三门峡市政府
	灵宝市烟叶生产办公室	卫生先进单位	河南省爱国卫生运动委员会
	灵宝市烟草局（分公司）	文明建设文明单位	三门峡市委、市政府
1999	灵宝市	烟叶工作先进单位	三门峡市人民政府
	灵宝市烟叶生产办公室	烟叶收购先进单位	三门峡市人民政府

续表 1

年度	单位名称	荣誉称号	颁奖单位
1999	灵宝市烟草局(分公司)	烟叶生产经营先进单位	河南省烟草专卖局(公司)
	灵宝市烟草局(分公司)	文明建设文明单位	三门峡市委、市政府
2000	灵宝市	先进单位	三门峡市人民政府
	灵宝市	烟叶工作先进单位	三门峡市人民政府
	灵宝市烟叶生产办公室	烟叶工作先进单位	三门峡市人民政府
2001	灵宝市	烟叶生产新技术推广先进单位	三门峡市人民政府
	灵宝市烟叶生产办公室	新技术推广先进单位	三门峡市人民政府
	灵宝市烟叶生产办公室	先进烟叶生产办公室	三门峡市人民政府
	灵宝市烟叶生产办公室	先进单位	三门峡市人民政府
	灵宝市烟草局(分公司)	省烟草系统思想政治工作先进单位	河南省烟草专卖局(公司)
	朱阳镇	烟叶生产先进乡镇	灵宝市委、市政府
	五亩乡	规范化管理先进单位	灵宝市委、市政府
	苏村乡　川口乡	科技兴烟先进单位	灵宝市委、市政府
	市农行　市质量技术监督局　市植保站　市农行朱阳营业所　市公安局朱阳派出所　市公安局苏村派出所　苏村信用社	支持服务先进单位	灵宝市委、市政府
	运头村　秦池村　庄里村　下河村　何家村　卫家磨村　宋王村　高稍村　芦家沟村　东庙村　白羊村　窑坡村　乾垣村　碑基村　前店村	烟叶生产先进村	灵宝市委、市政府
2002	灵宝市	烟叶收购工作先进单位	三门峡市人民政府
	灵宝市烟叶生产办公室	烟叶生产收购工作先进单位	三门峡市人民政府
	灵宝市烟叶生产办公室	先进烟叶生产办公室	三门峡市人民政府
	朱阳镇	收购工作先进单位	灵宝市委、市政府
	五亩乡	科技兴烟先进单位	灵宝市委、市政府

续表2

年度	单位名称	荣誉称号	颁奖单位
2002	苏村乡	旱作技术推广先进单位	灵宝市委、市政府
	川口乡	新烟区开发先进单位	灵宝市委、市政府
	市气象局　农村信用社 五亩派出所　农行朱阳营业厅	服务烟叶工作先进单位	灵宝市委、市政府
	秦池村　新店村　双庙村 透山村　梁家庄村　白羊村 窑坡村	千亩优质高效村	灵宝市委、市政府
	麻家河村　高会村　美山村 韩解垣村　鱼村　窑院村 宋峪村　梨子沟村　高稍村 尚庄村	烟叶生产先进村	灵宝市委、市政府
	梁庄村梁庄组　麻河村一组 宋峪村一组　窑院村五组 尚庄村杜科组	烟叶生产先进组	灵宝市委、市政府
2003	灵宝市	烟叶生产收购先进单位	三门峡市政府
	灵宝市烟叶生产办公室	烟叶生产先进管理办公室	三门峡市政府
	灵宝市烟叶生产办公室	烟叶生产收购工作先进单位	三门峡市政府
	朱阳镇　五亩乡	烟叶生产先进乡镇	三门峡市政府
	梁家庄村　窑坡村　宋峪村	烟叶生产先进村	三门峡市政府
	灵宝市烟草局(分公司)	省级卫生先进单位	河南省爱国卫生运动委员会
	赵沟村	烟叶生产先进科技村	三门峡市政府
	灵宝市烟草局(分公司)	三门峡市文明单位标兵	三门峡市政府
	市烟草局驻朱阳镇何家村工作队	驻村工作先进单位	灵宝市委、市政府
	五亩乡	烤烟综合标准化示范先进单位	灵宝市委、市政府
	苏村乡	新技术推广先进单位	灵宝市委、市政府
	川口乡	全面完成烟叶收购工作单位	灵宝市委、市政府
	气象局	支持烟叶生产工作先进单位	灵宝市委、市政府
	梁家庄村　何家村　运头村 双庙村　白羊村　鱼村 白马村　田川村　卫家磨村 高稍村　赵家沟村	烟叶生产先进村	灵宝市委、市政府

续表 3

年度	单位名称	荣誉称号	颁奖单位
2003	庄里村三组　梁家庄二组 长桥村西沟组　桂花村四组 宋峪村一组　固水村王沟组 碑基村河勿组	烟叶生产先进组	灵宝市委、市政府
2004	灵宝市烟叶生产办公室	政府嘉奖	灵宝市人民政府
	灵宝市烟叶生产办公室	烟叶生产先进单位	三门峡市人民政府
	灵宝市烟草局(分公司)	党建经济重点工作目标考评先进单位	灵宝市党委
	灵宝市烟草局(分公司)	政府嘉奖	灵宝市政府
	朱阳镇	全市农业标准化工作先进集体	三门峡市人民政府
	朱阳镇　五亩乡	烟叶生产收购工作先进乡镇	三门峡市人民政府
	朱阳镇梁庄村	烟叶收购工作先进村	三门峡市人民政府
	朱阳镇烟叶生产办公室	先进烟办	灵宝市委、市政府
	双庙村　麻河村　透山村 秦池村　新店村　梁庄村 何家村　庄里村　高会村 运头村　美山村　王家村 西淹村　白羊村　窑坡村 鱼村　东庙村　田川村 高稍村　固水村 梨子沟村	规模种植先进村	灵宝市委、市政府
	下河村　吴家垣村　芦子垣村 朱阳村　后河村　桂花村 白马村　窑院村　长桥村 宋峪村　卫家磨村　庙沟村 赵家沟村　碑基村　梁家垣村	烟叶生产先进村	灵宝市委、市政府
	朱阳镇五亩乡苏村乡	烟叶收购工作先进乡镇	灵宝市委、市政府
	市气象局　市财政局 朱阳派出所　苏村派出所 五亩派出所	支持烟叶生产工作先进单位	灵宝市委、市政府

续表 4

年度	单位名称	荣誉称号	颁奖单位
2005	灵宝市	国家烟叶标准化生产示范市	国家标准化管理委员会、国家烟草专卖局
	灵宝市烟草局(分公司)	烟叶生产先进单位	河南省烟草公司
	灵宝市烟叶生产办公室	“傻瓜烤房”建造技术研究及应用	灵宝市人民政府
	灵宝市烟叶生产办公室	先进单位	三门峡市人民政府
	灵宝市烟草局(分公司)	“傻瓜烤房”建造技术研究及应用	灵宝市人民政府
	灵宝市烟草局(分公司)	服务地方经济先进单位	灵宝市委、市政府
	灵宝市烟草局(分公司)	烟叶生产收购工作先进单位	河南省烟草专卖局
	灵宝市烟草局(分公司)	烟草商业先进集体	河南省烟草专卖局
	灵宝市烟草局(分公司)	烟草商业财务管理先进单位	河南省烟草专卖局
	朱阳镇　五亩乡	烟叶生产先进单位	三门峡市人民政府
	灵宝市烟草局(分公司)	支持农村经济发展特别贡献奖	灵宝市委、市政府
	烟草局党支部	先进基层党组织	灵宝市委
	朱阳镇	烟叶生产先进乡镇	灵宝市委、市政府
	五亩乡	烟叶生产先进乡镇	灵宝市委、市政府
	寺河乡	新区发展先进乡镇	灵宝市委、市政府
	苏村乡	科技进步奖乡镇	灵宝市委、市政府
	气象局	支持烟叶生产工作先进单位	灵宝市委、市政府
	朱阳镇烟叶生产办公室 五亩乡烟叶生产办公室	先进烟叶生产办公室	灵宝市委、市政府
	双庙村　运头村　秦池村 下河村　庄里村　干沟村 桂花村　西淹村　马河村 宋峪村　胡坡村　赵沟村 火山关村　冯家塬村 鱼仙河村　走马岭村	烟叶生产先进村	灵宝市委、市政府

续表 5

年度	单位名称	荣誉称号	颁奖单位
2006	灵宝市烟叶生产办公室	烟叶生产先进办公室	三门峡市政府
	灵宝市烟草公司分公司	烟叶生产先进单位	河南省烟草公司
	灵宝市烟草公司分公司	“十五”期间科技创新工作先进单位	河南省烟草公司
	苏村乡　五亩乡　朱阳镇	烟叶生产先进单位	三门峡市政府
	灵宝市烟草局(分公司)	目标管理考核特等奖	三门峡市烟草专卖局
	灵宝市烟草局(分公司)	服务地方经济建设先进单位	灵宝市委、市政府
	灵宝市烟草局(分公司)	全面完成各项目标任务单位	灵宝市委、市政府
	朱阳镇　五亩乡　苏村乡	烟叶生产先进乡镇	灵宝市委、市政府
	故县镇	烟叶新区发展先进乡镇	灵宝市委、市政府
	气象局　公安局　质监局	支持烟叶生产工作先进单位	灵宝市委、市政府
	梁庄村　何家村　秦池村 双庙村　东庙村　窑坡村 宋峪村　梨子沟村 赵家沟村　冯家塬村	烟叶生产先进村	灵宝市委、市政府
2007	灵宝市烟叶生产办公室	烟叶生产先进办公室	三门峡市人民政府
	灵宝市烟草局(分公司)	先进单位	河南省烟草公司
	灵宝市烟草局(分公司)	烟草行业目标管理一等奖	三门峡市烟草局
	朱阳镇　五亩乡　苏村乡	烟叶生产先进乡镇	灵宝市委、市政府
	故县镇	科技示范先进乡镇	灵宝市委、市政府
	川口乡	优质高效先进乡镇	灵宝市委、市政府
	气象局　财政局　质监局	支持烟叶生产工作先进单位	灵宝市委、市政府
	朱阳镇烟叶生产办公室	先进烟叶生产办公室	灵宝市委、市政府
	梁庄村　石坡湾村　王家村 新店村　窑坡村　桂花村 梨子沟村　田川村	烟叶生产先进村	灵宝市委、市政府
2008	灵宝市	烟叶生产工作先进单位	三门峡市人民政府
	灵宝市烟草局(分公司)	烟叶工作先进单位	河南省烟草专卖局
	灵宝市烟草局(分公司)	卫生先进单位	河南省爱国卫生运动委员会

续表 6

年度	单位名称	荣誉称号	颁奖单位
2008	灵宝市烟草局(分公司)	文明单位	三门峡市委、市政府
	朱阳镇　五亩乡	烟叶生产先进乡镇	灵宝市委、市政府
	苏村乡	标准化生产先进乡镇	灵宝市委、市政府
	川口乡	烟叶新区开发先进乡镇	灵宝市委、市政府
	故县镇	户均收入最高先进乡镇	灵宝市委、市政府
	气象局　公安局　质监局 财政局	支持烟叶生产工作先进单位	灵宝市委、市政府
	朱阳镇烟叶生产办公室 五亩乡烟叶生产办公室	先进烟叶生产办公室	灵宝市委、市政府
	梁庄村　新店村　石坡湾 运头村　庄里村　高会村 窑坡村　西淹村　桂花村 田川村　赵家沟村 冯家塬村	烟叶生产先进村	灵宝市委、市政府
2009	灵宝市	烟叶生产收购先进单位	三门峡市人民政府
	灵宝市烟叶生产办公室	烟叶工作先进单位	三门峡市人民政府
	灵宝市烟叶生产办公室	市政府嘉奖单位	灵宝市委、市政府
	灵宝市烟叶生产办公室	先进单位	三门峡市人民政府
	朱阳镇 五亩乡	先进乡镇	三门峡市人民政府
	五亩乡渔村 故县镇冯家塬村	先进村	三门峡市人民政府
	灵宝市烟草局(分公司)	社会养老保险费征缴管理先进单位	三门峡市社会保险养老中心
	朱阳镇 五亩乡	先进乡镇	三门峡市人民政府
	灵宝市烟草局(分公司)	烟叶工作先进单位	省烟草专卖局
	灵宝市烟草局(分公司)	服务地方经济建设先进单位	灵宝市委、市政府
	朱阳镇 五亩乡 苏村乡	烟叶生产先进乡镇	灵宝市委、市政府
	川口乡	烟叶生产上台阶先进乡镇	灵宝市委、市政府
	故县镇	现代烟草农业示范先进乡镇	灵宝市委、市政府

续表 7

年度	单位名称	荣誉称号	颁奖单位
2009	五亩乡渔村 故县镇冯家塬村	先进村	三门峡市人民政府
	朱阳镇烟叶生产办公室 五亩乡烟叶生产办公室 苏村乡烟叶生产办公室	烟叶生产工作先进单位	灵宝市委、市政府
	财政局　气象局　公安局 质监局	支持烟叶生产工作先进单位	灵宝市委、市政府
	朱阳镇梁庄烟叶生产合作社 五亩乡西淹烟叶生产合作社	先进烟叶合作社	灵宝市委、市政府
	朱阳烟站 白羊烟站	先进工作烟站	灵宝市委、市政府
	梁庄村　新店村　高会村 运头村　窑坡村　桂花村 田川村　庙沟村　碑基村 冯家塬村	烟叶生产先进村	灵宝市委、市政府
2010	灵宝市烟叶生产办公室	烟叶生产先进工作办公室	三门峡市政府
	灵宝市烟叶生产办公室	市政府嘉奖单位	三门峡市政府
	灵宝市烟叶生产办公室	先进烟叶生产办公室	灵宝市人民政府
	灵宝市烟草局(分公司)	省级文明单位	河南省委、省政府
	灵宝市烟草局(分公司)	省卫生先进单位	河南省爱国卫生运动委员会
	灵宝市烟草局(分公司)	烟草行业廉政文化示范点	河南省烟草专卖局
	灵宝市烟草局(分公司)	省级文明单位	三门峡烟草专卖局
	灵宝市烟草局(分公司)	烟草行业目标管理优秀奖	三门峡烟草专卖局
	灵宝市烟草局(分公司)	道德建设先进单位	三门峡烟草专卖局
	灵宝市烟草局(分公司)	市政府嘉奖单位	灵宝市政府
	灵宝市烟草局(分公司)	消防安全先进工作单位	灵宝市防火委员会
	灵宝市烟草局(分公司)	平安共建先进单位	灵宝市委、市政府
	朱阳镇　五亩乡　苏村乡	烟叶生产先进乡镇	灵宝市政府
	故县镇	技术推广先进乡镇	灵宝市政府
	川口乡	科技进步先进乡镇	灵宝市政府

续表 8

年度	单位名称	荣誉称号	颁奖单位
2010	朱阳镇烟叶生产办公室 五亩乡烟叶生产办公室	烟叶生产先进办公室	灵宝市政府
	朱阳烟站　白羊烟站 苏村烟站	先进工作烟站	灵宝市政府
	财政局　气象局　公安局 质监局	支持烟叶生产工作先进单位	灵宝市政府
	灵宝市烟草局(分公司)	服务地方经济先进单位	灵宝市委、市政府
	灵宝市烟草局(分公司)	执行物价法规最佳单位	灵宝市物价办公室
	梁庄村　王家村　吴家垣村 运头村　窑坡村　桂花村 田川村　梨子沟村　冯家村 赵沟村	支持烟叶生产工作先进村	灵宝市政府
2011	灵宝市	烟叶生产先进工作单位	三门峡市人民政府
	灵宝市烟草局(分公司)	服务地方经济建设先进单位	灵宝市委、市政府
	灵宝市烟草局(分公司)	省级文明单位	河南省委、省政府
	灵宝市烟草局(分公司)	全省烟草商业廉政文化建设示范点	河南省烟草专卖局(公司)
	灵宝市烟草局(分公司)	先进基层党组织	灵宝市委
	灵宝市烟草局(分公司)	嘉奖令	灵宝市人民政府办公室
	灵宝市烟叶生产办公室	嘉奖令	灵宝市人民政府办公室
	灵宝市烟草局(分公司)	安全生产标准化建设优秀单位	三门峡市烟草专卖局(公司)
	灵宝市烟草局(分公司)	全市烟草行业政风行风建设先进单位	三门峡市烟草专卖局(公司)
	灵宝市烟草局(分公司)	富民强县先进单位	河南电视台农村频道
	灵宝市烟草局(分公司)	工会工作先进基层工会	灵宝市总工会
	灵宝市烟草局(分公司)	质量兴市工作先进单位	灵宝市质兴领导小组
	灵宝市烟草局(分公司)	目标管理优秀单位	三门峡市烟草专卖局(公司)

续表 9

年度	单位名称	荣誉称号	颁奖单位
2011	灵宝市烟草局(分公司)	全市纪念建党 90 周年广场文化活动三等奖	灵宝市委宣传部
	灵宝市烟草局(分公司)	社会养老保险费征缴管理工作先进单位	三门峡市养老保险中心
	灵宝市烟草局(分公司)	扶贫开发工作先进单位	三门峡市委、市政府
	灵宝市烟草局(分公司)	安全生产先进单位	灵宝市人民政府
	灵宝市烟草局(分公司)	平安共建单位	灵宝市委、市政府
	灵宝市烟草专卖局 市场监管稽查三中队	文明单位	灵宝市委、市政府
	朱阳镇　五亩乡　苏村乡	烟叶生产先进乡镇	灵宝市委、市政府
	故县镇	烟叶专业化服务先进乡镇	灵宝市委、市政府
	川口乡	烟叶标准化先进乡镇	灵宝市委、市政府
	市财政局　气象局　公安局 质监局　农机总公司 邮政储蓄银行	支持烟叶生产先进单位	灵宝市委、市政府
	朱阳镇烟叶生产办公室 五亩乡烟叶生产办公室	烟叶生产先进办公室	灵宝市委、市政府
	新店烟站　白羊烟站	烟叶生产先进工作站	灵宝市委、市政府
	梁庄村　运头村　新店村 吴家垣村　窑坡村　桂花村 胡坡村　冯家塬村	烟叶生产先进村	灵宝市委、市政府
	金塬烟叶合作社 北垣烟叶合作社	组织创新先进单位	灵宝市委、市政府
2012	灵宝市	烟叶工作先进县市	河南省人民政府
	灵宝市烟叶生产办公室	烟叶工作先进单位	河南省人民政府
	灵宝市烟叶生产办公室	先进烟叶生产办公室	灵宝市人民政府
	灵宝市烟草局(分公司)	目标管理先进单位	三门峡市烟草专卖局(公司)
	灵宝市烟草局(分公司)	老干部工作先进集体	灵宝市委组织部老干部局

续表 10

年度	单位名称	荣誉称号	颁奖单位
2012	灵宝市烟草局(分公司)	通令嘉奖	灵宝市人民政府
	灵宝市烟草局(分公司)	平安共建工作先进单位	灵宝市委、市政府
	灵宝市烟草局(分公司)	服务地方经济建设先进单位	灵宝市委、市政府
	灵宝市烟草局(分公司)	烟叶工作先进单位	河南省烟草专卖局(公司)
	灵宝市烟草局(分公司)	信访稳定先进单位	三门峡烟草专卖局(公司)
	灵宝市烟草局(分公司)	信息宣传先进单位	三门峡烟草专卖局(公司)
	灵宝市烟草局(分公司)	全市创优争先先进基层党组织	灵宝市委
	灵宝市烟草局(分公司)	三门峡市烟草系统职工第六届运动会体育道德风尚奖	三门峡烟草局(公司)
	灵宝市烟草局(分公司)	三门峡市烟草系统职工第六届运动会男子拔河比赛第五名	三门峡烟草局(公司)
	灵宝市烟草局(分公司)	三门峡市烟草系统职工第六届运动会女子拔河比赛第六名	三门峡烟草局(公司)
	灵宝市烟草局(分公司)	三门峡市烟草系统职工第六届运动会抱球跑比赛第四名	三门峡烟草局(公司)
	灵宝市烟草局(分公司)	三门峡市烟草系统职工第六届运动会男子篮球比赛第二名	三门峡烟草局(公司)
	灵宝市烟草局(分公司)	烟草系统职工第六届运动会女子篮球比赛第三名	三门峡烟草局(公司)
	灵宝市烟草局(分公司)	全市烟草行业企业文化知识竞赛三等奖	三门峡烟草局(公司)
	灵宝市烟草局(分公司)	2010—2012 年度信访稳定先进单位	三门峡烟草局(公司)
	灵宝市烟草局(分公司)	服务地方经济建设先进单位	灵宝市委
	烟草专卖局第四市场监管稽查队	文明单位	灵宝市委、市政府
	朱阳镇　五亩乡　苏村乡　故县镇　川口乡	烟叶生产先进乡镇	灵宝市委、市政府

续表 11

年度	单位名称	荣誉称号	颁奖单位
2012	市财政局　气象局 公安局质监局　联通公司 邮政局	支持烟叶生产工作先进单位	灵宝市委、市政府
	朱阳镇烟叶生产办公室 五亩乡烟叶生产办公室 苏村乡烟叶生产办公室 故县镇烟叶生产办公室	烟叶生产先进办公室	灵宝市委、市政府
	朱阳烟站　白羊烟站 新店烟站　卫家磨烟站 五亩烟站　故县烟站	先进烟叶工作站	灵宝市委、市政府
	梁庄村　新店村　王家村 秦池村　窑坡村　桂花村 白羊村　李子沟村 田川村　冯家塬村	烟叶生产先进村	灵宝市委、市政府
	金塬烟叶合作社 北塬烟叶合作社	先进烟农专业合作社	灵宝市委、市政府
2013	灵宝市烟叶生产办公室	嘉奖单位	灵宝市委、市政府
	灵宝市烟叶生产办公室	先进烟叶生产办公室	灵宝市人民政府
	灵宝市烟草局(分公司)	省级卫生先进单位	河南省爱国卫生运动委员会
	灵宝市烟草局(分公司)	全市政风行风建设先进单位	灵宝市人民政府
	灵宝市烟草局(分公司)	社会养老保险费征缴管理工作先进单位	三门峡市社会养老保险中心
	灵宝市烟草局(分公司)	服务地方建设先进单位	灵宝市委、市政府
	灵宝市烟草局(分公司)	三门峡市第七届运动会优秀组织奖	三门峡市人民政府
	灵宝市烟草局(分公司)	灵宝市 A 级劳动保障诚信示范单位	灵宝市人力资源和社会保障局
	灵宝市烟草局(分公司)	省级卫生单位	河南省爱国卫生运动委员会

续表 12

年度	单位名称	荣誉称号	颁奖单位
2013	灵宝市烟草局(分公司)	嘉奖单位	灵宝市委、市政府
	市烟草局稽查三中队 朱阳烟叶工作站	文明单位	三门峡市委、市政府
	烟草专卖局第五市场 监管稽查队	文明单位	灵宝市委、市政府
	五亩乡　苏村乡	烟叶生产先进乡镇	灵宝市委、市政府
	川口乡	烟叶标准化生产先进乡镇	灵宝市委、市政府
	故县镇	烟叶机械化作业先进乡镇	灵宝市委、市政府
	财政局　气象局　公安局 质监局　邮政局		
	支持烟叶生产工作先进单位	灵宝市委、市政府	
	朱阳镇烟叶生产办公室 五亩乡烟叶生产办公室 苏村乡烟叶生产办公室	烟叶生产先进办公室	灵宝市委、市政府
	朱阳烟站　卫家磨烟站	先进烟叶工作站	灵宝市委、市政府
	吴家垣村　梁庄村　新店村 窑坡村　梨子沟村	烟叶生产先进村	灵宝市委、市政府
	北垣烟叶合作社	先进烟农专业合作社	灵宝市委、市政府
2014	灵宝市烟草局(分公司)	目标管理先进单位	三门峡市烟草专卖局(公司)
	灵宝市烟草局(分公司)	先进基层工会	灵宝市总工会
	灵宝市烟草局(分公司)	烟叶质量信誉提升年活动先进单位	三门峡市烟草专卖局(公司)
	灵宝市烟草局(分公司)	灵宝市 A 级诚信示范单位	灵宝人力资源和劳动保障局
	灵宝市烟草局(分公司)	系统男子篮球比赛第一名	三门峡市烟草专卖局(公司)
	灵宝市烟草局(分公司)	系统女子篮球比赛第二名	三门峡市烟草专卖局(公司)

续表 13

年度	单位名称	荣誉称号	颁奖单位
2014	灵宝市烟草局(分公司)	“舞动金城”舞蹈大赛组织奖	灵宝市委宣传部 灵宝市总工会
	灵宝市烟草局(分公司)	消费维权贡献奖	灵宝市消费者协会
	川口烟叶工作站	文明单位	灵宝市委、市政府
	五亩乡　川口乡　苏村乡 朱阳镇　故县镇	烟叶生产单项先进乡镇	灵宝市委、市政府
	朱阳镇烟叶生产办公室 五亩乡烟叶生产办公室	烟叶生产先进办公室	灵宝市委、市政府
	白羊烟站　新店烟站	先进烟叶工作站	灵宝市委、市政府
	吴家垣村　双庙村　西淹村 鱼村　梨子沟村　梁家垣村	烟叶生产先进村	灵宝市委、市政府
	北塬烟叶合作社 金塬烟叶合作社	先进烟农专业合作社	灵宝市委、市政府
2015	烟草专卖局党总支	先进基层党组织	灵宝市委
	灵宝市烟草局(分公司)	“烟叶质量信誉深化年”活动突出贡献奖	三门峡市烟草专卖局(公司)
	灵宝市烟草局(分公司)	全市烟草系统法律知识竞赛活动一等奖	三门峡市烟草专卖局(公司)
	灵宝市烟草局(分公司)	三门峡烟草系统“感恩杯”篮球赛二等奖	三门峡市烟草系统篮球协会
	灵宝市烟草局(分公司)	全市保密工作先进单位	灵宝市委办、市政府办
	灵宝市烟草局(分公司)	省级卫生先进单位	河南省爱国卫生运动委员会
	朱阳镇　五亩乡	烟叶生产先进乡镇	灵宝市委、市政府
	故县镇　川口乡	烟叶生产单项工作先进乡镇	灵宝市委、市政府
	朱阳镇烟叶生产办公室 五亩乡烟叶生产办公室 苏村乡烟叶生产办公室	烟叶生产先进办公室	灵宝市委、市政府
	白羊烟站　新店烟站	先进烟叶工作站	灵宝市委、市政府

续表 14

年度	单位名称	荣誉称号	颁奖单位
2015	透山村　吴家垣村　西淹村 鱼村　梨子沟村　梁家垣村	烟叶生产先进村	灵宝市委、市政府
	北塬烟叶合作社　金塬烟叶合作社	先进烟农专业合作社	灵宝市委、市政府
2016	灵宝市烟叶生产办公室	烟叶工作先进单位	灵宝市人民政府
	灵宝市烟叶生产办公室	烟叶生产嘉奖	灵宝市委、市政府
	金塬烟叶合作社　北塬烟叶合作社	农民专业合作社示范社	灵宝市委、市政府
	灵宝市烟草局(分公司)	烟叶生产嘉奖	灵宝市委、市政府
	朱阳镇　五亩乡　苏村乡	烟叶生产先进乡镇	灵宝市委、市政府
	朱阳镇烟叶生产办公室 五亩乡烟叶生产办公室 苏村乡烟叶生产办公室	烟叶生产先进办公室	灵宝市委、市政府
	朱阳烟叶工作站　新店烟叶工作站 白羊烟叶工作站	烟叶生产先进工作站	灵宝市委、市政府
	金塬烟叶合作社　北塬烟叶合作社	烟叶生产先进合作社	灵宝市委、市政府
	透山村　王家村　吴家垣村 西淹村　东庙村　梨子沟村	烟叶生产先进村	灵宝市委、市政府
2017	灵宝市烟叶生产办公室 灵宝市烟草局(分公司)	烟叶生产嘉奖令	灵宝市委、市政府
	朱阳镇　五亩乡　苏村乡	先进乡镇	灵宝市委、市政府
	朱阳镇烟办　五亩乡烟办 苏村乡烟办	烟叶生产先进办公室	灵宝市委、市政府
	朱阳烟叶工作站　新店烟叶工作站 白羊烟叶工作站	烟叶生产先进工作站	灵宝市委、市政府
	金塬烟叶合作社　北塬烟叶合作社	烟叶生产先进合作社	灵宝市委、市政府
	透山村　王家村　吴家垣村 西淹村　东庙村　梨子沟村	烟叶生产先进村	灵宝市委、市政府
2018	灵宝市烟叶生产办公室	特别贡献单位	灵宝市人民政府
	灵宝市烟草局(分公司)	特别贡献单位	灵宝市人民政府

续表 15

年度	单位名称	荣誉称号	颁奖单位
2018	市公安局　市工商质监局 市气象局　市邮政公司	先进服务单位	灵宝市人民政府
	朱阳镇　五亩乡　苏村乡	烟叶生产先进乡镇	灵宝市人民政府
	朱阳镇烟办　五亩乡烟办 苏村乡烟办	先进烟叶生产办公室	灵宝市人民政府
	朱阳烟叶工作站 白羊烟叶工作站	烟叶生产先进工作站	灵宝市人民政府
	朱阳镇梁庄村　透山村　王家村 五亩乡窑坡村　渔村 苏村乡梨子沟村　庙沟村	烟叶生产先进村	灵宝市人民政府
2019	灵宝市烟草局(分公司)	省级卫生先进单位	河南省爱国卫生运动委员会
	灵宝市烟草局(分公司)	特别贡献先进单位	灵宝市人民政府
	灵宝市烟叶生产办公室	特别贡献先进单位	灵宝市人民政府
	市政府办公室　市公安局 市市场监管局　市气象局 邮政公司	先进服务单位	灵宝市人民政府
	朱阳镇　五亩乡　苏村乡	先进乡镇	灵宝市人民政府
	朱阳镇烟办　五亩乡烟办 苏村乡烟办	烟叶生产先进办公室	灵宝市人民政府
	朱阳镇新店烟站　五亩乡白羊烟站 苏村乡福地烟站	烟叶工作先进站	灵宝市人民政府
	梁庄村　透山村　王家村 吴家垣村　何家村　窑坡村 西淹村　东庙村　固水村 梨子沟村	烟叶生产先进村	灵宝市人民政府

二、先进个人名录

年度	姓　名	荣誉称号	颁奖单位
1986	阴国营	种烟能手	洛阳地区
2000	张宪升　范赞峰　张继帅　吴娟霞　王　艺	科技进步一等奖	灵宝市政府
2001	张学民　李随干　徐生朝　郭锁盈　陈祥宽　李兰勤　李玉林　李怀坡　李向明　张勤生　孙琨山　孙有向　张银生　彭节绪　党德让　王振中	烟叶生产先进户	灵宝市委、市政府
2001	郭洁运　屈富民　赵高杰　王全录　王江民　李玉斌　窦福升　焦聪灵　姜满金　邹安治　徐天照　董顺山　阳章芯　薛智荣　郭正贤　王长生　王守奎　许清华　李建立　张旺明　杨有勋　程冈君　宋　云　张春艳　董水池　时长福　李建康　张社超　邢举森　王绪生	烟叶生产先进个人	灵宝市委、市政府
2002	董顺山　张勤生　马苗行　李云峰　张书未	烟叶生产先进户	灵宝市委、市政府
2002	张发盈　田华林　田石亭　赵高吉　王全录　魏国芳　杨来善　杨民强　程凤君　王君杰　张旺明　张金学　尚老虎　夏银超　薛以真　何全忠　阴章慈　张宗义　郭结运　王守奎　任友山　张春艳　徐大照　屈福民　许清华　张斌刚　杨金圈　李海峰　蒋国庭	烟叶生产先进个人	灵宝市委、市政府
2003	郭锁盈　刘小朝　杨有勋　薛脏学　夏亮超　王玉林　周景谋	烟叶生产先进专业户	灵宝市委、市政府
2003	郭洁运　王守奎　任友山　屈富民　张斌刚　徐天照　张春艳　王　艺　刘建设　张文康　范赞峰　王全录　赵高基　田华林　张金学　程凤君　李建立　孙项春　薛以珍　王常生	烟叶生产先进工作者	灵宝市委、市政府
2003	苏富强　邵为民	烟叶生产先进科技人员	灵宝市委、市政府

续表 1

年度	姓　名	荣誉称号	颁奖单位
2004	赵存良　屈结录　刘起芳　王三宝 程君泽　张君波　李月亮　何全忠 吴善祥　宋贵军　咸建民　陈进和	烟叶生产先进科技户	灵宝市委、市政府
	李项锁　卫国芳　赵高基　王全录 屈富民　许会峰　薛铁户　薛当学 王会生　张斌刚　薛建学　徐天照 王启峰　王长生　杨启超　王喜兰 蒋建设	烟叶生产科技工作者	灵宝市委、市政府
	邹安治　邵为民	烟叶生产先进科技人员	三门峡市委、市政府
	张宪升	通令嘉奖	灵宝市人民政府
2005	李守义　安明生　邵为民　张继帅 范赞峰　刘建设	科技进步三等奖	三门峡市人民政府
	刘天民　张彦龙　程根臣　赵存良 王铁项　刘邦锁　张广福　田智峰 汤念超　李焕生　王永刚　陈宝顺 李自哲　张向泽　杨选照　赵彦民 卢固劳　李建设　屈银学　伍吉焕 赵建超　周金民　李克申　刘有成 杨必永　陈永文	烟叶生产先进科技户	灵宝市委、市政府
	郭洁运　屈福民　王　艺　郭竭力 许会峰　王全录　赵高吉　邹安治 张学民　牛当成　李项锁　屈邦师 杜天福　王当群　王守奎　张斌刚 刘建设　薛建学　杨民强　朱云生 程风军　李榜慈　李建云　李来法 任友山　徐天照　王金秀　王启峰 王长生　张邦彦　康喜全　许贯一 张文康　贺增锁　时长福　张结力 张锁强　张生亚　蒋建设　李军政 张玉锋　李成法　马世杰　孙向明 王绪生　吴娟霞　苏江辉　高德耀 郭怪民　蒋国清	烟叶生产先进工作者	灵宝市委、市政府
	张斌刚	烟叶生产先进工作者	三门峡市人民政府
2006	王　一　李军政	烟叶生产先进工作者	河南省烟草专卖局(公司)

续表2

年度	姓　名	荣誉称号	颁奖单位
2006	许钢锁　薛狗项　张海林　汪可明　赵存良　张晓峰　杜五锁　杜文泽　李邦治　仇项时　张金学　赵锁锋　姚保生　张旺明　薛换锁　孙泽民　杨有勋　张军波　宋贵军　贺全忠　刘来生　李有成　闫明选　许　饶　彭世民　盛建民　陈建民　郭治通	烟叶生产先进科技户	灵宝市委、市政府
	彭占玉　张照祥　袁　峰　屈福民　李项锁　刘天民　田石亭　王　一　戴焕峰　杨金圈　李二国　张彦文　尚东旭　王守奎　张斌刚　高增民　李军政　王兴照　朱云生　李建立　张建庄　张孝民　任友山　徐天照　王金秀　阴章慈　王长生　杨晓波　张文康　时长福　乔炎华　范学林　蒋建设　李耀革　郑立谋　刘振华　田少辉　孙向明　邵为民　贺景霞　苏江辉	烟叶生产先进工作者	灵宝市委、市政府
2007	苏堪堪　魏战革　赵存良　杨金成　杨民强　许彦刚　李焕生　张项群　盛建民　冯芳全　张项慈　魏国芳　伍治学　马王星　陈建民	烟叶生产先进科技户	灵宝市委、市政府
	王守奎　张斌刚　李军正　李来法　李　慈　屈福民　王　棉　李项锁　刘天民　杨军虎　王当群　王锁群　任友山　徐天照　王金秀　阴章慈　杨晓波　许贯一　张文康　郭治力　乔炎华　蒋建设　钱玉朗	烟叶生产先进科技工作者	灵宝市委、市政府
2008	邹安治　杨金成　朱转盈　周书军　赵存良　王先泽　刘云峰　李建设　周金超　宋贵军　盛建民　闫建波　冯文胜	烟叶生产先进科技户	灵宝市委、市政府
	刘当成　索冠军　马王星　陈俊江	烟叶生产先进育苗户	灵宝市委、市政府

续表3

年度	姓名	荣誉称号	颁奖单位
2008	许录祥 王艺 杨军虎 李项锁 李建立 李军正 程凤君 徐天照 王金秀 杨世众 许贯一 时长福 蒋建设 陈文生 吴娟霞 何正军 王社民 南世峰	烟叶生产先进工作者	灵宝市委、市政府
2009	邵为民 何正军	烟叶生产先进科技工作者	三门峡市人民政府
	冯文杰 杨金成 徐生朝 张远东 伍项生 魏国防 何全忠	烟叶生产先进专业户	灵宝市委、市政府
	许录祥 王当群 黄根记 杨军虎 赵彦民 甄项锁 许彦刚 薛以振 阴章慈 李锁强 张建明 王社民 吴娟霞 张继帅 南世峰 王艺	烟叶生产先进科技工作者	灵宝市委、市政府
	邹安治 王金秀 刘辉	烟叶生产科技创新奖	灵宝市委、市政府
2010	钱玉郎 楚会芬 任建平	烟草行业道德模范	三门峡市烟草专卖局
	董顺山	烟叶种植专业户	三门峡市人民政府
	赵高吉	商品化育苗专业户	三门峡市人民政府
	刘天民 许录祥 胡发祥 刘云峰 卫春方 何全中 闫培新 姚密玲 魏国防 屈贯民 冯文杰	烟叶生产先进专业户	灵宝市委、市政府
	屈富民 王金秀 王建生 许会峰 张斌刚 李军政 海星 王祎 张睿 孙磊 张文康 袁增泽 张文生 蒋建设 何正军 王社民 邵为民 吴娟霞 孙向明	烟叶生产先进科技工作者	灵宝市委、市政府
2011	乔文斌 张金学 郭锁营 李长伟 魏安革 董顺山 明清洲 闫跃新 张旺明 徐宗跃	烟叶生产先进种植户	灵宝市委、市政府
	彭占玉 王胜民 张照祥 孙磊 薛选荣 杨杰 屈福民 蒋建设 尚东旭 邵为民 王博 王社民 王晓峰 吴娟霞 刘仙妮 张学虎 赵松涛 白永波 张睿	烟叶生产先进工作者	灵宝市委、市政府

续表4

年度	姓　名	荣誉称号	颁奖单位
2012	彭占玉　尚东旭　薛选荣　屈福民 张照祥　王　博　王晓峰　解建增 赵松涛　张金刚　孙　磊　张文康 陈荣刚　蔡　伟　张金星　陈文生 张跃军　张彦民　张生旺　吉双丰 李军正　刘建设　吴娟霞　王金秀 袁增泽　王建生	烟叶生产先进工作者	灵宝市委、市政府
	赵高机　聂留观　郭锁营　刘天民 杨小精　张旺明　张锁恒　张风军 谢富明　冯文杰	烟叶生产先进种植专业户	灵宝市委、市政府
	尚东旭	"万名干部进农家"活动先进个人	灵宝市委、市政府
2013	尚东旭　袁　峰　王忠孝　张照祥 王　博　张斌刚　解建增　张金刚 张　睿　孙　磊　陈荣刚　张金星 张跃军　郑立谋　陈生旺　孙向明 赵建立　李军政　钱玉郎	烟叶生产先进工作者	灵宝市委、市政府
2014	袁　峰　王忠孝　赵启高　杜华卫 李兴农　张斌刚　薛建增　杨　娟 张　睿　蔡　伟　张金星　田丽霞 孙　磊　张学虎　刘建设　张文康 王　祎　赵建立　师亚峰　钱玉郎 戴焕峰　屈明星　赵　辉　王江谋 李晓敏	烟叶生产先进工作者	灵宝市委、市政府
	王银录　赵高忠　刘天民　张金学 刘云峰　张远东　马贯祥　曹当才 张建明　闫培新	烟叶生产先进种植专业户	灵宝市委、市政府
2015	王仙层　王忠孝　赵启高　杜华卫 许清华　张斌刚　杨　娟　段建强 伍继平　田丽霞　孙　磊　王　涛 张金星　徐　星　张文康　南世峰 师亚峰　王金秀　王建生　王江谋 李晓敏　李学增　王　祎	烟叶生产先进工作者	灵宝市委、市政府
	曹宝山　李宝禄　许建国	种烟技术能手	三门峡市烟草专卖局(公司)

续表 5

年度	姓　名	荣誉称号	颁奖单位
2015	孙黎明　许焕生　赵辉	先进科技工作者	三门峡市烟草专卖局(公司)
	袁增泽　李学增　王建生	优秀烟叶工作站站长	三门峡市烟草专卖局(公司)
	朱石头　赵高机　任福学　杨文革 王建福　刘云峰　王银星　杨启超 闫培新　陈建民	烟叶生产先进种植专业户	灵宝市委、市政府
2016	董占良　杜跃辉　宁春科　王虎群 王建福　刘云峰　张项镇　刘长治 时长福　苏建生	先进烟农	灵宝市委、市政府
	王　晓　杨超波　许会峰　杜华卫 任晓飞　张斌刚　段建强　伍继平 卢娟霞　景恒波　孙　磊　徐天照 曾　辉　吉双丰　吴娟霞　师亚峰 王金秀　袁增泽　孙　鹏　赵　辉 李晓敏　吉海龙　吕少波　王　祎	烟叶生产先进工作者	灵宝市委、市政府
2017	王维新　王战歌	先进工作者	灵宝市委、市政府
2018	赵高机　朱石头　张学民　李帮文 杨文革　张占泽　杜贵海　焦建强 时长福　闫赞超	先进烟农	灵宝市委、市政府
	王维新　王战歌　吉双丰　段秀峰 杨超波　李增孝　任晓飞　李兴农 张斌刚　王庆伟　任建平　卢娟霞 李朝博　景恒波　杜　军　强景波 李军正　南世峰　张文康　王　祎 刘书文　王金秀　王建生　袁增泽 孙　鹏　李晓敏　李军峰　吉海龙	先进工作者	灵宝市委、市政府
2019	朱石头　刘邦锁　黄建忠　郭建伟 王勤虎　李焕生　宋贵军　赵宁斌 闫赞超　王建福　许艳辉	先进烟农	灵宝市委、市政府

续表 6

年度	姓　名	荣誉称号	颁奖单位
2019	王维新　于明君　周伟卓　吉贵峰 王战歌　吉双丰　赵旭阳　史凤高 杨超波　李增效　任晓飞　宋东华 潘定元　张斌刚　赵少伟　贺晓晖 张国栋　卢娟霞　强景波　栗文斌 景恒坡　胡绪民　杜　军　李军正 南世峰　张文康　王　祎　刘书文 赵　辉　王建生　袁增泽　孙　鹏 李晓敏　李军峰　吉海龙　许焕生	先进工作者	灵宝市委、市政府

第十三章　艺文辑录

第一节　领导讲话

灵宝市委副书记王跃峰在全市烟叶收购工作总结会上的讲话

(2019 年 12 月 11 日)

同志们:

在年末对照目标任务盘点交账的关键时期,今天,我们在这里召开全市烟叶收购工作总结会议,何市长专门就今年烟叶工作进行批示,对今年烟叶生产工作充分肯定,对今后工作提出殷切希望,这充分表明了市委、市政府对烟叶工作的高度重视。刚才,烟办王主任宣读了表彰决定,先进单位和个人代表做了典型发言,烟草局朱局长总结了今年的烟叶收购工作,彭市长对烟叶工作做出了安排部署,讲得很好、很全面,大家要认真抓好贯彻落实。下面,我就加快灵宝烟叶产业高质量发展,讲三点意见。

一、充分认识烟叶产业高质量发展的重要意义,进一步增强责任感和使命感

烟叶产业是我市特色农业和农村经济的支柱产业之一,也是我市特色农业中标准化程度最高、行业扶植力度最大的优势产业。大力发展烟叶产业,加快烟叶产业高质量发展,对我市农业农村发展具有重要作用。首先,灵宝是一个传统的农业大市,烟叶是除果品、食用菌之外的重要特色农业产业,是朱阳、五亩、苏村等乡镇的农业主导产业。近年来,通过各级各部门和广大烟农的努力,我市烟叶种植面积保持稳定,烟叶质量实现了全省首位度,具有良好的市场信誉和旺盛的市场需求,我市烟区成为全省的重点烟区。在当前国家调减烟叶总量的形势下,灵宝只有采取切实措施,大力发展烟叶产业,持续提升烟叶质量,才能确保我市烟叶种植面积和收购量不被压减,才能持续巩固产业优势地位,为乡村振兴奠定坚实的产业基础。其次,烟叶是所有农产品中唯一征税的作物,烟叶税在我市种烟乡镇财政收入中占有较高比重。今年全市实现烟农收入 1.83 亿元,烟叶税收4037万元,其中,朱阳镇烟叶税收2012.7万元,五亩乡烟叶税收1307.3万元,苏村乡烟叶税收670.4万元。推动烟叶产业稳定健康发展,能够有力推动农村经济发展,为农村各项事业发展提供坚实的财力保障。再次,烟叶产业在推动脱贫攻坚工作中发挥重要作用。我市地形以丘陵山区为主,这部分地区群众生产生活条件差,经济发展相对落后,是我市贫困人口较为集中的地区,但却是发展优质烟叶的最佳适生区。近年来,在市委、市政府产业扶贫政策的带动下,南部山区乡镇的一些贫困村、贫困户通过发展烟叶产业,夯实了发展基础,增加了集体收入和烟农增收,实现了贫困村摘帽和贫困户稳定脱贫。可以说,发展烟叶生产,实现烟叶产业高质量发展,将极大地助推我市打赢脱贫攻坚战,确保如期全面建成小康社会。

全市各级各部门要进一步提高认识、凝聚共识,充分认识发展烟叶生产、加快烟叶产业高质量发展的重要意义,切实增强责任感和使命感,紧紧围绕市委、市政府的目标方向和工作思路,坚定落实烟叶产业发展要求,持续巩固提升烟叶产业的优势地位,积极为全市“三农”事业发展贡献智慧和力量。

二、聚焦工作重点,加快灵宝烟叶产业高质量发展步伐

一方面,要聚焦烟叶质量和效益提升。当前全国和全省烟叶生产形势是总量过剩,但优质烟叶数量不足,数量与质量的矛盾十分突出。灵宝烟叶质量位居全省前列,但还没有形成独特的竞争优势。因此,要在稳定现有规模的基础上,着力在提升烟叶质量上下功夫,坚定不移走质量兴烟的发展道路。烟叶主管部门要针对烟叶质量方面存在的问题,深入分析研究,制订技术方案和配套措施,改进关键薄弱技术,提高先进适用技术入户率、到田率,加强过程精细化管理,生产出卷烟工业真正满意的优质特色烟叶,不断提升灵宝烟叶的质量和信誉。另一方面,要聚焦服务保障体系建设。今年,我市遭遇了60年来最为严重的干旱,在这种情况下,能够圆满完成全年烟叶收购任务,很大程度得益于强有力的烟叶生产保障体系。涉烟部门和种烟乡镇要牢固树立科学发展、长远发展的理念,持续加强服务保障体系建设,用足、用好烟叶产业发展优惠政策,大力实施水源工程、土地整理等烟叶产业项目,补齐基础设施短板。完善农业保险与专项救助相结合的烟叶生产灾害救助体系,加强气象服务保障和人工影响天气工作,有效降低烟农种烟风险。健全烟叶生产服务体系,大力推行烟叶标准化生产,完善烟叶生产各环节操作规程、作业标准和监督考核体系,提高先进技术的落实到位率,让烟农通过科学种烟抵御自然灾害。加强专业化服务体系建设,提高机械化作业率,把烟农从劳力紧张、环节多、技术复杂的困境中解放出来,让烟农轻松种烟、获得最大收益。

三、完善工作机制,强化烟叶产业高质量发展保障

一要完善责任机制。各种烟乡镇要高度重视烟叶产业发展工作,把烟叶生产作为重要工作来抓,坚持党政“一把手”亲自抓、分管领导直接抓、管理服务队伍具体抓的工作责任制,认真谋划明年烟叶生产,科学制订烟叶发展计划,明确目标任务,层层分解落实,构建纵向到边、横向到底的责任体系。

二要完善协作机制。烟草部门要充分发挥主力军作用,落实上级扶持政策,做好技术培训指导,实行保姆式服务,切实解除烟农发展生产的后顾之忧。财政、市场监管、气象、农机、电业、财险等部门要立足本职,加强协作,密切配合,积极支持烟叶生产工作。各种烟乡镇要加大支持力度,研究对接政策,统筹各方力量,在资金、土地等方面提供必要的支持和保障。宣传部门要采取多种形式,宣传我市烟叶生产面临的新形势、新任务、新政策,宣传市委、市政府发展烟叶产业的决策和要求,大力营造烟叶产业发展的良好氛围。

三要完善督导机制。市烟办、烟草公司要组成督查组,深入各乡镇、村对烟叶生产全过程进行督查,督查各阶段、各环节的技术到位情况,督查各有关部门的配套服务情况,及时发现问题、解决问题。各种烟乡镇要把烟叶生产纳入年度目标考核,通过台账管理、定期通报等制度,加大过程控制和阶段性考核力度,积极推动工作落实。

同志们,烟叶产业是我市农业农村工作的重要组成部分,事关农民增收,事关乡村振兴。各级各部门要以高度负责的态度,科学组织,周密安排,精心实施,不断推动我市烟叶产业发展再上新台阶,为实现灵宝高质量发展做出新的更大贡献!

灵宝市烟叶生产主管领导在2019年全市烟叶工作总结会上的讲话提纲

(2019年12月11日)

同志们:

经市委、市政府研究,今天召开2019年全市烟叶收购工作总结会,主要是总结今年的烟叶收购工作,肯定成绩、分析问题,安排部署当前烟叶生产重点工作。刚才,政府办杜主任传达了何市长对烟叶工作的重要批示;烟草局朱局长全面总结了今年的烟叶收购工作,对今冬明春烟叶生产工作进行了具体安排;烟办王主任传达了市政府对烟叶工作先进单位和先进个人的表彰决定;三个种烟乡镇、三个种烟村分别做了很好的发言,我都完全同意,希望大家抓好工作落实。下面,就今年的烟叶收购和明年工作,我讲四点意见。

一、充分肯定今年烟叶生产取得的优异成绩

今年我市遭遇60年来最为严重的旱灾,在烟叶移栽、团棵和旺长的关键时期,平均降雨量比往年减少约70%。面对严重旱情,全市各级各有关部门特别是烟草系统全体干部职工,不等不靠、主动作为,在各级各有关部门的大力支持下,开动一切可以利用的抗旱机械,发动一切可以使用的抗旱力量,全力以赴、攻坚克难,全面完成了烟叶收购目标任务,为烟农增收、脱贫攻坚和全市经济社会发展做出了积极贡献。

一是烟叶产业地位更加巩固。今年全市种植烟叶4.85万亩,涉及朱阳、五亩、苏村、焦村、川口、寺河等6个乡镇72个行政村416个组。百亩连片53个,万亩以上种烟乡镇2个,其中朱阳镇2.581万亩,五亩乡1.407万亩。收购烟叶13.51万担,占收购计划100%(原计划13.75万担,后调整为13.51万担),上等烟比例为71.14%,实现烟农收入1.83亿元,烟叶税4037.38万元。烟叶产业已成为我市农业增效、农民增收、市乡村财政增税的重要引擎。

二是烟叶质量信誉稳步提升。坚持把提升质量作为烟叶工作的核心,强化"一优两转"宣传贯彻,悬挂宣传横幅,印发宣传手册,编印书籍《好烟叶是这样种出来的》,组建烟农宣讲团,烟农宣传覆盖面100%。强化品种治理。严格落实"一区一品"布局要求,强化栽期管理,推广小苗膜下移栽和井窖式移栽,扎实开展烟叶田间结构优化,下大力气解决采收烘烤问题,进一步彰显了特色。在2019年度全省烟叶质量抽检中,我市位居全省前列。

三是促进烟农增收成效显著。各级、各有关部门把烟叶生产与乡村振兴相结合,与精准扶贫相结合,千方百计帮助烟农增加收入。烟草部门投入烟叶生产补贴资金1540.9万元,积极实施产业扶贫,对全市462户种烟贫困户优先签订产购合同4308亩,为贫困户补贴烟用物资99.52万元,为全市脱贫攻坚做出了积极贡献。在抗旱救灾中,全市累计投入抗旱保烟资金90余万元,旱情严重的3万余亩烟田实现了浇灌"全覆盖"。建立烟草气象协同预警机制,定时发布烟区气象信息,11个防雹作业点24小时值守,开展人工防雹增雨作业160次,发射炮弹1676发,将灾害损失降到了最低限度。

在大旱之年取得这样的成绩,实属不易。这些成绩的取得,是省、三门峡市烟草部门大力支持、科学指导的结果,是市委、市政府正确领导、重视关心的结果,是各级、各有关部门齐心协力、密切配合的结果,是广大基层干部、烟草工作者和全体烟农努力工作、辛勤劳作的结果。在此,我代表市委、市政府,向在座的同志们,并通过大家,向为全市烟草事业发展付出艰辛努力的广大基层干部群众和烟草系统干部职工,表示衷心的感谢!

二、正确认识当前烟叶产业发展的形势要求

虽然我市烟叶工作连年来取得优异成绩,烟叶质量信誉深受上级烟草部门和工业企业认可,但是我们必须清醒认识到,随着国家控烟履约工作计划和"健康中国行动"的深入实施,公共场所禁烟力度越来越大,人们对健康问题越来越重视,吸烟人群越来越少,烟民对烟叶的要求也越来越高,同时传统老烟区的共性问题将会在我市逐步凸显,我们只有发挥优势、未雨绸缪、补齐短板,才能在激烈的市场竞争中占有一席之地。

一是形势依然严峻。①烟叶计划紧缺。近年来,国家烟草局持续加大烟叶总量调控力度,自 2013 年以来已渐进调减烟叶总量 1700 万担,占高峰期的 33%,但是由于烟叶库存基数较大,加之近几年卷烟产量下降等诸多因素影响,截至 2018 年 6 月底,全国烟叶库存仍有 9285 万担,可用周期达 41 个月。国家烟草局计划按照每年削减 300 万担烟叶库存的原则,再用 5 年时间,将库存水平调控至 35 个月以内。因此,"控总量、守红线、降库存"仍将是今后一个时期烟叶工作的基本态势。②质量要求更严。目前全国烟叶总量超限,但高端优质烟叶相对紧缺,在这种形势下,工业企业为了最大限度满足卷烟配方需求,对烟叶的风格特色、内在成分、商品安全的要求越来越严,尊重市场、提升质量、满足需求,加快供给侧结构性改革成为烟叶产业发展的必然要求。③结构矛盾突出。随着卷烟结构不断提档升级,工业企业对烟叶需求的等级结构逐年提高,普遍要求上等烟比例达到 80%以上,特别是中部上等烟需求比例较高,而实际生产水平与市场需求的差距较大,烟叶供需结构矛盾更加突出。

二是问题不容忽视。我市烟叶凭借自身的生态优势、烟农优势、技术优势和质量优势,整体上发展势头较好,烟叶质量水平较高。但是随着新一轮竞争不断加剧,这些传统优势的红利即将释放完毕,一些老烟区过去面临的问题在我市已悄然而至。突出表现在三个方面:①品种不优的问题。"云烟 87"系列是灵宝烟区的主推优良品种。近年来,虽然我们在杂劣品种治理上采取了强有力的措施,但只是好转,并没有绝迹。品种不优已成为影响灵宝烟叶质量形象的一大败笔。②土壤衰退的问题。我市烟叶种植大面积集中在 3 个乡镇,一些烟田连续几十年种植烟叶,虽然通过钩机深翻、绿肥掩青等土壤保育措施，延缓了病害大面积爆发，但它只会晚到，决不会缺席，一旦问题集中爆发，对灵宝烟区将会是毁灭性的打击。③烟农队伍萎缩的问题。随着农村产业结构调整和城镇化进程的加快，尤其是劳务经济的兴起，外出务工已成为大多数农村年轻人的首选，导致烟农队伍持续萎缩。目前烟农队伍年龄普遍在50岁以上，烟叶这个传统特色技术缺乏有效传承，存在着被边缘化的倾向。以上这些问题，各种烟乡镇和烟草部门必须保持高度警醒、高度重视，采取有力措施，认真加以解决。

三是信心不可动摇。在正确认识烟区存在问题的同时，我们更要看到烟区发展仍有许多有利条件：①市委、市政府重视。市委、市政府高度重视烟叶产业发展，把强化原料保障纳入了烟草业转型升级范围，作为转型升级大格局的一个重要方面；同时今年市委、市政府将"一村一品"作为乡村振兴的重要抓手，举全市之力大力推进，对广大种烟村也是难得的发展机遇。②乡镇部门支持。乡镇党委、政府和有关市直部门大力支持烟叶产业，为烟叶发展创造了良好的社会环境。③工作基础扎实。我市烟农基础较好，烟叶队伍素质较高，烟叶技术指导体系比较完善，生产过程管理比较规范，具有坚实的工作基础。④工业企业认可。我市烟叶发展一直坚持以质取胜，烟叶质量得到了工业企业的普遍认可，具有较好的市场基础，烟叶知名度和品牌影响力与日俱增。据我们得到的消息，明年，全省种烟地市将由原来的12个减少为9个，郑州、驻马店、商丘等3个地市3万余亩种烟计划将被取消，涉及河南中烟计划1万余亩，河南中烟强烈要求在我市新建基地单元。河南中烟之所以将"绣球"抛给我们，是因为我们坚持了"云烟87"主导地位不动摇，坚持了标准化技术的普及推广，坚持了提质育牌不动摇。明年我市种烟计划有望增加4000亩左右，我们要抢抓这一机遇，争取在苏村乡新建河南中烟基地单元。希望烟草局和苏村乡及早行动、科学谋划、密切配合，多向上级汇报沟通，争取苏村基地单元早日落地，争取更多的烟叶计划，把好事办好。

总体上看，烟叶生产挑战与机遇并存，机遇大于挑战。全市上下要切实把思想行动统一到市委、市政府对烟叶形势的判断上来，统一到对烟叶工作的要求上来，高度重视、坚定信心，聚焦问题、未雨绸缪，及早科学谋划，采取有力措施，努力提升烟叶质量信誉和品牌形象。

三、准确把握我市烟叶产业的发展方向

各级、各部门要以烟叶供给侧结构性改革为主线，以工业需求为导向，以"一优两转"为抓手，调整供给结构，提升烟叶质量，打造灵宝烟叶高质量发展的核心竞争力。

一是坚定不移稳定种植规模。稳定种植规模是烟叶生产的基础，事关烟叶产业发展大局,全市上下要高度重视,大力支持,确保我市烟叶产业稳定健康发展。①增强计划意识。要充分认识烟叶计划的严肃性,对广大群众做好深入细致的思想工作,向他们讲明道理、讲清形势,积极争取理解和支持。②稳定种植规模。要按照分配的计划,科学分解任务,加强合同管理,确保计划落实到位。同时,也要珍惜宝贵的计划资源,在稳定规模的前提下,为自然灾害留出一定空间,防止因灾害减产完不成收购任务。③调整优化布局。要统筹规划、合理引导,大力优化烟田整体布局,优化生产主体,积极发展烟叶大乡、大村,推动烟田小连片、大集中、成规模,逐步推动计划资源向生态条件好、烟叶品质高、市场需求旺的适宜区转移,努力构建规模稳定、优质高效、持续发展的烟叶产业格局。

二是持之以恒落实关键技术。要按照“五关十二环”技术要求,加强组织领导,落实技术培训,规范生产流程,提升技术措施和管理措施到位率。①巩固主导品种,落实“一区一品一特色”布局要求,坚决取缔辖区内杂劣品种,巩固“云烟 87”品种主导地位。②优化育苗管理,选拔培养一批责任心强、懂技术、会管理、有经验的人才,组建好育苗队伍;制定育苗设施管护办法,落实维修资金,管护好育苗设施;邀请专家解决苗床病害问题,加强育苗过程控制,落实好育苗技术。③优化移栽期限,推广小苗井窖式移栽,控制常规移栽,缩短移栽时间,优化前移栽期,为烟叶在最佳季节完成采烤创造有利条件。④要优化采烤技术,加强烘烤师队伍建设,充分发挥烘烤师的作用,大力推进采烤一体化、人员团队化、作业流程化、工序标准化,进一步提高烟叶采烤整体水平。

三是全力以赴优化烟叶结构。要加快推进烟叶产业结构优化升级,根据工业提报的需求计划组织生产和收购,提高烟叶有效供给能力。①加强政策引导,把“一优两转”要求和优化结构补贴政策领会好、宣传好、落实好,帮助群众仔细算好这笔账,让群众真正明白不适用烟叶处理掉的好处和不处理的不利影响,引导群众自觉做好结构优化工作。②提高优化标准,重点抓好田间不适用烟叶处理,全面优化“下 5 上 2”7 片叶,确保无市场需求的烟叶不采收、不编杆、不入炕、不进站,努力完成结构优化目标。③抓好技术培训,烟草部门要及早做好安排部署,组织烘烤师和专业化分级两支队伍,指导烟农按标准把不适用烟叶处理到位,切实把符合市场需求的烟叶种出来、烤出来、收进来,进一步改善烟叶等级结构,努力满足工业企业结构需求,确保烟叶产值和经济效益最大化。

四是多措并举推进烟农增收。烟叶生产作为我市农业的重要支柱产业,要注重发挥产业引领作用,继续当好农民增收主力军。①推动产业扶贫,积极争取国家、省专项政策、项目和资金支持,用足用好烟叶补贴政策,巩固提升贫困地区烟叶产业发展水平,为全市脱贫攻坚工作做出烟草系统应有的贡献。②强化典型带动,组织烟农科技示范户现身说法,宣讲烤烟技术,交流致富经验,算账对比、互帮互带,进一步提升标准化生产水平,提高种烟收益。③完善保障机制,持续完善农业保险与专项救助相结合的烟叶生产灾害救助机制,有效降低烟农种烟风险,真正将现代烟草农业发展成为边远贫困山区群众脱贫致富的支柱产业。

四、努力形成服务支持烟叶产业发展的工作氛围

各种烟乡(镇)和涉烟部门要将烟叶产业发展与一村一品、集体经济、脱贫攻坚、乡村振兴等工作相结合,更好地融入和服务我市农业农村工作大局。

一要完善责任机制。各种烟乡镇要继续坚持党政"一把手"亲自抓、分管领导直接抓、管理服务队伍具体抓的工作责任制,把烟叶生产作为乡、村两级的重要工作来抓,及时解决烟叶生产过程中遇到的突出问题和实际困难。要围绕明年的目标任务,逐级落实,层层分解,把烟叶生产任务落实到村、组、户和田头地块,确保明年烟叶生产任务圆满完成。

二要完善协作机制。统筹各方力量,整合部门资源,主动对接烟草产业,从政策、资金、人才和技术服务等方面提供支持和保障。烟草部门要充分发挥主力军作用,落实产前投入扶持政策,做好技术培训指导,加强收购过程管理,切实解除烟农发展生产的后顾之忧。财政、市场监管、公安、气象、邮政、农机、供电、财险等有关部门要立足本职,顾全大局,积极支持烟叶生产工作。要采取多种形式,宣传我市烟叶生产面临的新形势、新任务、新政策,宣传市委、市政府发展烟叶产业的决策和要求,努力推进全市烟叶生产稳定健康发展。

三要完善督查机制。市烟办、烟草公司要组成督查组,深入各乡镇、村,紧盯烟叶生产全过程,督查各阶段、各环节的技术到位情况,督查各有关部门的配套服务情况,及时发现问题,认真总结经验。各种烟乡(镇)要把烟叶生产纳入年度目标考核,明确目标,责任到人,加大过程控制和阶段性考核力度,确保圆满完成工作任务。

同志们,成绩属于过去,未来更需努力。各种烟乡(镇)、有关部门要按照市委、市政府的决策部署要求,认清形势、坚定信心,精心组织、扎实工作,努力推动灵宝烟叶产业高质量发展,为全市经济社会发展做出新的更大贡献!

谢谢大家。

第二节　文件选录

一、关于印发《灵宝市烟草业转型升级工作方案(2017—2020 年)》的通知

各乡、镇人民政府,涧东区、河西区管委会,市直有关单位:

《灵宝市烟草业转型升级工作方案(2017—2020 年)》已经市政府研究同意,现印发给你们,请结合实际,认真贯彻执行。

灵宝市人民政府

2017 年 11 月 7 日

灵宝市烟草业转型升级工作方案(2017—2020 年)

为贯彻落实省、三门峡市烟草业转型升级工作会议精神和《三门峡市烟草业转型升级工作方案(2017—2020 年)》、加快推进我市烟草业供给侧结构性改革,推进烟草产业结构优化,提高发展质量和效益,结合我市实际,制订本方案。

一、指导思想

以党的十九大精神为指导,深入贯彻落实习近平新时代中国特色社会主义思想,牢固树立创新、协调、绿色、开放、共享发展理念,认真落实省、三门峡市烟草专卖局和市委、市政府关于烟草改革发展决策部署,坚持"稳中求进"总基调,以深化供给侧结构性改革为主线,坚持顺应市场、品牌带动、工商地联合政策推动,全力攻坚卷烟营销、烟叶产业、专卖市场管理三大转型升级任务,力争到"十三五"末灵宝烟草业步入结构优化、品牌提升、税利增加的良性循环轨道,助力全省实现"两个 1000 亿"的发展目标,即 2020 年全省烟草业实现税利 1000 亿元,黄金叶品牌销售额突破 1000 亿元。

二、基本原则

(一)坚持问题导向,标本兼治。围绕我市烟草产业发展核心问题,聚焦省产卷烟市场结构升级,完善相关支持政策,明确阶段任务,细化责任目标,狠抓工作落实。从政府、烟草工商企业和烟草系统内部三个层面,加快建立烟草产业转型升级机制,切实提高工作的系统化、科学化、精细化水平。

(二)坚持遵循规律,市场引领,遵循市场经济规律,不断强化市场意识、竞争意识,以消费客户、卷烟商户需求为工作着力点,以稍紧平衡为基准线,统筹做好卷烟品牌培

育、市场供应、消费引领等工作，不断提升适应市场的能力、响应市场的速度、服务市场的水平，稳步提升省产卷烟的市场份额。

（三）坚持科技支撑，创新驱动。坚持用科技力量推动供给侧结构性改革，不断完善创新体系，持续优化创新机制，壮大创新人才队伍，组织开展技术攻关，着力破解烟草产业发展面临的困难和问题，不断增强烟草产业发展的内生动力。

（四）坚持多方共赢，合力发展。坚持国家利益至上、消费者利益至上的行业共同价值观，树立多赢思维，推动烟草工商政企之间等各层面协调联动，坚持抱团发展、共同发展、协调发展，有效凝聚发展共识，增强发展合力。

三、发展目标

按照"一提二进三跃升"发展路径，扎实推进灵宝烟草产业转型升级，确保完成省政府下达的转型升级目标任务。其中 2017 年为现固提升期，"两烟"销售收入达 8.7 亿元以上，实现税收 8000 万元以上，烟农总收入 2 亿元以上；2018~2019 年进入进位发展期，实现税利增长高于行业平均水平；2020 年进入跃升发展期，实现税利持续较快增长，助力全省完成"两个 1000 亿"的发展目标。

四、主要任务

（一）全力推进春烟销售转型升级。把卖好省产烟特别是省产一、二类烟摆上重要位置，立足辖区实际，采取有效措施，确保省产烟市场份额和一、二类烟销售比例稳步提升"。

1. 切实加强省产卷烟发展规划。制订《关于省产卷烟品牌营销工作实施方案》，对省产卷烟 2017~2020 年的发展从总量、类别、支撑规格多个维度，进一步细化分解每年度发展目标，明确责任，分类施策，确保各项目标顺利实现。2017 年要围绕省政府提出的"省产烟市场份额同比提高 2 个百分点、单箱结构同比提高 1000 元，省产一类烟占同类别卷烟的比例达到 15%以上，力争二类烟占同类别卷烟的比例达到 25%左右"的目标，倒排时间进度，加强工作考核，严格奖惩兑现，确保完成目标任务。（市烟草专卖局、河南中烟驻灵宝销售团队负责落实）

2. 切实加强省产卷烟品牌培育。把省产卷烟品牌培育作为品牌培育的主攻方向，围绕黄金叶品牌"6+N"重点产品体系，通过有效、得力的营销举措，为省产卷烟发展创造扎实的消费基础，营造有力的支撑环境。"6"即打造 6 个大单品，在高价（市场零售价 800 元/条及以上）、高端（市场零售价 300~800 元/条）、普一类（市场零售价 190~300 元/条）、二类（市场零售价 130~190 元/条）价区，重点培育天叶、天香细支、小黄金、豫烟2号、爱尚细支、乐途6个核心规格,作为黄金叶品牌结构升级的基础支撑,“N”即若干具有地域特色、具有较高结构、有效替代省外同类卷烟的一二类规格,满足日益多样化消费需求。强化消费引导,与工业企业协同组建品牌宣讲队伍,面向零售商户、消费者代表,传播黄金叶品牌的品质和口碑,积极引导消费者转变消费习惯,主动选择省产卷烟、选择高结构的省产卷烟。强化营销创新,积极适应市场的新形势、新变化,进一步创新营销理念和方法,大力开展跨界营销、体验营销、网络营销、圈层营销等,打通黄金叶品牌与消费者“最后一公里”的连接,扩大品牌影响力。2017年,着力做好高端价区天叶、天香细支的落地销售,发挥市场引领作用;加大豫烟2号、小黄金市场监控与品牌宣传,筑牢市场基础;乐途、爱尚力争2017年销售280箱以上。到2020年,力争天叶占高价位卷烟市场份额达到80%,天香细支占细支烟同价区市场份额达到90%,乐途短支稳居短支烟销量第爱尚细支居细支烟同价区第一,小黄金、豫烟2号有效承接灵宝卷烟市场消费升级。强化专销品牌营销,把专销品牌作为省产卷烟转型升级的主要支点和增长点,加大营销和培育力度,不断扩大专销烟销售规模,引领市场需求,创造消费热点。强化终端建设,以现代卷烟零售终端示范店建设为抓手,加快建设“黄金叶”现代零售终端示范店,拓展省产卷烟销售渠道,增强省产卷烟销售能力。2017年全市建设黄金叶现代卷烟零售终端157户,到2020年建成620户以上。要依托现代零售终端,分区域、分类型、分步骤推进消费环境建设,依托吸烟室、烟区开展消费信息采集、品牌文化传播活动,有效发挥综合效益。强化规范经营,把规范经营贯穿于省产卷烟培育的全过程,树立省产卷烟品牌良好形象,把品牌发展建立在扎实的工作基础和可靠的市场基础之上,实现持续健康发展。(市烟草专卖局、河南中烟驻灵宝销售团队负责落实)

3. 切实加强卷烟市场调控。进一步发挥专卖体制优势,按照两个置换”要求,因地制宜、精准施策,为省产卷烟名优品牌发展营造良好的市场环境。调控卷烟结构,大力实施“五转四,四转三,三转二”工程,稳步扩大一、二类烟和高端高价位卷烟的市场份额,促进卷烟销售结构整体上移,为省产烟结构优化升级提供市场支撑。调控市场状态,对市场状态差、非法流通严重的卷烟品牌规格采取限调限供、减调减供等举措,减少市场投放,压减社会库存,稳定市场价格,维护良好的经营秩序和经营环境。调控卷烟品牌,进一步压减辖区卷烟品牌规格数量,严控不适产品准入,推动省产大品牌、大规格的加速形成。及时监测知名品牌市场状况、价格表现和库存状况,适当降低满足度较高的省外卷烟投放量,为同价位省产卷烟腾出更大的市场空间。充分利用黄金叶品牌“6+N”重点产品体系，逐步完成省产烟对同价位省外卷烟的置换和省产较高结构卷烟对低结构卷烟置换。增强市场把控能力，加强对零售市场信息、消费信息的监测和分析，进一步提高快速响应市场、引领市场、把控市场的能力和水平。（市烟草专卖局、河南中烟驻灵宝销售团队负责落实）

4. 营造良好氛围。每月分别向市政府和有关市直单位及烟草工商企业通报省产卷烟销量、销售额增幅、省产卷烟市场份额，省产卷烟转型攻坚目标落实在全省、全市的排名情况，促进各乡镇政府、管委会及烟草工商企业更加关心和支持省产卷烟转型升级工作。（市烟草专卖局、河南中烟驻灵宝销售团队负责落实）

（二）全力推进烟叶产业转型升级，把满足市场需求作为根本目的，把提高供给质量作为主攻方向，坚定不移地推进烟叶供给侧结构性改革，着力实现由烟叶大市向烟叶强市的转变。

1. 做大烟叶规模。充分利用全省烟叶产业布局调整的有利契机，积极争取省内外计划资源，力争全市烟叶规模稳中有升，同时优化种植布局，合理安排种植收购计划，将有限的资源向市场需求量大、烟叶质量好、风格特色突出、供给能力强、销售渠道畅通、自然和社会生态条件适宜的优质烟区倾斜，靠质量赢得市场满意，争取下一年更多的需求计划。（市烟草专卖局、各种烟乡镇政府负责落实）

2. 提升烟叶品质。以培育“中棵烟”为目标，深入推进烟叶供给侧结构性改革，突出订单生产、订单计划、订单布局，着眼工业结构需求和等级纯度，积极适应客户需求个性、特点和趋势，切实提高烟叶供给质量。优化品种布局，以工业需求为导向，坚持“云烟87”主导地位，坚决杜绝不符合工业需求的品种。加强质量管理，全面宣传贯彻ISO 9000烟叶质量管理体系，认真落实配方施肥、合理密植、科学打顶、合理留叶等关键措施，从技术措施上解决烟叶质量问题。要以提钾增香为核心，大力推行“三项主推技术”，全面实施冬耕起垄、栽前盖膜等旱作栽培技术和豆浆灌根等特色生产技术，积极推广土壤培育、病虫害绿色防控、成熟采收、科学烘烤等先进适用技术，深入挖掘烟叶质量潜力。以提高烟叶外观质量为重点，突出结构优化，严格按照工业企业质量需求组织采收、烘烤和分级，全面推行“按部位、分时段”预约交售模式，大力推进“专分散收”工作，切实提高烟叶等级质量和等级纯度。推进科技创新，把生态特色优质烟叶生产作为主攻方向，围绕制约烟叶质量提升的难点问题，组织开展技术攻关，提升烟叶生产整体水平，巩固灵宝烟叶特色优势。打造烟叶品牌，加强“豫浓香·灵宝”烟叶品牌建设，讲好灵宝烟叶故事，组织开展推介营销，持续提升灵宝烟叶的市场认可度和品牌竞争力。

(市烟草专卖局负责落实)

3. 建好原料基地。加快现代烟草农业建设,完善生产经营体系,大力培育20~50亩职业烟农和50~100亩家庭农场,全面推进烟叶标准化生产和工厂化管理,实现烟叶生产的流程化、精细化,提升烟叶生产和质量管理水平,现固提升4个核心示范区建设成果,着力打造集技术应用、合作社建设、机械化作业和生态烟叶开发为一体的现代化烟草农业示范区。加强基地单元建设,把全市2个基地单元建成"品牌导向明确、工商协同密切、质量明显提高、供应长期稳定"的特色优质烟叶原料基地,切实推动灵宝烟叶实现新的发展。(市烟草专卖局、各种烟乡镇政府负责落实)

4. 助推烟农增收。紧紧围绕全市脱贫攻坚工作部署,依托烟叶产业扶贫,努力促进烟农持续增收。积极做好水源工程项目申报工作,争取灵宝朱阳小秦岭水源工程尽快批复、早日开工建设。用好有限的计划资源,优先保障贫困地区烟叶种植计划,在投入补贴上,优先将物资扶持补贴、灾害救助等各项优惠政策向贫困烟区、贫困烟农倾斜。建立健全烟田防灾减灾体系,持续完善农业保险与专项救助相结合的烟叶生产灾害救助机制,做到烟叶生产保险"全覆盖",减少烟农种烟的后顾之忧。(市烟草专卖局、各种烟乡镇政府负责落实)

(三)全力推进专卖市场管理转型升级。强化对制假源头、零售市场和重点环节的治理,严厉打击各类涉烟违法犯罪活动,最大限度地为推动全市烟草产业转型升级保驾护航。

1. 保持打假破网高压态势。加强涉烟情报信息网络建设,建立健全情报数据库,提升智慧办案能力,实现精准打击。深化打假协作机制,突出对制售假烟的源头打击,加大对涉烟网络案件的经营力度,全年要确保侦破1~2起国标网络案件。充分发挥三省毗邻地区卷烟打假联管联动工作机制作用,为发动打假集群战役打好基础。(市工商质监局、公安局、烟草专卖局负责落实)

2. 强化卷烟市场日常监管。以提高市场净化水平为目标,完善长效监管机制,适时开展清理整顿行动,严厉查处涉烟违法行为,严厉打击无证经营行为,依法严管法违规卖烟大户,努力把市场管控得更牢、治理得更净。(市工商质监局、烟草专卖局负责落实)

3. 抓好重点环节治理。高度关注利用互联网销售、物流快递运输假烟案件日益增多的态势,建立公安、交通、邮政、烟草等部门联合协作机制,严厉查处利用互联网销售烟草制品的违法行为,集中力量对辖区火车站、汽车站、托运部及货运场(站)等进行清

理整治，从源头上防止卷烟非法流入，最大限度地净化辖区市场环境。（市工商质监局、公安局、交通运输局、烟草专卖局负责落实）

五、保障措施

（一）强化观念保障，按照省政府打造烟草强省的总部署，从社会和烟草系统两个层面着力，营造支持省产卷烟发展良好环境。各级各单位要加强宣传引导，促使全社会正确认识烟草产业在我市经济增长、财政增收、拉动就业、脱贫攻坚等领城的重要贡献，营造广大消费者对黄金叶品牌和家乡烟的自豪感，凝聚加快烟草产业转型升级的广泛共识。统一烟草系统思想认识，在全市烟草系统组织开展“转型升级”大讨论，动员系统员工正视当前行业面临的压力和挑战，增强克难攻坚的信心和勇气，确保系统内干部职工思想高度统一、目标高度一致、措施高度协同、行动高度自觉。组织方案培训，聚焦转型升级工作方案和科技创新、品牌培育、市场建设、原料保障等专项工作方案开展培训，把烟草系统员工的行动统一到转型升级工作中。（各级各有关单位，市烟草专卖局、河南中烟驻灵宝销售团队负责落实）

（二）强化组织保障。坚持行政推动与市场调控有机结合，强化转型升级工作组织保障。市政府成立由分管领导任组长，相关单位和烟草部门参加的烟草转型升级工作领导小组，负责转型升级工作的领导、协调和督导，建立工作例会制度，定期召开会议研究解决工作推进中的问题；建立通报制度，对工作开展情况，及时进行通报；建立督查制度，督促有关部门落实议定事项，推进工作开展。成立专项工作组，由市烟草专卖局牵头，协同河南中烟成立全市烟草市场建设工作组，负责辖区市场省产卷烟目标分解、品牌培育、市场建设及运行调控等工作，成立烟草市场综合治理工作组，成员单位由市工商质监局、公安局、交通运输局、工信委、烟草专卖局组成，负责统筹推进全市烟草市场综合治理工作。烟草系统要建立健全内部运行机制和激励机制，加强工作管理考核，为省产卷烟转型升级提供有力的组织保障。（各乡镇政府、管委会及相关单位、市烟草专卖局、河南中烟驻灵宝销售团队负责落实）

（三）强化政策保障。坚持市场驱动和政策扶持相结合，加快推进省产卷烟转型升级。发挥财政杠杆作用，制定政策措施，对省产卷烟转型升级中做出突出贡献的乡镇政府、管委会和商户进行奖励。优化消费环境，参照烟草行业有关要求，支持烟草系统分区域、分类型、分步骤推进消费环境建设。依托吸烟室、吸烟区开展消费信息采集、品牌文化传播活动，有效发综合效益。加强品牌营销政策指导，工商质监部门要依据《中华人民共和国广告法》等法律法规，积极指导本辖区内省产卷烟品牌宣传活动。加强科技政策支持，在科研经费、科研项目立项、科枝成果评审等方面加大对烟草行业的支持力度。强化市场综合整治，公安、工商质监、交通运输、邮政、烟草等部门要加强配合联动，坚持目常监管与开展专项治理相结合，依法依规严厉查处各类涉烟违法行为，最大限度地维护市场秩序。（市发改委、工信委、财政局、工商质监局、公安局、交通运输局、烟草专卖局，各乡镇政府、管委会及有关单位负责落实）。

二、关于印发《灵宝市基本烟田规划保护与轮作调茬实施意见》的通知

各乡、镇人民政府，市直有关单位：

《灵宝市基本烟田规划保护与轮作调茬实施意见》已经市政府研究同意，现印发给你们，请结合实际，认真组织实施。

灵宝市人民政府

2019 年 4 月 15 日

灵宝市基本烟田规划保护与轮作调茬实施意见

基本烟田规划保护与轮作调茬是落实烟叶高质量发展的一项基础性工作。为切实改善我市烟区生态条件，进一步提高烟叶质量和市场竞争能力，促进烟叶生产持续健康发展，现就做好基本烟田规划保护与轮作调茬提出如下实施意见。

一、指导思想与基本原则

（一）指导思想

坚持生态优先、规模优先、质量优先原则，建立基本烟田规划保护制度，优化规划布局，采取轮作调茬、增施粗肥、种植绿肥、地膜回收等土壤保育措施，强化轮作制度落实，稳定烟叶种植经营规模，确保烟叶产业可持续、高质量发展。

（二）基本原则

1. 突出整体规划保护。基本烟田保护实行整体规划、分步实施、合理利用、用养结合、严格保护的工作方针，稳定烟叶种植面积，全面提高烟叶生产能力。

2. 突出基本烟田保护。在烟叶种植主产区，坚持以烟为主原则，建立基本烟田保护制度，保证烟田数量不减少、质量不降低，实现烟叶作物与其他农作物良性发展。

3. 突出烟田土壤保育。建立增施粗肥、种植绿肥、地膜回收、钩机深翻等保育制度，分环节分时段推进，确保烟田土壤保育成效。统筹规划轮作周期，划定轮作区域，选择接茬作物，建立可行管用的烟田轮作制度。

二、工作重点

（一）基本烟田保护

1. 基本烟田的规模。依据常年种植面积、单产水平、收购计划、以烟为主的轮作制度和烟叶基础设施建设要求，按照常年种植面积和基本烟田保护区 1∶3 的比例，合理确定基本烟田规模，保障全市基本烟田达到 15 万亩左右。在基本烟田保护区内，50 亩以上连片烟叶种植面积达到 95%以上。

2. 基本烟田的确定。基本烟田的确定由市烟叶生产办公室牵头，联合烟草、国土、农业、水利等部门，根据土地利用总体规划和烟草设施配套现状，优化烟叶生产布局，提高烟叶种植集中度，科学选择确定基本烟田。基本烟田应落实到乡镇、村、组、户和地块，登记造册，逐级建立基本烟田档案，在显著位置插牌立界，标明编号、位置、责任人。

3. 基本烟田的保护。各种烟镇人民政府负责制定辖区基本烟田保护制度，并树碑公示，实行烟叶种植面积、收购计划、建设资金与基本烟田保护相挂钩，对基本烟田保护不力的乡镇、村组，取消或减少烟叶种植面积、收购计划以及基本烟田与基础设施建设的资金支持。

（二）烟田合理轮作

1. 确定轮作周期。对纳入基本烟田保护区内的农田，建立以烟为主的合理轮作制度，推行“三年两头种烟”或“五年两头种烟”等轮作模式，实现烟田的用养结合，预防病虫害发生与蔓延。

2. 选好接茬作物。统筹规划、合理确定轮作接茬作物，结合我市群众种植习惯，推广“烟叶—小麦（油菜、谷类、芝麻、红薯）—烟叶”“烟叶—麦（油菜）—谷类（芝麻、红薯）—绿肥烟叶”轮作模式，禁止在烟区种植与烟草有同源病害的茄科作物，禁止在基本烟田发展林果业，禁止在当年烟田套种作物。

3. 落实轮作目标。积极推进烟田轮作调茬，各乡镇烟田轮作调茬面积不低于当年种烟面积的 20%，对完成轮作调茬目标的乡镇，下年度在税收返还、计划分解方面予以倾斜；对未完成轮作调茬目标的乡镇，核减烟叶种植收购计划，调减税收返还比例。

（三）烟田土壤保育

1. 开展绿肥掩青。烟田种植绿肥以大麦、油菜为主，每年实施绿肥面积不低于当年种烟面积的 30%。通过 3 年时间，实现全市烟田绿肥掩青 1 遍。

2. 实施钩机深翻。钩机深翻深度应不低于 60 厘米，通过 5 年时间，实现全市烟田深翻一遍，改变土壤上下层结构，提升保肥蓄水能力。

3. 落实地膜回收。广泛宣传烟田地膜回收补贴政策,调动烟农收集烟田地膜的积极性,全面回收烟田废旧地膜,实现烟田清洁生产。

(四)健全防灾体系。建立“预防为主、综合防治”的病虫害防控体系,控制大规模病虫害的发生与蔓延。实施人工防雹增雨工程,完善设施设备,配足人员力量,提升人工影响天气能力,最大限度降低自然灾害损失。

灵宝市基本烟田保护与轮作调茬面积分配表

(单位:亩)

乡镇	烟站	常年种烟面积	基本烟田面积	5 年轮作规划					
				2019 年	2020 年	2021 年	2022 年	2023 年	合计
朱阳	朱阳	10100	30000	2000	1800	1900	2200	2200	10100
	马河口	5500	18000	200	1000	1400	1400	1500	5500
	新店	6700	20000	900	1200	1400	1500	1700	6700
	秦池	3700	10000	500	700	800	850	850	3700
	小计	26000	78000	3600	4700	5500	5950	6250	26000
五亩	白羊	10000	30000	500	2000	2500	2500	2500	10000
	五亩	5000	15000	1200	800	1000	1000	1000	5000
	小计	15000	45000	1700	2800	3500	3500	3500	15000
苏村	卫家磨	4000	12000	100	800	1000	1000	1100	4000
	福地	4000	12000	200	700	1000	1000	1100	4000
	小计	8000	24000	300	1500	2000	2000	2200	8000
焦村	川口	300	900		100	100	100		300
川口		300	900	100	50	100	50		300
寺河		400	1200		100	100	100	100	400
合计		50000	150000	5700	9250	11300	11700	12050	50000

三、2018 年灵宝市烤烟标准化职业化烟农考核方法

建立烟农考核制度,对职业化烟农实行统一编码管理,实行个性化服务,分类管理。通过烟农类别考核管理,提高烟农文化、科学、技术素质,将烤烟生产收购各个环节的各项指标与烟农的扶持奖励政策挂钩,以调动烟农积极性和自觉性,保护烟农的经济利益。为了增强烟叶的市场竞争力，确保烟叶生产可持续发展，特制定职业化烟农考核方法。

一、考核范围：我市烟区所有取得《农户种烟资格证》的职业化烟农。

二、考核内容：烟叶生产收购中种烟农户应落实的12项有关技术标准。

三、考核分值：种烟农户应落实的12项技术标准满分为200分，业绩考核得分结果与烟农级别评定和享受的技术扶持费相挂钩。

四、考核办法

1、烟叶生产收购过程中，烟草公司指定技术员依据《职业化烟农双百分业绩考核细则》有关内容，对职业化烟农技术标准的落实情况，逐项进行检查考核，并记录得分情况。

2、烟农业绩考核结果分为四档，即得分180分以上（含180分）者为优秀，170—179分者为良好，160—169分者为合格，160分以下（不含160分）为不合格。

3、烟农业绩考核结果直接与烟农的资格认证、级别评定和级别待遇相关。考核得分低于160分的不再认证为职业烟农，不享受烟叶生产技术扶持费。

4、年终依据公司制定的技术扶持费兑现标准，由烟站按照种烟农户交售的上中等烟数量，折算并兑现技术扶持费。折算的技术扶持费总额与烟农业绩考核结果统算，每1分/亩核减技术扶持费1.0元。

五、档案录入

技术员按照《职业化烟农双百分业绩考核细则》认真考核，考核结果及扣分情况填入微机档案，以便年终兑现。

附：职业化烟农双百分业绩管理考核细则

职业化烟农双百分业绩管理考核细则

通过对职业化烟农生产业绩的评定，为职业化烟农的晋级降档和兑现技术扶持费提供依据。

一、范围

适用于对烟农生产过程的整地起垄、平衡施肥、地膜覆盖、育苗、移栽、中耕除草、豆浆灌根、病虫害防治、打顶留叶、采收烘烤、分级、合同履约、技术培训13项工作的业绩评定。

二、评定内容与记分标准

1. 烟田整地起垄(20 分)

(1)深耕耙耱(10 分)

时间(5 分):按确定的完成时间,每推迟一天扣 0.5 分。

质量(5 分):耕深达到 25 厘米以上记 3 分,否则扣 1 分;耙耱无大坷垃记 2 分,否则扣 1 分。

(2)烟田冬起垄(10 分)

时间(4 分):按期完成记 4 分,每推迟一天扣 0.5 分。

质量(6 分):垄直成线,记 2 分,否则扣 1 分;垄高 20 厘米以上,记 2 分,否则扣 1 分;垄体饱满,记 2 分,否则扣 1 分。

2. 平衡施肥(20 分)

(1)方法(10 分):粗肥起垄时撒施,2/3 的烟草复合肥垄底条施,饼肥、1/2 硫酸钾和 1/3 的烟草复合肥移栽前穴施,1/2 硫酸钾和硝酸钾结合豆浆灌根追施,微肥、磷酸二氢钾叶面喷施。施肥方法正确的记 20 分,有一项不正确的扣 4 分。

(2)数量(10 分):粗肥 1500 千克/亩、烟草复合肥 20~35 千克/亩、饼肥 20 千克/亩、硫酸钾 7.5 千克/亩、硝酸钾 2 千克/亩,每项 4 分;达不到数量标准的按比例扣分。

3. 地膜覆盖(10 分)

时间(5 分):按确定的完成时间,未盖膜每块烟田扣 1 分。

盖膜质量(5 分):要求垄膜紧贴、膜边严密、垄体美观,否则发现 1 块烟田扣 1 分。

4. 育苗(30 分)

(1)时间(10 分):托盘育苗 2 月 15~20 日,漂浮育苗 2 月 23 日至 3 月 5 日播种,每提前或推迟 1 天扣 0.5 分。

(2)质量(20 分):苗床规划整齐、苗床土熏蒸、及时定苗、采用剪叶技术、喷洒防病治虫农药、炼苗时间不少于 7 天。达不到以上标准,每项扣 2 分。

5. 移栽(20 分)

(1)时间(5 分):5 月 1~15 日移栽记 5 分,每提前或推迟 1 天扣 0.5 分。

(2)质量(15 分):划行定穴,横竖成行;“带水、带土、带肥、带药”移栽;成活率达 95%以上。达不到以上标准,每项扣 3 分。

6. 中耕除草(15 分)

(1)时间(5 分):栽后 7~10 天及时浅耕;栽后 30~40 天适时行间深耕;雨后及时

中耕。达不到标准,每项次扣1分。

(2)质量(10分):田间无板结、无杂草。达不到标准,每项次扣2分。

7. 豆浆灌根(10分)

(1)时间(3分):未在规定时间前(6月21日左右)完成豆浆灌根的,每块烟田扣0.5分。

(2)质量(7分):烟田亩用豆量不足7.5千克的,豆浆未粉碎发酵、造穴不规范、灌根位置不正确的,每块烟田扣2分。

8. 田间病虫害防治(10分)

(1)次数(5分):喷洒防病毒病、防真菌病害、防虫害药剂各3次以上,达不到标准,每项次扣1分。

(2)效果(5分):田间虫害株率不超过5%,病株率不超过5%,每超一个百分点扣1分。

9. 打顶抹杈、扫除底脚叶(15分)

(1)时间(5分):初花打顶、及时抹杈、适时扫除底脚叶,达不到标准,每项次扣2分。

(2)质量(10分):单株留叶18~22片,烟田无抛弃的花杈、病叶、病株残体,且达到“抹杈不过寸,烤完一根棍”标准的记10分,达不到标准扣5分。

10. 成熟采收(15分)

下部叶适当早采,中部叶成熟采收,上部叶成熟后4~6片一次采收。达不到标准,每位次扣3分。

11. 分级(10分)

无混部、混色、混级混青,无包包垫头,无异腰多腰、无掺杂使假的记15分;否则,每批次扣2分。

12. 合同履约(20分)

按照合同履约率同比例计分,每差一个百分点扣1分。

13. 技术培训(5分)

按时按期参加生产各阶段技术培训的记5分;否则,少参加一次扣1分。

第三节　报刊文摘

灵宝市找准支点撬动烟叶生产快速发展

今年(2005年)灵宝市烟叶收购工作传来佳音:4.5万亩烟叶产值达5764万元,亩产值1399元,烟农户均收入7568元,在全省名列前茅。种烟使烟农走上了脱贫致富的道路。当地有段顺口溜:“当年盖新房,次年买高档,三年娶新娘”。但是,探索灵宝烟叶的发展历程,却出人意料:2001年,灵宝市烟草面积2.4万亩,亩均收入仅402元,由于种烟面积小、质量效益差,生产经营难以为继,烟草局个别职工停薪留职,甚至离企而去另谋职业。短短4年间,灵宝市的种烟面积虽然只扩大了一倍多,但收入却增长了3.5倍。他们是如何突飞猛进的呢?

灵宝市位于河南省西部边陲,耕层深厚,具有发展优质烟叶得天独厚的自然环境。但作为全国无公害苹果生产示范县(市)和园艺产品出口示范区,耕地面积93万亩,其中果树面积就达60万亩,烟果争地矛盾突出,烟叶生产面临严峻挑战。灵宝市烟草公司在审时度势中总结出:投入不足是制约烟区发展的主要因素;技术棚架是影响烟叶质量的关键;管理粗放是影响烟叶效益的核心。阿基米德说过,给我一个支点,可以撬动地球。灵宝市正是找准了投入、科技和管理这三个支点,撬动了烟叶产业的快速发展。

加大投入　规模化效应凸显

据河南烟区调查,烟田亩投入达到400元,才能进入烟叶生产的良性循环层次,达到300元才能进入稳定状态,200元投入只能在生存线上起落,低于200元则产量萎缩下滑。由此可见,没有投入就没有产出,只有全面加大投入,才能扩大规模,实现烟农增收、财政增税、企业增效,促进烟叶产业走上可持续发展之路。

各级政府扶持力度逐年加大,使烟农种烟的成本大大降低,调动了烟农种烟的积极性。各级政府和烟草部门投入烟叶生产资金从2000年的594万元、亩均85元增加到2005年的1112万元、亩均247元。乡镇政府也积极出台政策,加大生产投入力度。朱阳镇积极加大烟叶基础设施建设,对炕房建设、烟用水窖、大棚育苗等给予补贴,5年来,累计投入456万元。2004年,种烟面积达到2.2万亩,产值达到2344万元,一举成为闻名全省的种烟第一大镇。为解决种烟基础设施相对薄弱的问题,提高抵御自然灾灾害的能力,2001 年,灵宝市制定了《关于改善烟叶生产基础设施建设的实施意见》,建造一眼水窖奖补 100 元;建造一座育苗大棚补助 1000 元;建造一座下排湿炕房补助 800 元,并无偿提供自控仪一台。目前,该市共建烟用水窖 4500 眼、育苗大棚 760 座、下排湿炕房 3607 座,建立增雨防雹作业点 5 个。市乡两级政府、市烟办、烟草部门、种烟村还按比例筹集资金,作为自然灾害风险基金,解决了烟农种烟风险问题。大力开发新烟区,进一步增强烟叶产业发展潜力。烟草公司对老烟区新开发的 100 亩以上的烟田,每亩给予 80 元的粮食补贴,并免费机耕;对新开发的烟区除享受上述政策外,免费供应物资“套餐”。2005 年,新开发了两个新烟区,面积达到 1200 余亩。实现了烟区向东、向西扩张,初步凸显出规模效应。

科技兴烟　单位面积效益大增

灵宝市烟叶发展起步较晚,技术落后、管理粗放,烟叶质量和效益差,上等烟比例只有 5%左右,其中技术落后是烟叶生产发展的主要瓶颈。要实现烟叶产业的可持续发展,技术必然要唱主角。灵宝烟草扎实推进科技兴烟战略,提高了灵宝市的生产水平和烟叶质量。技术队伍是推广应用技术成果的载体。灵宝注重实施“人才强烟”战略,完善人才培养机制,优化技术人员结构素质。现有烟叶生产技术人员 45 人,其中大中专以上文化程度 18 人,初、中级职称 5 人。其中 1 人正在就读农业推广研究生。以技术专干为核心,建立高效、灵敏的“金字塔”型技术普及推广网络,同时利用现代科技手段,将烟叶生产技术制作成光盘,免费发放给烟农,送技术入村,送技术到户,使广大烟农掌握各环节的技术要领,受到烟农的一致好评。灵宝市注重实施科技创新。2000~2004 年,灵宝市组织实施了“灵宝优质烟技术开发和无公害优质烟叶试验示范”项目,2002 年被确定为全国烤烟综合标准化示范基地,2004 年以优异的成绩顺利通过国家考核验收。几年来,他们以此为平台,逐步完善了以烟草公司生产技术科为主体,以许昌烟草研究所、河南农业大学等科研院校为依托的技术创新体系。结合灵宝实际,开展了“烤烟旱作配套技术研究”“烤烟豆浆灌根增香技术示范”“露脚地膜覆盖技术探索”“下排湿炕房改进研究”等课题,其中豆浆灌根技术和露脚覆盖在全省大面积推广。他们研究制定了《灵宝市烟叶生产标准化技术规范》,实现了优质烟叶开发的标准化管理,提升了烟叶生产的整体水平。同时采取研究与开发相结合,引进与创新相结合,边试验、边示范、边推广的技术路线,加快科研成果转化生产力的进程,提高了烟叶生产的科技含量,烟叶质量得到了稳步提升。烟农经济效益不断增加。

灵宝市还大面积推广机械化深耕、机械化起垄、机械化施肥、“懒汉炕房”(下排湿炕房配自控设备)等技术,提高了劳动生产率,让烟农比较轻松地种烟。全面推广了集约化育苗、化学抑芽等技术,实现了烟叶生产专业化分工,节约了烟农的劳动时间,大大降低了烟农的劳动强度。朱阳镇烟农王全录欣喜地对我们说,以前,每到烤烟的时候,是烟农最苦的日子,白天要去地里采收成熟的烟叶,晚上要把采好的烟叶绑到杆上,每隔一两个小时要对炕房加一次煤,及时进行排湿和加温,稍有不慎,一炕烟叶就成了次品。2014 年,烟草公司帮他们建成了下排湿炕房,配备了自控仪,电脑控制,自动定色、自动调温,经济实惠,炕出的烟还好,现在种烟省劲多了。各种新技术的推广,使灵宝市的烟叶质量明显提高,灵宝市 2001 年被国家烟草局确定为“全国无公害优质烟叶生产示范基地”,2002 年被确定为全国烤烟综合标准化三门峡示范区之一,2004 年以优异的成绩顺利通过国家考核验收。以其“色泽鲜亮、香型独特、气味醇和、余味舒适、化学成分协调、钾含量较高”等优异的品质,赢得了市场信誉,深受省内外烟厂的青睐,行销新郑、郑州、许昌、曲靖、厦门等各大烟厂,质量在全省烟叶评比中连续 8 年获得第一。

强化管理　经济效益最大化

灵宝市通过完善激励机制和对烟农实施动态管理,增强了烟农种好烟叶的责任心。近年来,他们推行了烟农资格认证制度,将烟农分为 A、B、C、D 四个级别,实行烟农动态管理。在全省率先对烟农实行以“双百分”生产业绩考核为主要内容的绩效管理,考核结果与级别评定和扶持标准挂钩。增强了烟农种烟的责任感和紧迫感,提高了烟区的整体生产水平。烟叶生产的起点是烟农,终端是工厂,烟草公司是烟叶生产的龙头。烟草干部职工是烟叶生产技术指导、服务烟农的主体,其积极性对烟叶生产至关重要。几年来,灵宝市烟草公司确立了烟叶生产的主体地位,引入现代企业管理制度,实行“三、四、五”管理办法(即三个人干五个人的工作,领四个人的工资),实现了人力资源的合理配置。率先在行业内积极探索集团技术承包与个人技术承包相结合的新模式,以烟站为基础,组建技术承包集团,所有生产技术人员全部实施承包责任抵押,实行“四包一挂”生产成效考核制,即包技术措施落实、包烟农管理、包面积落实和收购总量、包上等烟比例,工作成效与抵押金和奖金挂钩,进一步提高了技术指导入户率和技术落实到位率。随着烟叶生产的发展,企业效益的增长,职工工资福利逐年提高,烟草公司成为当地响当当的企业。灵宝烟草人把“五一黄金旅游周”变为烟叶移栽周;把“十一黄金旅游周”变为烟叶收购周,法定假日从未休息过,各个关键生产环节,机关干部职工争先恐后下乡服务烟叶生产已成为一种风气。人称“烟经理”的局长(经理)张宪升,心系烟叶,关爱烟农,在当地传为美谈,他有这样一句口头禅:“烟农再小的事都是我们的大事”。今年7月新发展的烟区旱情严重,他心急如焚,一方面协调关系从相距近百千米的苏村乡拉回微灌设备,一方面在自己捐款200元的基础上,发动职工捐款,确保每亩50元抗旱资金,使近400亩烟田的旱情得到了初步缓解。灵宝市烟叶生产一年一个新台阶,保持着持续稳步健康发展的良好态势。今年,累计收购烟叶602.6万千克,亩均单产146.33千克,实现税收1152.86万元。企业人均创利10余万元,全省最高。烟叶生产实现了政府、企业、烟农三满意,当地烟农们说,过去干部强行要我们种烟,我们种的是“怄气烟”,现在种烟政策好了,服务也好了,我们种上了“顺气烟”,还主动增加了种烟面积,提高了烟叶质量。2005年,全市种烟千亩村达到18个,面积2.3万亩;种烟5亩以上的达5301户,面积3.7万亩。

(选自2005年12月12日《河南日报》　作者:马惠霞)

金黄烟叶铺就“黄金路”

2018年,灵宝市共收购烟叶14.3万担,烟农种烟收入2.05亿元

“我家一共种了30亩烟叶,现在已经卖了8万多了,今年的烟叶收成好,天气没打扰,烟站的服务也很满意,那边验完过完磅,钱就直接打到了卡里,太方便了,感谢党和政府为我们烟农考虑得这么周到!”灵宝市五亩乡五亩烟站正在交售烟叶的张军升高兴地合不拢嘴。

今年以来,灵宝市委、市政府高度重视烟叶工作,主要领导多次下沉一线,指导烟叶的前期栽植,中期的管理、采摘,后期的收购工作,现场解决烟农在生产、收购工作中的问题和困难,为烟农提供“零距离”的贴心服务。该市烟办、烟草局紧盯“转型发展、提质增效、促农增收”目标,强化基础管理,严格过程管控,狠抓技术落地,烟叶产业再创佳绩,多项指标创历史新高,共收购烟叶14.3万担(715万千克),烟农种烟收入2.05亿元,上等烟比例75.05%,亩均产值4271元,千克均价2元,实现烟叶特产税4510万元。

一是调优种植布局。坚持“以工业需求为导向、按需求组织生产”的高质量发展思路,推广云烟87为主的特色品种,调整烟区品种布局和种植计划,做到优中选优。今年

共落实烟叶种植面积 4.8 万亩,涉及 6 个乡(镇)76 个村 4350 户烟农。其中万亩以上乡(镇)2 个、面积 3.94 万亩,占总面积的 82.1%;千亩以上村 19 个、2.99 万亩,占总面积的 59.8%。

二是推广关键技术。大力推广旱作栽培、冬季深耕起垄、合理密植、控氮提钾、增施有机肥、生物一体肥、栽期前移、豆浆灌根、叶面喷施磷酸二氢钾、绿肥掩青、增厚地膜等技术措施,提升烟叶质量。示范推广小苗移栽 500 亩,井窖式移栽 300 亩,配套水肥一体化技术,为全市大面积推广奠定了良好基础。

三是提高服务水平。通过悬挂横幅、发放图册、集中培训、手机短信、微信平台、现场督导等多种方式和途径开展宣传培训,发放技术要点 6 期 3 万余份。开展采烤一体化工作,配备烘烤师 160 名,提高采收烘烤水平。密切关注天气变化,适时开展人工影响天气作业,为烟叶丰收保驾护航。

四是提高质量等级。选聘 120 余名预检人员,深入烟农家中指导挑拣分级,提高上等烟、优质烟比重,增加烟农收入。严格坚持入户预检、站前复检、封闭收购工作流程,做到公平、公开、公正收购。加强专分散收队伍建设,在朱阳、五亩、新店、马河口等烟站开展专业化分级散叶收购,降低烟农分级投工,提高烟叶等级质量,实现烟叶增产、烟农增收、财政增税的工作目标。

(来源:中国三门峡网　原载:2018 年 11 月 26 日《黄河时报》09 版　作者:许芳芳)

烟草部门 1.48 亿元援建重点水源性工程

白虎潭水库让 2 万余亩农田止渴

——灵宝市白虎潭水库烟草援建水源工程建设纪实

悠悠黄河,从这里穿过;巍巍大坝,在这里耸立。经过建设者连续 6 年的艰苦奋战,白虎潭水库犹如一颗璀璨夺目的明珠镶嵌在金城大地,成为灵宝人最值得骄傲的现代化人文景观。

灵宝市地处豫、陕、晋三省交界，南依巍巍秦岭，北濒滔滔黄河，东临茫茫伏牛，区域面积2695平方千米，总人口75.46万人，这里经济繁荣，交通发达，民风淳朴，文化厚重，是全国闻名的道家之源、苹果之乡、黄金之城、烟叶产区。

然而，灵宝地处丘陵地带，沟壑纵横，地貌复杂，常年缺水。旱灾之年，禾苗萎缩，田园枯竭，人畜吃水肩挑驴驮，严重制约着农村经济的发展。

早在20世纪50～70年代，为解决农业灌溉问题，经专家考察，白虎潭因所处位置特殊，水质良好，坝址条件优越，水利部门便有在此修建水库的想法，但由于资金及立项等多方面原因，几经波折未能实施。

烟农盼来及时雨，东风浩荡满眼春

2012年，中国烟草总公司关于烟草行业水源工程援建政策，为灵宝市白虎潭水库建设送来了及时雨，为灵宝的优质烟叶生产注入了活力和希望。水利、烟草、财政、设计等部门，通力合作，攻坚克难，在最短的时间内，完成了白虎潭水库烟草援建水源工程的初步设计报告。2013年3月5日，设计报告顺利通过了中国烟草总公司评审，核定工程投资1.61亿元，其中烟草部门援建资金1.48亿元。该项目包括水库主体工程及配套提灌站工程两部分，大坝为碾压混凝土重力坝，坝高76.3米，坝顶长180.5米，控制流域面积116平方千米，库容999万立方米；库区左右岸各规划一座两级提灌站，左岸扬程438.6米，右岸扬程314.3米。工程完工后，可解决2.86万亩农田灌溉，其中烟田面积1.65万亩，生态环境补水180万立方米，并为沿线苏村乡、尹庄镇10余个行政村提供人畜饮水水源，同时保护下游20万人民生命财产和陇海铁路、310国道、连霍高速、郑西高铁等国家重要基础设施的安全。

库水滋润的烟田

在工程具体建设过程中，充满了困难和挑战。面对技术难度大、施工条件差、地质情况复杂、参建各方协调任务重、征地拆迁涉及面广、工期紧、建设管理力量薄弱、生活条件艰苦等重重困难,建管各方提出了“树起愚公移山志,敢教高峡出平湖”的响亮口号,迎难而上,敢于担当,克服了一个又一个难题,取得了一个又一个胜利。由于冬夏碾压混凝土不能施工,每年只有紧抓春秋两季大坝主体施工黄金期,施工时每仓碾压三天三夜,施工、监理、建管等单位工作人员 72 小时不能休息,同时还要在碾压间隙科学安排固结灌浆、帷幕灌浆、安全观测设备埋设、灌浆廊道和交通廊道等工程的建设等工作。

攻坚克难作风硬,同心协力为圆梦

在工程建设各方的共同努力下,工程进度、质量、安全、投资控制良好,征地搬迁安置妥当,方方面面都涌现出许多成功的经验和做法。

一是组织协调有力。国家、省、市相关部门的许多领导都对白虎潭水库工程的建设非常重视,多次听取汇报,召开协调会议,对白虎潭水库建设的每一步都给予了正确的指导,库区群众为了水库建设做出了重大牺牲,设计单位为了方案日夜赶工,监理单位为了工程质量与进度多方协调,施工单位艰苦奋战,在资金不足时垫资建设,为工程顺利实施创造了良好条件。

二是建设管理规范。工程建设严格执行了基本建设程序,认真落实项目法人责任制、建设监理制、招标投标制,强化质量监督,重视施工安全,坚持环境保护,实现了工程建设和环境保护、水土保持的相互促进,创造了安全生产零事故的佳绩。

三是务实重干,确保质量。工程开工前,灵宝市建管局聘请具有 30 年工程建设经验的专家,对建管局工程管理人员进行了针对性培训,并在工程施工期间不定期到工地现场与建管局、监理、施工方相关负责人进行专业探讨、技术指导;2015 年春节过后,建管局主动邀请水利部、省水利厅等单位 5 名水利专家到工地现场,实地检查指导,对施工过程中遇到的相关技术难点以及可能遇到的质量问题等提出宝贵意见与建议,以确保工程建设的质量与进度。

四是积极开展科技攻关。在工程建设过程中,注重采用新技术、新材料、新工艺,积极开展科技攻关,采用水工模型试验的方法,选定“台阶坝面+差动挑坎”联合消能方案,成功解决了溢洪道下游河道的消能防冲问题。完成的碾压混凝土坝交替上升内锚固定式大型钢模板施工工法、碾压混凝土通仓薄层施工工法、坝基帷幕灌浆防渗处理技术分别获得中国水利工程协会认证、省级工法认证及三门峡市科技成果三等奖。

可以说,白虎潭水库工程建设集中体现了水利人敢打硬仗的顽强作风和争创一流的不懈追求，为灵宝市水利事业谱写了新的壮丽篇章。

巍巍大坝耸山谷，截挡山泉出平湖

历经20世纪50~70年代几度波折，历经2007~2010年的反复论证和慎重决策，历经6年多2000多个日日夜夜的艰辛建设，2016年4月，白虎潭水库开始下闸蓄水；2018年6月27日，白虎潭水库通过三门峡市水利局组织的竣工验收。工程运行以来，已灌溉农田2万余亩，其中烟田1万余亩，生态环境补水180万立方米，并解决了周边苏村、尹庄两镇10余个行政村的人畜饮水问题。

如今，当你走近白虎潭水库，大坝巍峨，库水清冽，环境优美。正是有了烟草行业援建水源政策的支持、指挥者的高瞻远瞩和建设者的艰苦努力，才使千年旱塬变成万顷良田，极大改善了烟区的生产生活条件，为灵宝市的经济和社会发展插上了腾飞的翅膀，彰显出烟草行业支持地方、反哺“三农”的良好形象，为建设富裕文明、生态宜居的美丽灵宝做出了新的贡献！

（原载：2019年12月5日《河南日报（农村版）》金融4　大河网）

后　记

《灵宝烟草志》时逾两载，圆满收官。这是灵宝市烟草发展史上的一件大事。它是对灵宝烟草这一富民富财政产业、持续助推灵宝社会经济发展的倾情赞誉；也是对常年奋战在烟草一线、为灵宝地方经济默默奉献的烟草人的盛情回报。

《灵宝烟草志》与其他志书一样，经历了酝酿准备、篇章设计、收集资料、筛选整理、编辑成书等若干阶段。在编纂过程中，编辑人员通过查阅档案、座谈了解、走访当事人等环节，力求使这部志书资料准确、记录翔实，较为全面地记录灵宝烟草的历史全貌。灵宝市烟叶生产办公室主任王维新，灵宝市烟草局原局长朱天义、现局长李致新，对烟草志的编纂工作高度重视，定期听取编纂人员的工作汇报，督促编纂进度；灵宝市委副书记王跃峰多次过问志书编纂工作，对《灵宝烟草志》的编纂质量、工作流程、后勤保障等方面提出了明确要求。灵宝市党史地方志办公室主任张照祥，多次检查志书编纂工作；灵宝市档案局局长朱春锋，为志书的成功编纂，方便查阅，提供无偿服务。许多已经从岗位上退下来的老领导、老同志，不顾年事高迈、体弱多病，对《灵宝烟草志》的编纂积极提供资料，口碑旁佐，为这部志书的高质量编纂无私奉献。市烟办、烟草局各科室，各种烟乡(镇)，主动配合，积极作为，为志书提供了全面完整的第一手资料。在《灵宝烟草志》即将付梓面世之际，向关心、支持《灵宝烟草志》编纂的各位领导、各位烟草同仁以及社会贤达表示衷心的感谢！

《灵宝烟草志》的编辑人员尽管栉风沐雨，殚精竭虑，力求尽善尽美，但由于水平有限，挂一漏万，错谬之处在所难免，恳求广大读者批评指正。

编　者

2020年5月